TIEN MILJARD MONDEN

Ingrid de Zwarte & Jeroen Candel (red.)

TIEN MILJARD MONDEN

Hoe we de wereld gaan voeden in 2050

2020 Prometheus Amsterdam

Een deel van de opbrengsten van dit boek wordt gedoneerd aan het Anne van den Ban Fonds.

Omslagontwerp Robbie Smits
Foto auteurs Bob Bronshoff
Lithografie afbeeldingen BFC, Bert van der Horst, Amersfoort
Zetwerk Mat-Zet bv, Huizen
www.uitgeverijprometheus.nl
ISBN 978 90 446 4600 9

Inhoud

Deel 2. De Blauwe Revolutie

Deel 3. Natuurlijke hulpbronnen

Deel 4. Daadkrachtig bestuur

Woord vooraf

Louise O. Fresco

Eten is weten en eten is geweten. Weten, omdat geen enkele maaltijd zomaar op tafel komt, maar de kennis belichaamt van generaties wetenschappers, boeren, bakkers, worstenmakers, fabrieksarbeiders, koks en consumenten. Maar ook weten omdat we niet zomaar alles willen eten. Ons voedsel moet datgene weerspiegelen waar wij voor willen staan: vegetarisch hightech kunstvlees, glutenvrij brood of juist lamsworstjes van de barbecue. En eten is geweten, omdat voedsel nooit waardevrij is maar een morele dimensie heeft van goed en slecht. Zeg me wat je eet, en ik zeg je wie je bent, of je tot mijn subgroep behoort. Ook in de diepste zin is eten geweten: dat nog steeds zo veel mensen op aarde niet goed gevoed zijn, kan ons niet onverschillig laten.

Eten is ook meten: hoeveel, waar en door wie gegeten wordt. Jaarlijks terugkerende honger, en vaak zelfs dagelijkse honger, was voor het grootste deel van de menselijke geschiedenis de dagelijkse realiteit. De huidige voedselzekerheid voor het allergrootste deel van de wereldbevolking en de verbijsterende keuzemogelijkheden aan voedingsmiddelen voor de middenklassen zijn een unicum in de geschiedenis. Zo'n halve eeuw geleden telde de wereldbevolking 3,6 miljard mensen, waarvan 70 procent in lagelonenlanden woonde. Voor 2050 verwachten we 10 miljard mensen, waarna naar alle waarschijnlijkheid de wereldbevolking zal stabiliseren en op den duur zal dalen. Deze ontwikkeling zal in Afrika overigens aanzienlijk langer duren dan elders. De jaren zeventig van de vorige eeuw waren in demografisch opzicht de meest spectaculaire van de mensheid: de snelle afname van sterfte ging gepaard met een hoog aantal geboorten, vooral in arme landen.

In 1972 kwam ook de eerste wereldconferentie over het 'menselijke milieu' bijeen in Stockholm. Het is niet verwonderlijk dat er om humanitaire redenen, maar ook vanuit geopolitieke motieven, grote somberheid ontstond over het voeden van de toenmalige en toekomstige bevolking. Deze combinatie leidde ertoe dat de Amerikaanse filantropische Rockefeller Foundation en Ford Foundation enorme investeringen deden in de verbetering van de opbrengsten van gewassen zoals rijst, mais en tarwe in Midden-Amerika en Zuid- en Oost-Azië. Deze Groene Revolutie was enorm succesvol in het verhogen van de voedselbeschikbaarheid en het stabiliseren van voedselprijzen. Miljoenen mensen in steden konden voldoende eten, hongersnoden door voedselgebrek werden uitgebannen en een land als India groeide ondanks zijn grote bevolkingstoename uit tot een exporteur van rijst. In de loop van de daaropvolgende decennia verdubbelde de wereldbevolking en nam het aantal calorieën per hoofd toe met een kwart tot een derde. Vanwege de spectaculaire en onverwachte resultaten werd de vader van de Groene Revolutie, Norman Borlaug, 'de man die een miljard mensen van de honger redde', in 1970 onderscheiden met de Nobelprijs voor de Vrede.

We weten nu dat die snelle opbrengstverhoging vele negatieve effecten kende. Denk aan de schade aan milieu, water en natuurlijke habitats door overmatig gebruik van chemicaliën en de verdringing van pachters en landarbeiders door mechanisatie. Sinds de jaren zeventig is enorm veel gedaan om de landbouw en veeteelt milieu-, natuur- en mensvriendelijker te maken. Dat is zeker niet overal gelukt, maar de afname van de toepassing van chemicaliën als kunstmest, gewasbescherming en antibiotica per ton product is een goede indicator van de vooruitgang. Opbrengstverhoging heeft ook land gespaard dat daardoor beschikbaar kwam voor doelen als natuurontwikkeling. Daarnaast is er ook veel meer aandacht voor het verweven van productie en natuurbeheer en het beschermen van biodiversiteit op akkers, weides en in kustgebieden.

Resultaten uit het verleden zijn echter geen garantie voor de toekomst. Hoewel voedsel niet schaars is op wereldschaal, de prijs van voedsel gestaag is verminderd en de snelheid van de bevolkingsgroei is afgenomen, is het wereldvoedselvraagstuk nog steeds niet opgelost. Van de huidige wereldbevolking krijgt ruwweg 12 procent, vooral woonachtig in crisisgebieden, te weinig calorieën. In totaal is een kwart van de wereldbevolking nog kwalitatief ondervoed, en een even groot deel is slecht gevoed door overvoeding. Dat betekent dat op dit moment de helft van de wereldbevolking, bijna 4 miljard mensen, op de een of andere manier geen adequaat voedingspatroon heeft. Daarbij komen nog de 2 miljard extra mensen die we verwachten in 2050. Kunnen we dit aan? Dat is een legitieme en prangende vraag. Ik ben ervan overtuigd dat we die 10 miljard monden kunnen voeden, maar dit is geen vanzelfsprekendheid.

Er is namelijk nog veel meer. Ten eerste gaat achter die abstracte getallen een enorme verscheidenheid van consumenten, producenten en voedselketens schuil. Van de kleine bonenteler op de Ethiopische hoogvlakte tot de marktkoopvrouw in Mexico-Stad, de tilapiateler in de Mekongdelta, het middenklassengezin in de suburbs van Mumbai, de arbeiders in de slachthuizen van Brazilië, de Griekse olijvenboeren met hun agrotoerisme, de Nederlandse koeien waarvan de melk als poeder naar China wordt verscheept tot de verwerking van Russische tarwe en Amerikaanse soja tot koekjes: achter iedere boterham op ons bord gaat een verhaal van vele schakels en actoren schuil. In tegenstelling tot vijftig jaar geleden is er sprake van een duizelingwekkend divers wereldvoedselsysteem waarin bijna alles met elkaar samenhangt.

Ten tweede is het voeden van de wereldbevolking niet meer alleen een kwestie van genoeg calorieën, maar ook van de juiste voedingswaarde, gecombineerd in een cultureel acceptabel dieet en geproduceerd door een verantwoord productiesysteem. Voedsel moet veilig, gezond en betaalbaar zijn. Het moet op duurzame wijze verbouwd worden, zonder schade aan dierenwelzijn en natuur, met een doelmatig gebruik van hulpbronnen als water en chemische middelen. Voedselproductie moet niet alleen resistent worden tegen de schokken van klimaatverandering, maar ook een geringe, liever nog een negatieve, CO_2-voetafdruk hebben, waarbij kunstmestgebruik vermindert en koolstof wordt opgeslagen in gras, bomen en bodems. Het voedsel moet tot ons komen in een transparante en traceerbare voedselketen, met ecologisch verantwoorde middelen, het liefst circulair en van zo dichtbij mogelijk, met minimale voedselverliezen en zo veel mogelijk hergebruik.

Deze aanzienlijke lijst van niet makkelijk te verenigen eisen weerspiegelt een kentering in het denken. Deze kentering is niet alleen te zien bij de milieubewuste consument of het gezondheidsminnende grachtengordeldier, maar overal: bij boeren die meer duurzaam en diervriendelijk willen werken, bij grondstofverwerkende bedrijven, bij de detailhandel en bij de supermarkten. Ook in Europa klinkt het geluid dat Europa zichzelf moet voeden. Zo veel mogelijk autarkie en geen wereldhandel meer, hoor je al op de bankjes van het Europarlement. Kortere ketens, geen import van veevoer, meer natuur en minder monotone velden met mais of aardappelen, maar bloeiende akkerranden en bosschages. Liefst zoveel mogelijk biologisch, en zo min mogelijk dieren in stallen. De opinies hierover zijn sterk en verdeeld. Niemand is onverschillig tegenover voedsel en iedereen heeft een mening over wat goed en slecht is. De bereidheid tot veranderen is groot, bij consumenten, in de politiek en ook bij boeren en ondernemers. Er is echter ook twijfel: kunnen duurzaamheid en het voeden van de wereld wel samengaan? Is er wel een markt voor al die bijkomende doelen, hoe kunnen die in de prijs van voedsel worden verrekend of hangt alles af van subsidies en beleid? Worden boeren gedwongen tot schaalvergroting omdat hun bedrijf anders niet levensvatbaar is? Of moeten we naar een heel andere economie, waarin de consument een aandeel neemt in duurzame voedselproductie? Waarin voedselproductie een investering in publieke gezondheid is en ook als zodanig, ter preventie van chronische ziekten als diabetes, moet worden beloond?

Achter ieder van deze vragen zit een reeks van ingewikkelde afwegingen. Duurzaamheid is complex omdat het op verschillende niveaus speelt, van bedrijf naar stad naar land naar regio en de hele wereld. Maar vooral is duurzaamheid complex omdat het een afweging is van ongelijksoortige doelen. We willen *people, planet* en *profit* tegelijk. Zorgen voor mens, dier, landschap, oceanen en ondernemerschap, betaalbaar en gezond voedsel, en een wereld met gelijkwaardige kansen betekent altijd dat er keuzes moeten worden gemaakt. Willen we een biologische, mensvriendelijke tomaat van Nederlandse bodem, een tomaat die werkgelegenheid biedt in Egypte of een tomaat uit een volledig gesloten Nederlandse kas met de hoogste opbrengst per eenheid energie, water en bemesting?

Vijftig jaar geleden aten de meeste mensen in Nederland een vrij monotone maaltijd: een beetje vlees, veel aardappelen en lang gekookte groentes; onvoorstelbaar saai naast de gigantische keuze en individuele diversiteit van vandaag. Hoe zal dat over dertig jaar zijn? Meer voeding zal precies afgestemd worden op individu en maatschappij. Meer ecologisch verantwoord gebruik van land en water en andere hulpbronnen. Ruimte voor de grutto en de lepelaar in Nederland, maar ook in hun overwinteringsgebieden in Senegal. Ongetwijfeld ziet ons voedingspakket er anders uit, meer aangepast aan onze individuele fysiologische behoeftes, met een evenwichtigere samenstelling van lokaal en mondiaal geproduceerde bestanddelen. Waarschijnlijk bestaat deze voedingssamenstelling ook uit minder en andere dierlijke eiwitten dan het vlees en de vis van nu. Worden het insecten, algen, eendenkroos, linzen of allemaal? Gaan we terug naar de gemengde bedrijven van vroeger, maar dan met hightechmanagement?

Gelukkig staan we niet met lege handen voor deze eisen en vragen. Digitalisering maakt het mogelijk steeds beter te volgen hoe de voedselketen in elkaar zit en wat de kwetsbare plekken zijn. Hier en daar liggen de bouwstenen klaar, zoals voor het certificeren van natuur- en mensvriendelijke productie, en bestaat er een begin van overeenstemming, zoals voor de CO_2-uitstoot. Wetenschap en technologie kunnen hier het gereedschap en de data bieden, ook al is de uiteindelijke inrichting van het nationale, laat staan het internationale voedselsysteem een politieke, hopelijk evidencebased, keuze.

Laat het evident zijn dat wetenschap en technologie niet meer dan ingrediënten vormen voor de toekomst. Mijn optimisme over het voeden van 10 miljard monden is gebaseerd op de kracht van wetenschappelijk denken en de vernieuwingsgezindheid van velen in de landbouw- en voedselsector. Wat echter ontbreekt is een eensgezinde visie op het geheel van de voedselvoorziening. Door de veelheid aan keuzes, de emoties over voedsel en over wat er mis kan gaan door onoorbare praktijken en de onduidelijkheid over toekomstscenario's, is in Nederland maar ook elders de kloof tussen boer, burger en politiek aan het groeien. Gebrek aan vertrouwen en onzekerheid belemmeren het gesprek. Dat we zoveel en zo verhit over landbouw en voedsel spreken bewijst de veerkracht van wat uiteindelijk de belangrijkste pijler van iedere beschaving is. Zonder voedsel is er geen gelijkheid van kansen, geen vrijheid van meningsuiting en geen bescherming van collectieve waarden en erfgoed. De COVID-19-pandemie illustreert dat voedselzekerheid geen vanzelfsprekendheid is.

Dit is de eerste keer dat een zo veelomvattende bundel over het wereldvoedselvraagstuk verschijnt, geschreven door Wageningse onderzoekers van uiteenlopende pluimage. Hun werk weerspiegelt de spectaculaire groei in wetenschappelijke kennis, de verschuivende maatschappelijke inzichten en de verbreding van het onderwerp. Het feit dat we, behoudens een mondiale ramp of oorlog, met redelijk vertrouwen het voeden van 10 miljard monden tegemoet kunnen zien, is allereerst het gevolg van wetenschappelijk onderzoek. Het is het gevolg van fundamenteel werk in de genetica, fotosynthese, de interactie tussen planten en plagen, de bodemecologie, de fysiologie van plant en dier tot toegepaste terreinen over voedselpatronen, bestuur, prijsbeleid en ondernemerschap. De productie en consumptie van dierlijke producten, vlees, vis en zuivel, het meest controversiële onderwerp van onze tijd, komt uitgebreid aan de orde. Het is die voortdurende wederzijdse versterking tussen fundamenteel en toegepast onderzoek, tussen vragen uit de praktijk en innovaties voortkomend uit nieuwe inzichten, die Wageningen een ongeëvenaard kenniscentrum op dit gebied maakt ten gunste van Nederland, Europa en de wereld. Alleen door lokaal geworteld te zijn, kun je mondiaal relevant zijn.

Het plezier in het onderzoek en zijn toepassingen spat van deze bundel af. Er zijn tal van relevante vragen die om oplossingen en denkkracht vragen en er is nog veel te doen. Norman Borlaug zei aan het eind van zijn leven tegen mij: 'In de jaren zeventig gingen de meest gemotiveerde en *brightest minds* naar de biologie en landbouwwetenschappen, daarna wilden ze allemaal computer- en bedrijfswetenschappen doen of bankier worden, en nu zijn het er te weinig om verschil te maken.' Borlaug investeerde om die reden het geld van de Nobelprijs in een Youth Institute om jonge mensen warm te maken voor landbouw en voeding.

Ik verwacht dat deze bundel nuttig is voor allen die zich professioneel bezighouden met landbouw, voeding, natuur en milieu, maar ook voor iedereen die bewust met voedsel bezig is en wil weten wat er op haar bord ligt. Bovenal hoop ik dat aankomende studenten hier inspiratie vinden, want Borlaug heeft gelijk: de oplossing van de vraag hoe wij 10 miljard monden voeden vereist de beste hersenen en de meest gemotiveerde jonge mensen. Laat dit boek hen mede over de streep trekken om echt verschil te maken.

Louise O. Fresco
Amsterdam/Wageningen juni 2020

Inleiding

Ingrid de Zwarte & Jeroen Candel

In 2050 telt onze planeet bijna 10 miljard inwoners. Dat betekent dat er over dertig jaar 2 miljard monden meer te voeden zijn dan op dit moment. Dit plaatst ons voor een ongekend grote opgave. Het grootste deel van deze 2 miljard extra mensen zal namelijk in steden wonen, met name in lage-inkomenslanden in Sub-Sahara Afrika en Zuid-Azië. Zo zullen maar liefst achttien Afrikaanse landen hun bevolking zien verdubbelen. Naast bevolkingsaantallen zullen ook mondiale voedingspatronen veranderen. Terwijl mensen in rijke westerse landen steeds vaker voor een vegetarisch eetpatroon kiezen, spenderen inwoners van landen met opkomende economieën zoals China en Brazilië de toegenomen welvaart juist meer aan vlees, zuivel en andere dierlijke producten. Voor de productie van dierlijke producten zijn meer water, energie en andere natuurlijke hulpbronnen nodig dan voor plantaardig voedsel. En die hulpbronnen raken snel uitgeput. Hoe gaan we de toekomstige wereldbevolking voeden?

Hoewel 2050 nog ver weg lijkt, is het wereldvoedselvraagstuk zeer actueel. In dit boek bieden tachtig Wageningse onderzoekers een uniek inkijkje in hun grensverleggende onderzoek, om zo samen tot oplossingen voor het wereldvoedselvraagstuk te komen. Vanuit uiteenlopende vakgebieden en invalshoeken tonen ze dat deze enorme uitdaging een collectieve aanpak vereist: van boer (en visser) tot bord.

Deze collectieve aanpak begint op het meest basale niveau met het uitbannen van honger. Vandaag de dag lijden nog altijd ruim 800 miljoen mensen honger – meer dan 10 procent van de wereldbevolking.

Daarnaast kampen circa 1,3 miljard mensen met 'verborgen honger', wat inhoudt dat zij geen gegarandeerde toegang hebben tot voedsel dat kwalitatief voldoende voedzaam is. De 193 lidstaten van de Verenigde Naties spraken in 2015 met het ondertekenen van de Duurzame Ontwikkelingsdoelen af in 2030 een einde aan honger te hebben gemaakt. Toch is de afgelopen jaren op dit gebied amper vooruitgang geboekt. Het aantal ondervoede mensen is de afgelopen vijf jaar onder invloed van oorlog en conflict zelfs weer wat toegenomen.

Het wereldvoedselvraagstuk is dan ook niet alleen een kwestie van het garanderen van voldoende voedsel. Sterker nog, wereldwijd is er al genoeg eten beschikbaar om de wereldbevolking te kunnen voeden. Alleen heeft niet iedereen daar gelijke toegang toe. De welvaartsongelijkheid tussen landen is de afgelopen twee eeuwen enorm toegenomen, en ook binnen veel landen groeit de kloof tussen arm en rijk. Verschillen op basis van sociaal-economische status, etniciteit en gender spelen eveneens een grote rol bij de toegang tot voedsel. Naast beschikbaarheid gaat het wereldvoedselvraagstuk dus ook over rechtvaardigheid: hoe verdelen we het aanwezige voedsel op een juiste en eerlijke wijze?

Bovenop de complexe opgave om ondervoeding en honger uit te bannen is het wereldvoedselvraagstuk nauw verweven met een aantal van de grootste uitdagingen rondom milieu en klimaat uit de geschiedenis. Willen we de doelstellingen van het Klimaatakkoord van Parijs uit 2015 halen, dan is een fundamenteel herontwerp van het huidige voedselsysteem – het geheel van actoren, activiteiten en interacties die onze voedselvoorziening vormgeven – noodzakelijk. Zo is bijna een derde van de wereldwijde broeikasgasemissies voedselgerelateerd. Daarnaast worden natuurgebieden als de Amazone ernstig bedreigd door het kappen van regenwoud voor voedselproductie. Inmiddels gebruiken we bijna de helft van het bewoonbare landoppervlak voor agrarische doeleinden. Verlies aan biodiversiteit, bodemerosie, zoetwatertekorten, uitputting van visstanden en stikstofproblematiek onderschrijven eveneens de noodzaak voor een versnelde verandering van onze huidige voedselproductie- en -consumptiepraktijken.

Verbetering van voedselproductie en -consumptie is niet alleen essentieel om onze planeet te behouden, maar ook noodzakelijk met het oog op de mondiale volksgezondheid. Met de veranderende eetpatronen zien we een toename van voedingsgerelateerde ziektes als obesitas, diabetes type 2 en hart- en vaatziekten. De 2 miljard mensen die wereldwijd met overgewicht kampen maken hierdoor net zo goed deel uit van het Duurzame Ontwikkelingsdoel 2 'Geen honger' als diegenen die aan ondervoeding lijden. De COVID-19-pandemie van 2020 bracht nieuwe zorgen met zich mee over de kwetsbaarheid van ons voedselsysteem in relatie tot volksgezondheid, met name door de gevaren bloot te leggen van zoönosen: ziektes die van dier op mens kunnen overspringen. Bovendien is een groeiend aantal mensen vanuit principiële overwegingen niet alleen bezorgd over ons welzijn, maar ook over dat van dieren.

Al deze uitdagingen maken het wereldvoedselvraagstuk tot een veelkoppig monster. De hoofdstukken in dit boek tonen dat de genoemde problemen sterk met elkaar verweven zijn. Honger, milieudegradatie, klimaatverandering en gezondheidsproblemen zijn niet los van elkaar te zien, maar versterken elkaar. Alle worden bovendien in grote mate beïnvloed door structurele factoren als het functioneren van economieën, de verdeling van macht en toegang tot onderwijs. Dit maakt een simpele oplossing van het voedselvraagstuk onmogelijk en roept op tot een geïntegreerde, collectieve aanpak.

Tovenaars en profeten

De uitdaging om een groeiende bevolking te voeden is een van de oudste beleidsproblemen in de geschiedenis van de menselijke samenleving. Al sinds jagers en verzamelaars zo'n twaalfduizend jaar geleden – aan het begin van het Holoceen – langzaam overgingen op sedentaire vormen van landbouw staan bevolkingsgroei en voedselproductie in dynamisch verband. Zo wist het oude Egypte een oppermachtig rijk te bouwen dankzij de vruchtbare Nijldelta, die zorgde voor agrarische weelde en zo verstedelijking mogelijk maakte in een toen nog overwegend nomadische wereld. Ook in het Romeinse Rijk speelde voedsel een centrale rol, waarbij het befaamde '*panem et circenses*' (brood en spelen) het noodlijdende Romeinse volk tevreden moest houden en machtsuitbreiding mogelijk maakte. In alle grote rijken wereldwijd bleek een stabiele voedselvoorziening cruciaal voor het succes en voortbestaan van beschavingen.

Toch kennen ook de zorgen over de grenzen van voedselproductie en bevolkingsgroei een lange geschiedenis. Landbouwinnovaties, industrialisatie en globalisering zorgden er door de eeuwen heen voor dat een groeiend aantal mensen steeds meer en diverser eten kon verbouwen en consumeren. Perioden van snelle bevolkingsgroei gaven echter ook aanleiding tot ongerustheid. In 1798 publiceerde de Engelse demograaf en econoom Thomas Malthus zijn wereldberoemde *An essay on the principle of population*, waarin hij waarschuwde dat de voedselproductie niet in staat zou zijn de exponentiële bevolkingsgroei bij te houden, met catastrofale uitbraken van ziektes, honger en oorlog tot gevolg. Malthus zag hongersnood als iets onafwendbaars; een interventiemechanisme van de natuur om de bevolkingsgroei weer in balans te brengen met de beschikbare natuurlijke hulpbronnen.

Hoewel Malthus' doemscenario dankzij vele landbouwkundige innovaties niet is uitgekomen, bleven zijn theorieën over de limieten van voedselproductie en bevolkingsgroei invloedrijk. Zijn denkbeelden kregen vooral hernieuwde aandacht na de verschrikkingen van de Tweede Wereldoorlog en de daaropvolgende exponentiële groei van de wereldbevolking, die steeg van 1,6 miljard in 1900 tot 3 miljard in 1960. Neomalthusiaanse wetenschappers zoals de ecoloog William Vogt en biologen Rachel Carson en Paul Ehrlich waarschuwden dat de verwachte overbevolking desastreuze humanitaire en ecologische gevolgen zou hebben. Zonder de bevolkingsgroei met harde hand af te vlakken en consumptie te verminderen zouden mondiale ecosystemen voorgoed verloren gaan. In zijn veelgeprezen boek *The wizard and the prophet* uit 2018 duidt de journalist Charles Mann deze wetenschappers en hun medestanders daarom als onheilsprofeten aan.

Publiek bewustzijn over het belang van een duurzame omgang met natuurlijke hulpbronnen kreeg al in de negentiende eeuw vorm, maar groeide mede dankzij bovengenoemde activistische wetenschappers in de tweede helft van de twintigste eeuw uit tot de moderne milieubeweging die we vandaag de dag kennen. Invloedrijke publicaties uit de beweging droegen ook controversiële oplossingen aan voor het voedselvraagstuk, zoals gedwongen geboortebeperking en opschorting van voedselhulp aan noodlijdende landen. De inhumane sterilisatieprogramma's die in India en enkele Afrikaanse landen in navolging van deze denkbeelden zijn ingevoerd, zijn tegenwoordig niet meer denkbaar. De zorgen over mens, milieu en klimaat zijn echter nooit meer van het toneel verdwenen.

Toch was en is niet iedereen zo pessimistisch over de toekomst van onze planeet. Naast de onheilsprofeten zag de naoorlogse periode de opkomst van een groep wetenschappers die een optimistischer toekomstbeeld schetsten, en door Mann tot 'tovenaars' zijn omgedoopt. Na de Tweede Wereldoorlog gingen wetenschappers, gesteund door overheden onder het credo 'nooit meer honger', op zoek naar technologische innovaties die de voedselproductie omhoog konden schroeven. In de jaren zestig waren met name het werk en de theorieën van de Deense econoom Ester Boserup invloedrijk. Haaks op de malthusiaanse denkbeelden stelde Boserup dat bevolkingsdruk juist landbouwinnovaties in de hand werkt. De geschiedenis bewees volgens haar dat mensen altijd in staat zijn geweest om bevolkingsgroei bij te benen.

Een krachtig bewijs voor Boserups theorie waren de verdiensten van de Amerikaanse landbouwkundige Norman Borlaug, die in de jaren veertig een nieuw tarwesoort ontwikkelde die zelfs in de moeilijkste klimaten tot vier keer zo productief was als enig ander soort. Zijn Nobelprijswinnende onderzoek droeg bij aan een enorme toename van de agrarische productie in met name Azië en Latijns-Amerika, waardoor landen als India transformeerden van importafhankelijk naar zelfvoorzienend. Samen met de ontwikkeling van andere hoogproductieve graanhybriden in de jaren 1940-1970 leidden deze landbouwinnovaties tot de zogeheten Groene Revolutie.

De Groene Revolutie bracht echter ook nieuwe problemen met zich mee. De hoogproductieve soorten deden het enkel goed in combinatie met een intensief gebruik van kunstmest, chemische gewasbeschermers, land- en watermanagementtechnieken, staatsgeorganiseerde landbouwprogramma's, investeringen in infrastructuur en kredietverstrekking voor boeren. De toenemende afhankelijkheid van kunstmest zorgde voor landdegradatie, gemengde cultiveringssystemen maakten plaats voor kwetsbare monoculturen, en chemische gewasbeschermers hadden een destructief effect op ecosystemen. Bovendien waren de winsten van de Groene Revolutie niet eerlijk verdeeld: de nieuwe agrarische systemen vereisten dure grondstoffen en machines, die veel kleine boeren zich niet konden veroorloven. Ook sloeg de Groene Revolutie vanwege ecologische en politieke beperkingen Sub-Sahara Afrika grotendeels over; precies het continent waar de grootste bevolkingstoename wordt verwacht.

De uitdagingen waar we nu tegenover staan komen dus voort uit historische ontwikkelingen die tot op heden doorwerken. Deze condities beperken de speelruimte voor het zoeken naar oplossingen. Het voedselsysteem heeft nu eenmaal geen simpele resetknop. Tegelijkertijd is het duidelijk dat we op wereldschaal niet op dezelfde voet verder kunnen. Willen we onze planeet beschermen en behouden voor toekomstige generaties, dan is enkel intensivering niet de oplossing. Maar hoe moeten we dan verder?

Oplossingen voor het wereldvoedselvraagstuk

Hoewel het verleidelijk is om op zoek te gaan naar eenduidige antwoorden, heeft dit boek juist als vertrekpunt dat er geen panacee voor het wereldvoedselvraagstuk bestaat. De tovenaars en profeten die in deze bundel aan het woord komen hebben verschillende, soms zelfs conflicterende ideeën over de gewenste oplossingen voor het voedselvraagstuk. Toch delen alle auteurs de opvatting dat de benodigde hervormingen zo ingrijpend zijn dat er aan alle onderdelen van het voedselsysteem gesleuteld moet worden.

Om de verbanden tussen de uiteenlopende oorzaken en gevolgen van het wereldvoedselvraagstuk te begrijpen is het nodig het mondiale voedselsysteem vanuit verschillende invalshoeken te belichten en te erkennen dat alle schakels in de voedselketen in sterke mate afhankelijk zijn van elkaar. Hoewel veel symptomen van voedselgerelateerde milieuproblemen zich voordoen op het niveau van de boerderij of het vissersschip, zijn deze problemen alleen op te lossen als ook de relaties met andere actoren in de keten meegenomen worden.

Vanuit wetenschappelijk oogpunt betekent dit dat het niet langer volstaat dat ieder voor zich in laboratoria, proefvelden of bibliotheken op zoek gaat naar gewenste oplossingen, maar dat er multidisciplinaire samenwerking en kruisbestuiving nodig is. Tegelijkertijd zullen wetenschappers nog meer dan vroeger de dialoog moeten aangaan met de samenleving, de politiek en andere actoren in de voedselketen. Universiteiten en onderzoeksinstituten hebben een cruciale publieke rol te vervullen als hoeders van kennis en kritisch debat. Dat begint met het delen van kennis en inzichten. Met dit boek willen we hier een bijdrage aan leveren door Wageningse ideeën over het wereldvoedselvraagstuk voor een breed publiek toegankelijk te maken.

In de ruim 150 jaar na de oprichting als Rijkslandbouwschool in 1876 is Wageningen University & Research uitgegroeid tot wereldwijde koploper op het gebied van educatie over en onderzoek naar landbouw, visserij, voeding, milieu en ecologie. In ons onderzoek naar een gezonde voeding en leefomgeving delen we de missie om de potentie van de natuur te verkennen om zo de kwaliteit van leven te verbeteren, zowel in Nederland als elders in de wereld. Deze gedeelde doelstelling beslaat tal van disciplines en expertisegebieden, die in dit boek allemaal aan bod komen: van aquacultuur tot entomologie, van milieubeleid tot consumentengedrag en van virologie tot filosofie.

Het boek is opgedeeld in zeven delen, die allemaal een aspect van het wereldvoedselvraagstuk behandelen en waarin zowel tovenaars als profeten hun kennis en visies delen. Waar eerdere debatten tussen beiden al snel verzandden in een ogenschijnlijke dichotomie tussen technologie en ecologie, laat dit boek zien dat het geen kwestie is van of-of, maar van en-en. Bovendien tonen de hoofdstukken de bijbehorende sociale, economische en politieke interventies die noodzakelijk zijn voor oplossing van het wereldvoedselvraagstuk.

Het eerste deel van dit boek richt zich op de vraag hoe landbouwsystemen kunnen worden verbeterd. In de hoofdstukken spelen innovaties rondom 'kringlooplandbouw' een centrale rol, met daarbij een nieuwe plaats voor het dier in het voedselsysteem. In deze circulaire landbouwsystemen eindigen reststromen van voedselproductie en consumptie niet langer als afval, maar worden deze efficiënt hergebruikt, waardoor de verliezen minimaal zijn. Andere hoofdstukken tonen hoe de landbouw beter kan leren en gebruikmaken van natuurlijke processen, bijvoorbeeld bij het bestrijden van insecten en onkruiden, maar ook bij het stressbestendig maken van gewassen voor klimaatverandering. Succesvolle experimenten in de praktijk bewijzen dat duurzame en veerkrachtige landbouwsystemen mogelijk zijn, zowel op lokaal als mondiaal niveau.

Het tweede deel verlegt de aandacht naar een veelal onderbelicht onderwerp: de potentie van zeeën, oceanen en rivieren voor de verbetering van visserij en aquacultuur. Volgens de auteurs ligt een ware 'Blauwe Revolutie' in het verschiet. Zij stellen dat, net zoals bij de landbouw, het sluiten van kringlopen door hergebruik van reststromen en het inzetten van duurzame visvoerbronnen mogelijk is. Hierdoor kan een deel van de landbouwproductie in de toekomst wellicht vervangen worden door duurzame zeewier- en visproductie. Bovendien zijn er allerlei slimme combinaties van voedsel- en energieproductie mogelijk op zee, waar mariene ecosystemen eveneens van profiteren.

Vervolgens schijnen de auteurs in het derde deel hun licht op de manieren waarop we onze natuurlijke hulpbronnen kunnen beschermen en behouden. Een belangrijke stap naar duurzaam gebruik van natuurlijke hulpbronnen is het recyclen van essentiële nutriënten als fosfor en zwavel, die nu vaak met het grondwater in zee verdwijnen. Ook bieden de auteurs oplossingen voor problemen als waterschaarste en bodemdegradatie door te laten zien hoe we duurzamer kunnen omgaan met zoetwater en uitgeputte bodems weer tot leven kunnen wekken. Het blijkt hierbij noodzakelijk om water, voedsel en energie in samenhang te begrijpen en onderzoeken.

In het vierde deel richten de auteurs zich op beleidsverbeteringen die nodig zijn om duurzame voedselsystemen daadwerkelijk te kunnen realiseren. In dit deel komen verschillende voorbeelden van overheidsinterventies aan bod die uitermate succesvol bleken in het reduceren van voedselverspilling, het verbeteren van de positie van kleine boeren en vissers, het vergroten van de toegang tot voedsel en het bestrijden van ongelijkheid. Tegelijkertijd stellen de auteurs dat een aantal wezenlijke koerswijzigingen nodig is, bijvoorbeeld om wet- en regelgeving eerlijker te maken, importafhankelijkheden te verkleinen en de positie van vrouwen en jongeren in het voedselsysteem te versterken.

In deel vijf zoeken de auteurs de benodigde interventies dichter bij de consumenten zelf, door te kijken hoe we betere keuzes kunnen maken in het dagelijkse leven. Uit de hoofdstukken blijkt dat een steuntje in de rug vaak nodig is om consumenten tot gezondere en duurzame keuzes te bewegen. De auteurs betogen dat hiervoor fundamentele aanpassingen van de voedselomgeving nodig zijn, alsook de manier waarop we voedsel aanbieden en beprijzen. In landen waar een groot deel van de bevolking aan ondervoeding lijdt, zijn weer heel andere type interventies nodig.

Het zesde deel reflecteert op een aantal veelbelovende technologische innovaties – en controverses daaromtrent – die kunnen helpen om voedselproductie duurzaam te verbeteren en te bestendigen. Door te sleutelen aan DNA kan fotosynthese worden geoptimaliseerd en kunnen gewassen resistent worden tegen pathogenen. Digitalisering van landbouwsystemen kan van grote waarde zijn voor verduurzaming en het vergroten van transparantie in voedselketens. Levensmiddelentechnologie en experimenten in het lab zijn eveneens van groot belang, maar, zo betogen de auteurs, er moet ook ruimte zijn voor kritische reflectie op bijbehorende ethische kwesties.

Ten slotte biedt het zevende deel een inkijkje in het voedsel van de toekomst: gaan we voor insecten en algen, gefermenteerd eten, een veganistisch dieet of menselijk kweekvlees? De potentie van insecten voor verrijking van duurzame diëten en het sluiten van kringlopen blijkt enorm groot. Maar moeten we het wereldvoedselvraagstuk wel enkel vanuit de belangen van de mens bekijken? Het laatste deel sluit dan ook af met een discussie waarin een niet-antropocentrische visie op het vraagstuk wordt geponeerd. Een visie waarin niet alleen mensen, maar álle dieren inspraak hebben in het voedselsysteem van de toekomst.

DEEL 1

BETER BOEREN

1

Een circulair voedselsysteem: nut en noodzaak

Imke de Boer & Evelien de Olde – *Dierlijke productiesystemen*

De kwetsbaarheden van ons huidige voedselsysteem worden steeds duidelijker, mede door COVID-19 en klimaatverandering. Een toenemend aantal mensen vindt dat het anders moet, en kan. Een circulair voedselsysteem wordt alom gezien als een wenkend perspectief voor een duurzamere toekomst. Maar wat is een circulair voedselsysteem precies? En hoe kan circulariteit bijdragen aan een weerbaar en duurzaam voedselsysteem?

Vrijwel dagelijks wordt er in de krant of andere media gediscussieerd over ons voedselsysteem. Dat is ook logisch: ons voedselsysteem heeft een grote impact op ons milieu, onze leefomgeving en onze gezondheid. Het voedselsysteem is wereldwijd verantwoordelijk voor ongeveer een kwart van alle broeikasgasemissies, een derde van de verzuring en het merendeel van de vermesting en het verlies aan biodiversiteit. Ook vergt de productie van ons voedsel ongeveer 40 procent van al het land op aarde – voor zover niet bedekt met ijs of woestijn – en gebruikt het 70 procent van al het irrigatiewater. En dan te bedenken dat een toenemend aantal mensen in de wereld lijdt aan overgewicht en daaraan gerelateerde metabole ziekten, zoals diabetes type 2, en dat (verborgen) honger nog steeds op grote schaal voorkomt.

Ook blijken de omstandigheden waarin mensen werken en dieren worden gehouden in de voedselketen vaak ontoereikend. De recente coronacrisis legt een aantal van bovengenoemde kwetsbaarheden van ons voedselsysteem duidelijk bloot, zoals de leefomstandigheden van arbeidsmigranten. Het voedselsysteem staat dus voor een van de grootste uitdagingen van deze tijd: hoe zorgen wij voor voldoende, veilig en gezond voedsel voor iedereen, binnen de draagkracht van onze aarde, en met respect voor mens en dier?

Een circulair voedselsysteem wordt alom gezien als een wenkend perspectief voor deze duurzame toekomst. Ook onze minister van Landbouw, Natuur en Voedselkwaliteit (LNV) Carola Schouten onderschrijft het belang van een circulair voedselsysteem in haar visie 'Landbouw, Natuur en Voedsel: Waardevol en Verbonden' uit 2018. Dit is een toekomstvisie die breed wordt gedeeld, maar tegelijkertijd veel vragen oproept: wat is een circulair voedselsysteem precies? Wat betekent kringlooplandbouw eigenlijk? En hoe kan circulariteit, of 'kringloopdenken', bijdragen aan een duurzaam voedselsysteem?

De principes van een circulair voedselsysteem

Om deze vragen te kunnen beantwoorden moeten we terug naar de basis. Het kringloopconcept vindt zijn oorsprong in diverse vakgebieden, zoals de agro-ecologie, de industriële ecologie, maar ook de milieueconomie. Waar de agro-ecologie bijvoorbeeld het behoud van een gezonde bodem en de samenhang tussen de bodem, de plant en het dier in een ecosysteem benadrukt, richt de industriële ecologie zich meer op het sluiten van de kringlopen van materialen en grondstoffen. Overkoepelend heeft het kringloopconcept als doel om ons natuurlijk kapitaal te waarborgen en te behouden ten behoeve van toekomstige generaties.

Een groep Wageningse wetenschappers heeft op basis van het kringloopconcept een viertal principes geformuleerd voor een circulair voedselsysteem. Het eerste principe behelst het waarborgen van onze natuurlijke hulpbronnen, zoals een gezonde bodem, schone lucht en wateren, biodiversiteit en natuur. Dit betekent dat we moeten kiezen voor die landbouw- en visserijmethoden die bijdragen aan een vruchtbare bodem, die emissies van nutriënten en koolstofverbindingen naar lucht, water en bodem minimaliseren, en die de biodiversiteit en de veerkracht van het systeem bevorderen. Hierbij kun je bijvoorbeeld denken aan strokenteelt, het telen van meerdere gewassen in stroken op één perceel in plaats van monoculturen, of aan precisielandbouw, duurzame visserij of een melkveehouderij op kruidenrijk grasland omringd met bomen en hagen.

Een tweede principe is het vermijden van voedselverliezen en -verspilling. Wanneer we praten over voedselverspilling hebben we het niet enkel over het weggooien van goed of bedorven voedsel, maar refereren we ook naar bijvoorbeeld overconsumptie, oftewel we moeten niet meer eten dan we nodig hebben. We kunnen ons bovendien afvragen of al het voedsel het hele jaar door wel beschikbaar moet zijn. Eenmaal aanwezige voedselverliezen moeten we in eerste instantie hergebruiken voor het produceren van menselijk voedsel, zoals nu bijvoorbeeld al gebeurt in de Verspillingsfabriek in Veghel.

Een derde principe houdt in dat akkerland en natuurlijke wateren primair benut dienen te worden voor de productie van voedsel dat direct geschikt is voor menselijke consumptie. Dit betekent concreet dat we bijvoorbeeld akkerland gebruiken voor de productie van plantaardig voedsel voor de mens en niet voor het produceren van voer voor dieren, of voor het produceren van biomassa voor biobrandstoffen. Ook betekent dit dat we de vis die we vangen uit onze oceanen zelf consumeren en niet voeren aan andere vis – zoals, hoewel minder dan voorheen, nog steeds gebeurt in viskwekerijen (zalm of zeebaars) – of aan landbouwhuisdieren. Het vervangen van in diervoer gebruikt vismeel of olie gemaakt uit eetbare vis door voor menselijke consumptie geschikte soja is vanuit dit circulariteitsprincipe ook geen oplossing.

Het vierde en laatste principe geeft aan dat we reststromen, die ontstaan in het voedselsysteem en niet kunnen worden vermeden, moeten hergebruiken. Tijdens de productie en consumptie van plantaardig en dierlijk voedsel ontstaan er verschillende reststromen die voor een deel niet geschikt zijn voor menselijke consumptie of onvermijdbaar blijken, zoals bietenblad, stro, bietenpulp, schroot van oliehoudende zaden, slachtafval en onvermijdbaar voedselafval. Daarnaast produceren mensen en dieren uitwerpselen vol met waardevolle nutriënten. Deze reststromen dienen te worden gerecycled in het voedselsysteem, als meststof voor de bodem, als voer voor dieren, of, indien niet anders benutbaar, voor de productie van biomaterialen zoals bioplastics. Deze organische reststromen bevatten namelijk waardevolle nutriënten en organische materialen die behouden moeten blijven in het voedselsysteem.

Bovengenoemde principes richten zich strikt genomen op het produceren van voedsel binnen de draagkracht van de aarde en adresseren dus enkel de ecologische dimensie van duurzaamheid – *planet first* dus. Een toenemend aantal mensen erkent dat leven binnen de draagkracht van de aarde de ultieme randvoorwaarde is voor duurzaamheid. Het produceren en consumeren van voedsel zonder gebruik van hulpbronnen als land, water en fosforerts, of zonder emissies naar water, lucht of bodem is echter een utopie. Ook wanneer we allemaal volgens bovenstaande principes zouden produceren of consumeren kan het nog steeds zo zijn dat we collectief de draagkracht van het natuurlijke ecosysteem overschrijden, bijvoorbeeld omdat er te veel bedrijvigheid is op een te kleine plek.

Naast de toepassing van bovenstaande vier principes hebben we daarom ook inzicht nodig in de collectieve milieugebruiksruimte van ons voedselsysteem. Iedereen in de wereld heeft recht op een gelijke hoeveelheid evenwichtig beheerde natuurlijke hulpbronnen voor de productie van zijn of haar voedsel. Het is belangrijk dat de Nederlandse overheid, in afstemming met EU-collega's, duidelijkheid schept over deze langetermijnmilieugebruiksruimte voor het Nederlandse voedselsysteem, en natuurlijk ook voor andere sectoren. Onze boeren, tuinders, vissers en andere voedselactoren vragen om deze duidelijkheid.

Naast het definiëren van een nationaal en regionaal ecologisch plafond is het ook van groot belang om te kijken naar de sociale rechtvaardigheid van ons voedselsysteem (people), oftewel het sociale fundament (figuur 1). Het sociale fundament definieert het voedselsysteem dat we als samenleving voor ogen hebben. Zo heeft ieder mens recht op gezond voedsel, een eerlijk inkomen en goede en veilige werkomstandigheden. De rechten voor het dier zouden echter ook onderdeel moeten worden van dit sociale fundament. Wanneer wij als mens ervoor kiezen om dieren te houden voor de productie van ons voedsel, dan hebben wij een zorgplicht ten aanzien van deze dieren. Wij hebben de plicht ervoor te zorgen dat een dier goed kan functioneren en gezond is, zijn of haar soorteigen gedrag kan uitvoeren en een positieve staat van welzijn ervaart. Dit betekent bijvoorbeeld dat een dier toegang heeft tot voldoende en adequaat eten en drinken, kan leven in een prettig klimaat, comfortabel moet kunnen rusten, kan samenleven in stabiele, sociale groepen, moet kunnen foerageren en exploreren, de mogelijkheid moet hebben om gedrag te synchroniseren en moedergedrag te vertonen of te kunnen ontvangen.

Duidelijkheid ten aanzien van het ecologisch plafond en het sociale fundament van ons voedselsysteem geeft alle actoren in het voedselsysteem de mogelijkheid te kiezen voor diverse contextspecifieke oplossingsrichtingen aangaande kringlooplandbouw. Bovendien stimuleert duidelijkheid hierover creativiteit en ondernemerschap. Dit noemen we ook wel de veilige en eerlijke handelingsruimte voor voedselproductie (figuur 1). De economie (profit) zou dienend moeten zijn en ondernemers moeten stimuleren om zich te bewegen richting deze veilige en eerlijke handelingsruimte, met respect voor de mens, het dier en de aarde.

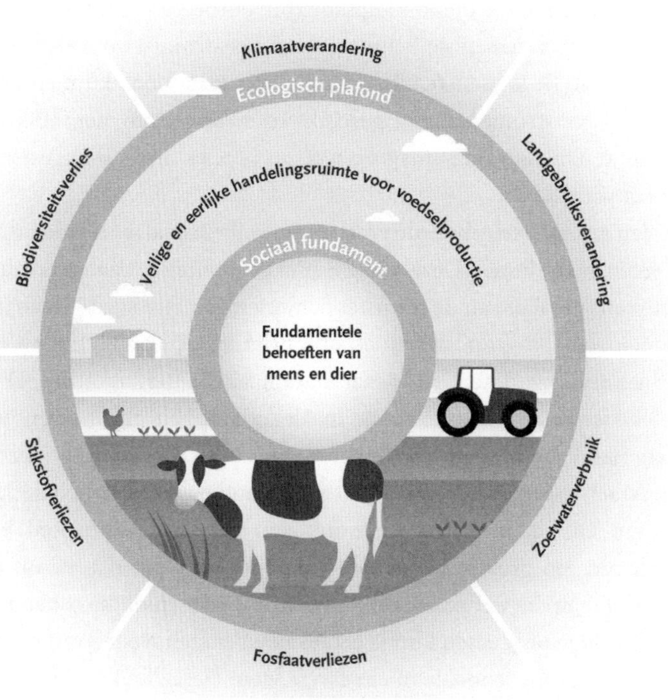

Figuur 1. Zo stellen we de veilige en eerlijke handelingsruimte voor een duurzaam voedselsysteem vast. Bron: RDA (2020), gebaseerd op De Boer et al. (2019) en Raworth (2017).

Van theorie naar praktijk

Wat betekent dit alles nu in de praktijk? Als we de circulariteitsprincipes nader bekijken, zien we dat de vertaling hiervan naar de praktijk behoorlijke consequenties kan hebben. Wanneer we bijvoorbeeld niet langer gewassen gaan verbouwen voor diervoeder, maar onze dieren enkel op basis van reststromen en gras gaan voeden, zal dit consequenties hebben voor het aantal dieren dat we in Europa kunnen houden en voor de hoeveelheid dierlijke producten die we kunnen consumeren. Recent onderzoek toonde aan dat wanneer we dieren enkel voeren met reststromen en gras, we in Europa ongeveer de helft minder dierlijk product kunnen eten.

De beschikbaarheid van reststromen, gras als veevoer en de milieugebruiksruimte bepalen de omvang van de veestapel en diens productie, en dus de beschikbaarheid van dierlijk voedsel. Sommige mensen benadrukken dat je met biologische (bijvoorbeeld schimmels) of technologische processen de benutting van reststromen voor dieren kunt verbeteren. Deze nieuwe technieken zou je echter ook kunnen gebruiken om reststromen direct geschikt te maken voor menselijke consumptie. Dit roept de vraag op wat nu precies onder een reststroom wordt verstaan.

Een andere veelgehoorde vraag is op welke schaal we dan kringlopen moeten gaan sluiten. Deze vraag is niet eenvoudig te beantwoorden. In het realisatieplan van de minister Schouten van LNV staat: 'In 2030 zijn kringlopen van grondstoffen en hulpbronnen op een zo laag mogelijk schaalniveau gesloten, regionaal, nationaal of internationaal.' Dit zou betekenen dat je voedsel dat je in Nederland kan produceren ook in Nederland zou moeten consumeren. Dus geen aardappelen meer eten uit Israël, maar uit Flevoland, en zuivel ook gewoon van Nederlandse bodem. Dit betekent natuurlijk ook eten volgens de seizoenen, en het telen van een grotere diversiteit aan producten dan dat we nu doen, zoals granen die wel geschikt zijn voor directe menselijke consumptie.

Sommige producten kun je echter beter buiten Nederland produceren, zoals koffie, chocola of citrusvruchten. De milieukundige voordelen van het telen van deze producten in de beste agro-ecologische omstandigheden kunnen opwegen tegen de emissies van transport via bijvoorbeeld de scheepvaart. Ondanks de milieukundige voordelen kan onze vraag naar deze producten wel een grote impact hebben op de lokale beschikbaarheid van bijvoorbeeld water of nutriënten, en de lokale voedselzekerheid en socio-economische situatie. We zullen als consumenten daarom heel bewust moeten omgaan met deze producten.

Deze bewustwording vraagt ook om een toename van de transparantie en traceerbaarheid van onze voedselketen. Wij pleiten er tevens voor om geen ruwe grondstoffen te importeren, zoals cacaobonen, maar het eindproduct, zoals chocola, en hiervoor ook een eerlijke prijs te betalen. Dit geeft het land van herkomst tevens de mogelijkheid de lokale economie te ontwikkelen. Ook vinden veel landen een bepaalde mate van zelfvoorziening van belang, hetgeen korte ketens stimuleert. De optimale schaal waarop we kringlopen willen sluiten is contextspecifiek en vereist een integrale analyse van bovengenoemde factoren.

Duidelijk is wel dat niet alles kan. We zullen daarom keuzes moeten maken welk voedselsysteem we willen realiseren. Voor ons begint dit bij een systeem dat uitgaat van de bovengenoemde circulariteitsprincipes, het ecologisch plafond en sociaal fundament. Alleen dan kunnen we zorgen dat we de draagkracht van ons systeem niet voorbijschieten, en een weerbaar en regeneratief voedselsysteem creëren, waarin met respect voor mens en dier wordt omgegaan, nu en in de toekomst.

Gezamenlijke verantwoordelijkheid

In de afgelopen jaren zien we een toenemende aandacht voor voedsel, van food festivals, '*grow your own*'- en '*support your locals*'-initiatieven tot voedselraden, Herenboeren en nieuwe samenwerkingsverbanden in de landbouw. Dit positieve geluid en deze beweging voor verandering is versterkt tijdens de COVID-19-uitbraak. Voedsel heeft een verbindend karakter en dat hebben we hard nodig om de transformatie naar een duurzamer en meer circulair voedselsysteem te maken. Een circulair voedselsysteem vraagt inzet van alle actoren in het voedselsysteem om te zorgen dat we slim omgaan met onze schaarse grondstoffen en emissies naar water, lucht en bodem minimaliseren. Een circulair voedselsysteem vraagt daarin ook om bewustwording van de consument en het aantrekkelijk, makkelijk en gewoon maken van duurzame producten en een gezond voedselpatroon, met een betere balans tussen plantaardige en dierlijke producten.

Het voedselsysteem staat tevens niet op zichzelf. We kunnen ons dus niet alleen beperken tot het voedselsysteem, maar moeten ook kijken naar hoe we omgaan met het gebruik van biomassa voor energie, textiel en andere materialen, waarbij we bovendien de productie van niet-essentiële producten moeten vermijden. Daarnaast staat het voedselsysteem uiteraard in relatie tot de organisatie van onze economie. Als we willen toewerken naar een circulair voedselsysteem, moeten we daarom ook nadenken over de manier waarop we voedsel waarderen en waarop de huidige economie is verbonden met de consumptie van goederen.

In de afgelopen jaren zijn we begonnen ons te verdiepen in alles wat verband houdt met de transformatie naar een duurzaam en circulair voedselsysteem, van consumentengedrag, cultuur, dieet, gezondheid, technologie en beleid tot economie. Een circulair voedselsysteem is een radicale verandering van het huidige systeem en vraagt een systeembenadering en veranderingen op veel verschillende niveaus. Dit boek is daar een mooi voorbeeld van, waarin veel voedselthema's bij elkaar komen. Samen met u maken we de verandering.

2

Het dier in de kringlooplandbouw: van voederefficiëntie naar systeemefficiëntie

Hannah van Zanten, Yvonne Wientjes & Sonja de Vries
– *Dierwetenschappen*

Heeft het dier nog een rol in onze toekomstige voedselvoorziening? Dieren voorzien ons al eeuwenlang van essentiële voedingsstoffen. Nu staat hun rol ter discussie door de impact van dierlijke productie op het milieu en omdat er akkerbouwland voor veevoer wordt gebruikt waar ook plantaardige producten voor mensen kunnen worden verbouwd. Wat is er gebeurd? Van oudsher was het dier toch juist een uiterst geschikte afvalverwerker?

Al ruim tienduizend jaar speelt het dier een belangrijke rol in de voedselvoorziening van de mens. Door het samenleven van de mens met verschillende diersoorten is een symbiotische, duurzame relatie ontstaan, waarbij de mens verantwoordelijk is voor de verzorging, voeding en bescherming van dieren tegen roofdieren en weersomstandigheden. Dieren leveren op hun beurt voedingsrijke producten voor de mens, zoals melk, eieren en vlees, en zijn zo van oudsher een essentieel onderdeel van onze voedselkringloop. Een voorbeeld hiervan is het huisvarken, dat tot ver in de vorige eeuw werd gevoerd met voedselresten van de mens om deze resten te verwaarden tot hoogwaardige dierlijke producten. Deze producten hebben een hoge voedingswaarde voor de mens doordat zij voedingsstoffen bevatten die vaak niet, of in geringe en slecht beschikbare vorm, in plantaardige producten aanwezig zijn.

De positie van het dier in de landbouw veranderde echter in de loop van de twintigste eeuw. Nadat Europa tijdens en na de Tweede Wereldoorlog werd geconfronteerd met ernstige voedseltekorten waren Europese politici het erover eens dat er nooit meer honger binnen de Europese grenzen mocht voorkomen. Onder het bewind van hervormers zoals toenmalig Landbouwminister, en later Europees commissaris van Landbouw, Sicco Mansholt, werd de landbouwproductie in rap tempo teruggebracht op vooroorlogs peil. Mansholts doctrine luidde dat productie zo efficiënt mogelijk moest zijn: productieverhoging en kostenverlaging stonden in naoorlogs Nederland centraal. Zijn beleid resulteerde in een periode van intensieve groei en modernisering. Daardoor veranderde de verhouding tussen mens en dier: door specialisatie, mechanisatie en schaalvergroting werd het verbeteren van de efficiëntie van productie de focus in de huidige veehouderij. Voederefficiëntie, de hoeveelheid dierlijk product per kilogram voer, is hierdoor een belangrijke parameter geworden om de efficiëntie van productie op dierniveau te bepalen, zowel op het vlak van economie en grondstofgebruik, als op het vlak van milieubelasting.

Anno 2020 staan we in Nederland voor een nieuwe hervorming, met opnieuw belangrijke implicaties voor de positie van het dier. De visie van minister van Landbouw, Natuur en Voedselkwaliteit Carola Schouten benadrukt de noodzaak voor kringlooplandbouw. Het credo 'meer met minder produceren' verandert naar 'produceren met zo min mogelijk verlies aan grondstoffen en een zorgvuldig beheer van bodem, water en natuur'; om zo te produceren binnen de draagkracht van de planeet. Dieren zijn hierbij nodig om restproducten en gras – producten die de mens niet wil of kan eten – toch te kunnen gebruiken. Dieren zijn namelijk in staat om deze producten te verwaarden tot hoogwaardige bronnen van essentiële voedingsstoffen, zoals goed verteerbare eiwitten, calcium, ijzer en vitamine D en B_{12}. Dit betekent dat binnen de kringlooplandbouw de kwaliteit van dieren om afval te verwerken wederom centraal komt te staan (figuur 2).

Waar specialisatie na de Tweede Wereldoorlog hielp om de productie-efficiëntie te verhogen, is nu een integrale benadering vereist. De eendimensionale focus op voederefficiëntie op dierniveau is niet langer geschikt als we streven naar een optimale benutting van natuurlijke bronnen met minimale impact op het milieu. Het streven naar een hogere voederefficiëntie in combinatie met lage graanprijzen heeft er bijvoorbeeld toe geleid dat akkerbouwgrond die gebruikt zou kunnen worden voor de verbouw van granen voor menselijke consumptie nu vaak gebruikt wordt voor voedergewassen. Dierlijke productie gaat echter altijd gepaard met verliezen, met name gekoppeld aan het lichaamsonderhoud van het dier. Hoogwaardige grondstoffen zoals graan kunnen dus beter direct worden gebruikt als voedsel voor de mens. De intensivering van het productieproces en de schaalvergroting in Nederland en andere welvaartslanden in de afgelopen decennia ging daarnaast gepaard met een stijgend gebruik van natuurlijke hulpbronnen, zoals fossiele brandstoffen, kunstmest, water en land. De toenemende druk op uitputbare natuurlijke hulpbronnen zorgt voor een competitie tussen het gebruik van deze bronnen voor de productie van diervoer, brandstoffen en voedsel.

Om natuurlijke hulpbronnen optimaal te benutten en belasting van

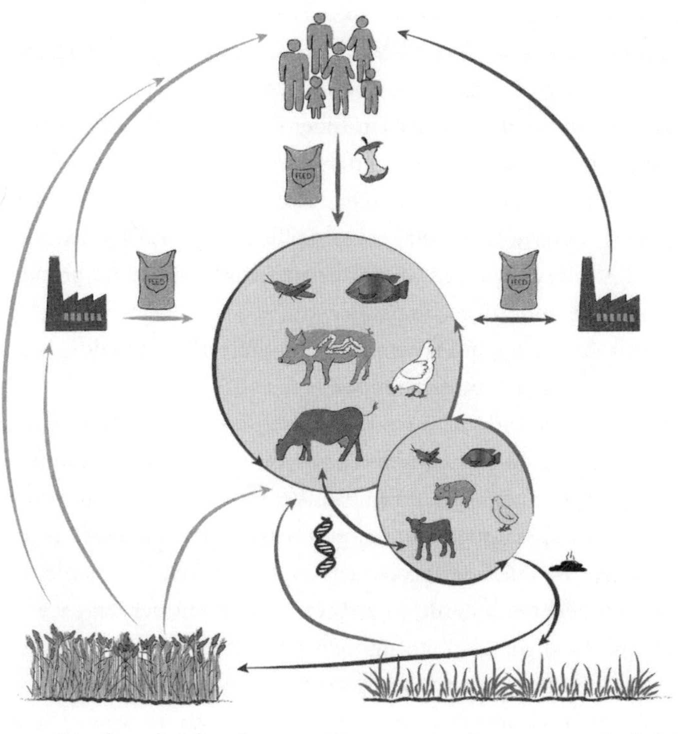

Figuur 2. De rol van het dier als verwaarder van restproducten en gras in de kringlooplandbouw. Illustratie: Hannah van Zanten, Sonja de Vries & Yvonne Wientjes, getekend door Kuwona.

het milieu te beperken, kunnen we leren van het verleden. Daarbij is het essentieel om te werken aan een organisatiestructuur die gericht is op integratie van verschillende onderdelen uit de keten – van productie tot consumptie. Hierbij moeten we gebruikmaken van de meest recente kennis en technologieën, en rekening houden met maatschappelijke belangen als dierenwelzijn en voedselzekerheid. Deze kringlopen dienen gesloten te worden op mondiaal en/of nationaal niveau, maar ook in lokale samenwerkingsverbanden tussen boeren én met de lokale verwerkende industrie, detailhandel en consument. Maar wat betekent dit voor het dier? Zijn landbouwhuisdieren klaar voor de kringlooplandbouw?

Het dier in de kringlooplandbouw

In de ideale kringlooplandbouw spelen dieren weer een cruciale rol als verwaarder van afval, waarbij ze zoveel mogelijk gevoerd worden met restproducten en biomassa van bestaande graslanden. Restproducten bestaan uit verliezen die ontstaan tijdens de productie en consumptie van ons voedsel, zoals gewasresten, bijproducten van industriële voedselverwerking, afval en uitwerpselen. Zo ontstaan bijvoorbeeld als gevolg van broodproductie en -consumptie stro en kaf (resten van de graanoogst), tarwezemelen (door de productie van bloem), broodafval en menselijke ontlasting.

Vanuit milieuoogpunt is het belangrijk om verliezen in de gehele keten – van productie tot consumptie – te voorkomen. In verband met voedselveiligheid en consumentenvoorkeuren is dit echter vaak niet haalbaar. Geheel zonder verliezen produceren is dus wellicht onmogelijk, maar we kunnen wel streven naar het minimaliseren van verliezen en het optimaal benutten van restproducten. Ons onderzoek laat zien dat wanneer we enkel restproducten en gras voeren aan dieren, we in Europa tot zeker een derde (ongeveer 20-30 gram per dag) van onze dagelijks benodigde eiwitten kunnen produceren. Door dieren enkel nog te voeren met restproducten gebruiken we bovendien geen kostbaar akkerbouwland meer voor de productie van diervoer. Dit zorgt ervoor dat er veel minder akkerbouwland nodig is ten opzichte van ons huidige dieet, waarin we dieren deels met 'ons' voedsel voeren. Het gebruik van akkerbouwland is in dit kringloopsysteem ook lager dan het bij een volledig veganistisch dieet zou zijn, omdat reststromen daarin niet worden omgezet in dierlijke producten. De precieze hoeveelheid dierlijke producten die in een dergelijk systeem geproduceerd kunnen worden, zal afhangen van de kwantiteit en de kwaliteit van de restproducten en het beschikbare gras, van het type dieren dat wordt gehouden en de efficiëntie waarmee het voer door het dier wordt gebruikt.

Wat betekent dit voor de veehouderij?

Onze huidige voedselproductie is voornamelijk gedreven door de vraag naar bepaalde producten vanuit de consument, waarbij de productiesystemen zijn geoptimaliseerd om kostenefficiënt te produceren binnen de door overheden gestelde randvoorwaarden. Om optimaal gebruik te maken van de beschikbare natuurlijke hulpbronnen is een verschuiving in het type dierlijke producten noodzakelijk. In het ideale kringloopsysteem zou de productie – en dus de veestapel – het gevolg moeten zijn van een optimale verwerking van de beschikbare restproducten, waarbij alle producten samen in de nutritionele behoeften van de mens kunnen voorzien. Om in deze nutritionele behoeften te voorzien hebben we namelijk, afhankelijk van leeftijd, gezondheid en activiteit, verschillende producten nodig. Naast de goed verteerbare eiwitten en essentiële aminozuren die de dierlijke producten ons bieden, levert zuivel bijvoorbeeld een belangrijke bijdrage aan de calciumvoorziening, terwijl vis essentiële omega 3-vetzuren bevat.

Diersoorten variëren echter sterk in de mate waarin ze verschillende restproducten kunnen benutten. Koeien zijn bijvoorbeeld uitgerust met een pens vol micro-organismen die vezels omzetten in waardevolle voedingsstoffen voor de koe, en zijn daardoor bij uitstek geschikt om gras te verwaarden. Is de kwaliteit van het gras erg laag, dan kan hun rantsoen aangevuld worden met hoogwaardige restproducten. Koeien stoten broeikasgassen uit in de vorm van methaan, maar daar staat tegenover dat er in graslanden waarop koeien grazen koolstof wordt opgeslagen in de bodem. Door graslanden te behouden om koeien mee te voeren, kan op de korte termijn een deel van de methaanemissies van de koeien gecompenseerd worden, alhoewel er ook grenzen zijn aan de hoeveelheid koolstof die we in de bodem kunnen opslaan. Varkens zijn daarentegen essentieel in het verwaarden van natte bijproducten. In Nederland bestaat varkensvoer al grotendeels uit restproducten uit de levensmiddelenindustrie. Dit zijn bijproducten die ontstaan tijdens de productie van levensmiddelen, zoals tarwezemelen, bierbostel, suikerbietenpulp en aardappelschillen, maar ook producten die niet verkoopbaar zijn doordat ze bijvoorbeeld afwijken in vorm en kleur, zoals koekjes, brood en snoep. Een verruiming van de regelgeving omtrent het gebruik van voedselresten uit detailhandel en horeca zou dit aandeel nog verder omhoog kunnen brengen. Kippen zijn weer geschikt om bijvoorbeeld insecten te eten, en vissen kunnen worden gevoerd met dierlijke restproducten; iets wat niet toegestaan is voor andere dieren in verband met de voedselveiligheid.

Daarnaast kunnen ook minder conventionele dieren, zoals insecten, ingezet worden in de kringlooplandbouw. Deze kunnen met name interessant zijn voor het verwaarden van voedselafval en mest. Recent onderzoek laat zien dat de productie van insecten, mosselen en kweekvlees milieuvoordelen oplevert ten opzichte van conventionele dierlijke producten, terwijl deze producten eveneens essentiële micronutriënten bevatten. De voedingswaarde van dergelijke producten en de potentie van verschillende diersoorten om restproducten te verwaarden, en daarmee hun specifieke bijdrage aan ons voedselsysteem, vereist echter meer onderzoek.

Met de intensivering van de landbouw is niet alleen de rol van het dier in het voedselsysteem, maar ook het dier zelf veranderd. Zo groeit de huidige kip vier keer zo snel als de kip uit de jaren vijftig, terwijl deze voor 1 kilogram groei drie keer minder voer nodig heeft. In ongeveer dezelfde tijdspanne is ook de hoeveelheid voer die een melkkoe nodig heeft voor de productie van 1 kilogram melk gehalveerd. Op deze manier is de totale hoeveelheid voer die nodig is om 1 kilogram melk, eieren of vlees te produceren dus drastisch afgenomen.

Deze efficiëntie is deels bereikt doordat we dieren hoogwaardige producten zijn gaan voeren in een gebalanceerd dieet dat in alle behoeften van de dieren voorziet. Voor een ander deel ontstaat deze hoge efficiëntie doordat dieren steeds beter zijn aangepast aan de huidige productieomstandigheden door middel van een uitgekiend selectieproces. De vraag is of onze huidige dieren ook de juiste eigenschappen hebben om te kunnen omgaan met de toekomstige kringloopvoeders. Het aanbod en de kwaliteit van restproducten is namelijk doorgaans variabel, en hierdoor zal het voeren van restproducten meer flexibiliteit vragen van het dier. Daarnaast is de voedingswaarde van restproducten doorgaans lager dan van hoogwaardige grondstoffen zoals granen en soja(bijproducten), die nu nog veel worden gevoerd aan landbouwhuisdieren.

Zo bevatten de restproducten vaak meer vezels dan hoogwaardige grondstoffen. Deze vezels zijn gezond omdat ze de bacteriën in de darm beïnvloeden, maar kunnen ook de voeropname beperken en de vertering van andere voedingsstoffen, zoals eiwit, vet en mineralen, verlagen. Er zijn aanwijzingen dat kippen van hoog- en laagproductieve rassen anders omgaan met vezelrijke grondstoffen, en dat in varkens de vezelafbrekende bacteriën in de darm verschillen tussen rassen. Het hogere gehalte aan vezels in het voer leidt tot een verdunning van de voedingswaarde en heeft als gevolg dat een dier meer zal moeten eten om dezelfde hoeveelheid voedingsstoffen binnen te krijgen. Het zal dus belangrijker worden dat de opnamecapaciteit van een dier groot genoeg is om voldoende voer op te kunnen nemen om zo in alle behoeften van het dier te voorzien. Deze kenmerken worden deels beïnvloed door de erfelijke aanleg van het dier. Zorgvuldige fokkerij met een goede balans tussen productiekenmerken, milieu en dierwelzijnsaspecten is dan ook nodig om dieren klaar te maken voor de kringlooplandbouw. Voor de transitie naar kringlooplandbouw zijn dus zowel nieuwe diervoedingsstrategieën als aangepaste fokdoelen nodig.

Veehouderij van de toekomst

Ook in de toekomst kunnen dieren een rol spelen in onze voedselvoorziening. We zullen ons echter niet langer moeten richten op de voederefficiëntie van het individuele dier, maar op de efficiëntie van het voedselsysteem als geheel. We zullen dieren immers voornamelijk gaan voeren met restproducten, wat kan leiden tot een lagere voederefficiëntie, terwijl de efficiëntie van het voedselsysteem als geheel wordt geoptimaliseerd.

Om alle restproducten en biomassa van graslanden optimaal te benutten kan het in sommige gevallen nodig zijn om voer – bestaande uit restproducten met een lage kwaliteit – aan te vullen met hoogwaardigere producten. Daarnaast is een verruiming van de wet- en regelgeving voor het gebruik van (dierlijke) rest- en afvalstromen in diervoeders, binnen de marges van voedselveiligheid, een absolute noodzaak om de kringlooplandbouw op een goede manier vorm te geven. Om de restproducten optimaal te benutten, hebben we bovendien dieren nodig die hiermee om kunnen gaan. Door middel van fokkerij kunnen we dieren, zowel de traditionele landbouwhuisdieren als nieuwkomers in ons voedselsysteem zoals insecten, hiervoor klaarmaken. Daarnaast moeten we gebruikmaken van bestaande en nieuwe technologieën, zoals het toevoegen van enzymen en schimmels om vezels gedeeltelijk af te breken, waardoor vezelrijke producten beter bruikbaar worden voor de verschillende diersoorten.

Voor de transitie naar een kringlooplandbouw zal de huidige veehouderij dus behoorlijk moeten veranderen. Hervormingen in de organisatiestructuur en het beloningssysteem voor producenten zijn hierbij noodzakelijk. Initiatieven in de praktijk, zoals Kipster, Herenboeren en Caring Farmers, laten zien dat de Nederlandse landbouwsector al belangrijke stappen in deze richting zet. Door een integrale benadering en het optimaliseren op systeemniveau kunnen we beschikbare natuurlijke bronnen met minimale verliezen en minimale negatieve effecten voor het milieu inzetten, waarbij de opbrengst aan voedingsstoffen alsnog zo hoog mogelijk is.

De uiteindelijke hoeveelheid en het type dierlijke producten dat een dergelijke kringlooplandbouw produceert is het resultaat van een optimalisatie van de beschikbare reststromen en de mate waarin deze worden omgezet tot voedingsstoffen voor de mens. Kringlooplandbouw vraagt dus ook om een verandering van ons consumptiepatroon. Het optimale kringloopsysteem zal afhangen van de uitgangssituatie, die sterk kan verschillen tussen landen, bijvoorbeeld als gevolg van de welvarendheid. Lokale overheden spelen daarom een belangrijke rol in het scheppen van de juiste randvoorwaarden om vitale kringlooplandbouw te faciliteren. Wij concluderen dat de transitie naar een duurzame kringlooplandbouw de verantwoordelijkheid is van iedereen in de maatschappij: de overheid, de consument en de sector.

3

Nieuw klimaat, nieuwe gewassen?

Henk Hilhorst – *Plantenfysiologie*

Ons klimaat verandert, misschien wel sneller dan gedacht. Kunnen we onze huidige voedselgewassen beter bestand maken tegen langdurige perioden van hitte en droogte? En wat zou dit betekenen voor de opbrengst van deze gewassen? Nieuwe benaderingen van dit probleem maken gebruik van eigenschappen uit de wilde voorouders of van bestaande soorten die beter bestand zijn tegen ongunstige klimaatcondities.

Het is een feit: ons klimaat verandert, en misschien wel sneller dan gedacht. Voorspellingen over hoeveel droger, natter, warmer of kouder het wordt, en in welke regio's van de wereld, hangen af van de gebruikte wetenschappelijke klimaatmodellen. Toch verwachten vrijwel alle modellen langdurige perioden van droogte en hitte in de meeste regenafhankelijke landbouwregio's van de wereld. Dit betreft zo'n 80 procent van het totale landbouwareaal. Bovendien krijgt ook de irrigatielandbouw het steeds moeilijker in verband met de wereldwijde schaarste aan water. Denk bijvoorbeeld aan rijst, dat veelal geteeld wordt op ondergelopen veldjes (*paddies*). Naast rijst zullen ook tarwe, mais en andere gewassen lagere opbrengsten laten zien door klimaatverandering. Aangezien deze drie genoemde gewassen samen goed zijn voor zo'n 60 procent van alle plantcalorieën in de wereld, zijn dit dreigende ontwikkelingen.

De voeding van het grootste deel van de wereldbevolking is voor een groot deel afhankelijk van deze beperkte groep gewassen. Deze afhankelijkheid is het grootst in armere regio's van de wereld, waar vlees niet of nauwelijks op het menu staat. Wat is de oorzaak van dit gebrek aan diversiteit? Daarvoor moeten we teruggaan naar de Groene Revolutie, die zich ruwweg voltrok tussen 1960 en 1980. De opkomst van moderne landbouwtechnieken, vooral in de graanteelt, in combinatie met het gebruik van kunstmest, pesticiden, betere rassen (hybrides) en grootschalige irrigatie leidde in deze periode tot een verveelvoudiging van de opbrengst per hectare en bleek daarmee een effectief wapen in de strijd tegen honger, met name in Azië. Deze ontwikkelingen kwamen echter wel met een prijs. Naast de gevolgen voor het milieu, zorgde de exclusieve selectie van gewassen met een hoge opbrengst voor een vermindering van genetische diversiteit. Deze gewassen doen het uitstekend in het klimaat waar ze voor ontwikkeld waren, maar zijn door de genetische homogeniteit vaak veel slechter in staat opbrengst te genereren in een ongunstige omgeving, zoals bij minder neerslag en hogere temperaturen.

Deze ontwikkelingen zijn aanleiding voor grote zorgen over de toekomst van onze gewassen. Hebben onze voedingsgewassen voldoende veerkracht om onder de verwachte klimaatveranderingen goed te blijven presteren? Zijn we in staat om met de moderne veredelingstechnieken en genetische modificatie planten beter bestand te maken tegen omgevingsstress, en tegelijkertijd een goede opbrengst te laten behouden? En zijn er grenzen aan de mogelijkheden en rekbaarheid van de plant? Dit hoofdstuk laat zien op welke manieren recente wetenschappelijke inzichten in de plantenfysiologie een bijdrage leveren aan een succesvolle landbouw in een veranderend (en stressvoller) klimaat.

Aanpassen van gewassen aan een nieuw klimaat: een wetenschappelijke uitdaging

De meeste pogingen om planten aan te passen aan een stressvolle omgeving richten zich op het succesvol doorstaan van droogte. Het doel is dan meestal om de efficiëntie van watergebruik door de plant te verhogen. De efficiëntie van watergebruik is de hoeveelheid biomassa of graan dat een gewas per eenheid water kan produceren via de fotosynthese. De hoeveelheid water die hiervoor beschikbaar is hangt af van de verhouding tussen uit de grond opgenomen water dat de plant gebruikt en water dat verdwijnt via verdamping door de bladeren. Om deze verdamping tegen te gaan is het belangrijk dat de zogenoemde huidmondjes in de bladeren gesloten zijn. Het aantal huidmondjes per bladoppervlak of de tijdsduur dat de huidmondjes gesloten zijn kan middels veredeling (het selecteren en kruisen van gewassen) en andere genetische modificaties gewijzigd worden. Hieraan kleeft echter één groot nadeel, namelijk dat de huidmondjes zich ook moeten openen om kooldioxide (CO_2) op te nemen. De opbrengst van een gewas wordt namelijk grotendeels bepaald door de efficiëntie van de fotosynthese waarmee koolstof uit de CO_2 wordt vastgelegd in koolhydraten en andere voedingsstoffen in de plant. Een betere bewapening tegen uitdroging (sluiting van huidmondjes) leidt dus helaas ook tot verminderde opbrengst.

Andere wetenschappelijke strategieën richten zich op verbetering van de wateropname door de wortels. Zo kunnen langere wortels water vanuit dieper gelegen grond opnemen. Ook vergroting van het aantal wortelhaartjes, waarmee een plant water en voedingsstoffen opneemt, kan helpen om de efficiëntie van wateropname te vergroten. Daarnaast wordt onderzoek gedaan naar mogelijkheden om de fotosynthese efficiënter te maken. In dat geval zou met een geringer verbruik van water de opbrengst op zijn minst gelijk kunnen blijven in plaats van dalen. Hierbij wordt onder andere gekeken naar planten die zich op natuurlijke wijze kunnen handhaven onder droge en warme omstandigheden, zoals veel tropische grassen waartoe overigens ook de oervormen van mais, suikerriet en gierst behoren. Deze planten openen bijvoorbeeld hun huidmondjes alleen 's nachts en nemen dan CO_2 op om deze overdag verder te verwerken als er licht genoeg is voor fotosynthese.

Een van de meest recente ontwikkelingen is om wilde voorouders van bekende gewassen opnieuw te gebruiken. In plaats van langdurige selectie en veredeling, zoals vroeger het geval was, doen we dit nu door het DNA van de plant te veranderen door middel van zogenoemde CRISPR-Cas9-technologie. CRISPR-Cas9 is een nieuwe technologie waarmee het genoom van een plant heel nauwkeurig kan worden bewerkt. Wilde voorouders zijn geëvolueerd onder veel minder gunstige omstandigheden en bevatten hierdoor een ruim genetisch reservoir aan bruikbare eigenschappen, die de meeste veredelde planten niet hebben. Deze genetische eigenschappen kunnen worden gebruikt om gewassen beter bestand te maken tegen de diverse vormen van omgevingsstress. Op deze manier hoopt de wetenschap gewassen opnieuw te ontwerpen, maar nu in veel kortere tijd dan de tienduizend jaar die het heeft geduurd om onze huidige gewassen te ontwikkelen. Deze 'nieuwe' gewassen zouden bovendien een goede stressbestendigheid kunnen combineren met een even goede opbrengst.

Het is echter onzeker of planten dit potentieel wel hebben. Het verdwijnen van stressbestendigheid van gewassen door selectie op opbrengst lijkt te wijzen op het tegendeel. Ongunstige omstandigheden leiden namelijk tot vertraagde groei, omdat de plant meer energie moet investeren in overleven. Daarnaast blijft het de vraag of de huidige pogingen om gewassen resistenter te maken tegen omgevingsstress voldoende zijn om de verwachte klimaatveranderingen het hoofd te bieden.

Van stressvermijding naar stresstolerantie

Planten hebben van nature verschillende strategieën om stress het hoofd te bieden. In het geval van droogte zien we vooral dat planten droogteschade proberen te vermijden. Dit doen ze door verdamping tegen te gaan middels sluiting van de huidmondjes of met wortels die diep de grond in groeien om zo toch water te kunnen opnemen. Sommige plantensoorten zijn hiervoor heel goed aangepast, zoals cactussen die nauwelijks nog huidmondjes hebben en een dikke, ondoordringbare buitenkant. De Afrikaanse baobab, ook wel apenbroodboom genoemd, slaat tijdens het regenseizoen tot wel 100.000 liter water op in de enorm dikke stam om het droge seizoen te overleven. De meest extreme vorm van stressvermijding vinden we in veel eenjarige planten, die als zaad in de grond het ongunstige seizoen overleven.

De huidige pogingen om gewassen beter bestand te maken tegen stress zijn voornamelijk gebaseerd op het principe van stressvermijding en zijn maar deels succesvol. De meeste van deze zogenaamd 'droogtetolerante gewassen' zijn verkregen door selectie op bijvoorbeeld een korter groeiseizoen, langere wortels of hogere weerstand tegen waterverlies onder droge omstandigheden. Dergelijke stressvermijdende gewassen zijn echter niet tolerant voor droogte door waterverlies. De plant zal na verlies van 10 tot 60 procent van het totaal aanwezige water uiteindelijk doodgaan. De variatie in deze 'lethale droogte' hangt af van de soort. Dit betekent dat onder langere perioden van droogte, en zeker bij hogere temperaturen en een voedingsarme bodem, verlies van het gewas onvermijdelijk is.

Het is duidelijk dat voor de ene plantensoort verlies van een klein beetje water al dodelijk is, terwijl andere soorten een veel groter waterverlies overleven. Van deze laatste categorie kan gezegd worden dat ze een zekere tolerantie voor waterverlies hebben en langere droge perioden kunnen overleven met minder water. Dit betekent echter nog niet dat deze soorten bestand zijn tegen droogteschade; uiteindelijk zullen ook deze planten afsterven. De wilde voorouders van de belangrijkste voedselgewassen beschikken over deze droogtetolerantie. Er zijn ook

Figuur 3. Boven: voorbeeld van een open en gesloten huidmondje op het blad van een tomatenplant. Bij droogte sluiten deze huidmondjes zodat er geen water verloren gaat: vermijding van droogtestress. Dit houdt echter ook de opname van kooldioxide tegen waardoor de fotosynthese wordt geremd. Vergroting 10.000x. Foto's: Adriaan van Aelst. Onder: de resurrectieplant *Xerophyta schlechteri* uit Zuidelijk Afrika met voldoende water (links) of geheel uitgedroogd (rechts), maar niet dood: tolerantie van droogte! Foto's: Henk Hilhorst.

tientallen gewassen bekend die van nature een behoorlijke mate van stresstolerantie bezitten, niet alleen voor droogte maar ook voor hitte en zout. Hieronder vallen bijvoorbeeld quinoa uit Zuid-Amerika en teff uit Oost-Afrika. Beide gewassen zijn voedzaam en vezelrijk en worden al honderden jaren door de lokale bevolking geteeld. In de westerse wereld staan ze tegenwoordig bekend als 'superfoods'.

Stresstolerante gewassen als quinoa en teff worden ook wel 'weesgewassen' genoemd, omdat zij commercieel niet interessant zijn voor de grote veredelaars in de wereld. Andere weesgewassen zijn onder meer bonen, cassave, baobab, yam, aardnoten en jackfruit. De veredeling van veel van deze weesgewassen is weinig winstgevend omdat het areaal waarop ze geteeld worden te klein is. Gelukkig is er initiatief genomen om de weesgewassen breder in te zetten in de voedselketen, met name in Afrika. Hiertoe is het African Orphan Crops Consortium opgericht, dat ernaar streeft de genetische eigenschappen van weesgewassen in kaart te brengen. Daarnaast ondersteunt het initiatief lokale veredelaars om eigenschappen van deze gewassen nog verder te verbeteren. Weesgewassen lijken een goede toekomst te hebben voor de teelt op marginale gronden in een veranderend klimaat. Het verder ontwikkelen van de mogelijkheden van weesgewassen betekent dus dat het mondiale landbouwoppervlak flink uitgebreid zou kunnen worden naar armere bodems in minder gunstige klimaatzones.

Naast de weesgewassen is er een groep van planten die een nog betere – nagenoeg volledige – tolerantie heeft voor uitdroging. Dit zijn de zogenaamde herrijzenisplanten, zoals de bekende Roos van Jericho (*Anastatica hierochuntica*) en de medicinale plant *Myrothamnus flabellifolia* uit Zuidelijk Afrika. Deze zijn in staat om gedurende lange tijd verlies van meer dan 95 procent van hun water te overleven. Ze zijn in die zin vergelijkbaar met zaden die ook volkomen droog kunnen overleven, soms tot wel honderden jaren. Herrijzenisplanten hebben met elkaar gemeen dat ze erg langzaam groeien. Gezien hun extreme stresstolerantie is dit niet verwonderlijk. Vanwege deze langzame groeitijd zijn deze soorten niet heel geschikt als voedselgewassen. Wel kunnen deze planten ons leren hoe de stresstolerantie van voedselgewassen verbeterd kan worden. Sommige eiwitten uit deze herrijzenissoorten kunnen bijvoorbeeld een gewas als mais beter bestand maken tegen droogte. De zaden van moderne voedselgewassen zijn alle extreem uitdroogtolerant. Dit betekent dat de genetische informatie voor uitdroogtolerantie aanwezig is in deze planten, maar alleen tot uiting komt in de zaden. Dan zou het dus ook mogelijk moeten zijn om ook de groene delen van de plant uitdroogtolerant te maken, door de inwendige schakelaar voor uitdroogtolerantie om te zetten.

Hoe gaan we voedselzekerheid voor de komende generaties waarborgen? In de toekomst zal plantaardige voeding een groter deel van ons dieet gaan uitmaken. Tegelijkertijd verandert ons klimaat en zullen hogere temperaturen, langere perioden van droogte, verzilting en overstroming frequenter voorkomen. Ook zal het (krimpende) landbouwareaal vergroot moeten worden om de groeiende wereldbevolking te blijven voeden.

Het zal om deze redenen noodzakelijk zijn om ook marginale voedingsarme gronden te gaan gebruiken voor plantaardige productie. Dit alles vereist een nieuw type plant, die weliswaar minder opbrengst zal leveren, maar wel veel beter bestand is tegen de nieuwe omstandigheden. Wetenschappelijk onderzoek zal zich de komende tijd minder op stressvermijding en meer op echte stresstolerantie moeten gaan richten. Uiteraard moet het genereren van deze nieuwe gewassen gezien worden als een deeloplossing, die tezamen met onder meer gewasmanagement, veranderend consumentengedrag en beter bodemgebruik de gevolgen van klimaatverandering op de wereldvoedselzekerheid het hoofd kan bieden.

4

Hoe blijven we onkruid de baas?

Lammert Bastiaans – *Gewas- en Onkruidecologie*

Bestrijding van onkruiden zorgt voor vermindering van gewasschade. Tegelijkertijd genereert elke bestrijdingsmaatregel een verschuiving in de samenstelling van de onkruidpopulatie: juist van soorten waarop de ingreep nauwelijks vat heeft, neemt het aandeel toe. Hierdoor ondermijnt elke maatregel op termijn zijn eigen effectiviteit. Alleen een geïntegreerde aanpak, gebaseerd op een divers scala aan beheersmaatregelen, garandeert dat we in de toekomst onkruiden de baas blijven.

Van alle organismen die de productie van een gewas schade toebrengen, nemen onkruiden een speciale plaats in. Recent onderzoek naar zes belangrijke voedselgewassen toonde aan dat de wereldwijde schade aan gewassen ten gevolge van ziekten, plagen en onkruiden voor ieder van deze drie categorieën ongeveer 8 procent bedraagt. Een inschatting van de omvang van de schade zonder bestrijdingsmaatregelen leidde echter tot een opmerkelijk verschil. Voor zowel ziekten als plagen schatten onderzoekers deze potentiele schade op 18 procent, terwijl de inschatting voor onkruiden op het dubbele (36 procent) uitkwam. Deze cijfers laten zien dat we op dit moment redelijk in staat zijn om schade door onkruiden op een aanvaardbaar niveau te houden. Dankzij de inzet van voornamelijk chemische onkruidbestrijdingsmiddelen (herbiciden) wordt een forse potentiële schade aanzienlijk ingeperkt.

Naast deze positieve vaststelling, bevatten dezelfde cijfers ook een waarschuwing. Ze maken overduidelijk dat verlies van het vermogen om onkruiden te beteugelen dramatische gevolgen heeft voor de wereldvoedselvoorziening. Dit illustreert het belang van houdbaarheid: blijft de huidige inzet van herbiciden ook bij grootschalige en langdurige toepassing in staat onkruiden op een adequate wijze te bestrijden? Juist dit aspect speelt in het kader van het wereldvoedselvraagstuk een belangrijke rol. Dit hoofdstuk laat zien wat er moet veranderen om duurzaam onkruidbeheer te realiseren.

De onkruidgemeenschap als uitkomst van ons handelen

Bij de omschakeling van jagen en verzamelen naar het bedrijven van landbouw, zo'n tienduizend jaar geleden, ontstonden voor het eerst percelen toegerust voor de teelt van gewassen. Deze akkers werden en worden gekenmerkt door veel verstoring en weinig stress. Verstoring bestaat vooral uit het verwijderen van de aanwezige vegetatie en treedt op bij zowel het zaaiklaar maken van de grond voorafgaand aan de teelt als bij de oogst van het gewas. De geringe mate van stress komt voort uit de verzorging van het gewas door de teler en bestaat uit de verrijking van de akker met meststoffen en het toepassen van irrigatie bij vochttekort.

Deze condities sluiten naadloos aan bij de overlevingsstrategie van zogenoemde pioniersoorten. Pioniersoorten zijn gespecialiseerd in het koloniseren van open plekken en ze zijn dan ook vaak de eerste soorten die opkomen nadat een akker is klaargemaakt voor de teelt van een gewas. Ze hebben een korte levenscyclus en een snelle vermeerdering, waarbij ze in de generatieve fase vele kleine zaden produceren. De zaden overleven in de bodem en zullen bij verstoring van de grond kiemen en nieuwe planten vormen. Dankzij hun snelle groei en opkomst op het juiste moment zijn ze in staat te profiteren van de gunstige groeicondities. Door de goede aansluiting tussen leefomgeving en overlevingsstrategie vertonen ook huidige akkeronkruiden de typische kenmerken van pioniersoorten.

Binnen de landbouw worden onkruiden als ongewenst ervaren. Ze maken namelijk gebruik van zonlicht, water en nutriënten, die vervolgens niet meer beschikbaar zijn voor het gewas. Om de schade door concurrentie te beperken voeren agrariërs een bestrijding van onkruiden vaak uit rond de opkomst van het gewas, als de onkruiden zich in hun kiemplantfase bevinden. Concurrentie heeft dan nog nauwelijks plaatsgevonden, de kleine onkruidplanten zijn kwetsbaar en het nog open gewas biedt volop gelegenheid om onkruiden te verwijderen zonder daarbij het gewas te beschadigen.

Lange tijd verwijderden boeren onkruiden vooral handmatig. Deze bezigheid nam veel tijd in beslag. De introductie van chemische onkruidbestrijdingsmiddelen in het midden van de twintigste eeuw werd dan ook met gejuich ontvangen en zorgde voor een enorme toename in arbeidsproductiviteit. Door de hoge efficiëntie van herbiciden ontstond zelfs even het idee dat de rol van onkruiden binnen een paar decennia volledig uitgespeeld zou zijn. Niets bleek echter minder waar. Enerzijds is dit toe te schrijven aan de karakteristieke eigenschappen van pioniersoorten, die garant staan voor een hoge mate van overleving (persistentie). Anderzijds is de soortensamenstelling van de onkruidgemeenschap uiterst dynamisch. Algemene teeltmaatregelen, maar in het bijzonder bestrijdingsingrepen, zorgen voor een selectiedruk op de onkruidgemeenschap. Juist die soorten die door een bepaalde ingreep minder, of zelfs helemaal niet, worden bestreden vermeerderen zich sterk en gaan zodoende een groter deel van de gemeenschap uitmaken. Op deze wijze past de samenstelling van de onkruidgemeenschap zich aan en wordt daarmee minder gevoelig voor een toekomstige ingreep met hetzelfde middel.

Al kort na introductie van het eerste herbicide deed dit fenomeen zich voor. Dit eerste onkruidbestrijdingsmiddel, 2,4-D, kwam rond het einde van de Tweede Wereldoorlog op de markt. Het middel was uiterst selectief: breedbladige planten, zoals melganzevoet, werden gedood, terwijl grasachtige planten, waaronder granen als tarwe en gerst, een bespuiting overleefden. Daarmee was het middel bij uitstek geschikt voor toepassing in graangewassen. Na herhaalde toepassing van het middel in de graanteelt in het Verenigd Koninkrijk verloren breedbladige onkruiden spoedig hun dominante positie. De opengevallen plaatsen werden echter ingenomen door grasachtige onkruiden. Deze verdringing bleek hardnekkig: tot op heden vormen grasachtige onkruiden, en met name duist, het belangrijkste onkruidprobleem in de graanteelt van het Verenigd Koninkrijk.

Naast verschuivingen tussen soorten als gevolg van bestrijdingsmaatregelen, kan een vergelijkbaar verschijnsel ook optreden binnen een soort. Als een specifieke eigenschap bepaalde individuen binnen een soort een snellere groei of verhoogde overlevingskans biedt, uitmondend in een verhoogde zaadproductie, zullen nakomelingen met deze gunstige eigenschap een steeds groter deel van de populatie gaan uitmaken. Dit proces staat bekend als natuurlijke selectie. Bij onkruiden kennen we dit fenomeen vooral als het gaat om herbicideresistentie. Bij veelvuldige inzet van hetzelfde herbicide kan het aandeel individuen met herbicideresistentie snel in omvang toenemen. Gebruik van dit herbicide tegen de betreffende onkruidsoort is dan op termijn dus niet langer effectief.

Verschuiving in de onkruidpopulatie onder invloed van selectiedruk, opgeroepen door een bestrijdingsingreep, is niet uniek voor herbiciden. In principe creëert elke ingreep een dergelijke selectiedruk. Maar het is de hoge efficiëntie van onkruidbestrijdingsmiddelen die ervoor zorgt dat de verschuiving in de samenstelling van de populatie zich uiterst snel voltrekt. Vooral als er sprake is van een monocultuur, waarbij op een perceel elk jaar hetzelfde gewas wordt verbouwd en hetzelfde bestrijdingsmiddel wordt ingezet, treedt herbicideresistentie gemakkelijk op. Zo is herbicideresistentie in Nederland vooral waargenomen in percelen met continuteelt van mais en in de graanteelt in Oldambt (Oost-Groningen), waar de zware klei een rotatie met rooigewassen als aardappel en suikerbiet verhindert.

Deze voorbeelden laten zien dat eenvormigheid kwetsbaarheid met zich meebrengt. De eenzijdige bestrijding met hoog effectieve middelen leidt automatisch tot een wankel systeem door de aanhoudende selectiedruk en de daaraan gekoppelde verschuiving op populatieniveau. Bijkomende kwesties zijn de nadelige gevolgen van chemische bestrijdingsmiddelen voor mens en milieu. Hoewel de bestrijdingsmiddelen voorafgaand aan een toelating streng worden gecontroleerd, zijn ze geregeld onderwerp van verhitte debatten op internationaal niveau. Denk bijvoorbeeld aan de controverse rond glyfosaat, dat door sommigen als veilig wordt beoordeeld, maar door andere instanties als kankerverwekkend wordt aangemerkt.

Voortschrijdend inzicht in de nadelige gevolgen van bestrijdingsmiddelen leidt regelmatig tot strengere normen. Het gevolg hiervan is

Figuur 4. Na de zaai van een gewas, zullen naast gewasplanten ook diverse onkruidplanten opkomen. Zonder bestrijding zullen deze de groei van het gewas hinderen, leidend tot aanzienlijke reductie in de opbrengst van het gewas. In dit geval wordt het in rijen gezaaide maisgewas voornamelijk belaagd door melganzevoet. Foto: Lammert Bastiaans.

dat de laatste decennia veel middelen uit de handel zijn genomen. Bovendien zijn de laatste jaren weinig nieuwe middelen op de markt verschenen. Hierdoor is het beschikbare middelenpakket behoorlijk versmald. Een kleiner assortiment werkt eenzijdig middelengebruik in de hand: het verhoogt de kans op resistentie en zorgt daarmee voor een verdere versmalling van het middelenpakket.

Zo'n negatieve spiraal vormt een ernstige bedreiging voor de toekomstbestendigheid van onze huidige aanpak van het onkruidprobleem. Dat betekent dat we op zoek moeten naar bestrijdingssystemen met een langere houdbaarheid. Zoals uit het bovenstaande blijkt, zullen deze nieuwe systemen opgebouwd moeten zijn uit een breed spectrum aan maatregelen. Alleen op die manier is een eenzijdige selectiedruk, met als gevolg ongevoelige individuen en soorten, te vermijden. Praktisch gezien betekent dit dat toekomstig onkruidbeheer minder eenzijdig op chemische bestrijding gebaseerd moet zijn.

Diversiteit als leidraad

Het ontwikkelen van duurzaam onkruidbeheer betekent vooral een zoektocht naar alternatieve beheersmaatregelen. Opties om onkruiden anders dan met chemische middelen te bestrijden staan hierbij centraal. Zo is er de laatste decennia veel vooruitgang geboekt met mechanische onkruidbestrijding, waarbij vooral ook is gelet op de bestrijding van kiemplanten in de gewasrij. Toch blijft de effectiviteit van mechanische bestrijding achter bij de extreem hoge effectiviteit van chemische bestrijding, en kan in dezelfde tijdspanne maar een fractie van het areaal worden behandeld. De herintroductie van handwieden is slechts een oplossing voor een beperkt areaal. Handwieden is namelijk uiterst tijdrovend en de benodigde arbeidskracht is vaak niet voorhanden. Dat maakt het een dure optie en daarmee een maatregel die praktisch gezien alleen inzetbaar is in hoogrenderende gewassen, zoals sommige vollegrondsgroenten, waarbij de gemaakte kosten kunnen worden terugverdiend.

Voor het creëren van een meer diverse aanpak is het nodig om het onkruidprobleem vanuit een breder perspectief te bekijken. Schade door onkruid komt met name tot stand in het groeiseizoen, maar het is het persistente karakter van onkruid dat ten grondslag ligt aan de jaarlijkse dreiging. Het ondermijnen van deze persistentie biedt mogelijkheden voor alternatief onkruidbeheer. Bij deze benadering staat de levenscyclus van het onkruid centraal en speelt de zaadbank, bestaande uit alle in de bodem opgeslagen onkruidzaden, een cruciale rol. In de zaadbank verkeren veel zaden in kiemrust, maar het deel dat kiembereid is zal onder gunstige omstandigheden kiemen. Vervolgens zal na vestiging als kiemplant het deel dat ontsnapt aan bestrijding gaan concurreren met het gewas. Deze planten zullen uiteindelijk nieuwe zaden produceren, waarvan een deel weer ingebouwd wordt in de zaadbank en zo bijdraagt aan het in stand houden van het onkruidprobleem.

Duidelijk is dat er naast de kiemplantfase andere stadia zijn waarin de ontwikkeling van het onkruid kan worden bemoeilijkt. Met de zaadbank als vertrekpunt is het verminderen van kieming of opkomst een eerste optie. Zaden van diverse onkruidsoorten hebben een lichtprikkel nodig om te kiemen. Tijdens de zaaibedbereiding worden veel zaden kortstondig aan licht blootgesteld en dit is voldoende om kieming te stimuleren. Zaaibedbereiding gedurende de nacht en het afdekken van de bodem door het aanbrengen van niet-licht-doorlatend doek op de machines blijken met succes het aantal kiemplanten te verminderen.

Daarnaast zijn er veel teeltaanpassingen om de concurrentiepositie van het gewas te versterken. Dit kan op individueel plantniveau, bijvoorbeeld door te werken met voorgekiemd gewaszaad of -zaailingen of door te kiezen voor variëteiten met een verhoogde concurrentiekracht. Aanpassingen op populatieniveau zijn onder andere een hogere zaaidichtheid of een meer gelijkmatige ruimtelijke plaatsing van de gewasplanten, waardoor er minder ruimte overblijft voor onkruiden. Deze maatregelen verminderen naast de gewasschade ook de zaadproductie van het onkruid.

Het voorkomen dat geproduceerde zaden van onkruiden in de zaadbank belanden, is een volgende stap. Zo is in Australië recentelijk met succes gewerkt aan het opvangen en pletten van onkruidzaden tijdens de oogst van het graangewas door de combine uit te rusten met een machine die de onkruidzaden verpulvert. Ook het bevorderen van zaadpredatoren, zoals insecten en vogels die zich voeden met onkruidzaden, kan de toevoer naar de zaadbank verminderen. Verder kan de overleving van onkruidzaden in de bodem worden bekort door groenbemesters op te nemen in het bouwplan. Bij een juiste keuze van het groenbemestingsgewas komen tijdens de afbraak van de gewasresten stoffen vrij die zaadafsterving bevorderen of kieming verhinderen.

Van concept naar toepassing

Er zijn dus diverse mogelijkheden om de opbouw van onkruidpopulaties te belemmeren. De toepasbaarheid van deze maatregelen verschilt per gewas. Vandaar dat gewasrotatie een belangrijke component is van elke duurzame beheerstrategie. Met het opnemen van meer gewassen in de rotatie worden de beschikbare mogelijkheden om onkruid de baas te blijven vergroot. Daarnaast heeft elk gewas binnen de rotatie zijn eigen specifieke zaai- en oogsttijdstip, en ook dat voorkomt onkruidsoorten waarvoor de omstandigheden elk achtereenvolgend jaar gunstig zijn. Vooral de afwisseling van in het najaar gezaaide gewassen, zoals wintertarwe, met gewassen die in het voorjaar worden gezaaid, zoals aardappelen en suikerbieten, blijkt doeltreffend.

Desondanks blijft het een feit dat iedere bestrijdingsmaatregel individueel minder effectief is dan een herbicide. De kracht van alternatief onkruidbeheer is dan ook bij uitstek gebaseerd op het combineren van maatregelen; in het Engels aangeduid als '*the strategy of the many little hammers*'. Een belangrijk voordeel van het inzetten van een dergelijke set aan maatregelen is dat selectie van moeilijk te bestrijden onkruidsoorten wordt voorkomen: bij onvoldoende werking van de ene maatregel zijn er altijd nog de andere maatregelen om de klus te klaren. Dit waarborgt de houdbaarheid van deze aanpak.

Het veiligstellen van de wereldvoedselvoorziening vraagt om effectief, betrouwbaar, maar bovenal toekomstbestendig onkruidbeheer. De sleutel tot een duurzame aanpak is de inzet van een breed pakket aan maatregelen. De omschakeling van eenzijdige chemische onkruidbestrijding naar geïntegreerd populatiebeheer vraagt de nodige leertijd, en tijdens deze transitie is het belangrijk om herbiciden als vangnet achter de hand te hebben. Het is dan ook essentieel dat we niet wachten met de omschakeling naar een duurzame, geïntegreerde aanpak totdat de chemische benadering zijn effectiviteit compleet heeft verloren. Dan lopen we achter de feiten aan, en dat kunnen we ons met de wereldwijd stijgende vraag naar voedsel niet veroorloven.

5

Biologische oorlogsvoering: roofinsecten voor voldoende voedsel en grotere biodiversiteit

Joop van Lenteren, Gerben Messelink & Erik Poelman
– *Entomologie*

Ondanks het gebruik van enorme hoeveelheden landbouwgif gaat een kwart van het wereldwijd geproduceerde voedsel verloren door plagen. Dit landbouwgif leidt bovendien tot ongewenste neveneffecten. Daarom moeten we gif vervangen door intelligente alternatieven, zoals natuurlijke vijanden van plagen. Door biologische bestrijding blijft de voedselproductie behouden – of neemt zelfs toe – en worden mens en milieu gezonder.

De ontdekking van goedkope bestrijdingsmiddelen in de vorige eeuw leidde tot een flinke toename van de voedselproductie, maar ook tot milieuvervuiling en gezondheidsproblemen. We kunnen een groeiende wereldbevolking in de nabije toekomst niet zo blijven voeden: het gaat eerst ten koste van onze omgeving en daarna van onze eigen gezondheid.

Biologen zochten daarom naar natuurlijke vervangers voor landbouwgif. Ze vonden roofinsecten, sluipwespen, schimmels, bacteriën en virussen. Die maken plaagdieren, zoals bladluizen en rupsen, dood zonder schade aan de omgeving toe te brengen. We noemen dat biologische bestrijding. De moeilijke, maar vaak ook spannende opgave voor onderzoekers is om voor elke plaag een efficiënte natuurlijke vijand te vinden. Daarna moeten ze goedkope methoden ontwikkelen om miljoenen roofinsecten of sluipwespen te kweken, en ten slotte ook nog handige manieren uitvinden om die biologische bestrijders in het gewas los te laten.

Plaagbestrijding als cadeau van de natuur

Tweeduizend jaar geleden gebruikten boeren in China al biologische bestrijding. Ze ontdekten dat mieren de schildluizen op sinaasappels aten, en zo de vruchten schoonhielden. Boeren haalden de mierennesten 's winters naar binnen en voerden de mieren suikerwater. Een overschot aan nesten verkochten de boeren op de markt, en dat doen ze vandaag de dag nog. Ze deden nog iets heel inventiefs: ze brachten bamboestokken aan tussen de mierennesten en plekken op de sinaasappelbomen met veel schildluizen. Ze legden zo, bij wijze van spreken, snelwegen aan en vormden 'fastfoodketens' voor de mieren. Dit voorbeeld laat twee vormen van biologische bestrijding zien: de boeren gebruikten een bestrijdingsmethode die de natuur hun bood én zorgden dat de omstandigheden voor de mieren ideaal waren.

Gedurende honderden jaren gebruikten boeren naast biologische bestrijding veel andere methoden om plagen te voorkomen of te bestrijden, soms simpelweg door schadelijke beestjes met de hand te verwijderen. Toen goedkope chemische bestrijdingsmiddelen zoals DDT rond 1945 beschikbaar kwamen, zijn we gewend geraakt al die bladluizen, coloradokevers en rupsen gewoon dood te spuiten. Maar in de vrije natuur komen plagen nauwelijks voor. Daar worden bladluizen en rupsen die mogelijk een plaag zouden kunnen vormen onderdrukt door roofdieren – service van de natuur, en nog gratis ook. Dat Chinezen biologische bestrijding ontdekten was dus gewoon een kwestie van goed opletten.

Maar hoe grootschaliger de landbouw werd, hoe meer de mens deze gratis diensten kwijtraakte. Door plaagdieren te gaan bestrijden met gif gingen ook hun natuurlijke vijanden dood. Verder hebben we het de plaagdieren heel gemakkelijk gemaakt door hun favoriete voedsel in grote hoeveelheden en van topkwaliteit aan te bieden: een akker is een picknick voor planteneters, maar niet voor veel van hun vijanden. Die zijn kieskeurig. Ze houden van gevarieerd eten en hebben naast de schadelijke planteneters ook nectar, pollen en andere prooien nodig.

Naast dat we het onze eigen plaaginsecten gemakkelijk hebben gemaakt, komen er jaarlijks ook nog eens nieuwe plaagsoorten ons land binnen. Deze reizen bijvoorbeeld mee met geïmporteerde bloemen en planten, tropisch fruit en hout. Of ze komen gewoon zelf de grens over vanuit het zuiden, omdat Nederland steeds warmer en droger wordt. Die nieuwkomers zijn een ramp voor boeren, maar voor biologen wordt het dan juist interessant. Die moeten op zoek naar de natuurlijke vijanden van de nieuwe plagen. Uiteraard gebeurt dat heel voorzichtig. We moeten namelijk voorkomen dat we een soort invoeren die behalve de plaag te bestrijden ook schade veroorzaakt. Vinden we een geschikte natuurlijke vijand, dan laten we die los in het aangetaste gewas. Dat gebeurt in kleine hoeveelheden, met slechts enkele tientallen roofkevers of sluipwespen tegelijkertijd. We noemen dit inoculatieve biologische bestrijding.

Als het om een fruitboomgaard gaat, hoeven we na deze introductie vaak niets meer te doen. In meerjarige gewassen zoals boomgaarden vermenigvuldigen de natuurlijke vijanden zich en onderdrukken de plaag daarna voor altijd. Over de hele wereld worden zo een paar honderd plaagsoorten permanent onder de duim gehouden. De inoculatieve methode is vooral heel aantrekkelijk voor kleine boeren in ontwikkelingslanden, want het is goedkoop en duurzaam.

Een spectaculair voorbeeld hiervan is de bestrijding van plagen in cassave in Afrika. Cassave komt van nature voor in Zuid-Amerika, maar vormt tegenwoordig het basisvoedsel voor miljoenen mensen in de tropen van Afrika, Amerika en Azië. Het is een ideaal gewas, want het kan op arme grond worden geteeld, is ongevoelig voor veel ziekten en plagen en de zetmeelrijke wortels kunnen lang in de grond blijven zonder kwaliteitsverlies. In Afrika veroorzaakte een luis onverwacht enorme schade, terwijl het insect nergens anders ter wereld een probleem was. Deze zogenoemde cassavewolluis verspreidde zich razendsnel over Afrika en bedreigde het basisvoedsel van 200 miljoen mensen. Omdat in Zuid-Amerika geen wolluisplagen voorkomen, gingen onderzoekers juist dáár op zoek naar natuurlijke vijanden. Alleen al in Paraguay vonden ze achttien insectensoorten die zich tegoed deden aan de cassavewolluis. Een daarvan, een sluipwesp die alleen maar cassavewolluis aanpakt, stuurden ze naar Afrika. Inmiddels doen deze sluipwespen al in 26 Afrikaanse landen uitstekend werk.

Figuur 5. Sluipwesp die met haar legboor een ei injecteert in een rups. Foto: dr. T. Bukovinski.

Biologische bestrijding is booming business

Natuurlijk is het mooi als je op die manier duurzame biologische bestrijding kunt inzetten, maar in seizoensgewassen zoals tomaat en paprika kunnen we geen paar maanden wachten tot zich een flink aantal natuurlijke vijanden ontwikkelt. Deze korte teelten vragen om snelle actie. Dus laten we bij deze gewassen duizenden sluipwespen per week los om zo de schadelijke witte vliegen te bestrijden, en honderdduizenden roofinsecten om tripsen (onweersbeestjes) op te vreten. Dit noemen we inundatieve biologische bestrijding.

In Nederland worden nu vrijwel alle kasgroenten en ook een flink deel van de bloemen beschermd door het regelmatig inbrengen van natuurlijke vijanden. Dat succes begon in 1960, toen het onderzoekscentrum voor kasteelt in Naaldwijk een roofmijt ontdekte, een beestje van nog geen millimeter, die schadelijke spintmijten op komkommer vrat. Een belangrijke uitkomst, want de spintmijt was ongevoelig geworden voor landbouwgif. Een komkommerteler zette de roofmijten uit, en het resultaat was zo goed dat zijn buren de gekweekte roofmijten van hem kochten en in hun kassen loslieten. De komkommerteler werd natuurlijkevijandenteler en zijn familie heeft nu de grootste supermarkt voor roofinsecten, sluipwespen en insectenziekten ter wereld: Koppert Biological Systems. Inmiddels zijn er honderden soorten natuurlijke vijanden te koop.

Rond 1980 ontdekten onderzoekers dat hommels de tuinbouwgewassen veel beter bestoven dan mensen dit met de hand konden doen. De insectenfabrieken gingen nu ook hommels kweken. Het gebruik van hommelnesten heeft veel tuinders over de streep getrokken voor biologische bestrijding, want als zij hommelnesten in de kas hebben, dan kunnen ze geen chemische bestrijding meer toepassen. Vandaag de dag eisen supermarkten, milieuorganisaties en steeds meer consumenten groenten en fruit zonder pesticiden en ook die eis leidt tot toename van biologische bestrijding. Daarom kunnen we met trots zeggen dat Nederlandse en Europese kasgroenten sinds 1990 vrijwel geheel vrij zijn van gif. Helaas is voor bestrijding van nieuwe plagen soms toch chemische bestrijding nodig, waardoor een goed werkend biologisch systeem ernstig wordt verstoord. Onderzoek naar nieuwe natuurlijke vijanden heeft dan de hoogste prioriteit.

Inmiddels is biologische bestrijding steeds meer gaan lijken op intelligente oorlogsvoering, waarbij meerdere soorten tegelijk worden ingezet en de omgeving zo wordt ingericht dat de omstandigheden ideaal zijn. Als een tuinder sluipwespen of roofinsecten wil gebruiken, moet hij of zij heel goed in de gaten houden wanneer plagen zich ontwikkelen en bij het signaleren van de eerste schade meteen natuurlijke vijanden kopen. Is de tuinder te laat, dan moet deze biologische middelen gebruiken met een direct bestrijdingsresultaat. Dat kan met virussen, bacteriën, schimmels en aaltjes.

Ook kan het preventief inzetten van natuurlijke vijanden vervelende verrassingen verder voorkomen. Er is al een leger van natuurlijke vijanden aanwezig op het moment dat een plaaginsect binnenkomt. Zo'n benadering met een permanent leger vraagt om biologische bestrijders die zich niet alleen met de plaag voeden, maar ook van andere voedselbronnen kunnen leven, zoals stuifmeel en nectar.

Weer een andere benadering om er vroeg bij te zijn met bestrijders is door middel van natuurlijkevijandenbanken. Tuinders stellen dan een compleet kweeksysteem in voor sluipwespen in het gewas. Dit gebeurt bijvoorbeeld bij paprika, waar bladluizen heel lastig te bestrijden zijn, omdat de tuinder deze vrijwel altijd te laat ontdekt. Met natuurlijkevijandenbanken zijn ze er echter snel bij. De tuinder hangt dan tussen de paprikaplanten potten met wintertarwe, waarop graanluizen leven die geen paprika lusten. Die graanluizen zijn wel prima prooien voor sluipwespen. De sluipwespen die zich in de graanluizen ontwikkelen vliegen vervolgens het paprikagewas in en vallen daar ook de paprikaluizen aan.

Het periodiek loslaten van grote aantallen natuurlijke vijanden gebeurt niet alleen in kassen, maar ook in het open veld. Zo worden in Brazilië jaarlijks vele miljoenen sluipwespen losgelaten in meer dan 5 miljoen hectare suikerriet voor de bestrijding van stengelboorders – een soort vlinders waarvan met name de rupsen grote schade kunnen toebrengen. Dat loslaten kan natuurlijk niet met de hand, zoals in kassen: we hebben het hier over een gebied dat ruim vijf keer groter is dan het totale Nederlandse landbouwareaal. Vroeger gebruikten boeren tractoren en bromfietsen om de sluipwespen in het gewas te brengen, nu gebruiken zij drones. Met drones kunnen zij de sluipwespen, zonder het gewas te beschadigen, heel snel en op precies de juiste plek loslaten.

Natuurlijke vijanden het gewas in lokken

In buitenteelten kunnen natuurlijke vijanden worden gebruikt die al in het gewas of in de directe omgeving voorkomen. Maar vaak moeten we ze een duwtje in de goede richting geven door middel van extra voedsel. Of we moeten ze beschermen door niet te spuiten met landbouwgif. We noemen dit conservatie biologische bestrijding. Je kunt deze methode alleen maar gebruiken als je goed weet hoe en welke insecten heen en weer bewegen tussen het landbouwgewas en de omgeving.

Dat vraagt wel om een heel andere aanpak dan boeren generaties lang gewend waren. Zo wil een boer in een perceel bloemkool het liefst maar één soort plant zien – bloemkool – en al helemaal geen insecten. Maar door zijn bloemkool goed te verzorgen, maakt de boer een picknick voor plaaginsecten. In een akkerrand of het bosje naast de bloemkool komen van nature tientallen soorten planten en honderden soorten dieren voor. De roofinsecten uit de akkerrand eten ook de plaaginsecten in het bloemkoolveld, als ze de kans krijgen. Nu is het de kunst om de aantallen roofinsecten in de akkerrand flink te laten groeien, zodat ze het bloemkoolveld invliegen om daar plaaginsecten te eten. Dat kan bijvoorbeeld door nectar- en pollenrijke bloemmengsels aan te planten. Door akkerranden niet te ploegen en 's winters begroeid te laten, ontstaan veilige havens voor roofkevers en spinnen die van daaruit in de akker op zoek gaan naar voedsel zoals rupsen en bladluizen.

Een nieuwe manier om natuurlijke vijanden in het gewas te krijgen is door ze te lokken met speciale plantengeuren. De algemene geur van bloemkool helpt niet veel om een sluipwesp naar koolrupsen te brengen, die maar op een paar plekken in het gewas voorkomen. Nadat planten zijn aangevreten door rupsen, gaan ze echter specifieke geuren uitstoten. Sluipwespen sporen zo de planten met rupsen op. Verschillende koolrassen die op de markt zijn blijken die specifieke geuren in verschillende hoeveelheden te maken. Planten van het ene koolras trekken veel meer sluipwespen aan dan het andere. Om goed gebruik te maken van sluipwespen in een akkerrand is het dus verstandig dat de boer een koolras kiest dat wat betreft geur sterk reageert op insectenvraat en zo sluipwespen aantrekt.

Maar er blijft een probleem: natuurlijke vijanden bewegen zich slechts enkele meters het gewas in vanuit de akkerrand. Koolvelden zijn duizenden vierkante meters groot en roofinsecten komen hierdoor niet diep genoeg in het gewas. Je zou ze dan met een drone boven het gewas kunnen loslaten, zoals dat in Brazilië gebeurt in suikerriet. Je kunt het probleem ook oplossen door een strook akkerrand af te wisselen met een strook gewas. De roofinsecten kunnen dan alle plaaginsecten in het gewas bereiken. Weer een andere optie is om twee of zelfs meer soorten gewassen in stroken te telen, waarbij natuurlijke vijanden die verschillende soorten voedsel nodig hebben kunnen profiteren van prooien, nectar en pollen in die verschillende gewassen.

Buitenteelten zouden nog beter kunnen profiteren van al aanwezige natuurlijke vijanden door ze meer te verbinden met de omliggende natuur. Dit is niet makkelijk in het in kleine stukjes opgeknipte Nederland, maar in de tropen doet men dat al eeuwen. Daar maken kleine boeren optimaal gebruik van gratis natuurlijke bestrijding en andere diensten die de natuur biedt. Zo verschaffen bomen noodzakelijke schaduw aan koffiestruiken en groenten, bestrijden mieren en sluipwespen uit de natuur plagen in cassave en sinaasappelbomen, en dragen de kleine akkers in het bos bij aan het behoud van biodiversiteit van nuttige insecten en insectenetende vogels. Die boeren hebben, net als de Chinezen, in de loop van duizenden jaren door goed te kijken geleerd hoe de natuur de landbouw helpt in het streven naar permanente beschikbaarheid van voldoende voedsel. Dat resulteerde in mengteelten van veel verschillende gewassen in een natuurlijke omgeving.

In landen met weinig natuur, zoals Nederland, blijft het een grote uitdaging hoe we teeltsystemen zo kunnen inrichten dat we de aanwezigheid van natuurlijke vijanden kunnen aanwakkeren om voldoende plaagonderdrukking te krijgen. Wij zullen geen kleinschalige landbouw in een bos krijgen, maar we zullen wel meer gebruik gaan maken van de diensten die de natuur ons kan leveren, zoals met het gebruik van akkerranden en mengteelten.

Wageningse onderzoekers leveren wereldwijd belangrijke bijdragen aan het ontwikkelen en toepassen van biologische bestrijding. In vrijwel alle landen gaan nieuwe plannen voor voedselproductie uit van kringlooplandbouw, waarin biologische bestrijding een belangrijke rol speelt omdat het goedkoop is, het milieu niet vervuilt en de biodiversiteit stimuleert. Maar het belangrijkste is dat het vervangen van landbouwgif door natuurlijke vijanden ook de voedselproductie verhoogt, zonder dat er meer land nodig is om gewassen te telen. Uit experimenten en in de praktijk hebben we geleerd dat elke bespuiting met chemische bestrijdingsmiddelen niet alleen de plaag aanpakt, maar ook een negatieve invloed heeft op plantengroei. Bij gebruik van biologische bestrijding oogst men ongeveer 10 procent meer graan, groente en fruit. Bovendien is vaak de kwaliteit van het geoogste product beter. Op die manier kan biologische bestrijding een belangrijke bijdrage leveren aan het voeden van de toekomstige wereldbevolking.

6

Lighthouse farms als wereldklaslokaal voor duurzame voedselproductie

Annemiek Pas Schrijver & Rogier Schulte – *Duurzame voedsellandschappen*

Het wereldwijde lighthouse farms-netwerk, of 'wereldklaslokaal voor duurzame landbouwsystemen', brengt innovatieve boerderijen uit alle hoeken van de wereld samen die fungeren als inspiratie voor de transitie naar duurzame voedselsystemen. Samen tonen deze elf lighthouse farms de diversiteit aan oplossingen die beschikbaar en noodzakelijk zijn voor de wereldwijde landbouw om de duurzaamheidsuitdaging aan te gaan.

Studenten lopen door het klaslokaal terwijl ze door kartonnen brillen op hun telefoon kijken, waarop ze een virtueel bezoek aan Brazilië brengen. Ze verkennen het boslandbouwsysteem van complexe meerjarige rotaties van groenten, struiken, citrusbomen en houtachtige vaste planten, die samen een verscheidenheid aan voedsel- en houtproducten opleveren. Het is een schets van hoe internationale kennisuitwisseling, die inspireert tot verduurzaming, er in de nabije toekomst uit kan zien.

Zowel de media als de wetenschap besteedt veel aandacht aan de problemen rond het landbouw- en voedselsysteem, met name over de negatieve effecten op ecosystemen, de biodiversiteit en natuurlijk het klimaat. Hoewel het belangrijk is om ons te blijven richten op deze problemen, is het ook noodzakelijk dat we aandacht schenken aan mogelijke oplossingen. Tal van boeren over de hele wereld ontwerpen en beheren landbouwsystemen die laten zien hoe duurzame voedsellandschappen eruit kunnen zien. Dat doen ze individueel of in samenwerking. Deze boeren overwinnen de beperkingen en uitdagingen die andere boeren ervan weerhouden de sprong te maken naar systemen die voldoende voedsel opbrengen en tegelijkertijd een positieve bijdrage leveren aan ecosystemen.

Door deze voorbeeldboerderijen en voedsellandschappen te bestuderen, kunnen we inzicht krijgen in de verschillende transitiepaden naar een duurzamere voedselproductie. Binnen het Global Network of Lighthouse Farms, een wereldwijd netwerk van bestaande innovatieve boerderijen, brengen we dergelijke innovatieve boerenbedrijven samen die een voorbeeldfunctie hebben als het gaat om het (her)uitvinden van innovatieve en radicale oplossingen voor verduurzaming van het voedselsysteem.

We vonden deze voorbeelden waar we ze het minst verwachtten: naast een drukke snelweg in Nederland, in het verlaten binnenland van Spanje, midden in het stedelijke Havana en in de maanachtige landschappen van Noord-Ethiopië. Soms springen ze eruit, terwijl andere opgaan in het landschap. We hebben elf van de beste voorbeelden samengebracht in ons wereldwijde netwerk van lighthouse farms. Samen tonen deze elf lighthouse farms de diversiteit aan oplossingen die beschikbaar en noodzakelijk zijn voor de wereldwijde landbouw om de duurzaamheidsuitdaging aan te gaan. Hieronder lichten we zowel hun verschillen als overeenkomsten verder toe op basis van drie prikkelende voorbeelden van lighthouse farms in Indonesië, Nederland en Cuba.

Eenden, vis en rijst in Indonesië

Dr. Uma, een lighthouse farmer, is een rijstboer in Oost-Java, Indonesië. Zij heeft samen met andere boeren en instanties het idee van 'complexe rijstsystemen' geherintroduceerd. Een complex rijstsysteem is een landbouwconcept dat gebruikmaakt van interacties tussen combinaties van planten en dieren, evenals traditionele en moderne benaderingen om ecologische processen te verbeteren. In Indonesië is dit is een systeem dat rijstproductie combineert met de teelt van vis, azolla (kroosvaren, waterkroos uit de varen familie) en eenden, resulterend in een veerkrachtig systeem.

Recent onderzoek toonde dat de stikstof-bindende plant azolla voedingsstoffen levert voor rijstplanten en dieren, en als afdekking functioneert voor het onderdrukken van onkruid in de grond en wateroppervlakken. Vissen en eenden voeden zich met onkruid en ongedierte boven en onder het wateroppervlak. Paprika's en andere voedselgewassen geplant op de grens van de rijstvelden bieden beschutting aan natuurlijke vijanden en produceren tegelijkertijd ook voedsel, diervoer en groenbemesters. Op zichzelf zou elk van deze componenten zonder chemische applicatie problemen ondervinden, maar samen werken ze in synergie en leveren ze zowel een gezond dieet als een duurzaam systeem. Op deze manier worden agrochemicaliën in agro-ecosystemen van rijst uitgeschakeld, terwijl de hoge rijstopbrengsten en de productiviteit van de hele boerderij verbeteren.

Het idee van een complex rijstsysteem kan ook op andere manieren worden toegepast. Dr. Uma gaf bijvoorbeeld aan dat het complexe systeem kan worden ingezet op land, waarbij kippen scharrelen tussen maisplanten. De mest zal zeer vruchtbaar zijn voor de bodem waarop de mais groeit. Na de oogst grazen er dan geiten die de maisresten opeten. Ook op deze wijze is er dus sprake van synergie.

Dit type systeem laat zien hoe je de kracht van complexiteit kan benutten met een grotere diversiteit aan voedsel en een verhoging van het inko-

Figuur 6. Eenden zwemmen tussen vissen, rijst en randgewassen. Foto: Andi Bachtiar.

men voor boeren als gevolg. We zien dat dezelfde principes van toepassing zijn in andere delen van de wereld. Een goed voorbeeld hiervan is het boslandbouwsysteem – een systeem waarbij de teelt van bomen wordt gecombineerd met landbouw op dezelfde grond – van Fazenda da Toca in Brazilië, waar men minstens drie gewassen op verschillende hoogtes tegelijkertijd produceert; alle met functies die onderling positief op elkaar zijn afgestemd.

Stroken wortels en ui in Nederland

In Nederland is er ook een bedrijf dat onderdeel is van het netwerk: Exploitatie Reservegronden Flevoland (ERF). ERF is de grootste particuliere biologische boerderij van Nederland en verbouwt groente op ongeveer 1800 hectare, voornamelijk in Flevoland. De productielocaties bevinden zich hoofdzakelijk aan de rand van steden, waardoor de burger getuige kan zijn van de voedselproductie zonder gehinderd te worden door het gebruik van synthetische bestrijdingsmiddelen. ERF teelt ongeveer twintig biologische gewassen, zoals granen, erwten, spinazie en bonen, die ze in stroken verbouwen. De grote schaal waarop de productie van biologische gewassen plaatsvindt, maakt de introductie van moderne technieken zoals gemengde teeltsystemen en gewasdiversiteit in zowel de teelt als de verwerking van de producten mogelijk.

Om landschapsbiodiversiteit en duurzame productie te combineren, is het bedrijf gaan experimenteren met verschillende innovatieve mechanisatie- en productietechnieken, zoals gemengde teeltsystemen en gewasdiversiteit. ERF speelt dan ook een leidende rol in de ontwikkeling van duurzame voedselproductie in Nederland. Een van de gebruikte methodes is de veelbelovende strokenteelt. Strokenteelt is een teeltsysteem waarbij meerdere gewassen in lange stroken met meerdere rijen geteeld worden. Daar waar mengteelt (*intercropping*) herhaaldelijk een rij wortel, een rij ui en een rij wortel is, zijn de stroken bij strokenteelt breed en bevat een strook rijen van eenzelfde soort gewas, bijvoorbeeld zes rijen wortel, vier rijen ui en zes rijen wortel. Deze bredere en variërende strookbreedte van een gewas kan aangepast worden aan de werkbreedte van de huidige machines. Dit teeltsysteem combineert dus de voordelen van een relatief lage arbeidsintensiviteit met een hoge diversiteit aan gewassen.

Figuur 7. Strokenteelt in Flevoland. Foto: ERF.

Vergelijkbaar met intercropping levert ook strokenteelt hogere opbrengsten door complementariteit tussen gewassen, en maakt het biologische bestrijding makkelijker door vermindering van plaagdruk, mede dankzij de introductie van natuurlijke vijanden zoals sluipwespen. Voornamelijk stroken tot 6 meter breed functioneren goed op het gebied van ziekteonderdrukking. Bij bredere stroken functioneert plaagonderdrukking minder, maar is er nog wel toename van biodiversiteit.

Wat strokenteelt bijzonder maakt is dat het een goed compromis lijkt tussen de conventionele grootschalige monoculturen en meer gediversifieerde landbouwsystemen, waardoor een overgang wordt vergemakkelijkt. Enerzijds maakt het namelijk nog steeds grootschalige, gemechaniseerde landbouw mogelijk. Anderzijds biedt het de voordelen van meervoudige teelt, wat laat zien dat technologie niet per se in de weg hoeft te staan van ecologie. Dit is ook te zien in de Oostenrijkse lighthouse farm, waar ze een machine gebruiken die zo min mogelijk impact heeft op de bodem. In plaats van omploegen zorgt de machine voor het ombuigen van de bestaande restgewassen, die op het land blijven liggen en zo voedingsstoffen leveren, bescherming bieden aan het bodemoppervlak en onkruid voorkomen.

Mens en worm: coöperatieve landbouw in Cuba

De beste en belangrijkste werknemers zijn de wormen, vertelt lighthouse farmer Isis aan ons als we op bezoek zijn bij de coöperatie Organopónico Vivero Alamar in Havana, Cuba: 'Ze stoppen nooit met werken, ze vragen geen salaris, en ze doen erg belangrijk werk.' Vivero Alamar is een van de grootste en meest succesvolle voorbeelden van biologische stadslandbouw in Latijns-Amerika. Deze zeer productieve boerderij draagt bij aan de lokale ontwikkeling door het leveren van gezond voedsel en het creëren van werkgelegenheid, speciaal voor vrouwen en ouderen. Vijf leden legden de basis van de coöperatie in 1997, toen de economie van Cuba worstelde met beperkte middelen en er dringend behoefte was aan lokale voedselproductie. Alamar was destijds een kleine boomkwekerij met een oppervlakte van slechts 800 vierkante meter, handmatig besproeid. Geleidelijk zijn de oppervlakte en het personeelsbestand toegenomen tot maar liefst 11 hectare en 150 coöperatieve leden, waarvan 42 vrouwen.

De coöperatie bestaat uit een kwekerij die groenten, fruit en planten produceert, groentekassen en een laboratorium voor de productie van schimmels die insectenplagen tegengaan. Daarnaast is er een locatie waar ze groenten en fruit verwerken en conserveren met behulp van eenvoudige technieken. Ook produceert de coöperatie humus en compost op basis van koeienmest met behulp van regenwormen. Ten slotte produceren ze ook geneeskrachtige en aromatische kruiden en planten. Dit dynamische en diverse agro-ecologische systeem is gebaseerd op specifieke plant- en productiekennis, alsook kennis op het gebied van de interactie tussen landbouw en natuurlijke processen. Uitwisseling van kennis in deze diverse organisatie met haar grote aantal deelnemers is dan ook erg belangrijk, omdat niet iedereen dezelfde vaardigheden of kennisbasis heeft. In Vivero Alamar staat dus samenwerking centraal als manier om kennis te beheren en creëren. Dit is een goed voorbeeld van hoe er omgegaan kan worden met een complex landbouwsysteem waar veel mensen en kennis bij betrokken zijn.

De drie geheimen van succes: complexiteit, technologie en samenwerking

Hoewel ze contrasterende benaderingen en verschillende schaalniveaus hebben en onder diverse klimaatomstandigheden opereren, hebben alle lighthouse farms ook ingrediënten gemeen. Het zijn deze gemeenschappelijke ingrediënten die we de afgelopen jaren hebben bestudeerd, en die de sleutels bieden voor andere boeren om hun eigen toekomstbestendige landbouwsystemen te ontwerpen. Tot dusver hebben we drie geheimen gevonden voor het succes van alle lighthouse farms.

Een eerste ingrediënt is complexiteit. Alle lighthouse farms maken gebruik van complexiteit: ze combineren meerdere variëteiten en gewassen, gemengde graszoden en werken nauw samen met andere boerenbedrijven. Maar het beheren van complexiteit is niet eenvoudig; als dat wel zo was geweest hadden we veel meer landbouwbedrijven zien profiteren. Complexiteit heeft namelijk een prijs: het kost arbeid en vereist veel kennis.

Een belangrijke manier om met veel kennis en arbeid om te gaan, en tevens tweede succesfactor, is samenwerking. Elk van de lighthouse farms heeft een manier gevonden waarop mensen kunnen samenwerken. Het is een enorme uitdaging om landbouwsystemen opnieuw uit te vinden zodat duurzaamheid de motor wordt, en niet een beperking is voor winstgevendheid. Als we één ding hebben geleerd, dan is het de verwachting dat boeren die transformatie niet alleen kunnen maken. De lighthouse farms hebben laten zien dat een transitie binnen handbereik is als men tot samenwerking komt, zowel binnen de boerderij als binnen de bredere gemeenschap en productieketen.

Een laatste voorwaarde is de combinatie van technologie en ecologie. Om aan de arbeidsbehoeften te voldoen, combineren alle lighthouse farms hun ecosysteembenadering met innovatieve technologieën. Deze toepassingen kenmerken zich door het slimme gebruik van technologie om ecologische processen te ondersteunen, waardoor lighthouse farms hun complexe systemen kunnen beheren.

Het is duidelijk dat veel boerenbedrijven moeten veranderen voor een duurzamere toekomst. Samen tonen de elf lighthouse farms de diversiteit aan oplossingen die beschikbaar en noodzakelijk zijn voor de wereldwijde landbouw om de duurzaamheidsuitdaging aan te gaan. We hebben ons netwerk zo uitgebreid dat alle boeren inspiratie kunnen opdoen bij minimaal een van de lighthouse farms. Het netwerk fungeert daarbij als wereldklaslokaal voor verbinding tussen boeren, onderzoekers, studenten en beleidsmakers. Door het analyseren van de lighthouse farms kunnen we belangrijke lessen leren en daarmee meerdere kenmerken en ingrediënten identificeren die van nut zijn voor de transitie naar duurzame voedselproductie.

7

Melk de witte motor? De veranderende rol van zuivel in een duurzaam voedselsysteem

Jan van der Lee & Karin Andeweg[1] – *Veehouderijonderzoek*

Zuivel vormt een belangrijk onderdeel van gezonde voeding, en is essentieel voor met name kinderen en jonge moeders. In ontwikkelingslanden stellen groeiende steden met veranderende voedingspatronen nieuwe eisen aan de zuivelsector. Dit hoofdstuk beschrijft de kansen van zuivelsectorontwikkeling in opkomende economieën voor boeren, banen en bedrijvigheid, alsmede de mogelijkheden voor Nederlandse betrokkenheid hierbij.

Net zoals in andere West-Europese landen heeft de Nederlandse zuivelsector de afgelopen decennia een grote ontwikkeling doorgemaakt. Melkproductie en -verwerking zijn geïntensiveerd en geoptimaliseerd, waardoor we in Nederland een van de efficiëntste zuivelproductiesystemen ter wereld hebben. Kaas, melkpoeder en zuivelkennis behoren tot onze belangrijkste exportproducten. Tegelijkertijd stellen boeren en burgers steeds vaker vragen bij ons huidige zuivelsysteem: is de intensivering doorgeslagen? Moeten we meer aandacht krijgen voor contact tussen boer en burger? Moeten we beter waken over biodiversiteit en onze ecologische voetafdruk?

Als we wat verder over de grens kijken, zien we dat elders in de wereld heel andere kansen en uitdagingen liggen. In verschillende Afrikaanse en Aziatische landen stijgt en diversificeert de vraag naar zuivelproduc-

1 Met dank aan Bram Wouters en Jelle Zijlstra voor hun waardevolle bijdragen en reflecties.

ten in rap tempo. Groeiende steden, veranderingen in bevolkingssamenstelling en stijgende inkomens in deze landen leiden tot veranderende voedingspatronen. Om op een duurzame en inclusieve manier te kunnen voldoen aan de groeiende vraag naar zuivel in deze opkomende economieën is een transitie van het voedselsysteem noodzakelijk. De Nederlandse expertise op het gebied van zuivelproductie is hierbij zeer bruikbaar. Verbeterde zuivelproductie kan bovendien bijdragen aan drie belangrijke doelen voor wereldwijde voedselzekerheid: het uitbannen van honger en ondervoeding, het verhogen van het verdienvermogen en levensonderhoud voor boeren en het landbouwbedrijfsleven, en het realiseren van ecologisch duurzame voedselsystemen.

De afgelopen decennia zijn verschillende Nederlandse private en publieke partijen actief geweest in de zuivelontwikkeling in opkomende economieën. Zij deden dit met wisselend succes. Tussen en binnen landen is namelijk een grote diversiteit aan culturen, consumenten, productiemethoden, bedrijfssystemen en agro-ecologische omstandigheden. Wat werkt in het ene land of de ene regio werkt elders niet. De vraag is wat de zuivelsector in ieder land specifiek nodig heeft.

Maar er doemen ook prangende vragen op: exporteren we naast de Nederlandse kennis ook Nederlandse problemen, zoals die van lange zuivelketens met minimale winstmarges, effecten van dierziekten op menselijke gezondheid of verstoorde nutriëntenbalansen (denk aan de mestproblematiek)? Hoe kan zuivelontwikkeling een weg vinden in ontwikkelingslanden met oog voor boeren, banen, burgers en biodiversiteit? En hoe kan de Nederlandse kennis en ervaring hieraan bijdragen? Dit hoofdstuk laat zien dat oplossingen voor deze belangrijke vragen van verschillende partijen moeten komen, en dus een systeembenadering van onze zuivelketens vereisen. Alleen zo kunnen we met zuivel een duurzame toekomst tegemoet gaan.

Inspiratie uit de praktijk

Om de bovenstaande vragen te kunnen beantwoorden, kijken we naar een aantal voorbeelden uit de praktijk in Azië en Afrika. Een goed voorbeeld van de problemen en mogelijkheden rondom duurzame zuivelketens vinden we in Indonesië. Van oudsher heeft Indonesië geen zuivelcultuur. Tijdens de koloniale overheersing begon in de negentiende eeuw de zuivelconsumptie van met name gecondenseerde melk uit Nederland. Sindsdien bedraagt de zuivelconsumptie in Indonesië gemiddeld 12 liter per persoon per jaar. De consumptie neemt de laatste decennia toe door veranderende diëten en groei van de middenklasse.

De productie van zuivel vindt vooral plaats op het dichtbevolkte Java. Dit gebeurt grotendeels met geïmporteerd melkpoeder en andere geïmporteerde ingrediënten. Een klein deel van de melk wordt lokaal geproduceerd, door kleine melkveehouderijbedrijven met gemiddeld zo'n vier koeien. Het land is dus geenszins zelfvoorzienend in zuivel. De melkveehouderij op Java wordt beperkt door gebrek aan land voor beweiding en voerproductie en dus door gebrek aan kwalitatief goed ruw- en krachtvoer. Gecombineerd met beperkte vakkennis leiden deze factoren tot lage melkgiften en lage melkkwaliteit. Daarnaast zorgt de mest voor vervuiling van rivieren en overlast in stedelijke gebieden. Lage inkomens, zware arbeidsomstandigheden en beperkte groeimogelijkheden maken de kleinschalige melkveehouderij ook onaantrekkelijk voor opvolgers. Voor Javaanse boeren is melk enkel een commercieel product, niet bedoeld voor eigen consumptie, waardoor stoppen met de productie een makkelijke optie is. De groei van de kleinschalige melkveehouderij stagneert hierdoor al jaren.

Tegelijkertijd zien we op Oost-Java de opkomst van grote commerciële bedrijven, met meer dan duizend koeien en geïntegreerde verwerking. Melkproductie is hier veel efficiënter en van hogere kwaliteit, met relatief weinig broeikasgasemissie per liter melk. Ook deze bedrijven hebben echter te maken met weinig land en zijn voor hun voervoorziening afhankelijk van aangekocht voer. Sommige commerciële melkveebedrijven nemen mais en gras af van tussenhandelaren, die kleine boeren contracteren voor de voervoorziening. Goede mestbenutting blijft bovendien een probleem, met milieuvervuiling als gevolg. Ook bij de grotere, efficiëntere melkveebedrijven blijven er dus de nodige vragen rondom de ecologische en economische houdbaarheid.

Hoe kunnen deze boeren in Java verder? Om op een duurzame manier aan de vraag naar zuivel te kunnen voldoen zijn betere resultaten nodig. Technische ondersteuning op het gebied van voeren, melkkwaliteit, diermanagement en diergezondheid helpt om de opbrengsten en kwaliteit van melk te verbeteren. Zuivelcoöperaties spelen daarbij door middel van educatie en voorlichting een belangrijke rol. Ook zoekt men een beter verdienvermogen en een betere toekomst voor boeren in het vergroten van beschikbaarheid van land, bijvoorbeeld door verhuizing van Java naar het dunnerbevolkte Sumatra. De ecologische houdbaarheid van de melkveehouderij hangt namelijk grotendeels af van de beschikbaarheid van land voor voerproductie en mestbenutting. De verdere ontwikkeling van de zuivelsector moet zo aansluiten bij de bredere rol van melkveehouderij in het gehele voedselsysteem.

Een ander voorbeeld van een potentieel duurzaam zuivelsysteem is Kenia, waar de traditionele melkveehouderij eeuwenoud is. De afgelopen zestig jaar is de zuivelsector hier sterk veranderd: van grootschalige melkveebedrijven onder Britse koloniale overheersing in de jaren vijftig naar kleinschalige veehouderij in onafhankelijk Kenia vanaf de jaren tachtig. Zuivelconsumptie in Kenia ligt vandaag de dag ruim boven de 100 liter per persoon per jaar. Meer dan 80 procent van deze melk wordt geproduceerd door bedrijven met minder dan vijf melkkoeien, veelal in combinatie met akker- of tuinbouw. De kwaliteit van zowel de toeleverende markten als de melkketens laat veel te wensen over. Het gevolg is dure melk, die door verontreiniging bovendien een gevaar is voor de voedselveiligheid. Aangezien veel melkveehouderijbedrijven in Kenia zich rondom stedelijke gebieden bevinden, hebben boeren weinig ruimte voor eigen voerproductie en mestbenutting. Net als in Indonesië komt veevoer uit andere gebieden tegen hoge kosten voor lage kwaliteit, wat bijdraagt aan milieuvervuiling en hoge productiekosten (veelal boven West-Europese niveaus). In plattelandsgebieden, waar wel ruimte is voor veevoergewassen en mestafzet, zijn daarentegen de voorzieningen en de verbinding met de afzetmarkt juist weer slechter. In combinatie met verlaagde handelsbarrières neemt de import van goedkopere zuivel uit Oeganda snel toe, met als gevolg dat de positie van Keniaanse zuivelboeren nog moeilijker wordt.

Wil de zuivelsector in Kenia overleven, dan moeten deze uitdagingen worden overwonnen. Daar is in de eerste plaats verbetering van afzetmarkt en melkkwaliteit voor nodig. Met betere en stabielere voervoorziening, veterinaire diensten, voorlichting en afzetmarkt kunnen boeren investeren in hogere productie. Hierdoor zijn ze ook minder kwetsbaar voor schommelingen tussen droge en natte seizoenen. Betere systemen om de kwaliteit van de melk te garanderen, moeten het consumentenvertrouwen in de veiligheid van zuivel verhogen, waardoor mensen met een gerust hart melk van Keniaanse bodem zullen kopen. Door betere afstemming van het zuivelaanbod op de consumentenvraag kan bovendien de efficiëntie sterk verbeteren, waardoor er bijvoorbeeld een betere balans komt tussen betaalbare maar vaak onveilige rauwe melk en dure verpakte gepasteuriseerde producten. Daarnaast moeten er ook betere afwegingen komen voor de productielocatie, op basis van klimaat, beschikbaarheid van land en voer en mestbenutting. Dit kan de zuivelsector bovendien aantrekkelijke opties bieden voor jongeren om aan de slag te gaan als boer of in het landbouwbedrijfsleven.

Ondertussen groeit in buurland Oeganda de melkveehouderij met grote sprongen. Vooral in het zuidwesten van het land verrijzen nieuwe fabrieken die zich op de export van melkpoeder en boterolie richten. Land in deze regio is minder schaars, waardoor begrazing mogelijk is en de kostprijs van melk een stuk lager ligt. Boeren zorgen voor productieverhoging door intensivering van natuurlijk grasland. Deze ontwikkelingsstap, waarbij boeren investeren in omheiningen, kwaliteit van grasland en benutting van gewasresten, is relatief goedkoop in vergelijking met de stap die Keniaanse en Indonesische boeren moeten maken naar beter ruwvoer. De uitdagingen in Oeganda betreffen de kennis van consumenten over gezonde en veilige voeding, het omgaan met prijsfluctuaties in de regionale- en wereldmarkt, adaptatie aan klimaatverandering, het duurzaam benutten van natuurlijke hulpbronnen en het op orde houden van de nutriëntenbalans bij veel export. Kostenbeheersing, het opbouwen van buffers en 'klimaatslim boeren' zijn dan ook het credo voor een duurzame toekomst.

Ingrediënten voor zuivelontwikkeling

Bovenstaande voorbeelden geven helaas geen kant-en-klare oplossingen. Wel maken ze duidelijk dat zuivelproductie en -consumptie plaatsvinden in diverse contexten en dus vragen om diversiteit in aanpak. Door met een 'systeembril' naar zuivelontwikkeling te kijken, zijn we in staat de diverse contexten het hoofd te bieden. In plaats van het optimaliseren van enkel alleen de dieren of de zuivelketen, legt een systeembenadering de nadruk op het duurzaam functioneren van het hele voedselsysteem en op de bijdrage die zuivelproductie hieraan kan leveren.

Als we teruggrijpen naar de doelen voor wereldwijde voedselzekerheid, komt een aantal aandachtspunten voor zuivelontwikkeling binnen het duurzame voedselsysteem naar voren.

Allereerst moet centraal staan dat zuivel bedoeld is als voedzame, gezonde voeding voor alle consumenten. Het gaat dus niet om zo goedkoop mogelijke zuivel, en ook niet om zo veel mogelijk zuivel of slechts om luxeproducten voor de elite. Zuivel is namelijk belangrijk als gezonde voeding voor kinderen en moeders die borstvoeding geven. Onderzoek wijst ook uit dat zuivel belangrijk is voor de groei en gezondheid van tieners. Wereldwijd moeten zuivelproducten voor deze groepen gezond, veilig, voedzaam en toegankelijk zijn. Voor andere groepen kan zuivel eveneens een waardevolle bijdrage aan het dieet leveren, maar voor hen zijn er ook niet-dierlijke eiwitrijke alternatieven.

Ten tweede draait de veranderende zuivelproductie om een leefbaar inkomen, winstgevende arbeid en goed levensonderhoud voor boeren en het landbouwbedrijfsleven, met daarbij specifieke aandacht voor kleine boerenbedrijven, vrouwen en jongeren. Deze inclusieve benadering vraagt om slimme businessmodellen, die waarde toevoegen voor boeren en het landbouwbedrijfsleven om de zuivelproductie winstgevend te maken, en afzet van zuivelproducten en toelevering van producten en diensten garanderen.

Ten derde moet zuivelproductie bijdragen aan het behoud van ons ecosysteem. Zonder gezond ecosysteem is er geen toekomst; niet voor de zuivel en niet voor de landbouw als geheel. Voldoende en kwalitatief hoogwaardig veevoer is in veel Aziatische en Afrikaanse landen de grote uitdaging voor de melkveehouderij. Tegelijkertijd zien we dat mest zelden goed wordt benut voor akkerbouw, mede door gebrek aan land. De focus moet dan ook liggen op grondgebonden melkveehouderij, met behoud van bodemkwaliteit en biodiversiteit, en op het zoveel mogelijk sluiten van nutriëntenkringlopen middels benutting van reststromen zoals bijproducten, gewasresten en mest. Door de melkveehouderij verder te ontwikkelen in gebieden waar voldoende ruimte is en bij voorkeur op land dat niet geschikt is voor voedselgewassen voor menselijke consumptie, minimaliseer je de concurrentie tussen menselijk voedsel en veevoer. Melkveehouderij is hierbij een uitstekende manier om laagwaardige biomassa als gras en gewasresten om te zetten in hoogwaardige voeding.

Deze drie doelen zijn essentieel voor de toekomst van de melkveehouderij. Een integrale benadering voor alle doelen samen kan zorgen voor daadwerkelijk duurzame bijdragen van zuivel aan het voedselsysteem. Hierbij is het van vitaal belang om keuzes te maken in relatie tot het totale voedselsysteem. Daarmee kan worden voorkomen dat ingrepen in één onderdeel van dat voedselsysteem – bijvoorbeeld alleen op het melkveebedrijf – in andere onderdelen nadelige effecten veroorzaken. Zo kan het in gebieden met voedselschaarste nuttig zijn om voorrang te geven aan het ontwikkelen van de plantaardige productie, en vervolgens de melkveehouderijontwikkeling hierop aan te laten sluiten als er gewasresten en bijproducten beschikbaar zijn uit de ontwikkelende voedingsindustrie.

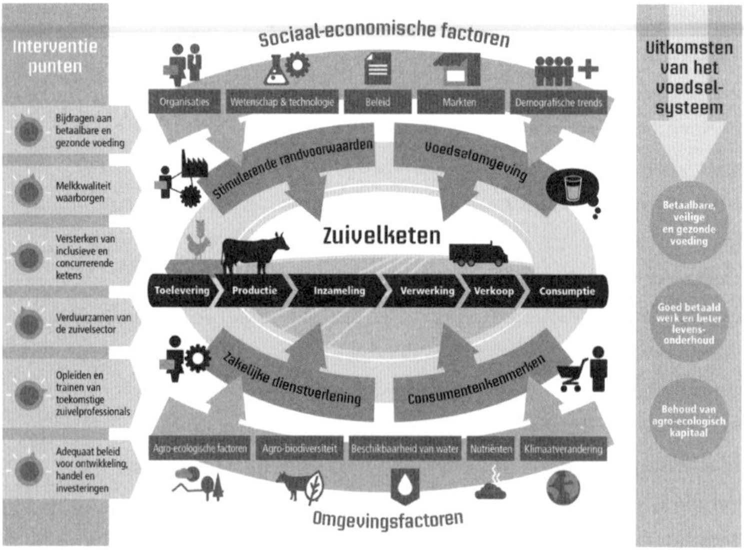

Figuur 8. Een voedselsysteembenadering voor zuivelontwikkeling – de zuivelketen draagt bij aan goede uitkomsten van het voedselsysteem zolang directe en indirecte omgevingsfactoren daaraan bijdragen. Bron: met toestemming overgenomen en vertaald uit Andeweg et al. (2020).

De omstandigheden waarin zuivelontwikkeling wereldwijd plaatsvindt verschillen sterk en zullen voortdurend blijven veranderen. Iedere situatie moet op zijn eigen merites bekeken worden en vraagt om zijn eigen aanpak om zo duurzaam te kunnen bijdragen aan het wereldvoedselvraagstuk. Het moge duidelijk zijn dat Nederland niet altijd een voorbeeld is voor andere landen: hoogproductieve, arbeidsextensieve, grondgebonden familiebedrijven zijn niet overal het antwoord. Andere zuivellanden, zoals India en Nieuw-Zeeland, met andere productieomstandigheden en aanpak, kunnen ook als inspiratiebron dienen voor ontwikkelingslanden, onder meer door efficiënt gebruik van gewasresten, lokale productdiversificatie, zelfvoorziening op nationaal niveau en kostenbeheersing voor productie voor de wereldmarkt.

De Nederlandse bijdrage aan verdere zuivelontwikkeling ligt met name aan de proceskant: door samenwerking tussen boeren, bedrijfsleven, overheid, kennisinstellingen en maatschappelijke organisaties gezamenlijk verantwoordelijkheid nemen voor de ontwikkeling van de sector. Bovendien draag het Nederlandse voorbeeld bij aan verspreiding van specialistische technische kennis en technologie – van diermanagement tot kaasmakerij tot mestbenutting. Gezamenlijk kunnen we nog meer leren van de verscheidenheid aan aanpakken die intussen door verschillende partijen in diverse landen is ontwikkeld.

Als exporteur van kennis over zuivelontwikkeling zijn wij Nederlanders het aan onze stand verplicht om samen met boeren en experts uit ontwikkelingslanden met de meest actuele kennis in te spelen op veranderende lokale omstandigheden. Pas dan kunnen we echt een gidsland zijn en bijdragen aan wereldwijde voedselzekerheid met oog voor boeren, burgers, banen en biodiversiteit.

8

Stikstoffixatie aan het werk zetten voor kleine boeren in Afrika

Ken Giller – *Plantaardige productiesystemen*

We worden omringd door stikstofgas. Toch zijn de gewassen van Afrikaanse boeren geel en schriel door een gebrek aan stikstof in de bodem. Peulvruchten vangen stikstof uit de lucht via een symbiose met bodembacteriën. De bacteriën koloniseren knobbeltjes op de wortels van peulvruchten en binden stikstof zodat je eiwitrijke bonen krijgt die 'het vlees voor de armen' zijn.

Het vermogen van peulvruchten – erwten en bonen – om stikstof uit de atmosfeer vast te houden is een van de wonderlijkste uitkomsten van de evolutie. Peulvruchten vormen knobbeltjes op hun wortels die worden gekoloniseerd door een bodembacterie die rhizobium heet. De peulvruchten leveren energie, die door de rhizobiumbacterie wordt gebruikt om stikstof uit de lucht te binden in een vorm die de bouwstenen leveren voor eiwitten, waardoor erwten en bonen zo voedzaam zijn. De lucht om ons heen bestaat voor 80 procent uit stikstof; de biologische fixatie van stikstof door peulvruchten is dus een onuitputtelijke bron!

Plantenkwekers hebben enorme vooruitgang geboekt bij het ontwikkelen van ziekteresistente en goed aangepaste variëteiten van de voornaamste soorten peulvruchten. Toch leveren de gewassen op de akkers van kleine Afrikaanse boeren door de geringe vruchtbaarheid van de bodem slechts een fractie van hun potentieel op. De bodem is oud en wordt al generaties lang bewerkt, boeren hebben niet genoeg dierlijke mest en het continent loopt op het gebied van kunstmest achter op alle andere continenten. Vanwege deze problemen riep de voormalige secretaris-generaal van de Verenigde Naties Kofi Annan in 2008 op tot een unieke Afrikaanse Groene Revolutie. Daarbij wees hij op de dringende noodzaak de landbouwproductiviteit te verhogen. Tegelijkertijd erkende hij de enorme verscheidenheid aan Afrikaanse culturen, bodems en klimaten.

Deze dringende oproep vormde de achtergrond voor het tien jaar durende N2Africa-project (2009-2019) 'Stikstoffixatie aan het werk zetten voor kleine boeren in Afrika'. Ons idee was om de boeren de beste beschikbare technologie aan te reiken. Voortbouwend op eerder onderzoek begonnen we met de beste peulvruchtvariëteiten waarover de kwekers beschikten. Maar die moesten we wel overeen laten komen met de beste rhizobiumstammen die beschikbaar waren. Deze bodembacteriën moesten we op hun beurt afstemmen op de verscheidenheid aan milieu- en landbouwsystemen in de elf landen waar N2Africa actief zou zijn: de Democratische Republiek Congo, Ethiopië, Ghana, Kenia, Malawi, Mozambique, Nigeria, Rwanda, Tanzania, Oeganda en Zimbabwe. Al het eerdere onderzoek wees uit dat goed landbouwkundig beheer essentieel was om tot een goede peulvruchtenoogst te komen. Kort gezegd moesten boeren het beste genotype peulvrucht hebben (G_L) in wisselwerking met het specifieke rhizobiumgenotype ervan (G_R), afgestemd op het plaatselijke milieu (E) en met een nadruk op het beste landbouwkundig beheer (M). Dit werd het primaire doel van N2Africa: $(G_L \times G_R) \times E \times M$.

We richtten ons op de voornaamste soorten peulvruchten: de gewone boon (*Phaseolus vulgaris*), zwartogenboon (*Vigna unguiculata*), pinda (*Arachis hypogaea*) en sojaboon (*Glycine max*), met daarbij de kikkererwt (*Cicer arietinum*) en de tuinboon (*Vicia faba*) in het koele klimaat van de Ethiopische hooglanden. De belangrijkste onderzoeksvraag die we stelden was: wat werkt waar, wanneer, waarom en voor wie? Dit zochten we uit door samen met duizenden lokale boeren technologieën te testen. Door de resultaten zorgvuldig te bekijken en te analyseren, en door fundamenteel en praktijkgericht onderzoek te combineren, werkten we de technologische pijplijn af, waarbij we steeds probeerden onze aanpak te verbeteren en verfijnen. Door de peulvruchttechnologie aan te passen probeerden we opties te vinden die de voedsel- en voedingszekerheid van alle boerengezinnen konden verbeteren, van de armste gezinnen én van de gezinnen met meer middelen.

'Loop learning'

Om stikstof uit de atmosfeer vast te kunnen houden, moeten peulvruchten zijn gekoppeld aan specifieke rhizobiumbacteriën. Als een peulvrucht al lange tijd op dezelfde akker wordt verbouwd, zijn deze bacteriën vaak aanwezig in de bodem. Maar als nieuwe peulvruchten worden geïntroduceerd, of als de bodem geen voedingsstoffen en organische stof meer heeft, moet het zaaigoed van de peulvrucht worden geënt met specifieke rhizobiumbacteriën. Toen het N2Africa-project begon, waren zulke 'rhizobiuminoculanten' nauwelijks beschikbaar in Afrika.

Rhizobiuminoculanten garanderen dat er een heleboel rhizobiumbacteriën rond de wortels zitten die uit het ontkiemende zaad spruiten. Zo kunnen de peulvruchten veel wortelknolletjes vormen en volop stikstof binden. Onderzoekers van N2Africa boekten overtuigende resultaten bij proeven in allerlei landen met kant-en-klare rhizobiuminoculanten op sojabonen. Rhizobiuminoculanten doen het goed op sojabonen, omdat het een specifieke peulvrucht betreft die een nogal speciaal soort rhizobiumbacterie nodig heeft. Bovendien worden sojabonen vaak voor de eerste keer op akkers verbouwd en bevat de bodem heel weinig van de specifieke rhizobiumbacteriën die met sojabonen knolletjes kunnen vormen. Dit is een ideale situatie voor onderzoek. De opbrengst van sojabonen nam sterk toe en de boeren waren gemakkelijk te overtuigen van de voordelen van dit 'magische zwarte poeder', zoals zij het noemden.

Veel minder was bekend over de mogelijke voordelen van het inenten met rhizobium van de gewone boon, de kousenband, de pinda en de tuinboon, dus dit kreeg hoge onderzoeksprioriteit voor N2Africa. In het algemeen krijgen deze andere peulvruchten knolletjes door een breed scala aan bacteriën die gewoonlijk in de bodem aanwezig zijn. Men noemt ze vaak 'promiscue' peulvruchten, omdat de geïntroduceerde rhizobia moeten 'concurreren' met de grote populatie inheemse bodem-rhizobia. In samenwerking met onderzoekers ter plaatse, particuliere ondernemingen en overheidsinstanties ontwikkelden, testten en certificeerden wij nieuwe rhizobia-inoculanten, die succesvol bleken op verschillende van deze andere soorten peulvruchten. Samen met het gebruik van verbeterde variëteiten van gewassen en goed landbouwkundig beheer hebben de inoculanten de opbrengst van peulvruchten verhoogd en voor meer gebonden stikstof in de akkers van de boeren gezorgd.

Bij al dit intensieve groepsonderzoek in samenwerking met boeren en andere belanghebbenden maakte N2Africa gebruik van een innovatief 'Ontwikkeling tot Onderzoek'-model. Grootschalige informatiecampagnes om de verbeterde peulvruchttechnieken aan te prijzen gingen samen met gedetailleerde monitoring en evaluatie – de basis voor zogenoemde *feedback learning loops*. Deze learning loops stimuleerden het onderzoekscomponent van het project: hoe pas je de technieken aan de behoeften van uiteenlopende boeren aan? Een groot voordeel van grootschalige projecten zoals N2Africa is de mogelijkheid opbrengst verhogende technologie te testen op een groot aantal akkers. Tijdens het project volgden we boeren die een kleine testhoeveelheid aanplantten, bestaande uit een eenvoudige vergelijking van de beste lokale variëteit van een peulvrucht met en zonder inoculatie en/of fosforkunstmest (P-kunstmest), én met zowel inoculatie als P-kunstmest, wat vier verschillende percelen op elke akker opleverde. Onderzoekers verzamelden gegevens uit deze testcase op basis van het soort akker, de beheermethoden die de boer toepaste (zoals wieden, mesten, al dan niet in rijen planten) en een aantal kenmerken van huishoudens. De opbrengst van de experimenten werd aan het eind van het seizoen gemeten door veldwerkers.

Hoewel de experimenten van de boeren in de diverse landen afhankelijk van klimaat en bodem verschilden, zagen we verrassend vergelijkbare patronen in de oogst en reactie op de inputs (inoculant en P-kunstmest). De oogst die boeren zonder inputs kregen varieerde sterk, evenals de reactie op de verbeterde praktijken. Vaak liepen ze uiteen van misoogst tot een opbrengst die dicht bij het genetische potentieel van de peulvrucht van rond 4 ton per hectare lag. Sommige boeren hebben dus echt baat bij toepassing van de inputs, anderen lopen het risico in inputs te investeren terwijl hun opbrengst gelijk blijft.

Een beter inzicht in de vraag waarom de reactie van het gewas varieert, is essentieel om te kunnen voorspellen hoe groot de kans is dat de technologie voor de boeren succes heeft. Daarom hebben we de variatie in peulvruchtenopbrengst en de reactie op inputs bestudeerd om te achterhalen welke methodes het beste werkten, onder welke omstandigheden (klimaat, bodem) en voor welk soort boeren (armer of rijker, man of vrouw, voor eigen consumptie of voor de markt producerend). Doorgaans bleken fosforkunstmest en rhizobia-inoculanten het betrouwbaarst; over het algemeen kunnen ze worden aanbevolen omdat de opbrengst van peulvruchten erdoor toeneemt. Ook andere voedingsstoffen kunnen nodig zijn, maar de invloed op de oogst en economische voordelen zijn afhankelijk van het soort peulvrucht en de locatie. Alle gedetailleerde kennis die we vergaarden over variatie in gewasopbrengst en voorkeuren van boeren droegen eraan bij dat we de kwestie die Kofi Annan aan de orde stelde konden aanpakken: de beste technologie aanpassen aan de verscheidenheid van het Afrikaanse continent.

De *'Legume Alliance'*

N2Africa heeft bijgedragen aan het samenbrengen van een groep gelijkgestemde organisaties om de geboden informatie over betere peulvruchttechnieken voor boeren te verbeteren. Deze *Legume Alliance* (Peulvruchten Alliantie) kwam met het idee om een nieuwe geïntegreerde benadering voor het opzetten en delen van landbouwinformatie te testen. Boeren kregen hun informatie, bijvoorbeeld over het gebruiken van kunstmest of rhizobia-inoculanten bij peulvruchten, namelijk niet altijd op een heldere en consistente wijze. Hierdoor konden nieuwe technieken moeilijk voet aan de grond krijgen.

De Legume Alliance hield in 2015 een eerste campagne over *Maharage Bingwa* ('Kampioen Bonen') in Noord-Tanzania. De Maharage Bingwa-campagne ondersteunde het verspreiden van technologieën en methodes voor de gewone boon, zoals die aanbevolen waren door N2Africa en de onderzoekspartners. Allerlei media- en distributiekanalen, waaronder radio, strips en sociale media, werden gelijktijdig benut. Zij werden stuk voor stuk op verschillende leden van de boerenfamilie gericht, met aangepaste boodschappen die tegemoetkwamen aan de verschillende informatiebehoeften van deze leden. Hierbij hoorde ook het samenwerken met inputleveranciers om informatie over verkooppunten op te zetten voor handelaren in landbouwartikelen. De rol van N2Africa was technologische ondersteuning te bieden en te zorgen dat de verstrekte boodschappen consistent waren en op betrouwbare wetenschap waren gebaseerd.

Na de campagne werden aan de hand van computergestuurde telefonische interviews de voorkeuren van de boeren voor diverse peulvruchttechnieken bepaald. Een belangrijke uitkomst van deze interviews, bij ruim 2600 boeren afgenomen, was dat er te weinig gecertificeerd verbeterd zaaigoed in voorraad was. De logistieke problemen om voldoende bonenzaaigoed te leveren zijn aanzienlijk. Daarom betrok de Legume Alliance bij een volgende fase zaadbedrijven en overheidsinstellingen die meer zaaigoed insloegen.

Een onverwachte uitkomst van de interviews was de zeer sterke voorkeur bij boeren voor de gele gewone boonvariëteit met de naam Soya Njano. Deze variant hoorde niet bij de methoden die werden gepromoot, omdat de variëteit niet voor gebruik in Tanzania was gecertificeerd. Een informele, niet gereguleerde economie had weliswaar geen moeite om boeren deze favoriete boonvariëteit te leveren, maar projecten als N2Africa mochten de nationale systemen niet omzeilen, wat inhield dat het project deze populaire variëteit niet kon laten meedoen of er goed landbouwkundig advies voor kon geven. Maar de conclusies uit de interviews zorgden, toen de Alliance ze deelde, voor genoeg druk op de landbouwkundige onderzoeksinstituten waardoor de nieuwe bonenvariëteit werd gecertificeerd (onder de naam Selian 13). Nu kan het zaaigoed legaal in Tanzania worden geproduceerd en verkocht.

In 2016 hield de Alliance opschalingscampagnes in het noorden en zuiden van Tanzania. De multimediacampagnes bestonden uit allerlei combinaties van folders, posters, strips, interactieve radio, sms'jes, voorbeeldpercelen (zoals die op de foto zijn te zien) en trainingssessies voor boeren. Deze bereikten zeshonderdduizend leden van boerengezinnen. Uit de enquête van de Alliantie naar de invloed ervan bleek dat honderdduizend boeren meer gebruik gingen maken van de aanbevolen technieken, zoals verbeterde variëteiten, inputs en goed landbouwkundig beheer. Bovendien vertelde 85 procent van de respondenten dat ze na de campagne nieuwe kennis hadden opgedaan over bonen of sojabonen, grotendeels door voorbeeldpercelen die door N2Africa en de partners aan de waardeketen waren toegevoegd. Verschillende benaderingen bleken nuttig voor verschillende soorten berichten: massamedia zoals radio kun je gebruiken voor simpele berichten, bijvoorbeeld om aandacht te vragen voor een nieuwe variëteit of een heersende plaag,

Figuur 9. Aan N2Africa deelnemende boeren evalueren verschillende bonenvariëteiten tijdens een velddag in Noord-Tanzania. Foto: Ken Giller.

maar zijn minder geschikt voor complexere informatie zoals de juiste toepassing van inoculanten of de voordelen daarvan. Demonstratiepercelen speelden een belangrijke rol bij deze ingewikkeldere berichten. Al deze ervaringen bij het opschalen van technologie maakten duidelijk dat informatie essentieel is, maar onvoldoende voor blijvende veranderingen. Toegang tot zowel input- als outputmarkten is nodig voor de haalbaarheid van investeringen.

Zeer breed bereik, maar nog veel te doen...

Gedurende de tien jaar dat het project liep, bereikte N2Africa meer dan 660.000 boeren in elf Afrikaanse landen. Het bereiken van zo veel boeren lukte met behulp van vele nationale partners, ngo's en een aantal Afrikaanse ondernemers. We hebben laten zien dat het verbeteren van peulvruchtenproductie en vruchtbaarheid van de bodem tot hogere opbrengsten voor boeren leidt. Er moet echter nog veel worden gedaan om te zorgen dat het verspreiden van deze kennis en de beschikbaarheid van inoculanten, goed zaaigoed en specifieke kunstmest door blijft gaan via werkende waardeketens. Er zijn miljoenen boeren her en der verspreid over het platteland van Afrika. Voor boeren die niet goed geschoold zijn en die weinig middelen hebben om te investeren zijn informatiecampagnes nodig. Door het diepere begrip dat is verkregen kon N2Africa de inzet van technologieën in heel Afrika opvoeren, waardoor het economische en maatschappelijke effect van voorbeeld- en verspreidingscampagnes werd gemaximaliseerd. En één ding is duidelijk: biologische stikstoffixatie hoort centraal te staan bij duurzame kleinschalige landbouw in Afrika.

9

Boerenpower: naar een veerkrachtige agrarische sector

Miranda Meuwissen & Pytrik Reidsma – *Bedrijfseconomie*

Hoe kan de agrarische sector inspelen op risico's die we tot voor kort voor onmogelijk hielden? Boeren zijn over het algemeen veerkrachtig, maar alleen als alle actoren hun bijdrage leveren, zijn ook agrarische systemen veerkrachtig en kunnen ze bijdragen aan de continuïteit van de voedselproductie. Maatregelen voor de korte termijn moeten hierbij de lange termijn in acht nemen. Dit vergt moed en consistentie.

Onze huidige agrarische systemen, zoals de glastuinbouw in het Westland, de varkenshouderij in Noord-Brabant en de zetmeelaardappelen in het veenkoloniale gebied in Drenthe en Groningen, zijn tot stand gekomen in tijden van economische risico's en institutionele onzekerheden. Daar hebben de agrarische systemen zich redelijk op aan weten te passen. Steeds meer worden deze systemen echter uitgedaagd door milieugerelateerde problemen zoals droogte, nieuwe ziektes, en een verminderde bodemkwaliteit en biodiversiteit. Ook worden veel sectoren geconfronteerd met maatschappelijke problemen, zoals het wegtrekken van de jongere generatie naar de steden en een toenemend publiek wantrouwen ten aanzien van de gang van zaken in de agrarische sector. Daarbij zijn agrarische systemen zelf ook complex en overal anders, waarbij er vaak sprake is van gevestigde belangen, padafhankelijkheden door ingezette ontwikkelingen in het verleden en wederzijdse afhankelijkheid tussen actoren in het systeem.

Juist in tijden van grote onzekerheid is het werken aan veerkracht in de agrarische sector essentieel. Het biedt een slimme manier om in te spelen op risico's en is wereldwijd van groot belang voor de continuïteit van de voedselproductie. Als we namelijk niet goed op risico's inspelen, kunnen de voedselproductie, -verwerking en -distributie stilvallen, met direct merkbare gevolgen voor consument en maatschappij. Als deze risico's te groot worden, zullen boeren, banken, verzekeraars en andere schakels in de keten minder bereid zijn om te investeren in de agrarische sector. Ook dit is vanzelfsprekend niet goed voor de continuïteit van de voedselproductie. Als er daarentegen veerkracht is, ontstaat er ruimte om in te spelen op de risico's en onzekerheden vandaag de dag en in de toekomst.

De kern van veerkracht

De agrarische sector en de overheid zagen veerkracht lange tijd als risicomanagement: inspelen op een bepaald risico en vervolgens doorgaan op de ingeslagen weg. Zo zorgt een coöperatie gezamenlijk voor een financiële buffer om slechte tijden op te kunnen vangen, en zorgt de aanwezigheid van sociaal kapitaal, waarbij belanghebbenden onderling omkijken naar elkaar, voor hulp in tijden van crisis. Dergelijke middelen zorgen voor robuustheid in agrarische systemen.

Maar veerkracht is meer dan dat: veerkracht is ook het vermogen om jezelf aan te passen en een transitie te bewerkstelligen wanneer dat nodig is. Uit onderzoek weten we dat veerkracht op drie manieren tot uitdrukking komt: als robuustheid, als aanpassingsvermogen en als capaciteit om transitie te bewerkstelligen. Dit geldt bijvoorbeeld voor de veerkracht van een natuurgebied om na een bosbrand te herstellen. In de agrarische sector draait het echter ook om 'mensenwerk', waarbij keuzes soms gedreven zijn door kortetermijnbelangen en er veel actoren zijn, die soms ook tegengestelde belangen hebben. Zo is de voedselproductie en winstgevendheid van volgend jaar vooral van belang voor boeren, maar maken maatschappelijke organisaties zich zorgen over verminderde biodiversiteit en klimaatverandering op de lange termijn. Dit soort tegenstellingen kunnen ervoor zorgen dat de ene partij naar robuustheid streeft terwijl de ander juist wil inzetten op transitie.

Aanpassing en transitie – noodzakelijk voor veerkracht – gebeuren continu, maar op verschillende manieren en met verschillende snelheden. Het is hierbij pas achteraf zichtbaar of een agrarisch systeem zich heeft aangepast of dat een transitie heeft plaatsgevonden. Hiervan zijn in de Europese land- en tuinbouwgeschiedenis veel voorbeelden te vinden. Zo kan de intensivering van veel systemen na de Tweede Wereldoorlog gezien worden als een historische transitie. Een aanpassing binnen het huidige systeem is bijvoorbeeld de nadrukkelijke aandacht voor het milieu via technische maatregelen zoals luchtwassers, gebruikt om de uitstoot van schadelijke stoffen te beperken. De vraag is: hoe kan een systeem veerkrachtig zijn en anticiperen op de toekomst? Er spelen vaak meerdere uitdagingen tegelijk of er doen zich nieuwe en tot voor kort onwaarschijnlijk geachte risico's voor, zoals tegelijkertijd een grootschalige droogte en internationale handelsbeperkingen, of een wereldwijde lockdown zoals tijdens de COVID-19-crisis. Daar is geen verzekering of contract voor af te sluiten. Hoe kan een systeem zich daar dan toch op voorbereiden?

We kunnen vijf bouwstenen van veerkracht onderscheiden. Op de eerste plaats is dit diversiteit. Bij diversiteit gaat het er bijvoorbeeld om dat er verschillende soorten bedrijven zijn, van groot tot klein, en van gemengd tot gespecialiseerd. Dankzij deze diversiteit zullen bedrijven verschillend met risico's in aanraking komen en omgaan, en dus niet allemaal op eenzelfde manier worden getroffen, wat veerkracht op regionaal niveau bevordert. Ook het hebben van meerdere afzetkanalen draagt bij aan diversiteit, bijvoorbeeld afzet aan horeca én supermarkten. Als één kanaal wegvalt, blijft namelijk het andere waarschijnlijk nog overeind. Diversiteit heeft ook betrekking op het beleid. Het is goed als de overheid in haar agrarisch beleid niet alleen aandacht heeft voor (kortetermijn)robuustheid van de agrarische sector maar tegelijkertijd ook mogelijkheden creëert voor aanpassing of transitie. Het bieden van (langetermijn)perspectieven nodigt de agrarische sector eerder uit om hier over na te denken en naar te handelen.

De tweede bouwsteen van veerkracht is openheid. Het gaat hierbij onder andere om openheid om te leren, bijvoorbeeld over innovaties en het hebben van een goede infrastructuur voor verspreiding van kennis. Dit is zowel een persoonlijke als sociale kwestie: individuen moeten openstaan, maar overheden en industrieën kunnen dit stimuleren. Openheid gaat ook over het systeem als geheel; veerkracht zit 'beter in het bloed' als een sector regelmatig met allerlei risico's te maken heeft, en dus niet volledig wordt afgeschermd tegen bijvoorbeeld prijsrisico's en hierdoor in moeilijke tijden niet daadkrachtig weet te handelen.

De derde bouwsteen van veerkracht is een modulaire opbouw, wat wil zeggen dat onderdelen uitwisselbaar zijn. Een voorbeeld hiervan is het hebben van meerdere back-ups als de aanvoer van grondstoffen stilvalt. Dit is minder efficiënt dan altijd zakendoen met dezelfde leverancier waarmee een goede relatie is opgebouwd, maar geeft wel meer buffer. Tijdens de COVID-19-crisis moesten boeren bijvoorbeeld soms langer wachten op onderdelen voor irrigatiesystemen, wat gevolgen had voor het omgaan met de droogte. Een modulair systeem houdt ook in dat bedrijfsopvolging mogelijk is en een bedrijf dus niet afhankelijk is van één persoon, en ook dat partijen onderling niet al te afhankelijk zijn, zodat het systeem gewoon kan blijven functioneren als een bedrijf (tijdelijk) stopt.

De vierde bouwsteen is die van terugkoppeling. Goede terugkoppeling gebeurt op meerdere niveaus, bijvoorbeeld tussen boeren onderling door zich te organiseren in studieclubs of coöperaties, tussen maatschappij en agrarische sector tijdens debatten over duurzaamheidsvraagstukken, tussen sector en overheid over beleid en tussen sector en banken rond financiële vraagstukken. Dit is belangrijk omdat er dan tijdig op ontwikkelingen ingespeeld kan worden (een gewaarschuwd mens telt voor twee).

De vijfde en laatste bouwsteen heeft betrekking op systeemreserves, oftewel: voldoende inkomen voor mensen werkzaam in de agrarische sector, geen sterke afhankelijkheid van subsidies en een goede afstemming tussen productie en het natuurlijke kapitaal in de regio. Bij een goede afstemming tussen productie en natuurlijk kapitaal is er bijvoorbeeld weinig noodzaak om veel grondstoffen van buiten de regio in te voeren en vervolgens mest weer uit te voeren. Voldoende systeemreserves, zowel in de vorm van natuurlijk en economisch als sociaal kapitaal, zorgen voor een buffer om te compenseren voor verliezen tijdens en na een verstoring.

Figuur 10. Openheid is een van de bouwstenen van veerkracht, onder andere voor innovaties. Foto: Alexander Knyazhinsky.

Als deze vijf bouwstenen aanwezig zijn in een agrarisch systeem, dan zit het goed met de veerkracht. Maar is een veerkrachtig systeem altijd duurzaam? Dit brengt ons op een ander belangrijk punt: een veerkrachtige agrarische sector moet ook duurzaam zijn. De landbouw levert niet alleen private functies, zoals productie van voedsel en grondstoffen en het verschaffen van werkgelegenheid en inkomen, maar ook publieke functies zoals behoud van natuurlijke hulpbronnen en biodiversiteit, een aantrekkelijk platteland en zorg voor dierenwelzijn. Niet ieder agrarisch systeem hoeft al deze functies te leveren (biodiversiteit kan bijvoorbeeld komen door een naastgelegen natuurgebied), maar een systeem kan niet voortbestaan als het alleen private functies levert en de publieke functies negeert. Als de vijf genoemde bouwstenen aanwezig zijn, dan komt dit vanzelf goed, bijvoorbeeld door terugkoppeling van de omgeving naar de agrarische sector over wensen ten aanzien van publieke functies, of voldoende marges voor boeren zodat voedselproductie gepaard kan gaan met ruimte voor ontwikkeling en innovatie, behoud van natuurlijke hulpbronnen en biodiversiteit, en ruim economisch perspectief voor bedrijfscontinuering.

Boeren kunnen en willen wel; nu de omgeving nog

Boeren, in Nederland maar ook in de rest van Europa, nemen allerlei initiatieven om hun veerkracht te vergroten. Zo werken ze aan lokale afzet, zoeken ze naar mogelijkheden om de bodemkwaliteit te verbeteren en zorgen ze via bedrijfsverbreding of inkomen van buiten het bedrijf voor spreiding van risico's. Ze werken dus met *power* aan de bouwstenen van veerkracht. Veel boeren in Europa vinden dan ook zelf dat het aardig goed zit met hun veerkracht. Het bewustzijn over nut en noodzaak om na te denken over aanpassing en transitie, zoals natuurinclusieve kringlooplandbouw, wordt daarbij regelmatig aan de keukentafel gestimuleerd door andere gezinsleden die buitenshuis werken en zien dat aanpassing en transitie aan de orde van de dag zijn (denk aan de zorgsector). Dit stimuleert het nadenken over veerkracht bij boeren.

Veerkracht van agrarische systemen wordt echter niet alleen bepaald door boerenpower. Hoewel we vaak spreken van 'de glastuinbouw in het Westland', 'de varkenshouderij in Noord-Brabant', 'de zetmeelaardappelen in het veenkoloniale gebied', bestaan deze systemen niet alleen uit boeren. Er horen ook andere partijen en dus wederzijds afhankelijke relaties bij, zoals leveranciers, banken, verzekeraars, adviseurs, supermarkten en andere afzetkanalen, maar ook buren en boeren van andere sectoren. Akkerbouwers in het veenkoloniale gebied ruilen bijvoorbeeld percelen met melkveehouders voor uitbreiding van het bouwplan, omdat dit beter is voor de bodem.

Elk systeem kent ook zijn eigen duurzaamheidsvraagstukken. Zo heeft het Westland tijdens de COVID-19-pandemie te maken met een inperking van het aantal vluchten vanaf Schiphol, spelen in Noord-Brabant zorgen rond fijnstof en is er in het veenkoloniale gebied sprake van inklinking en waterschaarste. Ook publieke functies verschillen per systeem, bijvoorbeeld afhankelijk van de aanwezigheid van natuurgebieden. Veerkracht van 'de agrarische sector' gaat dus in werkelijkheid over veerkracht van regionale systemen met systeemspecifieke zorgen en verschillende actoren. Over de veerkracht op dit niveau zijn boeren en andere belanghebbenden veel minder optimistisch dan over de veerkracht van individuele boeren.

We kunnen drie factoren aanwijzen voor de weinig optimistische kijk op veerkracht. Ten eerste liggen de bouwstenen van veerkracht er niet rooskleurig bij in de Europese landbouw. Zo is er bijvoorbeeld weinig diversiteit in het beleid: zowel Europees als nationaal beleid richt zich voornamelijk op behoud van status quo, met een focus op de korte termijn en relatief weinig aandacht voor de lange termijn. Naast de geringe diversiteit creëren relatief lage marges weinig ruimte om te leren, experimenteren en innoveren (beperkte openheid), is er niet overal een gezamenlijk debat over publieke functies van de agrarische sector, mede vanwege polarisatie (beperkte terugkoppeling) en is bedrijfsopvolging in veel gebieden lastig (beperkt modulair).

Een tweede factor heeft te maken met het erkennen dat alle partijen het samen moeten doen. Bij onderzoek naar toekomstige strategieën voor agrarische systemen, in samenspraak met belanghebbenden, komen voor het merendeel strategieën voor de boer op tafel. Dit is niet in balans met het grote aantal partijen dat onderdeel is van een agrarisch systeem. Dergelijke onbalans kan leiden tot frustraties bij zowel de boer, omdat er te veel verwachtingen zijn, als bij andere partijen omdat boeren niet naar verwachting leveren. Vanuit de boer is er behoefte aan gezamenlijke strategieën, bijvoorbeeld nieuwe businessmodellen, stabiel beleid, en consumenten en markten die zich aanpassen, zodat het mogelijk wordt om meer publieke functies te leveren.

Een derde factor heeft betrekking op de grote aandacht voor de zogenaamde snelle functies gerelateerd aan voedselproductie en winstgevendheid. Deze focus zorgt voor een verminderde aandacht voor publieke en langetermijnfuncties gerelateerd aan de maatschappij en het milieu. Actoren in de meeste agrarische systemen zijn vooral bezig met reageren op uitdagingen die te maken hebben met snelle processen, zoals jaar-op-jaar variatie van inkomen door schommelende melkprijzen, in plaats van langzame processen, zoals de achteruitgang van bodemkwaliteit en het welzijn van de bevolking in de regio. Het belang van voedselproductie en winstgevendheid zorgt dus voor kortzichtigheid in het agrarische systeem, in ieder geval zolang de geleverde sociale en milieugerelateerde functies op een acceptabel niveau lijken.

Stappen naar een veerkrachtige sector

Het ontwikkelen van een veerkrachtige agrarische sector is niet gemakkelijk. De afgelopen decennia leek het voldoende om in te zetten op robuustheid, door bijvoorbeeld vergoedingen na schade en vervolgens doorgaan op de eerder ingeslagen weg. Nu doen zich echter andere risico's voor en moet de sector anticiperen op de toekomst. Hierdoor komen ook de andere twee manieren van veerkracht in beeld: aanpassing en transitie. Door het grote aantal natuurlijke, sociale, economische en institutionele processen dat een rol speelt in agrarische systemen komt aanpassing of transitie echter niet zonder inspanning tot stand. Het concept van veerkracht heeft dan ook geen eenvoudig 'to-dolijstje', maar is gebaseerd op vijf bouwstenen, het advies om alle actoren uit het systeem een rol te geven en de te leveren functies in acht te nemen. Als het zo complex is, dan maar de boel de boel laten?

Nee, juist in tijden van grote onzekerheid is het werken aan veerkracht essentieel. Laten we daarbij beginnen met de goede voorbeelden en positieve spirit aan de keukentafel: de boerenpower. Van daaruit kunnen we gaan werken aan de veerkracht van het systeem. Dit vergt moed en consistentie. Als we namelijk samen vinden dat de bouwstenen moeten verbeteren en er niet alleen aandacht mag zijn voor de snelle processen als winstgevendheid, betekent dit ook dat, zoals tijdens de COVID-19-crisis, kortetermijnsteun gekoppeld moet worden aan gezamenlijke verbetering van bouwstenen (zoals diversiteit en modulariteit) en langzame processen (zoals biodiversiteit). Veerkracht komt niet vanzelf, en het wereldvoedselsysteem is alleen in staat om slim in te spelen op risico's en onzekerheden als de agrarische systemen integraal veerkrachtig zijn.

DEEL 2

DE BLAUWE REVOLUTIE

10

De Blauwe Revolutie: verleden, heden en toekomst

Geert Wiegertjes – *Aquacultuur en Visserij*

De Groene Revolutie verwijst naar de landbouwrevolutie in de tweede helft van de twintigste eeuw, toen onderzoekers bij een gebrek aan landbouwgrond de oplossing vonden in een verhoging van de rijstopbrengsten per vierkante meter. Veel Aziatische landen konden hierdoor zelfvoorzienend worden. Wat kan de Blauwe Revolutie – in de aquacultuur – hiervan leren?

Duizenden jaren geleden ging de mens geleidelijk aan steeds minder jagen en verzamelen en werden we steeds meer een landbouwer. Deze landbouwrevolutie – de naam zegt het al – betrof vooral landgebonden activiteiten. Onze zeeën zijn we blijven bejagen. Vandaag de dag halen we nog steeds ongeveer de helft van onze vis uit wildvangst. Op zee is ons gedrag dus eigenlijk weinig veranderd. Inmiddels zijn we zo goed in visserij geworden dat we al jaren hard proberen om met vangstbeperkingen structurele overbevissing te voorkomen. De andere helft van onze visvangst komt tegenwoordig voort uit kweek. Deze aquacultuur is eveneens een praktijk die al vele duizenden jaren oud is. De laatste decennia is de aquacultuur echter steeds intensiever geworden, en langzaam maar zeker wordt het moeilijker geschikte locaties te vinden. En dat terwijl onze aardbol voor ongeveer 70 (!) procent bedekt is door water. Als we ons bovendien realiseren dat voor veel mensen niet vlees maar vis de goedkoopste én meest toegankelijke bron van dierlijk eiwit is, dan lijkt de tijd rijp voor de Blauwe Revolutie.

De huidige aquacultuur wordt bepaald door voedselzekerheid en de prijs in de supermarkt. Wereldwijd ligt de gemiddelde jaarlijkse visconsumptie boven de 20 kilogram per persoon; in Nederland ligt dat met ongeveer 6 kilogram een stuk lager. Deze visconsumptie blijft gestaag groeien. Om ervoor te zorgen dat de groeiende wereldbevolking ook na 2050 vis kan blijven eten, schatten onderzoekers dat de viskweek verdrievoudigd zal moeten worden. Voor miljarden mensen zal de benodigde toename aan vis vooral van de aquacultuur moeten komen, want uit wildvangst kunnen we niet veel meer vis halen: tenminste, niet als we onze zeeën, oceanen, meren en rivieren duurzaam willen beheren.

Als we spreken over 'vis', gaat het in werkelijkheid om vis, schaal- en schelpdieren – dus ook bijvoorbeeld mosselen, oesters en garnalen – alsook de oogst uit meren en rivieren. Om de discussie te vergemakkelijken beschouwen we hier vis als een belangrijke bron van dierlijk eiwit, en niet te vergeten een bron van onverzadigde vetzuren, mineralen en andere hoogwaardige bijdragen aan ons dieet. De diversiteit aan gevangen en gekweekte soorten vis, de veelzijdigheid aan oogst- en kweeksystemen (dus visserij- en aquacultuurmethoden) en de combinatie van land- en zeegebonden activiteiten maken de aquacultuur en visserij enorm divers. Juist deze diversiteit biedt belangrijke kansen voor het verwezenlijken van een integrale kringloopaanpak in de toekomst.

De Blauwe Revolutie

De term Blauwe Revolutie verwijst naar de laatste vijftig jaar waarin de aquacultuur wereldwijd een continue groei van zo'n 10 procent per jaar heeft doorgemaakt. Vergelijkbaar met de aanpak tijdens de Groene Revolutie hebben wetenschappers de oplossing vooral gezocht in een verhoging van de opbrengsten per kubieke meter, vaak middels genetische selectie op groeisnelheid en door gebruik van hoogwaardige visvoeding. De Blauwe Revolutie zal onverminderd op deze voet door moeten zetten om ervoor te zorgen dat er na 2050 nog steeds voor iedereen genoeg vis en aanverwante producten beschikbaar zullen zijn. Mogelijke strategieën zijn dan verdere ontginning van de zee voor aquacultuur, bijvoorbeeld verder uit de kust dan nu het geval is. Maar denk ook aan landgebonden gesloten recirculatiesystemen, die een steeds grotere plek binnen de aquacultuur innemen. Dit zijn systemen die het water waarin de vis gehouden wordt zuiveren en rondpompen, waardoor de waterkwaliteit voor de vis op een relatief duurzame manier hoog wordt gehouden.

Tegelijkertijd zullen we ons – zeker in maatschappijen die het zich kunnen veroorloven deze discussie te voeren – in de nabije toekomst steeds vaker gaan afvragen hoeveel viseiwit we minimaal of maximaal willen en zouden moeten eten. In toenemende mate gaat ook de aquacultuur namelijk gepaard met discussies over verminderd dierenwelzijn en een verhoogde infectiedruk: discussies waar de landbouw en veehouderij al veel langer ervaring mee hebben. Aquacultuurgerelateerde infectiedruk kan bijvoorbeeld hoog oplopen, met name op zee, waar veel viskweek plaatsvindt in open systemen. Hier krijgen bacteriën, virussen en parasieten, waaronder bijvoorbeeld de zalmluis, een grotere kans op verspreiding over gekweekte én wilde vispopulaties.

Gelukkig kunnen we veel problemen voorkomen door te kiezen voor andere vormen van huisvesting, die in minder open verbinding staan met het buitenwater. Denk bijvoorbeeld aan de eerdergenoemde recirculatiesystemen op land, gericht op duurzame, hoogwaardige waterkwaliteit. Daarnaast kunnen veel infectiegerelateerde problemen worden voorkomen door goede visvoeding met toegevoegde immuunstimulanten. De werking van deze stimulanten is gebaseerd op het vergroten van de natuurlijke weerstand van vissen, bijvoorbeeld door middel van training van het immuunsysteem, waardoor het gebruik van antibiotica wordt beperkt inclusief het daarbij horende risico op ontwikkeling van antimicrobiële resistentie. Ook vaccinaties van vis, ofwel via het voer ofwel door individuele injecties passen bij intensieve maar gezonde vormen van aquacultuur. Op dit vlak is niets menselijks de vis vreemd; een belangrijke sleutel voor gezonde vis ligt bij groepsimmuniteit.

Desalniettemin zullen in de nabije toekomst ook aquacultuursystemen steeds vaker het concept kringlooplandbouw willen en moeten omarmen. Binnen de kringlooplandbouw wordt gestreefd naar minimale verliezen van grondstoffen bij de productie van biomassa, bijvoorbeeld door reststromen te benutten en op te waarderen tot nuttige grondstoffen. Hierdoor blijft de invoer van grondstoffen van buitenaf zo klein mogelijk. Het sluiten van de kringloop op lokaal niveau vormt hierbij de basis, maar voor optimalisatie van circulaire voedselsystemen moeten deze kringlopen ook aan elkaar geschakeld worden. De kringlooplandbouw vraagt dus om een systeembenadering: lokale kringlopen moeten op elkaar aansluiten om te zorgen dat er zo weinig mogelijk grondstoffen verloren gaan. Daarmee bieden heterogeniteit, diversiteit en veelzijdigheid binnen een landbouwsysteem de beste mogelijkheden voor de aansluiting van kringlopen en dus circulaire integratie van biomassastromen. En laten heterogeniteit, diversiteit en veelzijdigheid nu net dé kenmerken zijn van de aquacultuur en visserij.

Circulaire vijvers en voedselsystemen

Nog steeds vindt wereldwijd zo'n 80 procent van de visproductie plaats in vijvers, variërend van vijvers van enkele vierkante meters tot enkele vierkante kilometers groot. Met betrekking tot de vis in deze vijvers – denk aan karpers, Aziatische meerval (pangasius), tilapia en garnalen – richt ons onderzoek zich vooral op een ecologische intensivering door middel van het geven van een extra stimulans aan het natuurlijk aanwezige voedselweb, dat wil zeggen het geheel aan relaties tussen planten en dieren die eten en gegeten worden. Dat vijveronderzoek doen we vaak op locatie in Azië en in samenwerking met wereldwijde onderzoeksorganisaties zoals WorldFish. In dit onderzoek proberen we de ontwikkeling van een zo gebalanceerd en natuurlijk mogelijk voedselweb extra te bevorderen. Dit draagt bij aan de beschikbaarheid van eiwit, vetzuren en energie voor de groei van vissen in diezelfde vijvers.

Deze ecologische intensivering wordt onder andere bereikt door niet alleen de vis, maar zowel de vis als het voedselweb in de vijver te voeren. Hiermee vormen zich niet alleen extra nutriënten, maar vergroten we tegelijkertijd de filtercapaciteit van de vijver, hetgeen weer leidt tot een beperking van mest- en restafval. In feite bemesten we dus de vijver met laagwaardige, goedkope voedingsstoffen, die we vervolgens op een ecologisch verantwoorde manier proberen om te zetten in hoogwaardige eindproducten zoals vis. Deze lokale kringloop verdient het om een prominente plaats te krijgen in de systeembenadering die nodig is om tot circulaire voedselsystemen te komen.

Naast vijvers vindt een groot deel van de visproductie plaats in vrij intensieve vorm, waarvan de meest bekende gebaseerd is op open netten en kooien op zee. Denk bijvoorbeeld aan de kweek van Atlantische zalm in Noorwegen of de kweek van zeebrasem en zeebaars in Griekenland. Deze vorm van aquacultuur stoelt op een gratis verversing van zeewater en daarmee op een hoge waterkwaliteit, mits de dichtheden van vis maar niet te groot worden. In deze vorm van aquacultuur is visvoeding een doorslaggevende factor. Visvoeding zal dan ook nog lang een beslissende rol spelen in het succes van de Blauwe Revolutie. Dit is niet alleen zo omdat visvoeding veel van de groei, gezondheid en nutritionele waarde van vis bepaalt, maar vooral ook omdat zij voor een groot deel de prijs in de (super)markt bepaalt.

Het zijn met name de carnivore vissoorten, zoals zalm, zeebaars en zeebrasem die van groot economisch belang zijn: gezond vanwege een hoog gehalte aan onverzadigde vetzuren en geliefd vanwege hun smaak. Typische planteneters, zoals tilapia, zijn minder vet en goedkoper; over smaak valt verder niet te twisten. In de discussie over vlees of vis wordt er vaak geschermd met de hoge efficiëntie waarmee vis in staat zou zijn om visvoer om te zetten in visfilet. Dit is voor een deel terecht als we deze omzetting zouden vergelijken met de lagere efficiëntie waarop bepaalde landbouwhuisdieren voer omzetten in dierlijke eiwitten. Maar ook bij vis is het zo dat deze efficiëntie voor een groot deel bepaald wordt door de kwaliteit van de visvoeding. Zo eten carnivoren zoals zalm het liefst voer dat voor ongeveer 50 procent uit (vis)eiwit bestaat, en dan is de efficiëntie inderdaad hoog. Pas je het dieet zodanig aan dat er minder hoogwaardig eiwit in zit, dan loop je ook bij zalm het risico dat de efficiëntie omlaaggaat.

Ook herbivore soorten zoals tilapia kunnen efficiënt omgaan met hun voer. Bovendien eten zij minder eiwit en meer koolhydraten. Dit lijkt een duurzamere vorm van aquacultuur, aangezien het minder gericht is op het voeren van nutriënten die we ook direct zelf kunnen consumeren. Maar ook hier blijft het van groot belang om minder in te zetten op vormen van aquacultuur die sterk voerafhankelijk zijn, zoals intensieve kweekvormen, en daarom moeilijker in te passen in een circulair voedselsysteem.

Daarmee is de (on)balans in nutriëntenstromen een factor van doorslaggevend belang. In een circulaire aquacultuur zal visvoer dan ook steeds vaker voor een groot deel bestaan uit reststromen zoals visafval. Een andere mogelijkheid is dat visvoer wordt gebaseerd op omega 3-vetzuren uit microalgen. Hoe dan ook: vis zal voor een groot deel in

Figuur 11. Tilapia is een herbivore vissoort die graag koolhydraten eet. Foto: Samuel Stacey.

Figuur 12. Veel van de Atlantische zalm wordt gekweekt in fjorden in Noorwegen in open systemen op zee. Foto: Geert Wiegertjes.

onze behoefte aan dierlijke eiwitten blijven voorzien, zeker in die delen van de wereld waar vis een gewaardeerd onderdeel van het menu is.

De toekomst kleurt aquamarijn

Wereldwijd benaderen de oogsten van op zee gevangen vis hun duurzame maximum. Tegelijkertijd bieden bijvoorbeeld de kweek en oogst van schelpdieren wel degelijk nieuwe en duurzame openingen. Geïntegreerde systemen gebaseerd op combinaties van vis, schelpdieren en planten lijken elkaar aan te vullen in duurzame oplossingen. Bekende keurmerken, zoals Aquaculture Stewardship Council (ASC), en de kweek van biologische vis wijzen ons in de goede richting. Vooral aan de kust vinden we steeds vaker gesloten recirculatiesystemen die, gebaseerd op technologische ontwikkelingen, tot een hoge productie kunnen komen met een minimaal gebruik van natuurlijke hulpbronnen als water en energie.

Kortom, als het gaat om de Blauwe Revolutie hebben we het over een zee aan mogelijkheden voor het vangen of kweken van vis, schaal- en schelpdieren. Dichter bij huis is de Noordzee in een duurzame toekomst niet langer alleen producent van eiwitten uit zeewier, schelpdieren en vis, maar biedt het tegelijkertijd ruimte voor hernieuwbare energie in combinatie met natuurontwikkeling. Wij zijn van mening dat de Noordzee niet alleen een eigen circulaire benadering verdient, maar vooral ook geïntegreerd moet worden in de huidige visies op de kringlooplandbouw. De toekomst zal hiermee van groen langzaam maar zeker aquamarijn kleuren.

11

Voedsel uit de veranderende Noordzee

Tinka Murk – *Mariene dierecologie*

Voedsel uit zee wordt grotendeels geoogst door te jagen en verzamelen. De grenzen van die activiteiten zijn inmiddels bereikt. De voedselproductie uit zee kan echter nog flink groeien, mits op ecologische leest geschoeid en lerend van de ontwikkelingen op land. Door lokale intensivering kunnen bovendien ecologisch belangrijke gebieden worden ontzien. Op die manieren is een duurzame en toekomstbestendige voedselproductie uit de veranderende Noordzee mogelijk.

Siv liep terug met een volle mand wilde groenten die ze van het veldje achter hun hut had geoogst. Vroeger verzamelde ze overal eetbare planten, knollen, bessen en eieren, maar dat lukte steeds minder. Hoewel ze met meer mensen waren had de familie gelukkig toch genoeg te eten, want Siv had ontdekt hoe planten vlak bij huis beter groeiden, en dat vogels in de buurt bleven door regelmatig wat voer te strooien. Ivar en hun zoons waren gaan vissen en kwamen opgewonden aangerend, er was een dode walvis aangespoeld! Dat werd een welkome aanvulling op hun dieet!

Siv, Ivar en hun familie bewoonden Doggerland, een groot gebied tussen Engeland en het vaste land van Europa voordat dit rond 6500–6200 BCE overspoeld werd door de stijgende zeespiegel. Lange tijd staken de Doggerheuvels nog als toevluchtsoord uit boven zee, totdat ook zij onder water verdwenen. De Doggerheuvels vormen nu de Doggersbank op de bodem van de Noordzee.

Voedselschaarste als gevolg van een ongunstiger klimaat, een groeiende bevolking en overbejaging stimuleerde mensen zoals Siv en Ivar tot het domesticeren van planten en dieren; de start van landbouw en veeteelt. Met vallen en opstaan bereikten boeren een verveelvoudiging van de voedselproductie per hectare, waardoor er voor de alsmaar toenemende bevolking toch nog voldoende voedsel was. Deze intensivering leidde de afgelopen decennia echter ook tot grote milieuproblemen door overbemesting, overmatig bestrijdingsmiddelengebruik en erosie. Stapje voor stapje leren we tegenwoordig hoe die efficiënte voedselproductie op land toekomstbestendiger en meer natuurinclusief kan worden.

De wereldbevolking en voedselbehoefte groeien echter nog altijd door, terwijl de mogelijkheden om op land meer voedsel te produceren hun grenzen bereiken. Het gevolg is een toenemende roep om meer voedsel uit zee, die immers 70 procent van het aardoppervlak vormt. In tegenstelling tot op land wordt voedsel uit zee nog grotendeels geoogst door te jagen en te verzamelen. Maar ook hier zijn de grenzen van de groei bereikt. Veel soorten zijn dusdanig overbevist dat visserij onrendabel of zelfs onmogelijk is geworden. Bovendien zijn veel visserijpraktijken verre van duurzaam vanwege habitatvernietiging, grootschalige bijvangst en het verstoren van ecologische relaties. Onverwachte effecten zoals kwallenplagen of het overwoekeren van riffen met zeewier kunnen het gevolg van zulke ecosysteemverstoringen zijn.

Ook voor de Nederlandse Noordzee geldt dat visserij een grote invloed heeft op het onderwaterleven. Door toenemend motorvermogen en overbevissing, met name sinds de opkomst van de intensieve bodemvisserij met sleepnetten (boomkorvisserij) in de jaren zestig van de vorige eeuw, zijn grote delen van de Noordzeebodem veranderd in zandige 'platvisakkers'. In totaal is slechts minder dan 0,5 procent van de Nederlandse Noordzeebodem volledig beschermd tegen bodembeschadigende vormen van visserij. Daarnaast zijn habitatten verdwenen door grootschalige zandwinning voor kustbescherming en zijn zeearmen afgesloten sinds de bouw van de Deltawerken. De verbinding met de grote rivieren is voor trekvissen een grote barrière en echte brakwatergebieden, zoals vroeger het Haringvliet, waar haring paaide, zijn sinds de Deltawerken zeldzaam. Er is dus nog lang geen sprake van een duurzaam-productieve Noordzee in harmonie met een rijke biodiversiteit en andere gebruiksfuncties.

Toch kan de voedselproductie uit zee nog flink groeien, mits op een meer ecologische leest geschoeid. Het is dan wel belangrijk om van de fouten en successen op land te leren bij het inrichten en begeleiden van de ontwikkelingen op zee, inclusief in onze eigen Noordzee. Door de lokale intensivering van de opbrengst per hectare is het mogelijk bepaalde belangrijke onderwatergebieden een beschermde status te geven. Hierdoor kan de voedselproductie uit de veranderende Noordzee toenemen en tegelijk duurzamer en toekomstbestendig worden.

Drie grote transities op de Noordzee: energie, voedsel en natuur

Siv en Ivar hadden zich destijds niet kunnen voorstellen hoe 'hun' Doggerland bijna negenduizend jaar later een haast industrieel gebruikte zee zou zijn. De zee wordt niet alleen intensief gebruikt voor visserij, maar ook voor zandwinning, scheepvaart en gas- en oliewinning. De Europese Commissie ziet op zee voor de komende decennia grote potentie voor innovatie en groei van de Europese economie en wil deze 'blauwe groei' stimuleren, onder andere door investeringen in aquacultuur en offshore-energiewinning. Ook Nederland heeft grootse plannen met de Noordzee voor energieproductie, om zo te kunnen voldoen aan het akkoord van Parijs. Voor deze energietransitie zet Nederland momenteel nog vooral in op windenergieparken op zee. De zee zal hierdoor ingrijpend veranderen want er worden honderden windturbines in zee geplaatst met een steenbestorting eromheen ter bescherming van de turbinebases. Voor het transporteren van de stroom naar land worden er dikke kabels op de zeebodem gelegd. Om veiligheidsredenen zullen de windparken dan ook ontoegankelijk worden voor visserij.

Verandering van het zeemilieu is van alle tijden, en steeds heeft de natuur zich aangepast aan de nieuwe omstandigheden. Sinds de mens in het ecosysteem verscheen heeft deze diersoort zich niet alleen succesvol aangepast aan ontwikkelingen in de natuurlijke omgeving, maar vooral zelf ook steeds sterker de omgeving veranderd. De menselijke invloed op het leven in zee is sinds ruim duizend jaar sterk merkbaar, maar vooral de afgelopen ruim honderd jaar enorm in snelheid en omvang toegenomen.

Om te zorgen dat de hedendaagse Noordzeenatuur zich nog kan aanpassen aan de grote veranderingen van het klimaat en het gebruik door de mens die we de komende decennia verwachten is een natuurtransitie nodig. Dat betekent dat we, ook uit eigenbelang, beter rekening moeten gaan houden met de mariene natuur. Dit houdt eveneens in dat we niet voor de natuur moeten gaan denken vanuit vastgetimmerde ecosysteemdoelen, maar basisvoorwaarden veiligstellen. Cruciaal voor een gezonde, productieve en biodiverse natuur is allereerst voldoende variatie aan hoogwaardige habitats, inclusief belangrijke brakwatergebieden die ook trekvissen toegang geven tot rivieren. Ten tweede moet er bescherming van de zeebodem zijn, zodat het werk van natuurlijke rifvormende dieren niet voortdurend wordt stukgemaakt. Ten derde moeten we uiteraard vervuiling voorkomen. En ten slotte is het belangrijk dat we zorgdragen voor de aanwezigheid van een goed functionerend en compleet voedselweb, inclusief toppredatoren. Het is niet nodig – en op zee onbegonnen werk – om onderwater te tuinieren zoals op land wel wordt gedaan om een specifiek landschap of gewenste soortensamenstelling na te streven. Wat we wel kunnen is een gezonde, natuurlijke ontwikkeling faciliteren. Als er weer een rijk en compleet voedselweb aanwezig is zullen nieuw geïntroduceerde soorten ook niet snel de kans krijgen om zich te ontwikkelen tot een plaag omdat ze verdwijnen of een eigen plekje in het voedselweb krijgen.

De mens kan zo'n natuurlijke ontwikkeling ook stimuleren met als doel om meer voedsel te kunnen oogsten uit zee. Een belangrijke eerste stap is dan het herintroduceren van harde structuren waarop natuurlijke riffen zich verder kunnen ontwikkelen. Daardoor komt meer leefruimte, paaigebied en voedsel voor diersoorten als kreeft, kabeljauw, zeebaars en sepia (zeekat). Deze dieren zijn ook waardevol voor de visserij, zeker als ze weer de gelegenheid krijgen om echt groot te worden. Het is dan ook belangrijk om zulke rifgebonden dieren duurzaam te oogsten, bijvoorbeeld met vangstkooien en handlijnen. Een completere, productieve en diverse Noordzeenatuur is dus tegelijkertijd een noodzakelijke basis voor de transitie naar duurzamer produceren en oogsten van meer, en meer verschillende soorten voedsel uit zee.

Maar hoe is een voedseltransitie dan mogelijk, als er enorme aantallen windturbines komen en er minder gebied zal zijn voor de huidige visserij? En hoe kan een dergelijke transitie plaatsvinden als het klimaat verandert, grootschalig zand wordt gewonnen en er nog meer ingrijpende plannen zijn voor toekomstig gebruik van de Noordzee?

Natuur-inclusief produceren en oogsten

Bij de overgang van jagen-verzamelen naar intensivering van de voedselproductie uit zee, is het belangrijk te leren van de lessen die we tijdens de al ruim tienduizend jaar geleden ingezette voedseltransitie op land (figuur 13) hebben geleerd. In principe is het mogelijk om net als met gewassen op land ook zilte gewassen en zeewier te cultiveren en met inzet van technologische innovaties, fokprogramma's en precisiebemesting de productiviteit per hectare enorm te vergroten. De huidige vormen van het kweken van voedsel op zee (maricultuur) zijn echter

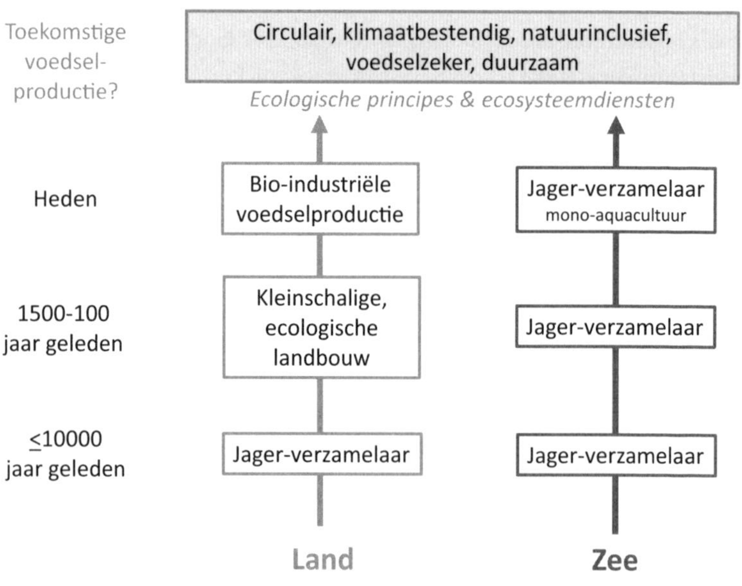

Figuur 13. Door voedselschaarste gedreven begon zo'n tienduizend jaar geleden de transitie van jager-verzamelaar naar intensivering van de voedselproductie op land; een vergelijkbare transitie dient zich aan op zee. Illustratie: Tina Murk.

nog niet erg hoopgevend, want het opsluiten in een kleine ruimte en voeren van vissen die normaal honderden tot duizenden kilometers zwemmen, zoals zalm en tonijn, leidt tot grote milieuproblemen, stress en ziekte, en grootschalig gebruik van diergeneesmiddelen.

We weten van de landbouw dat in monoculturen plagen en ziektes snel de kop opsteken. Dat zal in open zee niet anders zijn. Door gebruik te maken van ecologische correctiemechanismen hoeft er niet naar chemische middelen gegrepen te worden om de productie te redden. In plaats daarvan worden natuurlijke vijanden gekoesterd en nutriënten kringlopen gesloten. Dit vraagt een intelligente vorm van maricultuur, waarbij net als in een natuurlijke landbouwkringloop afvalproducten van de ene soort als voedsel gebruikt worden door een andere soort. Zo eten schelpdieren, zeesponzen en zeekomkommers graag poep, voerrestanten en ander organisch materiaal, waardoor de waterkwaliteit verbetert en voedingsstoffen niet verloren gaan.

Daarnaast is het ook mogelijk de voedselopbrengst uit zee te vergroten met een aanpak die het meest lijkt op een extensieve zeeboerderij. Bij extensief zeeboeren wordt de ontwikkeling van gewenste soorten gefaciliteerd door bijvoorbeeld geschikte riffen aan te leggen en eventueel ouderdieren zoals van kreeften en oesters te herintroduceren, maar er wordt niet bijgevoerd of anderszins ingegrepen. Dat dit kan werken weten we van scheepswrakken, een soort kunstmatige riffen op de Noordzee, die een zeer rijk onderwaterleven mogelijk maken.

Zo'n rif met schuilmogelijkheden en voedsel vormt de basis van de voedselketen, en daarmee een ideaal startpunt voor de 'productiekant' van zeeboeren. In, op en rond die scheepswrakken is het een schijnbaar on-Nederlands feest van kleur en onderwaterleven. Enorme kreeften en Noordzeekrabben gebruiken de hoeken en gaten, tientallen steenbolken zwermen de wrakken in en uit, kabeljauwen schuilen in vroegere torpedobuizen en scholen makrelen hangen boven het wrak. Sportvissers en sportduikers weten dan ook dat je grote kabeljauw het beste bij wrakken kunt vinden. De ploegsporen van boomkorvisserij in het zand rond zo'n wrak en het verloren vistuig erop zijn stille getuigen van de populariteit van deze rifstructuren bij beroepsvissers. Op de wrakken bevindt zich tot wel vijfhonderdmaal meer biomassa per vierkante meter dan op het omgeploegde zand eromheen.

Juist in de veranderende Noordzee dienen zich kansen aan voor het herintroduceren van dergelijke harde structuren waarop natuurlijke riffen zich kunnen ontwikkelen. Dit kan bijvoorbeeld bij het aanleggen van windenergieparken met steenbestorting ter bescherming van de turbinepalen, in combinatie met gericht ontworpen structuren die optimaal zijn voor bewoning door kreeft, Noordzeekrab, sepia en kabeljauw. Juist in windenergieparken zonder visserij biedt de relatieve bodemrust kansen voor het herintroduceren van Noordzeeriffen. Ook grotere toppredatoren zoals haaien en roggen, waarvan de aantallen momenteel in het Nederlandse deel van de Noordzee nog erg laag zijn, zullen hiervan profiteren.

Deze vorm van visserij zal moeten plaatsvinden op een ecologisch gebalanceerde wijze, dus zowel op dieren die lager als hoger in de voedselketen staan, met minimale bijvangst, zonder beschadiging van het habitat en rekening houdend met de draagkracht van het gebied. Voorbeelden zijn het gebruik van vangstkooien op vaste locaties en vissen met handlijnen. Door een slimme inrichting hoeft er niet in het windpark zelf gevist te worden, want deze mobiele dieren kunnen naar de vangstplaats gelokt worden met aas. Ook is het van belang om alleen vistuig te gebruiken waarin de rond het rif voorkomende vogels en zeezoogdieren niet kunnen verdrinken.

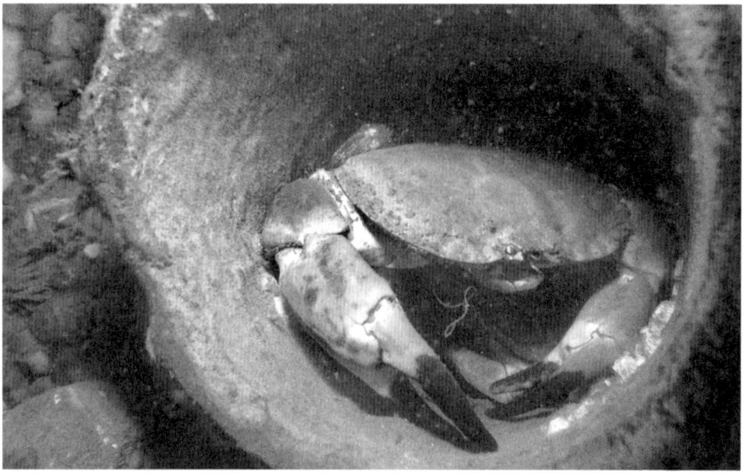

Figuur 14. Noordzeekrabben in een pijp bij een wrak. Foto: Tinka Murk.

De opbrengst van extensief zeeboeren per hectare kan zowel in kilo als in euro's een veelvoud zijn van die van visserij waarbij de zeebodem regelmatig wordt omgeploegd. Doordat het zeeboeren het bodemleven spaart, kan de biodiversiteit zich ontwikkelen, is de bijvangst geringer en het energieverbruik lager. Boeren op de zeebodem kan bovendien gecombineerd worden met het kweken van zeewier en mosselen erboven, bijvoorbeeld net onder het wateroppervlak in het windpark. Dit kan zelfs voor een natuurlijke extra bemesting van de lokale zeebodem zorgen. Natuurlijk is het niet de bedoeling om de hele zeebodem te gaan gebruiken voor boeren op zee. Zo blijft er ook ruimte voor de huidige productieve visserij op platvissen op een flink deel van de zeebodem, bij voorkeur in gebieden met een hoge natuurlijke bodemdynamiek en bijvoorbeeld gecombineerd met zandwinning. Net als op land kan niet alles overal, en is het belangrijk onderscheid te maken tussen gebieden met een exclusieve natuurfunctie en gebieden met een gebruiksfunctie, die in meer of mindere mate natuur-inclusief kan zijn.

Net als Siv en Ivar moeten ook wij ons aanpassen aan veranderende leefomstandigheden en gebruikmaken van beschikbare kennis en inzichten om te voldoen aan de toenemende behoefte aan voedsel. Sinds kort kunnen we ook de zeebodem goed bekijken en kennen we de ingrijpende consequenties van het verwijderen van belangrijke, complexe habitats onderwater. Nu komt het erop aan onze kennis in te zetten voor een voedseltransitie op zee die, mits optimaal gecombineerd met de onvermijdelijke energie- en natuurtransitie op zee, zowel de hoeveelheid als diversiteit van voedsel uit zee sterk kan laten toenemen. Naast de huidige vormen van visserij, waarvoor in de toekomst minder visgronden beschikbaar zullen zijn, kunnen we duurzame vormen ontwikkelen van het faciliteren, produceren en vangen van voedsel uit zee. Deze nieuwe vormen van zeeboeren zijn natuur-inclusief en sluiten aan bij de ecologische potentie van de huidige Noordzee.

12

Vissen anders voeden: nieuwe bronnen voor duurzaam visvoer

Sylvia Brugman, Ingrid van der Meer &
Johan Schrama – *Biologie*

Door de groeiende wereldbevolking stijgt de vraag naar vis met circa 3 procent per jaar. Voor 3 miljard mensen bestaat ongeveer 20 procent van de dagelijkse dierlijke eiwitinname uit vis. Meer dan 50 procent van de 170 miljoen ton vis per jaar beschikbaar voor consumptie, bestaat uit kweekvis. Hoe zorgen we ervoor dat deze kweekvissen gezond en tegelijkertijd duurzaam voer krijgen?

Het eten van vis beschouwen we over het algemeen als gezond. Voor een groot deel van de wereldbevolking is vis de goedkoopste en meest toegankelijke bron van dierlijk eiwit. Vis bevat gezonde vetzuren, zoals omega 3, en is rijk aan vitamines en mineralen. Aangezien vissen deze meervoudig onverzadigde vetzuren niet zelf kunnen maken, moeten ze deze opnemen via hun voeding. Wat we kweekvissen voeren is dus belangrijk voor de voedingswaarde van consumptievis.

Vanaf de opkomst van viskwekerijen in de jaren zeventig van de vorige eeuw kregen kweekvissen, zoals zalm en forel, voer dat voor een groot gedeelte uit vismeel (vermalen vis) en visolie bestond. Zalm en forel zijn vleeseters en hebben een grote eiwitbehoefte. Vismeel is zeer geschikt als eiwitbron, maar door de toenemende vraag naar kweekvis rond de eeuwwisseling nam ook de vraag naar vismeel toe, wat de prijs van het voer heeft doen stijgen. Visvoerbedrijven zijn daarom naarstig op zoek naar alternatieve eiwitbronnen. Hierbij is het van belang dat de grondstof voor het voer makkelijk en goedkoop verkrijgbaar is.

Sojaboonmeel was hierbij lange tijd een uitkomst. Sojameel is namelijk goedkoop, bevat veel eiwit en soja wordt op grote schaal geteeld. Sojaschroot of sojameel is eigenlijk een 'restproduct' dat overblijft na de winning van sojaolie en bevat erg veel eiwit. In de laatste jaren is de vraag naar soja-eiwit echter toegenomen. Soja is een zeer belangrijk ingrediënt in diervoer, maar wordt tegenwoordig ook veel gebruikt bij het maken van vleesvervangers. Steeds meer stukken land worden tegenwoordig ingezet voor sojateelt en dit gaat soms ten koste van regenwoud, zoals in de Amazone.

Het voorbeeld van sojaboonmeel illustreert de uitdaging waar we voor staan: hoe gaan we een groeiende wereldbevolking voeden op een gezonde manier voor zowel mens, dier en planeet? In de nabije toekomst is het dus van belang om andere grondstoffen te vinden die bij voorkeur veel eiwit bevatten, maar niet direct kunnen worden gebruikt voor menselijke consumptie. Alleen wanneer we op een duurzame manier met onze grondstoffen omgaan, kunnen we de wereldbevolking ook in de toekomst blijven voeden en houden we onze planeet leefbaar.

De duurzaamheid van de kweekvis die mensen eten wordt natuurlijk niet alleen bepaald door de voeding van deze vissen. Het houden van vissen dicht bij elkaar, in zogenoemde 'zeekooien' of vijvers, kan een risico vormen voor de visgezondheid en het milieu. Virusuitbraken en – bijvoorbeeld bij de zalm – uitbraken van zeeluis, zijn in deze omstandigheden een groot probleem. Het op een goede manier houden en voeden van kweekvis heeft zowel voor de consument als de viskweeksector grote voordelen. Hiervoor is echter wel onderzoek nodig naar hoe alternatieve ingrediënten de gezondheid en vertering van vissen ten goede kunnen beïnvloeden.

De ene vis is de andere niet

De soortenrijkdom van vissen is enorm: er zijn wereldwijd meer dan dertigduizend soorten bekend. We maken hierbij onderscheid tussen zoet-, zout- en brakwatervissen, maar er zijn ook vissoorten, zoals de zalm, die opgroeien in zoutwater en zich vervolgens voortplanten in zoetwater. Daarnaast zijn er ook vissen die juist opgroeien in zoetwater en zich voortplanten in zoutwater, zoals de paling. Deze grote soortenrijkdom komt ook tot uitdrukking in verschillen in voedselbehoeften tussen vissoorten.

De vissen die wereldwijd het meest worden gekweekt zijn karpers. Deze vissen worden met name in Azië gekweekt en gegeten. Het meeste geld gaat echter om in de kweek van zalm, forel en garnalen, waarbij garnalen over het algemeen in Azië worden gekweekt en de meeste zalm en forel in de Verenigde Staten, Japan en Noord-Europa.

De optimale voersamenstelling voor kweekvissen hangt af van het trofisch niveau van de vis, dat wil zeggen, is de vis een carnivoor (vleeseter), herbivoor (planteneter) of omnivoor (alleseter). Carnivoren, zoals zalm en forel, kunnen slecht overweg met (plantaardige) koolhydraten en hebben een grotere eiwit- en vetbehoefte. Carnivoren hebben voer nodig dat rond de 40 procent eiwit bevat. Omnivoren, zoals karperachtigen, kunnen met slechts 25-30 procent eiwit toe. De bron van eiwitten is ook heel belangrijk: hoe goed verteren de vissen het eiwit en wat is de kwaliteit hiervan? Niet alleen de eiwitten zijn belangrijk voor de vertering van het voer, ook de mix van vetten en koolhydraten speelt een rol.

Over het algemeen zijn dierlijke voedselbronnen makkelijker te verteren dan plantaardige grondstoffen. Planten bevatten namelijk ook een aantal onverteerbare componenten, zoals onoplosbare vezels, pectine en cellulose, afkomstig van de celwanden. Uit onderzoek weten we dat sommige darmbacteriën een aantal van de onverteerbare componenten, zoals pectine, wel kunnen afbreken. Deze darmbacteriën moeten dan wel in de darm van de vissen voorkomen. Bacteriën kunnen alleen in de darm overleven als ze daar ook iets te eten vinden en daarom is de gedachte dat wanneer ander voer wordt gegeven, andere bacteriën in de darm komen wonen. Het zou zelfs kunnen dat de nieuwe bacteriën meeliften met het alternatieve voer. De vis krijgt dan tegelijk met de veranderde voedselbron langzaam een andere darmbacteriesamenstelling. Onderzoek naar de invloed van alternatieve grondstoffen op de darmbacteriesamenstelling in vissen is momenteel in volle gang.

Planten bevatten ook soms zogenoemde antinutritionele factoren, die als afweer dienen tegen vraat door insecten en andere dieren. In sojabonen zit bijvoorbeeld saponine, dat een wateroplosbaar en een vetoplosbaar gedeelte bevat. Het vetoplosbare gedeelte van saponine vormt gaten in de darmwand, doordat het tussen de darmwandcellen in gaat zitten. In het verleden is geprobeerd een groot percentage van het vismeel in zalmvoer te vervangen door sojameel. De zalmen kregen echter darmontsteking van dit voer. Het wetenschappelijk inzicht dat antinutritionele factoren een grote rol in deze ontstekingen spelen, heeft eraan bijgedragen dat we tegenwoordig deze schadelijke moleculen technologisch kunnen verwijderen of onschadelijk maken. Voor een succesvolle introductie van elke nieuwe plantaardige voedselbron is dus kennis nodig over welke moleculen ze bevatten en wat voor effect deze moleculen hebben op de darmgezondheid en de verteerbaarheid van het voer.

Van de verschillende aminozuren – die de bouwstenen vormen voor eiwitten – noemen we er tien 'essentiële aminozuren', omdat dieren en mensen deze niet zelf kunnen maken. Planten kunnen dit wel. In sommige plantensoorten zijn de niveaus van deze tien essentiële aminozuren echter niet voldoende voor een goede groei en gezondheid van vissen. Het visvoer dat van vis en andere dierlijke ingrediënten is gemaakt bevat meestal wel de juiste niveaus aan essentiële aminozuren. Bij het zoeken naar alternatieve plantenbronnen voor visvoer moeten hierdoor soms verschillende planten en plantonderdelen worden gecombineerd, met eventueel ook kunstmatige aminozuurtoevoeging, om voldoende essentiële aminozuren in het visvoer te krijgen. Daarnaast moet er rekening gehouden worden met de juiste aanwezigheid van bepaalde micronutriënten, zoals ijzer, calcium, fosfaat en vitamines.

Nieuwe eiwitbronnen

Tot voor kort heeft het onderzoek naar alternatieve bronnen voor visvoer zich met name geconcentreerd op het vervangen van vismeel. Het onderzoek is met name gedaan in zalm, forel, tilapia, zeebaars en karperachtigen. Verschillende nieuwe bronnen zoals sojaboonmeel, maar ook erwtzaadmeel, koolzaadmeel, katoenzaadmeel, lupine, maisgluten, tarwegluten, raapzaadmeel, zonnebloem en tuinboonmeel zijn getest als vervanger van 20 tot soms wel 60 procent van (eiwitten in) het voer. De meeste studies rapporteren echter problemen met de vertering en een te laag niveau van specifieke essentiële aminozuren. Recentelijk wordt er ook meer onderzoek gedaan naar de benutting van dierlijke restproducten, zoals vlees- en beendermeel, kippenslachtafval, bloedmeel en verenmeel. Deze ingrediënten hebben vaak een goede voedingswaarde voor vissen, maar deze kunnen door verkeerde voorbehandeling als oververhitting verloren gaan. Daarom is momenteel toch nog veel visvoer gebaseerd op sojaboonmeel of -concentraat, terwijl we beter gebruik zouden kunnen maken van deze restproducten. Zo kunnen we antinutritionele factoren verwijderen en te lage niveaus van bepaalde essentiële aminozuren aanvullen. De ontwikkelingen staan niet stil: sinds enkele jaren is het mogelijk om commercieel zalmvoer te maken dat helemaal geen vismeel meer bevat.

Het huidige onderzoek naar nieuwe ingrediënten voor visvoer concentreert zich dus met name op het overschakelen naar zowel dierlijke als plantaardige reststromen van de voedingsindustrie. Daarnaast is het essentieel om nieuwe grondstoffen zoals microbiële (gefermenteerde) biomassa, algen, zeewieren, eendenkroos en insecten verder te ontwikkelen en te implementeren als visvoer. Veel aandacht gaat uit naar het gebruik van insecten. Insecten hebben namelijk als voordeel dat ze in grote hoeveelheden gekweekt kunnen worden op afvalproducten. Ook zijn insecten reeds een natuurlijke voedselbron voor sommige vissen, zoals forel. Daarnaast bevatten ze veel eiwit – soms wel 70 procent van het gewicht – mineralen en een goede verhouding aan essentiële aminozuren, maar helaas weinig meervoudig onverzadigde vetzuren.

Figuur 15. Het voeren van vijverkweekvis in Bangladesh. Foto: Kazi A. Kabir.

Figuur 16. Eendenkroos als nieuwe plantaardige eiwitbron. Foto: Ingrid van der Meer.

Een andere nieuwe bron voor visvoer is gefermenteerde biomassa. Biomassa, bijvoorbeeld groente-, fruit- en tuinafval, kan onder invloed van bacteriën worden afgebroken tot bouwstenen die makkelijker kunnen worden opgenomen door dieren. Het voordeel van het gebruiken van deze biomassa is dat het afvalproducten betreft die mensen niet rechtstreeks zelf kunnen consumeren. Ook hier is onderzoek nog in volle gang, aangezien niet alle bacteriën even energie-efficiënt zijn en de vertering van bacterieel eiwit niet altijd optimaal is.

Een van de potenties van het gebruiken van 'waterplanten', zoals eendenkroos, micro-algen en zeewier, als bron van visvoer is dat mensen deze plantaardige bronnen (nog) niet op grote schaal eten, en dat ze groeien op plaatsen waar ze niet concurreren met landbouwgrond. Ook bevatten sommige waterplanten zoals eendenkroos en sommige algen veel eiwit, en bevatten sommige algen relatief grote hoeveelheden meervoudig onverzadigde vetzuren. Zo kan teelt van eendenkroos zes- tot tienmaal meer eiwit per hectare produceren dan soja. Microalgen lijken ook zeer geschikt te zijn voor gebruik als visvoer, omdat ze een van de weinige alternatieven zijn voor visolie. Daarnaast bevatten sommige microalgen ook voldoende gezonde meervoudig onverzadigde vetzuren, die vervolgens in de visfilets terechtkomen. Een probleem met (water)planten is dat ze meer water en vezels bevatten en daardoor moeilijker verteerbaar zijn voor de vissen. Het bewerken van deze bronnen is nu nog relatief kostbaar, maar met de snelheid waarmee het onderzoek zich momenteel ontwikkelt is dat mogelijk in de nabije toekomst een stuk goedkoper.

De toekomst

In onze veranderende wereld, waarbij het aandeel van kweekvissen stijgt, is het belangrijk onderzoek te doen naar hoe we deze vissen op een zo duurzaam mogelijke manier kunnen houden en voeden. Het is noodzakelijk om hierbij naar de wereldwijde situatie te kijken. Alhoewel het grote geld rondgaat in de zalm- en forelindustrie, worden de meeste vis en garnalen gekweekt in Azië. China produceert bijvoorbeeld meer dan 50 miljoen ton vis per jaar, met name karper en meerval voor de Aziatische markt, terwijl in Europa zo'n 14 miljoen ton wordt gekweekt. Oplossingen voor duurzaam visvoer moeten dus ook rekening houden met de plaatselijke omstandigheden en eetgewoonten om echt iets te kunnen veranderen. De prijs en de beschikbaarheid van verschillende alternatieve bronnen alsmede de kwaliteit en constante samenstelling van het bronmateriaal is hierbij belangrijk. Ook de wet- en regelgeving moet in acht worden genomen, zeker met het oog op het gebruik van afvalstromen en de mogelijke risico's op ziektes die in het ergste geval zouden kunnen overspringen van dier op mens.

Naast meer kennis over hoe we reststromen beter verteerbaar en gezond kunnen maken voor de vissen, zijn we bezig nieuwe, duurzame ingrediënten te ontwikkelen. Dergelijke nieuwe bronnen testen we op voedingswaarde, met name de vertering en voederconversie, maar we kijken ook naar vissenwelzijn en de effecten op visgezondheid. In de toekomst moeten we toe naar een circulaire voedselproductie, waarin er geen directe competitie is tussen ons voedsel en diervoeding. Idealiter voeren we dieren met die bronnen die we zelf niet kunnen eten, zoals bepaalde waterplanten, agrarische reststromen of afvalproducten. Verschillende combinaties van plantenbronnen aangevuld met visafval zouden een oplossing kunnen zijn. In een circulair systeem kunnen we de wereldbevolking blijven voeden zonder onze planeet te verwoesten.

13

Aan het roer: vissers en viskwekers sturen aan op duurzaamheid

Simon Bush & Hilde Toonen – *Milieubeleid*

Ngo's, de private sector en overheden besteden veel aandacht aan het beoordelen van de prestaties van 'duurzamere' productie. Er wordt daarentegen veel minder aandacht besteed aan de manier waarop deze partijen de 'vermogens' van producenten bevorderen zodat deze zich richting duurzamere productie kunnen bewegen. Wij stellen dat een verschuiving van de aandacht naar deze vermogens tot een inclusievere, geloofwaardigere en effectievere verandering zal leiden.

Duurzaam zeevoedsel wordt, net als veel andere mondiale waardeketens, beheerd door een scala aan private initiatieven. Certificering door derden zoals de Marine and Aquaculture Stewardship Councils, advieslijsten voor consumenten zoals de VisWijzer en traceerbaarheidssystemen – om er een paar te noemen – worden allemaal gebruikt om producenten, handelaren en overheden tot duurzamere praktijken te bewegen. Al deze initiatieven richten zich op een breed scala aan duurzaamheidsvraagstukken in zowel aquacultuur als visserij, van (illegale) overbevissing en kusthabitateffecten door viskwekerijen tot fraude en verkeerde etikettering van producten op de markt.

Private initiatieven worden vaak gezien als een aanvulling op staatsgestuurde interventies om de duurzaamheid van zeevoedsel te verbeteren. Ze zijn zo opgezet dat ze eenvoudig over de grenzen van nationale jurisdicties heen werken en uitdagingen in mondiale waardeketens aanpakken op een manier die voor nationale overheden vaak niet mogelijk is. Centraal in deze private initiatieven staat de veronderstelling dat marktprikkels, zoals prijspremies of voorwaardelijke markttoegang, producenten ertoe zullen aanzetten hun productiepraktijken te moderniseren en dat daarmee de prestaties van visvangst en viskweek op sociaal en milieutechnisch gebied zullen verbeteren. Achter deze aanname zit een op risico gebaseerde logica, die ervan uitgaat dat een bredere claim rondom verantwoord en duurzaam geproduceerd zeevoedsel kan worden gestaafd door parameters ten aanzien van het gedrag van een producent en hoe hij of zij produceert.

In de benadering van private initiatieven wordt deze op risico gebaseerde logica op vijf manieren weerspiegeld. In de eerste plaats richten deze initiatieven zich op het gebruik en de integratie van materiële productiemiddelen, zoals vistuig of antibiotica in viskwekerijen. In de tweede plaats beoordelen ze de handelswijzen van producenten, op basis van hoe vissers en kwekers besluiten om vistuig of antibiotica in te zetten. In de derde plaats kijken ze naar de mate waarin producenten zich aan de bestaande regelgeving houden, bijvoorbeeld door weg te blijven uit beschermde gebieden. In de vierde plaats bepalen ze de accuraatheid van de rapportages over wat producenten doen, bijvoorbeeld met onbedoelde bijvangst zoals zeezoogdieren of vogels. In de vijfde plaats bekijken ze maatregelen voor sociale omstandigheden en het milieu op basis van zowel directe kwantitatieve als indirecte kwalitatieve metingen, zoals waterkwaliteit of vissterfte in aquacultuur. Achter deze metingen zit een behoefte aan informatie, zodat bij het niet naleven of bij 'slecht' gedrag kan worden ingegrepen of vissers en kwekers kunnen worden uitgesloten van de markt.

Bij de effectiviteit van deze initiatieven, en hun focus op het bestraffen van gedrag en prestaties in de productie van zeevoedsel, zijn veel vraagtekens te zetten. In de eerste plaats blijft de dekking van deze initiatieven relatief beperkt: naar schatting voldoet tussen de 6 en 10 procent van het zeevoedsel aan vrijwillige certificeringsnormen (zoals de Marine and Aquaculture Stewardship Councils, die te herkennen zijn aan productlabels in de supermarkt) en nog eens 27 procent wordt beoordeeld conform niet-vrijblijvende normen (zoals de VisWijzer). De verdere uitbreiding en impact van vrijwillige certificeringsregelingen zal waarschijnlijk beperkt blijven door een combinatie van onvoldoende menselijk en organisatorisch kapitaal bij de productie van zeevoedsel buiten het noordelijk halfrond én de zwakke marktvraag naar gecertificeerde producten.

In de tweede plaats laat onderzoek zien dat een focus op gedrag en prestaties eerder verbetering lijkt te ondermijnen dan te bevorderen. Een bestraffende benadering is effectief gebleken wanneer producenten het benodigde vermogen hebben om aan de eisen van de private initiatieven te voldoen. Dit verklaart voor een groot deel waarom visserijcertificering het meest succesvol is geweest bij (witvis)visserij op het noordelijk halfrond. Ook verklaart het waarom aquacultuurcertificering het meest succesvol is geweest in subsectoren die gedomineerd worden door bedrijven die een aanzienlijk deel van de waardeketen bestrijken, zoals in de ketens voor zalm en pangasius. Bij de productie van zeevoedsel op het zuidelijk halfrond domineren echter kleine kwekers en vissersvloten de markt. Zij zijn nog steeds niet bereid, of in staat, om aan de gestelde eisen te voldoen.

In het streven naar duurzaam zeevoedsel van deze private initiatieven zijn vissers en viskwekers dus de belangrijkste bron van verandering. Maar het overheersende paradigma van marktgedreven verandering op basis van bestraffende maatstaven van prestaties en gedrag kent duidelijke beperkingen. Wij stellen daarom dat private initiatieven van aanpak moeten veranderen om hun doelstelling – de transformatie naar meer duurzame productie en consumptie van mondiaal zeevoedsel – te bereiken. Er zijn nieuwe instrumenten en initiatieven nodig die veel meer gericht zijn op het ondersteunen van duurzame productiewijzen, onder meer door de vermogens van producenten te versterken.

'Vermogens' voor duurzaamheid

Vermogens (in het Engels: *capabilities*), zoals gedefinieerd door de Nobelprijswinnende econoom en filosoof Amartya Sen, zijn een verzameling van sociaal en politiek bepaalde manieren van doen en zijn (*doings* en *beings*) die een individu in staat stellen om iets van waarde te bereiken. In de meest basale zin verwijst een vermogen naar de mate waarin een visser of viskweker toegang en zeggenschap heeft over de middelen en vaardigheden die hij of zij nodig heeft om vis te vangen of te kweken. Vermogen verwijst echter ook naar de wijzen waarop een producent zijn of haar productiepraktijken kan aanpassen om gewilde of ongewilde gevolgen op de leefomgeving (zee en kust) te beperken.

Het vermogen van individuele producenten verbeteren is dus niet alleen een kwestie van het overdragen van de vaardigheden, kennis of infrastructuur die nodig zijn om een norm te bereiken. Vermogen verwijst ook naar de kansen die een individu heeft of krijgt om deze benodigde vaardigheden, kennis of infrastructuur te verwerven, om zo aan een norm te voldoen. Bij een focus op vermogens is er dus minder nadruk op producenten als hoofdverantwoordelijken voor duurzaamheid en is er meer aandacht voor de rol van overheden, ngo's, bedrijven en gemeenschappen om producenten in staat te stellen duurzamere praktijken te realiseren. Door vermogens centraal te stellen kunnen we een fundamentele verandering bewerkstelligen in hoe private initiatieven gericht op duurzaamheid functioneren.

Momenteel zijn deze private initiatieven gebaseerd op het vaststellen van normen en het controleren van de naleving hiervan. In veel gevallen versterken deze gestandaardiseerde eisen staatswetgeving en contracten in de waardeketen. Ze negeren de bredere sociale factoren die producenten in staat stellen om hun praktijken te veranderen, zoals de mate waarin diens familie bijdraagt in termen van expertise, arbeid of financiële steun. Bovendien gaan deze initiatieven ervan uit dat producenten met de juiste marktprikkels, zoals een betere prijs of markttoegang, gemotiveerd zullen zijn om de voorgeschreven veranderingen uit te voeren.

Door een vermogensbenadering te hanteren zouden private duurzaamheidsinitiatieven de aandacht kunnen verleggen naar de mate van vrijheid die producenten hebben om zeggenschap te krijgen over de mogelijkheden en vaardigheden die ze nodig hebben om duurzame veranderingen door te voeren. Hoe meer bewegingsruimte producenten hebben om naar eigen inzicht hun activiteiten te bepalen, hoe groter hun vermogen om hun doelen te bereiken. Als vissers bijvoorbeeld het vermogen hebben institutionele belemmeringen te overwinnen om in hun basisbehoeften te voorzien, zijn ze wellicht veel beter in staat nieu-

Figuur 17. Kustvissers in Sri Lanka. Foto: Martijn Toonen.

we netwerken te ontwikkelen en toegang te krijgen tot kennis en financieel krediet dat nodig is om minder schadelijk vistuig te gaan gebruiken.

Het sturen van vermogens

We onderscheiden drie manieren waarop een vermogensbenadering invloed heeft op het ontwerp van de wereldwijde aansturing en regulering van zeevoedsel. In de eerste plaats gaat het sturen van vermogens verder dan het formeel beoordelen en ondersteunen van de naleving van voorgeschreven normen en standaarden. In plaats daarvan moet er aandacht komen voor de sociale omstandigheden waarin producenten werken en die hun vermogens beperken om productiepraktijken te verbeteren. Op die manier verandert een vermogensbenadering de manier waarop private initiatieven, overheden en ngo's reageren op vissers en viskwekers die op het eerste gezicht lijken te weigeren om op meer duurzame praktijken over te gaan. In plaats van deze weigering te zien als een weerspiegeling van gebrekkige kennis of vaardigheden van de producenten – wat meestal wordt vertaald in een behoefte aan trainingsprogramma's – is een vermogensbenadering gericht op de regels en relaties van producenten die hun toegang tot de benodigde middelen belemmeren of bevorderen om hun vis- en kweekpraktijken te veranderen.

In de tweede plaats kunnen mondiale initiatieven voor regulering van zeevoedsel door een vermogensbenadering de flexibiliteit verhogen van de wijze waarop resultaten op het gebied van duurzaamheid kunnen worden bereikt. Organisaties die standaarden bepalen, moeten productie niet langer benaderen als zeer gespecialiseerd en uniform, maar openstaan voor de uiteenlopende manieren waarop producenten vermogens kunnen inzetten om aan eisen te voldoen. Dit betekent een verandering van het voorschrijven van regels naar het onderscheiden van de verschillende vermogens die kunnen worden ingezet om resultaten te bereiken. In plaats van bijvoorbeeld individuele vissers specifiek voor te schrijven hoe aangevoerde vis gedocumenteerd moet worden, kunnen uiteenlopende manieren worden aangeduid die de visser of andere spelers in staat stellen om deze gegevens te verzamelen, bijvoorbeeld door visserscollectieven of een ngo. Zo zijn vissers van de last verlost en worden op langere termijn transformaties mogelijk naar nieuwe informatiesystemen, zoals directe controles, het delen van gegevens en gelegenheid bieden voor sociaal leren en overleg.

In de derde plaats kan een vermogensbenadering de prikkels veranderen in de mondiale marktgerichte aansturing van de visserij, door zich op de vragende partijen in plaats van de producenten te richten. Zoals hierboven betoogd, houdt de huidige nadruk op het beoordelen en stimuleren van veranderingen in gedrag en prestaties van vissers en viskwekers geen rekening met de vermogens van deze spelers om de nodige veranderingen door te voeren. Een vermogensbenadering benadrukt juist de rol van markt- en staatsactoren bij het ondersteunen of belemmeren van producenten de benodigde vermogens te ontwikkelen om hun productiepraktijken te veranderen. Om het optreden van andere actoren dan producenten te beoordelen zijn nieuwe controlemechanismen vereist, afgestemd op de mate waarin deze actoren vissers en viskwekers ondersteunen bij het verbeteren van hun productiepraktijken.

Wanneer andere marktactoren, zoals verwerkingsbedrijven of supermarkten, worden beoordeeld op de steun die zij aan vissers bieden, zouden standaarden hun aanpak fundamenteel moeten veranderen. Bovendien zouden private initiatieven op andere terreinen, zoals die gericht op traceerbaarheid en *Corporate Social Responsibility* (CSR), belangrijker worden voor het erkennen van steun aan vissers en viskwekers, of de overheid of ngo's zouden hierop toe moeten zien. In sommige opzichten geven de kopers van zeevoedsel dergelijke steun nu al. Zo zijn er voorbeelden van supermarkten die, om de aanvoer van een product te garanderen, investeren in activiteiten die producenten ondersteunen bij het aanleren van nieuwe productiepraktijken, zoals projecten voor het verbeteren van visserij en aquacultuur. Daarbij dient de aandacht te worden verlegd van technologische verbeteringen naar de aanpak van productiepraktijken en de institutionele en sociale omstandigheden die de benodigde vermogens van de producent ondermijnen.

Op weg naar duurzaam zeevoedsel

Producenten spelen een belangrijke rol in de beweging naar duurzaam zeevoedsel, aangezien hun vis- en kweekpraktijken moeten worden verbeterd. Een overgang naar een vermogensbenadering voor duurzaam zeevoedsel verandert ons begrip van hoe actoren als vissers en viskwekers kunnen bijdragen aan duurzamere productievormen. In plaats van gestandaardiseerde en gedetailleerde eisen voor te schrijven waaraan vissers en viskwekers moeten voldoen, zou door het versterken van de mogelijkheden om hun eigen handelswijzen te bepalen de kans groter worden dat ze een stap zetten in de richting van duurzaam zeevoedsel.

Wij stellen ook dat een vermogensbenadering kan bijdragen aan veranderingen op veel grotere schaal dan duurzaamheidsinitiatieven momenteel doen. De reden daarvoor is dat een focus op vermogens inhoudt dat men de institutionele belemmeringen voor veranderingen waarmee alle voedselproducenten in een bepaald land of een bepaalde regio kampen, onder ogen ziet en aanpakt. In deze zin kan structurele verandering het hele collectief van voedselproducenten in staat stellen te verduurzamen. Om verandering op grote schaal te bewerkstelligen, is het daarnaast ook nodig de vermogens te ontwikkelen van de actoren die de keten aansturen door bijvoorbeeld standaarden, traceerbaarheid, CSR en overheidsregulering. Net zoals netwerken van actoren moeten samenwerken om resultaat op het gebied van duurzaamheid te bevorderen, moeten ook de netwerken van vermogens wederkerig zijn en elkaar versterken.

Uiteraard beperkt zo'n benadering zich niet tot zeevoedsel, en ook niet tot de wereldwijde productie die marktconform via waardeketens wordt aangestuurd. Maar de internationale aard van de handel in zeevoedsel en de toonaangevende rol van kleinschalige vissers en viskwekers in deze sector betekent dat een vermogensbenadering een belangrijke casus biedt om inzicht te krijgen in het potentieel van op vermogens afgestemde aansturing als een nieuwe manier van denken over duurzame transities. De eerste stap is om, vóór te bepalen wat er moet veranderen, te duiden op welke manieren de mensen die betrokken zijn bij de productie van zeevoedsel in staat zijn om te veranderen.

14

Zeewier: de groene motor?

Reinier Nauta, Sander van den Burg & Adrie van der Werf[1]
– *Mariene ecologie*

De wereld zoals we die kennen is aan het veranderen. We staan momenteel voor grote uitdagingen rondom milieu, klimaat en voedselvoorziening: zou zeewier hier een antwoord op kunnen zijn? Dit hoofdstuk belicht belangrijke aspecten van de productie, ecologie, techniek, economie en regelgeving omtrent zeewier, en laat de potentie ervan zien als groene motor in een circulaire economie.

Zowel de wereldbevolking als de gemiddelde welvaart per inwoner zal de komende decennia toenemen, en daarmee ook de vraag naar kwalitatief goed voedsel. Door onder meer schaarste aan bruikbaar land en zoetwater zullen nieuwe conflicten ontstaan met voedsel als gemeenschappelijke deler. Aangezien de oppervlakte van onze aardbol voor 70 procent uit zee bestaat, is het niet vreemd dat wetenschappers zeeën zien als een potentiële nieuwe voedselproductiebron.

Met name zeewier is een goed alternatief voor onze traditionele landbouwgewassen, aangezien het geen zoetwater en land nodig heeft, maar zoutwater. Bovendien kan zeewier een sleutelrol vervullen in het sluiten van de cirkel van de veelbesproken circulaire economie. Zeewier kan namelijk op een natuurlijke manier voedingsstoffen uit het water terugwinnen, waarbij een product ontstaat met een verscheidenheid

---

1 Dit hoofdstuk is mede tot stand gekomen met hulp van Marnix Poelman en Alexander Lubsch.

aan toepassingsmogelijkheden. Door de open ruimte van zee om te zetten tot (voedsel)productie, komt het sluiten van de keten dus een stuk dichterbij. In dit hoofdstuk bespreken wij de kansen, mogelijkheden en uitdagingen van zeewier. Dit doen we vanuit het PETER-model, waarbij iedere letter een deelaspect van het zeewiervraagstuk vertegenwoordigt: Productie, Ecologie, Techniek, Economie en Regelgeving.

Productie, ecologie en techniek: waar staan we en hoe gaat dit samen?

Zeewier is in Azië al eeuwenlang vast onderdeel van de keuken, en wereldwijd wordt het steeds vaker in verwerkte vorm gebruikt voor bijvoorbeeld bind- of verdikkingsmiddelen. Tegenwoordig is zeewier ook een gangbaarder onderdeel van de westerse keuken, omdat een groeiende groep consumenten het als gezond en natuurlijk voedsel beschouwt. Het overgrote deel van het geproduceerde zeewier dat op de markt komt is afkomstig van kweek uit onder meer Chili en China, en in Europa vooral uit Noorwegen.

Met de toenemende vraag zal wereldwijde productie van zeewier in de komende jaren verder stijgen. Dit zal gebeuren door de maximale productiecapaciteit per locatie te verhogen, maar ook door het aantal locaties uit te breiden. Het is van groot belang dat dit op een duurzame manier gebeurt. Over de productiecapaciteit van zeewierboerderijen in Europa is echter nog te weinig bekend om een goed beeld te krijgen van de mogelijkheden en effecten van grootschalige productie op ecosystemen. Een belangrijk vraagstuk is of er wel voldoende nutriënten beschikbaar zijn in open zee om het potentieel te realiseren. Daarbij moeten we ook rekening houden met wat het effect is wanneer we voedingsstoffen weghalen die anders door het natuurlijk systeem worden gebruikt.

In het afgelopen decennium is de productie van zeewier gegroeid van 14,7 miljoen ton in 2005 tot circa 30 miljoen ton versproduct per jaar. Een verdere toename aan productie zal gegarandeerd effect hebben op het ecosysteem. Dit komt omdat zeewier in het natuurlijk systeem verschillende belangrijke functies vervult, waarmee het zelfs de naam 'ecosysteemingenieur' heeft verworven. Zeewier heeft namelijk het vermogen om zijn omgeving aan te passen door de beschikbaarheid van hulpbronnen te veranderen, bijvoorbeeld door het beïnvloeden van sedimentatie en erosie. Zo is het onder meer in staat om kale rotsachtige gebieden om te vormen tot levendige gebieden met een hoge biodiversiteit. Zeewier dient daarbij als voedselbron, biedt bescherming en kan dienen als kraamkamer voor vissen en andere organismen.

Zeewier vervult echter nog een belangrijke rol in het ecosysteem. Zoals alle organismen met fotosyntheseprocessen fixeren zeewieren koolstof (indirect uit CO_2) voor groei. Hiermee spelen wieren een waardevolle rol in de opslag van koolstof: ongeveer 6 procent van de wereldwijde netto primaire productie (104,9 petagram koolstof per jaar) wordt toegeschreven aan zeewieren. Naast hun behoefte aan koolstof zijn voor alle wieren stikstof en fosfaat de meest basale en essentiële voedingsstoffen om te kunnen leven en groeien. Hierdoor kunnen ze dus tegelijkertijd een belangrijke bijdrage leveren aan de aanpak van de wereldwijde eutrofiering – het overdadig verrijken van (zee)water met voedingsstoffen afkomstig vanuit grootschalige en niet-duurzame landbouw.

Een overdaad aan zeewier(kweek) kan de balans binnen het ecosysteem echter ook verstoren, met alle gevolgen van dien. De omvang en uitwerking van deze balansverstoring zijn echter nog onbekend, en dus gaat onderzoek naar zeewier hand in hand met de ontwikkeling van de sector. Hierbij zijn productiegetallen, experimenten en metingen noodzakelijk om te komen tot een onderbouwd en gevalideerd antwoord op de ecologische vraagstukken. De technologieën en methodieken voor zeewierproductie in Europa staan momenteel dus nog in de kinderschoenen. In Azië worden nog altijd voornamelijk ambachtelijke productiesystemen gebruikt, maar deze zijn zeer arbeidsintensief en vanwege de hoge (arbeids)kosten in Europa niet haalbaar. Om een rendabel productiesysteem te maken is het daarom nodig om efficiëntere systemen te ontwikkelen.

Als we in Nederland naast de relatief kleine beschutte gebieden ook in ruiger water zeewier willen kweken, zoals in de Noordzee, zijn nieuwe productietechnieken nodig. Deze nieuwe technieken richten zich onder meer op robuustheid, betrouwbaarheid en de mogelijkheid om op afstand te monitoren en controleren. Het streven is hierbij om bestaande technologieën te combineren tot optimale kweeksystemen. Zo proberen we momenteel de materialen, technieken en machinerie uit de landbouw te combineren met maritieme technieken uit onder meer de offshore, aquacultuur en (schelpdier)visserij.

Naast het stimuleren van eigenschappen binnen systemen die de omstandigheden van open zee overleven, zijn de fysiologische omstandigheden van het wier zelf ook van groot belang om productie te sturen. Denk hierbij aan de concentratie aanwezige eiwitten en koolhydraten, maar ook contaminanten (zoals zware metalen) in het zeewier en de aangroei van ongewenste organismen zoals mosselen en zeepokken. Dit alles is sterk van invloed op de kwaliteit en dus ook de waarde van het product. Daarnaast speelt de variatie in samenstelling van dergelijke inhoudsstoffen een rol in overwegingen van de afnemers en consumenten. Schoon water is dan ook essentieel voor uitbreiding van de zeewierproductie. Hiernaast zou het ontwikkelen van meer kweekbare soorten en veredeling een stabielere kwaliteit van het product kunnen bewerkstelligen. De komende jaren zullen we dankzij een nauwe samenwerking tussen bedrijven, overheden en wetenschappers antwoorden gaan krijgen op deze vraagstukken. Al experimenterend zullen we dan een duidelijk beeld krijgen van de potentie en bijdrage van zeewierproductie aan het wereldvoedselvraagstuk.

Economie en regelgeving: mag het en levert het (al) wat op?

Wie aan zeewier denkt, denkt wellicht al snel aan zeewierburgers. Burgers vormen echter maar een fractie van de zeewierproducten; in Nederland consumeren we volop voedingsadditieven geproduceerd uit zeewier, waaronder verdikkingsmiddelen (E400 t/m E406) zoals agar agar. Als we het hebben over zeewier als voedingsproduct voor de toekomst gaat het vooral om nieuwe producten, variërend van wraps tot pasta-alternatieven. Deze relatief kleine markten bestaan nu al en zijn belangrijk voor de verdere ontwikkeling van zeewierproductie en -verwerking, omdat ze vraag naar lokaal geproduceerd zeewier creëren. Consumenten en verwerkers blijken bereid een goede prijs te betalen voor de inkoop van zeewier. Dit maakt dat zeewierteelt zelfs op kleine schaal economisch rendabel is.

Met de realisatie van tientallen vierkante kilometers zeewier zou echter een verschuiving in het aanbod komen, en dit kan een positief effect hebben op de rendabiliteit van zeewierteelt. Deze rendabiliteit is namelijk afhankelijk van de productiekosten van zeewier. Een grotere vraag in de nabije toekomst lijkt waarschijnlijk: onderzoek laat zien dat consumenten zeewier als een gezond en duurzaam voedingsproduct zien, al zijn ze nog niet volledig bekend met de mogelijkheden ervan. Bedrijven werken daarom hard aan marketingcampagnes zoals het verspreiden van video's en recepten om consumenten vertrouwd te maken met zeewierproducten.

De *bio-based* piramide hieronder (figuur 18) toont de verschillende markten voor zeewier, met daarbij de relatie tussen volume en prijs/kwaliteit. De onderste laag – de markt voor energie – heeft behoefte aan grote volumes zeewier tegen lage prijzen. Kwaliteit is in deze markt minder van belang dan hogerop in de piramide, waar markten als die voor voeding en cosmetica juist behoefte hebben aan een klein volume van hoge kwaliteit. In deze markten liggen de prijzen voor zeewier dus ook substantieel hoger. Om ook in de markten waar grote volumes gewenst zijn mee te doen, is het nodig de kostprijs van productie omlaag te brengen.

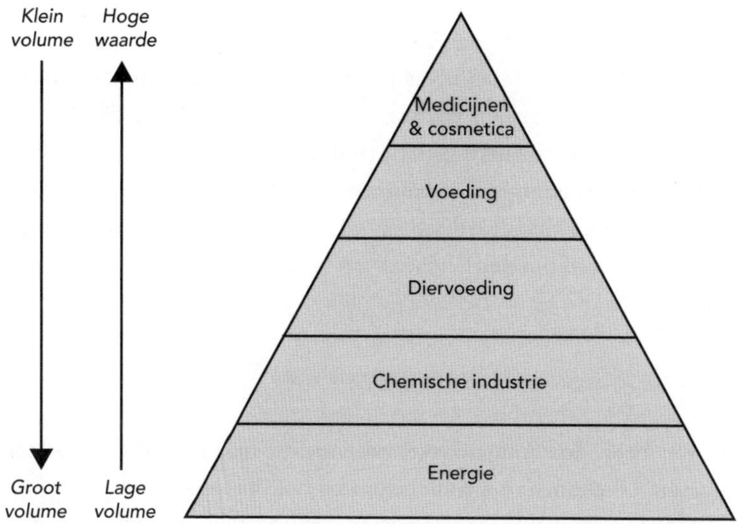

Figuur 18. De bio-based piramide voor zeewier laat de potentiële markten zien uitgezet over volume versus waarde. Illustratie: Sander van den Burg, gebaseerd op LNV (2007).

Zeewierproductie en -consumptie is dus nog een relatieve noviteit in Nederland. Het is dan ook belangrijk om oog te hebben voor de regelgeving, en het gebrek daaraan. Regelgeving bepaalt namelijk mede of er in Nederlandse wateren zeewier geteeld kan en mag worden. Over het algemeen geldt dat beleidsmakers de potentie van zeewier inzien, want in toekomstvisies op het gebruik van de Noordzee wordt al uitgegaan van zeewierteelt. Als het in de praktijk om omgevings- of watervergunningen gaat is er echter vaak geen eenduidig afwegingskader. Het is aan de producenten om aan te tonen of zeewierteelt geen negatief of juist een positief effect heeft.

Regelgeving omtrent voedselveiligheid bepaalt vervolgens of het geteelde zeewier ook daadwerkelijk als nieuw voedingsproduct op de markt mag komen. Voordat het wier de markt op mag moet eerst worden aangetoond dat het veilig is voor menselijke consumptie. De meeste zeewierproducten mochten om deze reden pas vanaf mei 1997 als voedingsproduct aan consumenten worden verkocht. Over de gezondheidseffecten is nog altijd veel onbekend en er zijn gegronde zorgen over de gehaltes arseen, jodium en zware metalen in zeewier. Onderzoek moet uitwijzen hoe de contaminantengehaltes beperkt kunnen worden, hoe contaminanten zich gedragen bij de verwerking van zeewier (waar blijven ze bijvoorbeeld als je zeewier kookt?) en of de contaminanten in alle vormen wel echt schadelijk zijn. Het is daarbij van groot belang om normeringen en standaardisering in te voeren. Hier werken het Nederlands Normalisatie Instituut (NEN) en de Europese Commissie voor Standaardisatie (CEN) hard aan, al is het uiteindelijk aan de sector zelf om de veiligheid van het product zeewier te garanderen.

Van wier tot waar

Zeewier heeft dus duidelijk veel potentie als nieuw product voor een duurzame toekomst. Na Azië beginnen ook in Nederland en Europa markten te ontwikkelen voor zeewier. De mogelijkheden tot consumptie in pure vorm of verwerking tot bindmiddel, diervoeder en biobrandstof bieden zeewier de mogelijkheid uit te groeien tot de nieuwe, groene motor voor een circulaire economie. Om tot dat punt te komen moet echter nog flink wat werk worden verzet. We zullen de technologie voor de kweek en verwerking verder moeten ontwikkelen om weerstand te bieden tegen de natuurkrachten op zee en om kostenefficiënt te produceren. De interactie van zeewierteelt met, en impact op het natuurlijk systeem is nog een grote kennisleemte, en gaan we de komende jaren door middel van economische modellen uitkristalliseren en met veldmetingen valideren. Uiteindelijk zal regelgeving samen met de gehele sector moeten zorgen voor de veilige en duurzame kweek van gezond zeewier, dat breed inzetbaar is in de toekomstige, circulaire economie.

DEEL 3

NATUURLIJKE HULPBRONNEN

15

Huidverzorging voor Moeder Aarde

Martine van der Ploeg – *Hydrologie*

Onze samenleving is gebouwd op bodem, de levende huid van onze aarde. We zijn voor heel veel dingen afhankelijk van onze bodem, inclusief voedselproductie. Maar de paar decimeter die de aarde bedekken als vruchtbare bodem zijn kwetsbaar. Bodemdegradatie is hierbij een van onze grootste uitdagingen van deze tijd. Dit hoofdstuk biedt oplossingen voor slimme huidverzorging van Moeder Aarde.

Bodem is de huid van onze aarde. Net als onze eigen huid, is de huid van de aarde niet zo heel dik. Het bodemecosysteem, waar al het leven op het droge van afhangt, is meestal niet meer dan 1 meter diep. Gezonde bodems bestaan uit zeer diverse ecosystemen met insecten, wormen en ontelbare hoeveelheden micro-organismen. Tezamen zetten zij mineralen, plantenresten en dode dieren om in materiaal dat planten gebruiken om te groeien. Dit plantenvoedsel draagt ook bij aan de fysieke en chemische structuur van de bodem.

Onze maatschappij is gebouwd op de fundamenten van gezonde bodems: we zijn ervan afhankelijk voor bijvoorbeeld voedselproductie en klimaatregulatie. Maar net als onze huid kan bodem heel gevoelig zijn voor invloeden van buitenaf, zoals droogte of wanneer vee de vegetatie weg eet of vertrapt. In dat soort gevallen kan landdegradatie optreden – het proces waarbij vegetatie en bodem verdwijnt, en dan vooral de vruchtbare bovenlaag van de bodem.

Op dit moment wordt een derde van al het land wereldwijd bedreigd door landdegradatie en verliezen we ieder jaar meer vruchtbare bodem. Landdegradatie noemen we ook wel verwoestijning. De naam suggereert dat het verschijnsel alleen plaatsvindt in droge gebieden waar al woestijnen zijn, maar landdegradatie kan overal voorkomen. Ook in Nederland is dit het geval, door bijvoorbeeld erosie op hellingen in Zuid-Limburg of op taluds (hellingen) van dijken. In ten minste 110 landen wereldwijd is landdegradatie vastgesteld. De Verenigde Naties voorspellen dat in de komende tien jaar wellicht meer dan 50 miljoen mensen moeten verhuizen als gevolg van landdegradatie.

Oplossingen voor landdegradatie, zoals het opnieuw planten van vegetatie of herbebossing, werken in veel gevallen goed. Voor zeer gedegradeerde bodems, waarin al het leven is verdwenen is en waar water niet meer opgenomen wordt, zijn echter nog geen snelle en goede oplossingen. Voordat in deze probleemgebieden het bodemecosysteem weer terug kan komen moeten we eerst de waterhuishouding van de bodem weer op orde krijgen, zodat er vervolgens weer dieren en planten in kunnen leven. Gezonde bodems zijn wereldwijd dus van doorslaggevend belang voor voedselzekerheid, en bescherming en herstel van bodems dragen bij aan oplossingen voor het bredere wereldvoedselvraagstuk.

Bodemdegradatie is omkeerbaar, maar bij zeer gedegradeerde bodems is het wel een enorme uitdaging om dat proces binnen afzienbare tijd terug te draaien. Het is daarbij vooral belangrijk dat niet een deel, maar het gehele bodemecosysteem weer opgebouwd wordt: het liefst op een manier waarbij het ecosysteem zichzelf weer in stand kan houden. Door samen te werken met verschillende vakgebieden werk ik in mijn onderzoek aan slimme huidverzorging van Moeder Aarde.

Waterhuishouding in de bodem

Een bekend spreekwoord luidt: 'Het gras is groener bij de buren', maar gras is vooral groener waar het water krijgt. Of er mooi groen gras of andere planten kunnen groeien, hangt namelijk af van de bodem en in het bijzonder van de kringloop tussen bodem en water. De waterkringloop – ook wel hydrologische cyclus genoemd – is het proces waarbij water tussen de atmosfeer en de aarde wordt uitgewisseld. Deze kringloop is van vitaal belang voor al het leven op aarde en de interacties tussen bodem en water spelen daar een belangrijke rol in. Wanneer het regent kan het water plassen vormen of wegstromen, óf het kan de bodem infiltreren. Als water infiltreert kunnen de organismen die in de bodem leven het gebruiken of plantenwortels kunnen het opnemen voor verdamping en groei. Water dat niet gebruikt wordt of vanuit de bodem rechtstreeks weer verdampt naar de atmosfeer stroomt uiteindelijk naar het grondwater.

Behalve water hebben planten ook lucht en nutriënten nodig. Om die reden vindt in een gezonde bodem naast het transport van water ook uitwisseling met de atmosfeer plaats. De benodigde nutriënten zitten opgelost in het water dat plantenwortels kunnen opnemen. Een gezonde bodem werkt als een spons; het is in staat om water op te nemen en af te geven. Wanneer we kijken naar de hoeveelheid water in de waterkringloop, dan zit daarvan slechts een twintigste deel opgeslagen in de bodem. De rest bevindt zich in de atmosfeer als waterdamp, dieper in de ondergrond als grondwater en als oppervlaktewater in rivieren en oceanen. Juist het water in de bodem speelt dus een enorm belangrijke rol.

Er zijn diverse menselijke en natuurlijke oorzaken waardoor bodem niet langer als spons kan werken en als gevolg daarvan bodemdegradatie plaatsvindt. Een goed voorbeeld van zo'n natuurlijke oorzaak is bodemkorstvorming. Dit fenomeen is een gevolg van regendruppels die op kale bodem vallen, waardoor een dunne laag bodem die verdicht is ontstaat. Ook zijn er bepaalde bacteriën die een korst kunnen vormen op de bodem. Als gevolg hiervan kan de bodem waterafstotend worden (zie figuur 19). Bodemverdichting kan ook voorkomen als gevolg van vertrapping door vee, of het bewerken van land met zware machines.

Deze processen plegen een aanslag op het gezonde bodemecosysteem en leiden ertoe dat de bodem zijn sponsfunctie verliest en water niet langer goed opneemt. Planten kunnen in een verdichte bodem minder makkelijk wortelen en door watertekort ook niet meer goed groeien of zelfs afsterven, waardoor (nog meer) kale bodem ontstaat. Water dat niet meer goed kan infiltreren vormt plassen of stroomt af in hellende landschappen. Kale bodem kan vervolgens leiden tot wind- en watererosie, omdat

Figuur 19. Waterdruppel die rust op een bodem afkomstig uit Doñana Nationaal Park in Spanje; door de waterafstotende eigenschappen van deze bodem wordt het water niet opgenomen. Foto: Nicasio T. Jiménez-Morilo.

bodemdeeltjes bloot komen te staan aan de elementen en ook niet langer vastgehouden worden door de planten. In extreme gevallen kan erosie leiden tot het verlies van alle vruchtbare bodem en blijft er slechts een dor landschap over. Het bekendste voorbeeld hiervan is de Amerikaanse *dust bowl* in de jaren dertig van de twintigste eeuw. Daarnaast kan door afstromend regenwater overstroming ontstaan in lagergelegen gebieden, vooral in heuvelachtige gebieden. Het water verzamelt zich dan in de dalen, waar rivieren stromen. Daar liggen vaak dorpen en steden, die als gevolg van plotselinge hogere waterstanden ook kunnen overstromen. Dit is bijvoorbeeld het geval in bepaalde plekken in Zuid-Limburg, die regelmatig op deze manier onder water staan.

Met onderzoekers uit Wageningen en Ethiopië proberen we erachter te komen hoe verschillende bodems die last hebben van erosie reageren op de waterkringloop. Daar zien we dat bij de ene bodemsoort regen heel veel erosie kan veroorzaken, terwijl dat bij een andere bodem juist komt door stijging van het grondwater. Dit toont aan dat verschillende bodems ook verschillend landbeheer nodig hebben, persoonlijke huidverzorging als het ware.

Fysische en biologische interacties in de bodem

Het doel van mijn onderzoek is het ontrafelen van biologische en fysische processen in landschappen. Hierdoor kunnen we beter begrijpen hoe de sponswerking van een gezonde bodem in elkaar steekt, hoe we die sponswerking kunnen verbeteren en wat de relatie van de sponswerking is met de ecosysteemdiensten waarvan we afhankelijk zijn voor voedselproductie, biodiversiteit en klimaatregulatie. Een gezond bodemecosysteem kan zijn biologische productie in stand houden en draagt bij aan een goed functionerend landschap, waarbij de positie in het landschap en het landgebruik een grote rol spelen. Kleine verschillen tussen bodems en landschappen in bijvoorbeeld bodemopbouw, flora en fauna kunnen namelijk leiden tot grote verschillen in de sponswerking van verschillende bodems. Die verschillen bepalen ook hoe kwetsbaar en veerkrachtig een bodem is in het geval van verstoringen zoals droogte, natuurbrand of vertrapping door dieren.

De interacties in een landschap tussen enerzijds bodem, geologie, weer en klimaat en anderzijds de flora en fauna – ook wel biofysische interacties genoemd – hebben invloed op de ontwikkelingen in een landschap. Met betrekking tot die biofysische interacties in landschappen staat de vraag centraal hoe we die diversiteit in landschappen en de ecosystemen daarbinnen kunnen gebruiken om de sponswerking van de bodem te behouden en te verbeteren. Omdat het bodemecosysteem een resultaat is van de samenhang tussen bodem, geologie, weer en klimaat, flora en fauna, heeft het bodemleven een directe invloed op de sponswerking, zoals hoe dicht bodemdeeltjes op elkaar zitten en hoeveel poriën er zijn om water en lucht door te laten stromen.

Er zijn drie belangrijke manieren waarop flora, fauna en micro-organismen de sponswerking van de bodem kunnen beïnvloeden. De eerste manier is dat door het composteren van organisch materiaal de dichtheid van de bodem kan veranderen, alsook hoe water en lucht door de bodem stromen. De tweede manier van deze wederzijdse beïnvloeding is dat als plantenwortels of fauna (bijvoorbeeld regenwormen) bodem opzij drukken om erdoor te kunnen (verdichting) er aan de andere kant zogeheten macro-poriën kunnen ontstaan waar water en lucht gemakkelijker doorheen stromen. De derde manier is dat stoffen die micro-organismen aanmaken, zoals suikers of biologische gel, invloed kunnen hebben op de sponswerking. Enerzijds kunnen die stoffen leiden tot een bodem die waterafstotend wordt, door biologische korstvorming. Anderzijds kunnen die stoffen ook leiden tot verbeterde wateropslag in de bodem, omdat water beter wordt vastgehouden. Het is dus heel belangrijk om te weten hoe we de sponswerking van een gedegradeerde bodem zo snel als mogelijk weer kunnen herstellen.

Bodemrehydratie – Huidverzorging voor Moeder Aarde

Samen met bodembiologen kijken we of we die micro-organismen ook actief kunnen inzetten om zeer gedegradeerde bodems weer te kunnen herstellen. Het idee erachter is dat als bodems zodanig gedegradeerd zijn dat er geen leven meer in voorkomt, andere regeneratieoplossingen (zoals opnieuw planten van vegetatie) niet voldoende gaan werken. We denken dat dit komt doordat met dat soort oplossingen niet het hele bodemecosysteem wordt hersteld en daardoor het bodemecosysteem niet in staat is zelfstandig te functioneren.

Echt herstel vindt alleen plaats als er tussen de sponswerking in de bodem en de daarin levende flora en fauna positieve terugkoppelingen ontstaan, en het bodemecosysteem hierdoor zichzelf weer overeind kan houden. Omdat bacteriën de eerste levensvorm waren die op aarde voorkwam, zouden bacteriën wellicht de oplossing zijn om de sponswerking van de gedegradeerde bodem weer te herstellen, waarna andere maatregelen, zoals het opnieuw planten van vegetatie, hopelijk ook sneller aanslaan.

Hiervoor zijn we op zoek gegaan naar mogelijke bacteriën die stoffen aanmaken die een gunstige werking hebben op de sponswerking van de bodem. Daarbij bleek dat de methoden die momenteel gebruikt worden in de bodemhydrologie niet zomaar gecombineerd kunnen worden met die uit de bodembiologie. In zowel de bodemhydrologie als -biologie had namelijk nog niemand uitgezocht hoe je de invloed van bacteriën op de sponswerking van de bodem zou kunnen meten. We moesten daarom eerst op zoek naar een combinatie van methoden om te bepalen of bepaalde bacteriën nu wel of niet een invloed hebben op de sponswerking van de bodem; en als ze invloed hebben, hoeveel dan precies.

De eerste resultaten uit het laboratorium laten zien dat bepaalde soorten bacteriën inderdaad invloed uitoefenen op hoeveel water er in een bodem vastgehouden kan worden. Dat betekent dat bacteriën een belangrijke uitkomst kunnen bieden bij het herstel van gedegradeerde bodems, zowel in Nederland als wereldwijd. Nu moeten we gaan uitzoeken hoe dat werkt voor bodems en bacteriën buiten het laboratorium. In een bodemecosysteem komen echter heel diverse bacteriegemeenschappen voor en ook andere micro-organismen, zoals algen en schimmels. Hoe dat precies werkt en hoe we vervolgens micro-organismen in kunnen zetten als huidverzorging van Moeder Aarde is een puzzel waar we momenteel hard aan werken.

De sponswerking van de bodem en daarmee het functioneren van de huid van Moeder Aarde is dus enorm belangrijk voor onze voedselproductie. Maar het is ook cruciaal voor klimaatregulatie, door de terugkoppeling van water in de bodem met de atmosfeer, hittegolven, droogte, natuurbranden, overstromingen, de koolstofkringloop en bijvoorbeeld ook de stabiliteit van onze dijken. Met het oog op de groeiende wereldbevolking en het wereldvoedselvraagstuk wordt goed bodembeheer in de toekomst alleen nog maar belangrijker. Het bestuderen van de invloed van bodemleven op de sponswerking van bodem helpt ons daarbij. Juist met deze kennis kunnen we in het landbeheer rekening houden met de persoonlijke huidverzorging van Moeder Aarde, die de veerkracht en het eigen regeneratievermogen ervan ondersteunt.

16

Eindige fosforbronnen en de groeiende vraag naar meststoffen

Hans-Peter Weikard – *Milieueconomie*

Voedselbehoeften en de vraag naar voedsel zullen toenemen naarmate de wereldbevolking groeit. De landbouwproductie en daarmee het gebruik van meststof zullen hierdoor moeten stijgen. Van alle meststoffen is fosfor, dat wordt gewonnen uit eindige afzettingen fosforiet, het schaarst. Dit hoofdstuk onderzoekt de mogelijkheid van duurzame landbouw en voedselzekerheid als essentiële input uit eindige hulpbronnen komt.

Het voeden van een groeiende wereldbevolking is een grote uitdaging voor de landbouw. Het antwoord op deze uitdaging is een oproep tot intensivering van de productie en met name het streven naar hogere opbrengsten bij plantaardige productie. Hogere opbrengsten zullen meer input van meststoffen vereisen. Dit roept de vraag op of de landbouw wel kan verduurzamen als deze moet vertrouwen op mestbronnen zoals fosfor die uit uitputbare mijnen komen.

Er zijn twee brede wereldwijde trends die de vraag naar voedsel aanjagen. In de eerste plaats zal de wereldbevolking volgens voorspellingen, zoals algemeen onderkend, van de huidige 7,8 miljard toenemen tot ongeveer 9,8 miljard in 2050 en 11,2 miljard in 2100. In nog geen eeuw tijd zal de mondiale landbouw dus zo'n 40 procent meer mensen moeten voeden. Omdat de planeet aarde niet groter zal worden en de mogelijkheden om landbouwgrond uit te breiden beperkt zijn, is duidelijk dat de huidige productietechnologieën zullen moeten veranderen. Intensivering van de landbouw zal het antwoord op deze uitdaging moeten zijn.

Een tweede trend, in eerste instantie vaak over het hoofd gezien, is de verandering van diëten als mensen welvarender worden. De samenstelling van een dieet mag dan sterk samenhangen met cultuur – denk aan religieuze regels waardoor de meeste hindoes het consumeren van rundvlees vermijden en de meeste moslims het consumeren van varkensvlees – en tussen landen afwijken, maar een gemeenschappelijk kenmerk is dat inkomensstijging de consumptie van duurdere voedingsmiddelen laat toenemen. Het gaat daarbij over het algemeen om dierlijke producten zoals vlees, melk, kaas en eieren, die meer fosfor bevatten, waardoor er meer fosfor nodig is om ze te produceren. Bovendien zullen de productie van diervoeder en die van gewassen voor menselijke consumptie heviger gaan concurreren om land en bronnen voor meststoffen.

Inzicht in de vraag naar fosfor is geen sinecure, laat staan het voorspellen ervan. Zelfs als we even geen rekening houden met een veranderend dieet is het te simpel om aan te nemen dat een bevolkingstoename van 40 procent een vergelijkbare toename van de vraag naar meststoffen impliceert. Twee kwesties maken het ingewikkelder om een inschatting te maken. In de eerste plaats moeten we weten wat voor invloed een stijgende productie met nieuwe technologieën op de input heeft. Gewasvariëteiten met een hoge opbrengst zullen bijvoorbeeld meer meststoffen nodig hebben om goed te gedijen. De voedingsstoffen die in de geoogste producten zitten zullen dus op z'n minst moeten worden aangevuld met extra meststoffen. Bij een eerste grove inschatting kun je aannemen dat de behoefte van de bodem aan fosforaanvulling evenredig zal zijn aan de oogst, een inschatting die nog strookt met een vermoedelijke toename van de vraag naar fosfor met 40 procent.

In de tweede plaats verschillen fosforonttrekkingen via de landbouw (en de noodzaak tot aanvulling) echter per voedingsproduct. In het algemeen zijn eiwitrijke voedingsmiddelen, met name vlees en dierlijke producten, rijk aan fosfor. Het dieet van mensen in de landen waar bevolkingsgroei plaatsvindt doet er dus toe. De sterkste bevolkingsgroei zal zich naar verwachting voordoen in India en een aantal Afrikaanse landen, waar traditioneel gezien een dieet met veel groente overheerst. Als je veranderingen in dieet niet meeweegt, suggereert dit dat de vraag naar fosfor minder sterk zal toenemen dan de wereldbevolking. Maar als je wél kijkt naar veranderingen in dieet richting meer vlees en dierlijke producten, zoals toenemende welvaart met zich meebrengt, is duidelijk dat dit de druk op fosforbronnen wel zal verhogen.

Waarom zouden we ons eigenlijk zorgen moeten maken over de vraag naar fosfor? Vanwege twee samenhangende redenen: fosfor is een essentiële hulpbron en is afkomstig uit eindige mijnen. De simpele consequentie van deze twee feiten is dat landbouw, als die slechts de weg van intensivering volgt, niet duurzaam zal zijn. In het vervolg van dit hoofdstuk bespreek ik beide redenen verder en kijk ik naar de mogelijkheid van duurzaam fosforgebruik in het licht van een eindige voorraad en een groeiende vraag naar meststoffen.

Essentiële hulpbronnen en de noodzaak van recycling

Een hulpbron is essentieel voor de productie van een goed als je deze zonder de hulpbron niet kunt produceren. Zo is fosfor essentieel voor de voedselproductie. Fosfor zit in biologische cellen, vooral in DNA en eiwitten. De groei van planten en dieren is onmogelijk zonder fosfor en mensen kunnen niet leven op een dieet dat geen fosfor bevat.

Maar er is meer aan de hand. Experts in de duurzaamheidseconomie stellen dat een economie die afhankelijk is van een eindige (en niet-hernieuwbare) hulpbron toch in stand kan blijven als de hulpbron vervangbaar is. De gedachte is hier dat je, hoewel enige input van een essentiële bron altijd nodig is, deze input kunt verminderen. Als de vermindering wordt gecompenseerd door technologische verbeteringen, zou het pad van het hulpbrongebruik voortdurend dalen en de nul benaderen, maar zou de bron nooit helemaal uitgeput raken. Hét voorbeeld is het verbruik van fossiele brandstoffen. Met technologische verbeteringen gericht op hogere energie-efficiëntie kun je de input van fossiele brandstof verminderen, terwijl de totale output toch in stand blijft. Als de energie-efficiëntie laten we zeggen elke tien jaar verdubbelt, kun je de input van brandstof met de helft verminderen terwijl de output blijft gehandhaafd. En dit kan, in principe, eeuwig doorgaan – het is een geval van duurzame uitputting van hulpbronnen.

Maar fosfor is in een sterkere zin een essentiële hulpbron. Het fosfor in DNA en eiwitten kan niet door enige andere stof worden vervangen. Het menselijk dieet en de opname bij planten en dieren moeten boven een minimum hoeveelheid fosfor blijven om de levensprocessen aan de gang te houden. Het is onmogelijk de input van fosfor tot onder een bepaalde minimale input terug te brengen, zelfs als er betere productietechnologieën voor planten beschikbaar komen. Met een minimale inputbehoefte is het simpelweg onmogelijk de consumptie van een eindige hulpbron tot in het oneindige op te rekken. Anders dan in het voorbeeld van brandstof kan een onmiskenbaar essentiële, eindige en niet-hernieuwbare hulpbron nooit in stand blijven. Onder dergelijke omstandigheden is een duurzaam stelsel voor landbouw en voedsel dus onmogelijk. Het is uitgesloten om fosforbronnen op de lange termijn te behouden, en het is onvermijdelijk dat de mijnen uitgeput raken.

Hoewel fosfor dus essentieel is, heeft het een ander belangrijk kenmerk dat het onderscheidt van bijvoorbeeld brandstofbronnen. Conventionele brandstoffen worden, zoals wij ze gebruiken, verbrand en gaan verloren. Fosforgebruik verloopt anders. De mijnen mogen dan wel uitgeput raken, strikt genomen is er geen sprake van verlies van fosfor, alleen van verdunning. Dit opent de mogelijkheid van recycling, waarop ik nu zal ingaan.

De fosfor die als landbouwmeststof wordt gebruikt, kan organisch of anorganisch zijn. De eerste soort zal doorgaans afkomstig zijn van gewasresten of op akkers gebruikte dierlijke mest. De tweede soort zit van nature in de bodem of is toegevoegd om verliezen door oogst en bodemerosie aan te vullen. Het gaat hier over het gebruik van anorganische meststof. Die wordt geproduceerd uit fosforiet, dat momenteel in slechts enkele landen wordt gewonnen, waarbij China, Marokko en de Westelijke Sahara, de VS, Rusland en Jordanië tot de grootste producenten behoren. In het verleden, en recentelijk vanwege een prijspiek in 2008, is er veel discussie geweest over de omvang van de voorraden en de tijd dat die uitgeput raken. Hoelang duurt het nog voordat de sedimenten van fosforiet op zijn? In de literatuur kun je schattingen vinden die uiteenlopen van vijftig tot duizend jaar. De onzekerheden lijken groot en betreffen zowel de inschatting van huidige voorraden, als de mate van winning in de toekomst. Die zal natuurlijk worden bepaald door prijs, waarvan we kunnen aannemen dat deze zal stijgen bij toenemende schaarste. Een periode van vijftig of honderd jaar tot alles op is zou inderdaad zorgelijk zijn, want dan is er weinig tijd om het mondiale landbouw- en voedselsysteem aan te passen. Maar zelfs als de hulpbronnen nog langer dan een eeuw meegaan, zullen fosfaatmijnen uiteindelijk uitgeput raken, wat inhoudt dat op lange termijn verandering nodig is.

Aangezien mijnen uitgeput raken, zijn fosforrecycling en een hogere efficiëntie bij het gebruik van hulpbronnen het enige alternatief. We kunnen drie maatregelenpakketten onderscheiden. Het eerste pakket behelst een vermindering van fosforverliezen in de landbouwproductie. Een groot percentage fosfor gaat verloren bij erosie van bodemdeeltjes. Daarom zullen beschermingsmaatregelen tegen erosie een belangrijke rol spelen bij het verduurzamen van de landbouw. Erosiebescherming draagt niet alleen bij aan het behoud van bodemvruchtbaarheid, maar ook aan het verminderen van vervuiling van oppervlaktewater. Fosfor, in de bodem een voedingsstof voor planten, geldt in oppervlaktewater als een verontreinigende stof omdat het algen bemest en hun groei bevordert. Vanwege de voordelen van minder verontreiniging zijn beschermingsmaatregelen tegen erosie de meest kosteneffectieve optie om de druk op eindige mijnen te verminderen.

In de tweede plaats bevatten afvalstromen binnen de landbouw, zoals gewasresten en dierlijke mest, fosfor. Deze zouden binnen het land-

Figuur 20. Fosfaatmijn in Togo. Foto: Alexandra Pugachevsky.

bouwsysteem moeten worden gerecycled. Door landbouwspecialisatie, met name de ontkoppeling van plantaardige en dierlijke productie, is het duurder geworden om fosfor in mest terug te recyclen naar de akkers. Dit is precies de reden waarom dierlijke mest soms ten onrechte 'afval' in plaats van 'hulpbron' wordt genoemd.

In de derde plaats verdwijnt de fosfor via voedingsmiddelen uit het landbouwsysteem. Voedingsproducten verlaten de agrarische sector, ze worden verkocht en vervoerd naar de stedelijke centra. Hier is recycling het lastigst en kostbaarst, zij het niet onmogelijk. Fosfor moet worden teruggewonnen uit huishoudelijk afval en de rioolwaterzuivering. Met de huidige prijzen zijn de enkele operationele proeftechnologieën om fosfor terug te winnen uit afvalwater tot nu toe niet kostendekkend. Toch zal op de lange termijn, met technologische vooruitgang en stijgende fosforprijzen, fosforrecycling een integraal onderdeel worden van de fosforvoorziening op weg naar een duurzaam fosforbeheer.

De mogelijkheid van duurzame landbouwproductie

Laten we het verhaal tot nu toe samenvatten. Een groeiende wereldbevolking impliceert een groeiende vraag naar voedsel en daarmee een groeiende vraag naar meststoffen. Omdat fosformeststoffen afkomstig zijn uit eindige mijnen moet fosforiet worden aangevuld met gerecyclede meststoffen om op lange termijn de voedselproductie te garanderen. Nu moet nog worden bekeken of dit mogelijk is en, zo ja, hoe. Vandaag de dag is er nog steeds een stijgende trend in de winning van fosforiet. Om de landbouw en het voedselsysteem duurzaam te maken, moet deze trend worden omgebogen. Uiteindelijk moet de winning uit mijnen afnemen en moet recycling even hard toenemen als de voedselproductie.

In de eerste plaats moeten vanwege de kosteneffectiviteit beschermingsmaatregelen tegen erosie en maatregelen voor recycling in de landbouw worden getroffen. Stel dat men deze maatregelen treft, dan moeten fosforverliezen door de oogst toch worden aangevuld. Als de winning afneemt, moet uiteindelijk de recycling uit stedelijke stromen (uit huishoudelijk afval en rioolwaterzuivering) toenemen.

Laten we, als we naar de zeer lange termijn kijken, aannemen dat de wereldbevolking na 2100 stabiliseert. Dan moet van de constante stroom van in voedsel aanwezig fosfor naar de steden een steeds groter deel naar de landbouw worden terug gerecycled om de dalende winning aan te vullen. Het mag relatief goedkoop zijn om een klein deel van de stroom te recyclen, maar als je dit deel vergroot zullen de recyclingkosten stijgen. Deze kosten zullen tot het oneindige oplopen als de graad van recycling de 1 benadert, die voor een volledige recycling staat. Daarom moet volledige recycling als onmogelijk worden beschouwd, aangezien het ontzettend duur zou worden. Het is onvermijdelijk dat met een stijgende graad van recycling de kosten van meststof en dus ook voedselprijzen in de loop van de tijd zouden stijgen. Technologische vooruitgang in de recyclingsector kan voor een matiging van deze prijsstijging zorgen. Toch blijft het een open vraag of de mate van technologische vooruitgang voldoende zal zijn om prijsstijgingen te beperken tot het groeicijfer van de economie – een voorwaarde om het aandeel van het inkomen dat huishoudens aan voedsel besteden op een constant, of in ieder geval niet-oplopend niveau te houden.

Voor de zeer lange termijn zijn er twee scenario's. Bij het eerste scenario wordt ervan uitgegaan dat de wereldeconomie een positief groeicijfer kan handhaven, waarbij het vermeerderde kapitaal in het verbeteren van technologieën kan worden geïnvesteerd. Dit zou inhouden dat toekomstige generaties de oplopende kosten voor recycling aankunnen en voedsel betaalbaar blijft. In een tweede scenario, met nulgroei, noodzaken oplopende voedselprijzen en een beperkte beschikbaarheid van voedsel tot een bevolkingsafname. De wereldbevolking zal zich uiteindelijk moeten aanpassen aan de draagkracht van een landbouwsysteem dat niet langer in staat zal zijn om significante hoeveelheden fosformeststof uit mijnen te halen.

Een groeiende economie wordt vaak in verband gebracht met een aantasting van het milieu en uitputting van natuurlijke hulpbronnen, maar in dit geval moeten we concluderen dat groei een vereiste is om het sombere tweede scenario te vermijden. De vereiste economische groei moet worden aangewend voor technologieën waarmee we hulpbronnen kunnen sparen, een specifiek soort groene groei.

17

Minder chemisch: zwavel recyclen uit biogas

Annemerel Mol – *Milieutechnologie*

Het dreigende tekort aan zwavel is een grote uitdaging bij het voeden van de toekomstige wereldbevolking. Hoe geweldig zou het zijn als we dit tekort kunnen oplossen met iets simpels als een emmer modder uit de sloot? De bacteriën uit de modder kunnen veel meer dan tot dusver aangenomen: door zwavel uit afvalwater te halen helpen bacteriën ons aan nieuwe voedingsstoffen voor de landbouw.

'Afval is eigenlijk een verdwaalde grondstof'. Deze mooie zin is de titel van een blogpost op internet over het hergebruiken van afval als grondstof. Belangrijke grondstoffen voor de landbouw noemen we voedingsstoffen, omdat ze als voedsel dienen voor planten en dieren. Bij voedingsstoffen in de landbouw denkt men vaak aan stikstof en fosfor, die beide noodzakelijk zijn voor plantengroei. Dit zijn inderdaad essentiële voedingsstoffen voor de productie van de eiwitten – de bouwstenen van planten en dieren – én voor het functioneren van hun energiehuishouding. Voor verschillende voedingsstoffen worden echter grote tekorten verwacht in de nabije toekomst. Dit heeft twee redenen. Allereerst groeit de wereldbevolking en daarmee de voedselbehoefte, waardoor er meer voedingsstoffen nodig zijn voor de groei van gewassen. Ten tweede vindt er tot nu toe een minimale terugwinning plaats van deze belangrijke voedingsstoffen. In plaats daarvan verdwijnen ze in zee, met als resultaat dat de voorraad niet duurzaam is.

De meeste aandacht gaat veelal uit naar het verwachte tekort aan fosfor, waarvan experts schatten dat de meest beschikbare voorraden over vijftig tot honderd jaar op zijn. Een bijkomend risico is dat fosfor maar op een aantal plekken op aarde voorkomt, waarbij 70 procent zich in Marokko bevindt. Echter, een van de andere voedingsstoffen waar een tekort voor dreigt is zwavel. Hoewel het dreigende zwaveltekort nog niet zo vaak ter sprake is gekomen, is het met het oog op het wereldvoedselvraagstuk hoog tijd om over oplossingen na te denken.

Zwavel als belangrijke voedingsstof in de landbouw

Zwavel is een essentiële bouwsteen voor planten en is een van de zes hoofdvoedingsstoffen, naast fosfor, stikstof, kalium, magnesium en calcium. Zo speelt zwavel een belangrijke rol in de aanmaak van bladgroenkorrels voor fotosynthese: het omzetten van licht in energie. Ook is zwavel onmisbaar voor de productie van koolhydraten. Daardoor heeft zwavel een grote invloed op de kwaliteit en de smaak van gewassen. Zwavel is bovendien nodig voor de opname van stikstof. Een gebrek aan zwavel kan een ernstige barrière zijn voor de stikstofhuishouding van planten. Planten zijn dus sterk afhankelijk van zwavel, met name koolsoorten zoals rode kool en spruitjes hebben een zeer hoge behoefte: 80 kilogram zwavel per hectare landbouwgrond per jaar. Sla heeft ter vergelijking 'maar' 15 kilogram zwavel per hectare per jaar nodig en aardappel zo'n 30 kilogram.

Op dit moment ligt de natuurlijke zwaveldepositie uit neerslag en de lucht rond de 15 kilogram per hectare per jaar. In een groeiseizoen van vijf maanden betekent dat ongeveer 5 kilogram zwavel per hectare, omdat de zwavel die in de rest van het jaar neerslaat ook deels weer wegspoelt. Deze zogenoemde depositie verschilt per regio in Nederland: in het noorden is de depositie gedurende het groeiseizoen zo'n 3 kilogram per hectare, terwijl deze in het zuidwesten wel 8 kilogram is vanwege de grote industriële activiteit en scheepvaart in die regio.

Er zijn ook andere bronnen waar planten zwavel uit kunnen halen, zoals zwavel dat aanwezig is in de bodem, zwavel dat zich bevindt in plantenresten en zwavel dat uit diepere lagen van de bodem komt. Deze hoeveelheden variëren per gebied, maar zijn vaak niet toereikend voor de gewassen met een hoge zwavelbehoefte. Daarom moet extra zwavel in de vorm van (kunst-)mest worden aangebracht. Ook is zwavel belangrijk voor vee, in het bijzonder voor herkauwers zoals koeien, schapen en geiten. Zij nemen zwavel op uit voedsel in de vorm van eiwitten. De symptomen van een tekort aan zwavel bij herkauwers zijn onder andere slechtere groei, een dof haarkleed, slechtere klauwkwaliteit, overmatige speekselvorming, vochtige ogen en lagere melkproductie.

Er is dus te weinig zwavel aanwezig in de landbouwgrond, maar hoe komt dat? En waarom horen we hier nu pas van? Om dit te begrijpen moeten we ruim veertig jaar terug in de tijd. In de jaren tachtig waren er wereldwijd volop nieuwsberichten over zure regen en hoe dit planten en gebouwen aantastte. Deze zure regen werd veroorzaakt door de verbranding van zwavelverbindingen in brandstoffen zoals steenkool en olie. Rond die tijd was dit zo'n groot probleem dat er regels en wetten zijn gekomen over hoeveel zwavel brandstof mag bevatten voordat het naar de consument en industrie gaat en verbrand wordt. Zo werd over heel de wereld het zureregenprobleem opgelost. De zwavel kwam niet langer als het gas zwaveldioxide (SO_2) in de lucht, maar werd nu als vaste zwavel (S^0) of sulfaat (SO_4^{2-}) uit de fossiele brandstoffen gehaald. Hierdoor is sinds de jaren tachtig de zwaveldepositie fors gedaald van zo'n 80 naar 15 kilogram zwavel per hectare per jaar.

Helaas ontstond met het oplossen van een milieuprobleem een ander probleem: een zwaveltekort in landbouwgrond. Dit tekort werd versterkt doordat de landbouw tegelijkertijd intensiveerde, met als resultaat dat de zwavelvraag van landbouwgrond toenam. Om aan deze vraag te voldoen wordt zwavel voornamelijk gedoseerd in de vorm van kunstmest, maar voor de productie van deze kunstmest is men afhankelijk van zwavel als bijproduct van de fossiele industrie. Aangezien deze zwavel niet meer verbrand mag worden, kunnen er plaatselijk grote overschotten ontstaan. Met Google Maps zijn deze overschotten goed te zien, bijvoorbeeld in de staat Alberta in Canada. Tussen de plaatsen Fort Mackay en Fort McMurray bevinden zich enorme piramides van zwavel, nog groter dan de piramide van Gizeh. Ook in de haven van Vancouver liggen bergen zwavel. Er is dus genoeg zwavel, maar het is niet goed verspreid over de wereld en wordt bovendien nog op niet-duurzame wijze gewonnen uit fossiele bronnen. Als we in de toekomst willen stoppen met het delven van fossiele brandstoffen, zal er op de lange termijn dus niet alleen plaatselijk maar ook wereldwijd een zwaveltekort ontstaan.

Zwavel recyclen uit biogas

De oplossing voor het toekomstig zwaveltekort moeten we zoeken in een combinatie van natuur en technologie. Dit kan met behulp van micro-organismen, zoals bacteriën en gisten. De meeste mensen kennen micro-organismen hoofdzakelijk als ziekteverwekkers en als handige hulpjes voor voedselproductie, zoals bij het maken van yoghurt, zuurkool en bier. Micro-organismen kunnen echter nog veel meer nuttige dingen doen, ook op milieugebied. Een goed voorbeeld is de productie van biogas, dat vergelijkbaar is met aardgas. Van beide soorten gas is de hoofdcomponent methaan, en verder komen er variërende hoeveelheden stikstof, zuurstof, waterstofsulfide en koolstofdioxide in voor. Terwijl voor aardgasproductie een lange verblijftijd en een hoge temperatuur in de aardkorst nodig zijn, produceren micro-organismen in veel kortere tijd biogas uit bijvoorbeeld afvalwater. Net als aardgas moet biogas schoon worden gemaakt, omdat de component waterstofsulfide (beter bekend als de geur van rotte eieren) niet alleen schadelijk is als het wordt verbrand – denk aan de zure regen – maar ook omdat waterstofsulfide zelf erg giftig en corrosief is.

Maar hoe wordt biogas precies gemaakt en hoe komt waterstofsulfide in het biogas terecht? De groep micro-organismen die samen biogas maken doen dat via een slim trucje: zij kunnen energie produceren door het afbreken van organische verbindingen (tussen koolstof en waterstof) uit afvalwater tot kleine moleculen als waterstofsulfide en methaan. Het meeste afvalwater bevat stoffen met zwavelverbindingen, zoals eiwitten, maar soms ook hogere concentraties sulfaten uit onder andere de papierindustrie. Deze stoffen worden omgezet naar waterstofsulfide en die eindigen dan zo in het biogas. Dit waterstofsulfide moet vervolgens uit het biogas gehaald worden voordat we het gas kunnen gebruiken. Daar zijn andere micro-organismen weer goed in. Een specifieke soort, de lithotrofe bacteriën ('litho' van steen en 'trofe' van eten), kan zich nuttig maken door het waterstofsulfide uit biogas in elementair 'vast' zwavel om te zetten. De naam van de bacteriën duidt aan dat zij energie halen uit anorganische, dus geen kool- en waterstof bevattende, verbindingen die bijvoorbeeld in mineralen en stenen aanwezig zijn. Laten we hen voor het gemak de zwavelmakers noemen. Zwavelmakers komen op veel plekken voor, ook gewoon in de sloot naast je huis.

Het verhaal gaat dat de eerste zwavelmakers die voor dit technologische doeleinde zijn ingezet met een emmer uit een Noord-Hollandse sloot zijn gehaald. Na intensief wikken en wegen, en vooral veel meten, bepaalden onderzoekers de juiste procesomstandigheden om de zwavelmakers zo goed mogelijk hun werk te laten doen. Door deze bacterien met modder en al in een reactor te stoppen, met een oplossing zo zout als zeewater en wat voedingsstoffen, wordt de waterstofsulfide opgenomen in de vloeistof en zetten de zwavelmakers het zeer efficiënt om naar vast zwavel. De zwavel vormt kleine bolletjes op het oppervlak van de zwavelmakers en die bolletjes laten geleidelijk los. In de oplossing worden het dan prachtige kleine 'biozwavel'-kristallen (figuur 21); een ware lust voor het oog.

Een zwavelmolecuul bestaat uit acht zwavelatomen in de vorm van een ring, die enigszins op een kroon lijkt. Deze kroonvormige ringen stapelen zich op zo'n manier op dat er een kristalstructuur ontstaat. De biozwavelkristallen zijn erg klein en, voor zover we nu weten, hebben een dunne laag organisch materiaal op het oppervlak, wat de biozwavel hydrofiele (waterminnende) eigenschappen geeft. Zwavel kan ook chemisch worden geproduceerd, zonder betrokkenheid van bacteriën. Deze zwavel is hydrofoob (watervrezend) en mengt dus uit zichzelf niet goed met water.

Uit onderzoek is gebleken dat planten beter groeien op biozwavel dan op chemisch geproduceerd zwavel. De reden hiervoor zou kunnen liggen in de samenstelling – het zwavel mengt goed met water – en de erg kleine deeltjesgrootte (figuur 21). Een andere reden voor het positieve effect op plantengroei kan zijn dat planten geen vaste zwavel kunnen opnemen. Vaste zwavel moet eerst microbieel worden omgezet naar sulfaat en dat is wellicht makkelijker bij biozwavel dan bij chemisch gevormde zwavel. Ook kan de biozwavel goed worden ingezet als bestrijdingsmiddel tegen schimmels, op bijvoorbeeld appelbomen, doordat het goed met water te mengen is voor dosering en een relatief groot oppervlak heeft ten opzichte van de chemisch geproduceerd zwavel.

Naast het terugwinnen van vast zwavel heeft het biologische ontzwavelingsproces nog andere voordelen ten opzichte van de chemische ontzwaveling. Zo hoeft er, in tegenstelling tot chemische ontzwavelingsprocessen, geen gebruikt te worden gemaakt van vervuilende chemicaliën, het proces werkt bij atmosferische druk en bij kamertemperatuur. Dit kost minder energie en brengt minder veiligheidsrisico's met zich mee. Ook heeft het biologische proces een hoge verwijderingsefficiëntie, waardoor de afvalwaterstroom dus helemaal vrij van giftig waterstofsulfide wordt. Een bijkomend voordeel is dat biogas op meer plekken kan worden geproduceerd dan uit olie en gas gewonnen zwavel. Door zwavel biologisch te produceren en terug te winnen, kan de zwavelkringloop op lokaal niveau gesloten worden.

Figuur 21. Rasterelektronenmicroscoopfoto van biozwavelkristallen. Foto: dr. ing. Marcel Giesbers.

Potentie voor de toekomst

Er ligt een enorme potentie in wat we kunnen doen met natuurlijk voorkomende micro-organismen, zoals de zwavelmakers, als we ze combineren met de juiste technologie. We kunnen gebruikmaken van deze zelfregulerende natuurlijke systemen, zonder dat er vervuilende chemie of genetische modificatie aan te pas hoeven te komen. Het is niet bekend hoeveel chemisch gevormd zwavel er op voorraad is op plekken zoals Alberta. Ook weten we niet hoelang de mensheid nog door zal (kunnen) gaan met het winnen van fossiele brandstoffen. Het zou goed zijn om wereldwijd te berekenen hoe het ervoor staat met de zwavelvoorraden voor de nabije toekomst.

Wat wel zeker is, is dat er bij het zuiveren van biogas door de zwavelmakers op lokaal niveau goed bruikbaar biozwavel vrijkomt voor landbouwactiviteiten. Wereldwijd zijn er al meer dan 270 installaties met zwavelmakers bezig biogas te zuiveren. Ook komen er steeds meer initiatieven om de geproduceerde biozwavel uit deze installaties te gebruiken. De productie van biozwavel is continu, duurzaam en goedkoop. Zo wordt afval weer een grondstof. Voor een intensivering van de landbouw om de groeiende wereldbevolking te voeden is deze grondstof onmisbaar.

18

Tegenspel en samenspel tussen voedsel, water en energie

Joreen Merks – *Watersysteemanalyse*

Voedsel, water en energie zijn nauw met elkaar verweven. Soms staan deze sectoren in conflict, maar vaak werken ze juist samen. Het wereldvoedselvraagstuk is dan ook onmogelijk op te lossen zonder de interactie met water en energie mee te nemen. Dit hoofdstuk laat deze cruciale verwevenheid zien aan de hand van drie voorbeelden: waterkrachtcentrales, energie voor irrigatie en biobrandstoffen.

Welke sectoren krijgen prioriteit bij droogte? Willen we een zonnepark of akkerbouw? Gaat het waterschap voor een natuurlijke beek of liever voor een kunstmatig waterpeil voor de landbouw? Uit deze vraagstukken wordt duidelijk dat water, voedsel en energie vaak in elkaar overlopen. Gewassen kunnen immers niet groeien zonder water, en in droge tijden is energie nodig om voldoende water op te pompen voor irrigatie. We kunnen het wereldvoedselvraagstuk dan ook niet effectief aanpakken zonder te kijken naar waterbeschikbaarheid en energievoorziening.

In het voedselvraagstuk staat grondstofschaarste centraal, feitelijk gaat het in bredere zin over schaarste van schoon zoetwater, energie en vruchtbaar land. Als water eenmaal verbruikt is, kan het namelijk niet op dezelfde plek nogmaals gebruikt worden. Zo kan je als je een glas water opdrinkt datzelfde glas water niet nogmaals gebruiken om de tomatenplantjes te bewateren, en als je een moestuin aanlegt op diezelfde plek geen zonnepaneel meer plaatsen. Er is een limiet aan het beschikbare land en water, dus moeten we keuzes maken in het gebruik hiervan.

Ook andere factoren spelen een rol. Soms is er wel voldoende water, maar kan het niet gebruikt worden vanwege de kwaliteit. Zo is zoutwater niet geschikt voor landbouw en kunnen we met warm water geen energiecentrales koelen. Ook is water afkomstig van landbouwgrond vaak vervuild met pesticiden, waardoor de ecologie bij hergebruik in gevaar kan komen. Vergelijk het met schoonmaakwater: dat kan ook niet direct worden gebruikt om de plantjes water te geven of thee te zetten. Het water eerst zuiveren is dan uiteraard een optie, maar daar is veel energie voor nodig, wat eveneens vaak niet ongelimiteerd beschikbaar is.

Wetenschappelijk onderzoek richt zich op alle dimensies van de interactie tussen voedsel, water en energie, zowel op de fysieke interacties als de relatie tot politiek en maatschappij. Fysisch is het, door metingen en modellen, goed te begrijpen hoe deze sectoren met elkaar verbonden zijn. De sociaal-economische invloeden maken alles echter een stuk complexer, zeker als het om grensoverschrijdende wateren, voedselstromen en energiestromen gaat. Sterker nog, vaak zijn niet de fysieke speelruimte maar de samenwerking, het management en de machtspositie limiterend. Dit maakt een integrale aanpak met het oog op een duurzame toekomst van de mens en onze planeet des te belangrijker. Dit wordt goed duidelijk bij ontwikkelingen omtrent waterkrachtcentrales, pompen op zonne-energie en biobrandstoffen.

Waterkrachtcentrales

Neem om te beginnen een waterkrachtcentrale: een dam in de rivier om duurzame energie op te wekken. Het lijkt ideaal, en bij goed management heeft een waterkrachtcentrale inderdaad veel voordelen. Naast het opwekken van energie kan een waterkrachtcentrale de pieken en dalen in de rivierafvoer dempen door water tegen te houden of door te laten. Zo voorkom je overstromingen in natte tijden en het droogvallen van de rivier in droge periodes. Door een waterkrachtcentrale is het bovendien mogelijk om landbouwgrond het hele jaar te irrigeren, en is er ook nog eens meer energie beschikbaar voor het pompen en verdelen van het water. Dit rooskleurige plaatje kent echter een aantal blinde vlekken.

Een dam houdt namelijk meer tegen dan alleen water. Zo kunnen

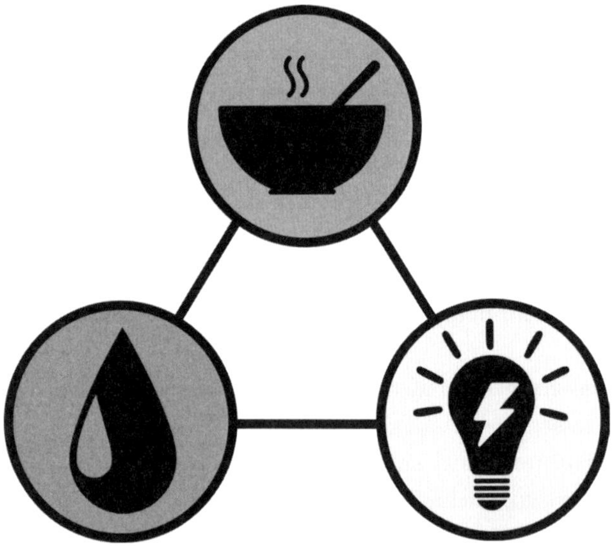

Figuur 22. De nexus tussen voedsel, water en energie. Illustratie: Joreen Merks.

vissen en andere waterorganismen zich niet meer vrij door de rivier verplaatsen. Sommige vissen, zoals de zalm, leggen hun eitjes bovenstrooms en een dam maakt het dan moeilijker om naar een geschikte voortplantingslocatie te komen. Omgekeerd is het voor opgroeiende vissen moeilijker om weer terug te zwemmen naar de voedselrijke zee. In gebieden waar de bevolking afhankelijk is van vis als eiwitbron kan dit grote gevolgen hebben voor de kwaliteit van het lokale dieet.

Hiernaast houden waterkrachtcentrales ook sediment tegen. Dit sediment draagt veel voedingsstoffen mee, die niet alleen belangrijk zijn voor de vispopulatie, maar ook voor de landbouw. Gewassen groeien namelijk mede door voedingsstoffen in de grond. Geen toevoer van voedingsstoffen betekent minder vruchtbare grond, wat vervolgens weer leidt tot lagere voedselproductie. Dit is goed te zien in de Mekong, waar na de bouw van verschillende dammen bovenin in de rivier de visvangst én de productie van rijst en mais in Vietnam en Cambodia sterk verminderden.

Ook elders zien we dit terug. Veel rivieren, zoals de Nijl, hebben een groot verschil tussen natte en droge periodes, waarbij tijdens de regentijd altijd zo veel water door de rivier stroomt dat de oevers jaarlijks overstroomden. Deze overstromingen brachten van oudsher voedselrijke modder uit het bovenstroomse Ethiopië mee, waardoor de Egyptische landbouw kon floreren. Sinds de bouw van de Aswandam in 1970 zijn deze jaarlijkse overstromingen gestopt, met desastreuze gevolgen voor de landbouw.

Overstromingen dragen eveneens bij aan de natuurlijke balans in het ecosysteem. In veel gebieden zijn dieren en planten gewend aan overstromingen. Zij hebben hun groei, voedselvoorziening en voortplanting daarop aangepast. Als die overstromingen wegvallen, overleven bepaalde soorten deze verandering niet, zoals sommige insecten die als voedsel voor vissen dienen. Een dam breekt deze natuurlijke voedselkringloop en dit heeft gevolgen voor onze voedselvoorziening.

Bij de bouw van een waterkrachtcentrale moet men dus rekening houden met de natuurlijke balans om ervoor te zorgen dat de voedselvoorziening en het ecosysteem niet in gevaar komen. Een aantal van deze problemen kunnen we redelijk makkelijk oplossen met vispassages, management van de doorstroom en een goede samenwerking tussen de sectoren. Het wordt echter ingewikkelder als rivieren landsgrenzen overschrijden, zoals de Rijn, die in de Zwitserse Alpen ontspringt, maar ook de Nijl en de Mekong. Een waterkrachtcentrale die goed is voor de bovenstroomse energievoorziening in een land kan namelijk tegelijk de voedselvoorziening in een lagergelegen land in gevaar brengen. Een voorbeeld hiervan is de Grote Renaissancedam in de Nijl in Ethiopië, die potentieel een groot deel van de watertoevoer in de Nijl kan afsluiten. Dit maakt de waterbeschikbaarheid in Egypte onzeker.

Bij dergelijke grote projecten gaat het dan ook niet alleen om het berekenen en uitvoeren van wat fysiek haalbaar is, maar ook om overleg, macht en politiek. Internationale riviercommissies proberen deze complexe situaties in goede banen te leiden. Bij dit soort overleg is het cruciaal dat alle partijen over betrouwbare data beschikken die de voor- en nadelen, limieten en potentiële conflicten voor de verschillende sectoren integraal laten zien.

Energie voor voedsel en voedsel voor energie

De verbanden tussen water, voedsel en energie veranderen bij opschaling. Zo kan iets wat goed werkt voor één boerderij voor problemen zorgen als het op provinciale of nationale schaal wordt toegepast. Twee voorbeelden die deze dynamiek goed tonen zijn duurzame energie voor irrigatie en de productie van biobrandstoffen.

In een welvarend land zoals Nederland hebben we voldoende energie en een uitgebreid en betrouwbaar elektriciteitsnetwerk, waardoor we overal kunnen irrigeren. In andere landen is dit minder vanzelfsprekend. In India hebben veel gezinnen in afgelegen dorpen geen of beperkt toegang tot een betrouwbare elektriciteitsvoorziening. En zelfs als mensen thuis stroom hebben, betekent dit niet dat ze ook over energielevering op de landbouwvelden beschikken. Hierdoor gaat de toegang tot elektrisch gedreven irrigatie op veel plekken (nog) niet grootschalig via het centrale net.

Lokale elektriciteitsopwekking kan in deze gevallen een oplossing zijn, bijvoorbeeld door middel van een zonne-energie gedreven pomp. Deze pomp gebruikt duurzame energie en onbenut water om de voedselproductie te verhogen. Het is dus een niet-vervuilende manier voor de bestrijding van armoede en honger. Bovendien geeft de zonne-energiepomp het gezin – of meerdere gezinnen – een betrouwbare energievoorziening. Dit is een mooi samenspel van water, energie en voedselproductie, dat met de huidige lokale, kleinschalige toepassing een zeer positieve ontwikkeling betekent.

Dit kan veranderen als het systeem breed wordt uitgerold. De energie is nog steeds duurzaam en de voedselvoorziening blijft groeien, maar waterbeschikbaarheid kan een probleem worden. Hier verschuift dus de limiterende schaarste van grondstoffen: eerst waren dat energie en land, nu is het water. Het structureel en op grote schaal oppompen van grondwater kan leiden tot uitputting van de grondwatervoorziening en verzakking van de grond. Verder leidt oververbruik van rivierwater tot een lagere waterstand, wat een gevaar vormt voor de ecologie en de visvangst.

Weer een ander probleem is dat intensieve irrigatie in droge gebieden kan bijdragen aan verzilting en vervuiling van grond en water. Hierdoor neemt de vruchtbaarheid van het land af en worden land en water minder geschikt voor landbouw, met gevolgen voor voedselproductie op de lange termijn. Vervuild water kan wel worden gezuiverd, maar hier is energie voor nodig, en energie kost geld. Het is niet voor niets dat vooral een aantal droge en relatief rijke landen zoals Israël, Australië en Egypte investeren in ontziltingsinstallaties. Vanwege te hoge productiekosten per liter, wordt deze techniek vaak alleen gebruikt voor drinkwater.

Ook bij biobrandstoffen kan opschaling voor problemen zorgen. Bij biobrandstoffen wordt energie opgewekt uit organisch materiaal, zoals hout, mest, gewassen, algen en afvalstromen uit het riool. Biobrandstoffen worden vaak gezien als een vervanging van fossiele brandstoffen en zijn veelal toepasbaar in bestaande motoren en energiecentrales. Ze lijken schoner dan hun fossiele tegenhangers, maar er is veel discussie over de duurzaamheid van biobrandstoffen. Die discussie gaat over uitstoot, maar ook over land- en watergebruik en de competitie met voedselproductie.

Denk bij succesvolle lokale toepassing van biobrandstof bijvoorbeeld aan mensen in Ethiopië, die hun kookvuur opstoken met gedroogde mest, maar ook aan een boer die verschillende delen van dezelfde plant verwerkt tot biodiesel voor de tractor en tot veevoer. Dit kan boeren zelfvoorzienend en daardoor minder afhankelijk van import maken. Dit zorgt voor zekerheid en het draagt bij aan stabiliteit en duurzaamheid in de lokale voedselproductie.

Het wordt problematischer als biobrandstoffen op grote schaal voor de industrie worden geproduceerd. Dit gaat namelijk vaak ten koste van de lokale voedselvoorziening, omdat er minder water en land beschikbaar blijft voor voedselproductie. Door de grote vraag en hoge prijs van brandstoffen kan bovendien ook de prijs voor voedsel omhooggaan. Een voorbeeld van deze opschalingsproblematiek is Mexico, waar door de toenemende vraag naar biobrandstoffen de prijs van mais stijgt, terwijl dat een cruciale voedselbron is voor de lokale bevolking.

Er zijn gelukkig ook brandstofgewassen die goed groeien op minder vruchtbare grond, zoals Jatropha (van de wolfsmelkfamilie). Hiermee kan energie worden geproduceerd zonder de watervoorziening en voedselbeschikbaarheid in gevaar te brengen. Toch kan ook deze productie problemen met zich meebrengen. De productie van jatrophaolie gaat, bijvoorbeeld, omhoog door extra irrigatie toe te passen. Dit is een verleidelijke ingreep om winst te maken, maar dat extra verbruikte water kan vervolgens niet meer voor voedselgewassen gebruikt worden.

Het is geen probleem om biobrandstof te produceren als het gaat om onbenut land, onbenut water en onbenutte arbeid, maar in de praktijk is dit helaas zelden het geval.

Bij innovaties op het gebied van water, voedsel en energie moeten we dus heel zorgvuldig kijken naar de herkomst van grondstoffen en de competitie met andere sectoren en de natuur. Niet alleen lokaal en op de korte termijn, maar ook naar wijdverspreide effecten en de gevolgen van opschaling. De praktijk leert namelijk dat een win-winsituatie snel kan omslaan naar een conflictsituatie. Met behulp van metingen en modellen met verschillende scenario's kunnen we deze omslagpunten identificeren en besluitvormers helpen hierop te anticiperen.

De toekomst tegemoet

De relaties tussen voedsel, water en energie veranderen voortdurend. De bevolkingsgroei en sociaal-economische veranderingen zorgen hierbij voor toenemende druk op het voedsel- en energiesysteem. Daar komt nog bovenop dat klimaatverandering natuurlijke systemen beïnvloedt. Regenval wordt heftiger, blijft uit of komt op een ander moment. Hogere temperaturen zorgen op de ene plek voor meer of alternatieve mogelijkheden om gewassen te verbouwen en maken elders landbouwgrond onbruikbaar. Boeren en energieproducenten gaan logischerwijs hun bedrijfsvoering en dus ook hun watervraag hierop aanpassen. Maar hoewel we weten dat er veel gaat veranderen, weten we nog niet precies hoe, waar en wanneer.

Om goed voorbereid te zijn op deze veranderingen is het belangrijk om een breed spectrum aan mogelijke toekomstbeelden te bekijken. Dit doen we door middel van modelstudies gevoed door verschillende toekomstscenario's. In deze modellen wordt onze dynamische aarde zo goed mogelijk nagebootst. Zo zijn er modellen die dit doen voor het klimaat en de atmosfeer, energieproductie, de groei van gewassen en het watersysteem. We kunnen op die manier bijvoorbeeld kijken hoe het watersysteem, de potentiële energieproductie en de landbouwproductie veranderen als de aarde 1,5 graden opwarmt en dat vergelijken met de verandering bij een opwarming van 2 en 3 graden. Zo brengen we in kaart hoe het risico op conflict en waterschaarste zich ontwikkelt, waar investeringsmogelijkheden liggen, waar het handig is om een irrigatiesysteem aan te leggen en waar het misschien beter is om land een andere bestemming te geven. Met behulp van deze analyses kunnen we op mogelijke conflictsituaties anticiperen en werken aan een voedsel-, energie- en waterzekere toekomst.

19

Creatief met water

Wouter Wolters & Gert-Jan Wilbers[1] – *Watermanagement*

Water is de bron van al het leven: zonder water geen voedsel. Door de toenemende druk op natuurlijke hulpbronnen zullen we in de toekomst steeds creatiever met water moeten omgaan om voldoende voedsel te kunnen blijven produceren. Dit hoofdstuk laat zien wat de rol van water kan zijn bij het oplossen van het wereldvoedselvraagstuk.

Zonder water zou het huidige leven op aarde niet bestaan. Planten verdampen water tijdens de groei via huidmondjes en slaan een ander gedeelte van het water op in bladeren, stam en wortels. Dieren consumeren op hun beurt weer plantaardig voer en hebben drinkwater nodig. Vissen, schaal- en schelpdieren zouden uiteraard eveneens niet bestaan zonder rivieren, zeeën en oceanen. De mens is door de geschiedenis heen altijd creatief geweest met water en leefde eeuwenlang grotendeels in balans met de natuurlijke omgeving. Deze balans is onder invloed van industrialisering en globalisering verstoord geraakt. Door aanhoudende bevolkingsgroei, toenemende welvaart en klimaatverandering is de druk op de natuurlijke hulpbronnen, waaronder water, vanaf het midden van de negentiende eeuw steeds verder toegenomen.

Om de groeiende wereldbevolking te kunnen voeden en duurzaam

1 Met dank aan Koen Wetser, Ángel de Miguel García en Robert Smit voor hun bijdragen.

samen te leven zullen we in de toekomst nog creatiever met water moeten omgaan. In dit hoofdstuk dragen we een aantal oplossingen aan voor het watervraagstuk, dat onlosmakelijk onderdeel uitmaakt van het wereldvoedselvraagstuk. Centraal hierin staan een goed begrip van het watersysteem van onze aarde, alsook innovatief waterbeheer en het aanboren van niet-conventionele waterbronnen.

Het watersysteem van de aarde

De wereldwijde hoeveelheid water geschikt voor voedselproductie is beperkt en bovendien is dat water continu in beweging. In de waterkringloop – de hydrologische cyclus – verdampt het water in de oceaan, vervolgens komen waterdruppels in wolken boven het vaste land en valt het als regen of sneeuw op de oppervlakte. Al het water dat niet verdampt tijdens dit proces stroomt uiteindelijk via rivieren en als grondwater weer naar de oceaan. Dit gehele proces wordt gevoed door energie van de zon. Gewassen verdampen water tijdens de groei (evapotranspiratie) en het verdampingsproces maakt daarom deel uit van de waterkringloop.

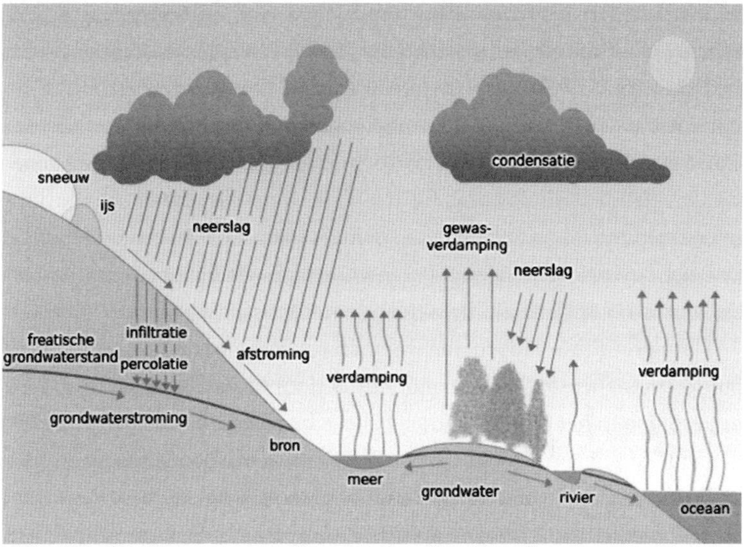

Figuur 23. De waterkringloop. Bron: Wikimedia Commons.

De waterkringloop heeft een andere positie en uitwerking in verschillende klimaten. Het klimaat wordt voor een groot deel bepaald door de positie van het land ten opzichte van de zon. In de buurt van de evenaar heerst een tropisch klimaat, bij de polen een polair klimaat en daartussenin bevinden zich op beide halfronden de gematigde zones. In de gematigde zones hebben sommige regio's een gunstigere regenval dan andere gebieden. Nederland ligt in de gematigde zone en alhoewel Nederlanders vaak klagen over regen kunnen we in ons land spreken van een gunstige regenval. Gemiddeld valt in Nederland zo'n 800 millimeter per jaar en dat ook nog eens mooi verspreid over het jaar.

In een klimaat met sporadische regenval, zoals in Egypte, zijn er grotere uitdagingen voor voedselproductie. In Cairo valt circa 30 millimeter regen per jaar en in het zuiden van Egypte regent het jaarlijks maar een paar druppels. Dat Egypte überhaupt voedsel kan produceren komt door de rivier de Nijl. Om deze reden noemde de Griekse geschiedschrijver Herodotus Egypte al in de vijfde eeuw BCE een 'geschenk van de Nijl'. De jaarlijkse overstroming door de Nijl zorgde voor vocht en nutriënten in de bodem, waardoor gewassen geteeld kon worden, met name graan. De waterhuishouding van Egypte werd bestierd met behulp van de priesters van de tempels langs de Nijl. Zij waren de waterbeheerders van de Farao. Elke tempel had een 'Nilometer', een peilschaal die de hoogte van de vloed aangaf: bij een lage wateraanvoer wist de Farao dat er wellicht niet genoeg voedsel kon worden verbouwd en dat men de voorraadschuren moest aanspreken. Bij een gemiddelde stand was men verzekerd van voldoende voedsel en kon belasting geheven worden, terwijl de Farao bij een hoge stand wist dat er schade door overstromingen kon zijn en dat er geïnvesteerd moest worden in herstel van het bevloeiingssysteem. Tegenwoordig heeft Egypte een groot reservoir zodat er bijna altijd voldoende water beschikbaar is.

Deze precaire balans tussen water en voedselvoorziening staat in veel landen in toenemende mate onder druk door klimaatverandering. Veranderingen in het klimaat zijn niet alleen bedreigend vanwege de gevolgen van langdurige droogte, maar ook door toenemende hevige of sporadische regenval, met overstromingen als gevolg. In beide gevallen leiden deze veranderingen in de hydrologische cyclus tot schade aan gewassen en dus de voedselproductie. Een studie van het Europees Milieuagentschap uit 2019 waarschuwde dat over enkele decennia er in het zuiden van Europa en noorden van Afrika gebieden zullen zijn waar geen landbouw meer mogelijk is wegens gebrek aan water.

De kleur van water voor voedsel

Voor het karakteriseren van water voor voedsel verwijzen we meestal naar kleuren. We onderscheiden hierbij grofweg drie soorten water, die alle afkomstig zijn van neerslag: 1) groen water, dat als vocht in de bodem aanwezig is; 2) blauw water, dat zich in het grondwater of het oppervlaktewater bevindt; en 3) grijs water, dat vervuild is. Voedsel wordt over het algemeen geproduceerd op basis van groen water. Als de bodem te droog is dan kan het bodemvocht worden aangevuld met blauw water, opgepompt uit de ondergrond, rivier of een reservoir, dat door middel van irrigatie op het land wordt gebracht voor de gewassen. Grijs water kan ook worden gebruikt voor landbouw, maar dat moet dan eerst gezuiverd worden om eventuele ziekteverwekkers te elimineren.

Naast fysiek water is er ook zogenoemd virtueel water: water dat niet als zodanig zichtbaar is, maar dat is gebruikt om landbouwproducten te produceren. Zo kunnen we stellen dat er 120 liter water nodig is om een glas wijn te produceren, 4000 liter voor 1 kilo kip en zelfs 15.000 liter water voor 1 kilo rundvlees. Voor het produceren van één hamburger is in de orde 2000 liter water nodig. Die 2000 liter noemen we ook wel de 'watervoetafdruk' van de hamburger. Als een land over te weinig water beschikt om voedsel te verbouwen, dan zal het voedsel moeten importeren en daarmee ook indirect het water benodigd om dit product te produceren. Het wereldvoedselvraagstuk kan dus deels opgelost worden door voedsel te exporteren van landen waar water wel in voldoende mate aanwezig is naar landen waar waterschaarste heerst. Landen met te weinig water geven daarmee wel enige soevereiniteit en autonomie op, maar vaak zonder alternatieve keuze.

Figuur 24 geeft met zwarte pijlen de stromen van virtueel water naar Europa aan. Landen waaruit een pijl komt voeren meer (virtueel) water uit dan ze invoeren. De pijlen wijzen naar landen toe die veel (virtueel) water importeren. Om in de voedselbehoeftes van de bevolking te voorzien voert Europa circa 40 procent van haar 'watervoetafdruk' in vanuit andere landen. De EU importeert niet alleen een gigantisch volume veevoer, de producten hebben een hoog eiwitgehalte en laten zich niet door lokale productie vervangen. Nederland importeert bijvoorbeeld veevoer van buiten Europa voor de intensieve veeteelt. Deze importproducten worden geproduceerd uit voornamelijk groen en blauw water.

Innovatief met water

Waterschaarste is van alle tijden, en de mens heeft door de eeuwen dan ook innovatief moeten omgaan met water. Dit is echter niet altijd op een verstandige en duurzame manier gebeurd, met soms grote milieuschade tot gevolg. Een bekend voorbeeld van de nadelige gevolgen van menselijk ingrijpen is het droogvallen van het Aralmeer, een binnenmeer in Centraal-Azië gevoed door de rivieren Sir Darja en Amu Darja. Door de aanleg van grote katoenplantages in de loop van deze rivieren is de toevoer van water vanaf de jaren zestig van de vorige eeuw zodanig afgenomen dat het meer steeds verder opdroogde. Momenteel lijkt de instroom van water weer in evenwicht te zijn met de uitstroom, maar het meer zoals het duizenden jaren bestond zal nooit meer terugkomen.

Een soortgelijk voorbeeld van innovatief waterbeheer met nadelige milieueffecten is het verleggen van een stroomgebied van de Taagrivier in het zuidoosten van Spanje. Daar wordt een jaarlijks variërende hoeveelheid water uit het stroomgebied van de westwaartse rivier onttrokken, die via een 300 kilometer lang kanaal wordt geleid naar de Segurarivier in Zuidoost-Spanje. Enerzijds maakt deze wateroverdracht een

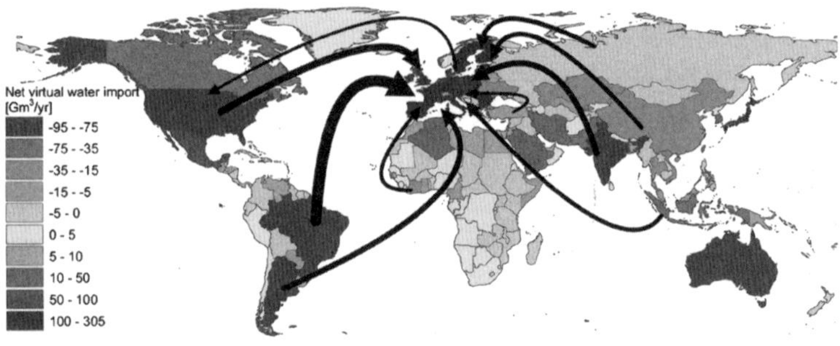

Figuur 24. Stromen van virtueel water naar Europa. Uit: Mekonnen en Hoekstra (2011).

winstgevende intensieve voedselproductie mogelijk in het waterschaarse zuidoosten van Spanje, dat zelfs bekend is komen te staan als de 'moestuin van Europa'. Anderzijds vallen de gevolgen voor natuur, mens en de economie in het stroomgebied van de Taag niet te ontkennen. Hierdoor is zelfs een groot politiek conflict ontstaan, dat vrijwel onoplosbaar lijkt.

In het verleden was de innovatie met water vooral het terrein van ingenieurs, die dijken en dammen aanlegden, kanalen groeven, irrigatiesystemen ontworpen en drainage aanbrachten. Op deze manier is Nederland getransformeerd van een zompige en moerassige delta waar de bevolking een onzeker bestaan leidde naar een aangename en vruchtbare omgeving om te leven. Technologische innovaties zorgden er ook voor dat Egypte zich lange tijd aan bevolkingsgroei kon aanpassen, door het aanleggen van een enorm waterreservoir voor de Nijl en dit water te gebruiken en hergebruiken totdat de grenzen ervan werden bereikt. Met wereldwijde bevolkingstoename neemt de druk op beschikbare waterbronnen toe en voldoen oplossingen uit het verleden niet altijd meer. In het waterbeheer moeten we keuzes maken en prioriteiten stellen. Hierdoor is water niet langer slechts het domein van ingenieurs, maar denken ook landbouwdeskundigen, ecologen, economen, sociologen en zelfs psychologen in toenemende mate mee over oplossingen die aanvaardbaar zijn voor alle partijen.

Deze gezamenlijke inspanningen om tot duurzame oplossingen te komen voor het watervraagstuk hebben al op verschillende manieren vruchten afgeworpen. Zo hebben innovaties in de landbouw geleid tot nieuwe teelttechnieken, waardoor we in moderne kassen bijvoorbeeld 1 kilo tomaten kunnen telen met slechts 5 liter water, tegenover 60 liter bij traditionele productietechnieken. Deze 5 liter kan waarschijnlijk nog minder worden met het gebruik van speciale lampen en betere koeling. Ook op akkers valt er veel water te besparen, bijvoorbeeld door in de droge gebieden zuinige sproei-installaties en druppelslangen te gebruiken. Met sensoren en drones kunnen we tegenwoordig zelfs de installaties zo aansturen dat alle planten precies voldoende water krijgen.

Naast de mogelijkheden voor waterbesparing zijn er ook nieuwe technieken om water dat voorheen onbruikbaar was voor voedselproductie een nieuwe functie te geven. Afvalwater dat in alle landen beschikbaar is – het 'grijze water' – kunnen we ook ongezuiverd inzetten voor bomen en gewassen, zoals katoen, die we niet eten. Door dat water te zuiveren, indien daar de mogelijkheden voor zijn, zouden we het zelfs kunnen gebruiken voor eetbare gewassen. Bovendien is het tegenwoordig mogelijk om zoetwater te maken van zoutwater. De ontwikkeling in ontziltingstechnieken gaat snel, maar is vrij prijzig en kost ook veel energie. Toch is er al een aantal landen dat het toepast, zoals Spanje en Israël. Met de opkomst van goedkope en duurzame zon- en windenergie zullen de mogelijkheden voor ontzilting alleen maar toenemen. Daarnaast zijn er ook gewassen die goed groeien op brak- of zelfs zeewater, zoals suikerbieten en zeekraal, die zeker een prominentere rol in de wereldvoedselvoorziening kunnen gaan innemen.

Tot slot zijn er ook nog de snelle ontwikkelingen op het gebied van gewastechnologie, zoals veredeling en de gentechnologie. Deze zorgen voor een betere kwaliteit zaad en dus betere oogsten. Bovendien kunnen we met deze technieken gewassen beter bestand maken tegen bijvoorbeeld droogte, brak water en allerlei ziektes. Dit is met oog op goed en duurzaam waterbeheer in een veranderend klimaat dus eveneens een belangrijke oplossingsrichting.

Wereldwijd is er voldoende water om de komende decennia voldoende voedsel te produceren, maar als we de huidige voedselproductie en milieutrends ongewijzigd voortzetten, dan zal dit in veel delen van de wereld tot grote crises leiden. Alleen als we nu actie ondernemen om het watergebruik voor voedsel op duurzame wijze te verbeteren, kunnen we in de toekomst de wateruitdagingen aan.

20

De zoektocht naar zoetwater

Petra Hellegers – *Watermanagement*

De voedselproductie in de wereld is nauw gerelateerd aan de beperkte beschikbaarheid van zoetwater. Gebieden met waterschaarste worden steeds afhankelijker van voedselimport uit gebieden waar zoetwatervoorraden nog wel ter beschikking staan. Wat betekent dit voor de voedselzekerheid? Dit hoofdstuk laat zien dat door deze afhankelijkheid de voedselzekerheid kwetsbaar is voor veranderende geopolitieke verhoudingen en protectionisme.

De vraag naar zoetwater neemt toe door bevolkingsgroei, stijgende welvaart, klimaatverandering en toenemende productie van biobrandstoffen. In 2050 dienen bijna 10 miljard mensen te worden voorzien van goed drinkwater en voedsel, terwijl de stijgende welvaart een ander dieet met meer vlees met zich meebrengt. Dit alles vereist meer zoetwater. Zo is per kilo graan circa 1000 liter zoetwater nodig; om 1 kilo vlees te produceren is zelfs vijftien keer zoveel nodig. Ook zijn er tal van ontwikkelingen die verhinderen dat de beperkt beschikbare hoeveelheid zoetwater op de juiste plek en op het juiste moment voldoende ter beschikking staat, zoals geopolitieke spanningen en de toenemende ongelijkheid tussen en binnen landen wereldwijd. De alternatieven om extra zoetwater te creëren uit afvalwater en zoutwater zijn om technische en economische redenen beperkt. Zo is ontzilting van zoutwater om basisvoedselgewassen te irrigeren financieel niet haalbaar door de omvangrijke energiekosten die hierbij komen kijken.

Indien we in de stijgende vraag naar voedsel willen voorzien door het landbouwareaal substantieel uit te breiden, dan zullen we marginale gronden in productie moeten nemen. Door uitbreiding van het landbouwareaal zullen de biodiversiteit en het milieu achteruitgaan, met name als hierdoor regulerende ecosystemen verdwijnen, zoals rivierdelta's en regenwouden. De areaaluitbreiding kan aanzienlijk worden beperkt als we de productiviteit van de regenafhankelijke landbouw verbeteren door de neerslag beter te benutten, en het geïrrigeerde areaal verder uitbreiden. Geïrrigeerd land is namelijk erg productief. Wereldwijd komt 45 procent van het geproduceerde voedsel van geïrrigeerd land, wat slechts 17 procent van het totale landbouwareaal bedraagt. Dit vereist echter extra irrigatiewater, terwijl de landbouw al de grootste waterverbruiker is. Tegelijkertijd stijgt ook de watervraag van huishoudens en de industrie. Spanningen tussen sectoren omwille van toegang tot voldoende zoetwater van een goede kwaliteit op het gewenste moment zullen hierdoor in de toekomst toenemen, hetgeen kan leiden tot meer armoede, conflicten en degradatie van de natuur. In de toekomst zal de geïrrigeerde landbouw meer voedsel moeten produceren met minder water – '*more crop per drop*'. Dit hoofdstuk bespreekt de beperkingen en de mogelijkheden om zoetwater te besparen middels technische interventies en voedselimport, en geeft inzicht in de waarde en de toekomst van ons zoetwater.

Meer voedsel met minder zoetwater

De sleutel tot minder zoetwaterverbruik in de landbouw wordt vaak gezocht in het verhogen van de irrigatie-efficiëntie, door het beperken van watertransportverliezen, verbeterde irrigatietechnieken (zoals druppelbevloeiing) en door de levering van irrigatiewater beter af te stemmen op de zoetwatervraag, bijvoorbeeld door het gebruik van irrigatiekalenders. Gemiddeld nemen gewassen minder dan de helft van het irrigatiewater effectief op om te verdampen. Het verbeteren van de irrigatie-efficiëntie leidt echter niet noodzakelijk tot zoetwaterbesparingen. Zo wordt er geen water bespaard als al het irrigatiewater dat verloren gaat tijdens watertransport en toediening op het veld terugkeert naar de rivier of naar het grondwater, en zo weer beschikbaar komt voor de gewasproductie. Het echte verlies is in dat geval slechts het deel van het water dat rechtstreeks verdampt van het bodemoppervlak.

Deficit-irrigatie is een strategie om de gewasopbrengst per eenheid geconsumeerd water (kilogram per kubieke meter) te maximaliseren. Het heeft als doel de oogsten te stabiliseren in plaats van de productiviteit per eenheid land te maximaliseren. Zo kan deficit-irrigatie de zogenaamde gewas-waterproductiviteit sterk verhogen door te irrigeren tijdens kritische droogtegevoelige groeistadia, zoals bloei en vruchtzetting. Gewassen krijgen bewust te weinig water gedurende perioden van het groeiseizoen waarin het gewas juist redelijk tolerant is voor droogtestress.

De gewas-waterproductiviteit varieert afhankelijk van de aard van het gewas en de omstandigheden waarin het gewas wordt geteeld. Gezien de beperkte beschikbaarheid van zoetwater voor de landbouw is het wenselijk dat de gewas-waterproductiviteit omhoog gaat. Het biofysische potentieel lijkt om drie redenen beperkt. Ten eerste is een aanzienlijke toename van het gedeelte oogstbaar product van de biomassa (zoals tarwekorrels) al behaald tijdens de Groene Revolutie in de tweede helft van de vorige eeuw. Veredeling en genetische modificatie dragen wel bij aan de ontwikkeling van nieuwe, stresstolerante variëteiten, maar dit zal op korte termijn geen spectaculaire resultaten opleveren. Ten tweede valt er weinig water te besparen in de lineaire relatie tussen de hoeveelheid water dat een gewas verdampt (transpiratie) en de hoeveelheid biomassa die het produceert door tijdens de fotosynthese CO_2 om te zetten in biomassa. Deze relatie is constant. Als huidmondjes openstaan om CO_2 op te nemen gaat immers tegelijkertijd water verloren. Hiervoor zouden wetenschappers eerst het proces van fotosynthese moeten verbeteren. Tenslotte zullen er verdampingsverliezen (evaporatie) blijven bestaan.

Naast deze beperkingen voor het biofysische potentieel is een aanzienlijke verhoging van de waterproductiviteit wel mogelijk door gewasziektes of misoogsten te voorkomen, een goede bodemvruchtbaarheid te verzekeren en door droogtestress of wateroverlast te vermijden. Ook speelt de keuze van het geschikte gewas of variëteit en het juiste groeiseizoen een belangrijke rol.

De gewas-waterproductiviteit kan ook uitgedrukt worden in monetaire eenheden: de waarde van het geproduceerde voedsel per eenheid water. Als de marktwaarde van het voedsel laag is en water kostbaar, dan is voedselimport uit andere regio's een alternatief. De invoer van dit zogenaamde 'virtuele water' kan de druk op de eigen watervoorraden sterk verminderen. Zeker in gebieden met waterschaarste is dit interessant. Als bovendien de gewas-waterproductiviteit in het exporterende land groter is dan in het importerende land, verbetert de mondiale watergebruiksefficiënte van de voedselproductie.

Voedselimport staat onder druk

Internationale handel in virtueel water biedt kansen in de context van het oplossen van nationale en regionale problemen van watertekorten, maar tegelijkertijd komt voedselimport steeds meer onder druk te staan. Zo zijn niet alle landen kapitaalkrachtig genoeg om voedsel te importeren. Bovendien hebben landen vaak een voorkeur om zelf voedsel te produceren in plaats van zichzelf afhankelijk te maken van watervoorraden elders, om zo problemen met de voedselvoorziening tijdens handelsconflicten te voorkomen. Ook draagt transport van voedsel bij aan CO_2-uitstoot, wat niet past bij de huidige klimaatdoelstellingen. Ten slotte worden door voedselimport lasten vaak afgewenteld naar andere locaties. Inzicht in de fysieke en sociaal-economische context van de locatie waar het waterverbruik plaatsvindt is dan ook essentieel om niet-duurzame waterverbruikslocaties te traceren. Dit zijn locaties waar sprake is van roofbouw op waterbronnen, watervervuiling of een onrechtvaardige verdeling van water.

Door de toenemende globalisering en liberalisering van de wereldhandel zijn landen de afgelopen decennia voor hun voedselvoorziening afhankelijker geworden van elkaar, wat landen kwetsbaar maakt bijvoorbeeld voor hoge importprijzen en protectionistische maatregelen. In 2008 en 2011, toen de graanprijzen fors stegen, ontstonden er opstanden in de Arabische wereld. Aangezien waterschaarste een belangrijke rol heeft gespeeld in het ontstaan van de Arabische Lente is het niet verwonderlijk dat landen als China, India en Saudi-Arabië investeren in Afrikaanse landen met zoetwatervoorraden, zoals in Zuid-Soedan, om zo de productie in eigen handen te kunnen houden; weliswaar buiten hun landsgrenzen. Ook westerse banken en beleggingsconcerns investeren hierin. Dit alles in de zoektocht naar kostbaar zoetwater.

Figuur 25. In Jemen wordt fossiel grondwater gebruikt voor irrigatie omdat het land onvoldoende valuta heeft om voedsel te importeren. Deze vorm van roofbouw is een tijdelijke oplossing. Foto: Petra Hellegers.

Momenteel ligt bij globalisering de focus vooral op kostenbesparing en efficiëntieverbetering, terwijl er slechts beperkte aandacht is voor duurzaamheid en ongelijkheid. Het tijdperk van globalisering, open grenzen en internationale voedselketens komt echter steeds meer onder druk te staan. Protectionisme en klimaatverandering hebben de globalisering al op de proef gesteld. De COVID-19-pandemie voegt daar nog een extra uitdaging aan toe, nu blijkt hoe beperkt zelfvoorzienend landen zijn en hoe weinig internationale solidariteit er is. Ook wordt duidelijk hoe kwetsbaar export is door het wegvallen van de buitenlandse vraag en door internationale handelsbarrières. Het risico bestaat dat de geopolitieke tegenstellingen in de wereld de komende jaren scherper worden, waardoor de behoefte aan autonomie, soevereiniteit en minder afhankelijkheid toeneemt. Zo lijkt de spanning tussen de VS en China ontkoppeling te versnellen. Het is de vraag of deze ontwikkelingen globalisatie structureel zullen transformeren.

Zo is het denkbaar dat lange, complexe internationale voedselketens uiteen gaan vallen en er kortere voedselketens ontstaan. Hierdoor wordt ons voedselsysteem minder afhankelijk van interregionale ketens en meer van intraregionale ketens, wat kan leiden tot een robuuster voedselsysteem dat beter in staat is om schokken te voorkomen of ermee om te gaan. Ook kan het leiden tot regionalisatie. Korte ketens maken verduurzaming van de landbouw beter mogelijk, omdat kringlopen eenvoudiger lokaal dan internationaal zijn te sluiten. Er is dan ook een sterke roep ontstaan voor een agrarische transformatie, gebaseerd op behoud van biodiversiteit, duurzaamheid, gelijkheid en lokale voedselproductie.

Dergelijke transformaties zijn politiek gezien lastig, omdat landen hun concurrentiepositie niet willen verliezen. Echter, tijdens een crisis is de politieke en economische weerstand tegen een koerswijziging minder groot. De financiële crisis en Arabische Lente hebben al laten zien dat een crisis de groei van de globalisering kan afremmen. Wellicht biedt COVID-19 dan ook kansen voor een nieuwe koers.

Het is te vroeg om de gevolgen voor water van een meer gesloten, op zichzelf gerichte wereld volledig te kunnen overzien, maar eigen zoetwatervoorraden lijken verder onder druk te komen staan. Mogelijk zullen er nog meer buitenlandse investeringen in landen met zoetwatervoorraden worden gedaan. Dit kan lokaal voor minderbedeelde groepen de toegang tot water verder beperken en hun voedselzekerheid in gevaar brengen. In gebieden geteisterd door droogte en verzilting en verstookt van toegang tot goedkoop voedsel op wereldmarkten, zullen deze minderbedeelde groepen en de natuur het als eerste ontgelden. Een geslotenere, op zichzelf gerichte, wereld zal ook de mondiale watergebruiksefficiënte verbetering van de wereldwijde voedselproductie beperken. In een wereld waarin klimaatverandering de waterbeschikbaarheid en agro-ecologische condities voor voedselproductie doet veranderen is er juist behoefte aan handel die voedsel kan herverdelen om zo migratie van mensen, naar gebieden die nog wel zelfvoorzienend zijn, te voorkomen.

Al deze factoren vragen om een brede sociaaltechnische benadering, die zich niet alleen richt op technische interventies, zoals gewasproductiviteitsverhoging, maar juist op geïntegreerde beleidsinterventies die maatschappelijke belangen van watergebruik, zoals gelijkheid, duurzaamheid, werkgelegenheid en voedselzekerheid, meenemen. De prioriteiten en waardes die aan deze belangen toegekend worden zijn politiek van aard. Integraal beleid en goed beheer en bestuur zijn dan ook essentieel voor een toekomst met voldoende, en eerlijk verdeeld zoetwater.

DEEL 4

DAADKRACHTIG BESTUUR

21

Nieuwe wetgeving voor een hongerige planeet

Josephine van Zeben & Kai Purnhagen – *Recht*

Het wereldvoedselvraagstuk is een kans en een probleem voor rechtsstelsels. Wetgeving reguleert zeer complexe voedselsystemen, die private en publieke actoren omvatten die geografische en juridische grenzen overschrijden om zo problemen op het gebied van voedselveiligheid en -zekerheid op te lossen en te voorkomen. Dit hoofdstuk bespreekt wat voor wetgeving nodig is om een hongerige planeet eerlijk en effectief te voeden.

Voedsel doordringt ieder aspect van ons dagelijks leven, vanaf het ontbijt dat we kiezen (als we zo gelukkig zijn een dergelijke keuze te hebben) tot onze avondsnack. Voedsel geeft vele belangrijke momenten van onze dag een context. Het gemak waarmee dit gebeurt, varieert enorm voor mensen wereldwijd. Tijdens de pandemische lockdown van 2020 was er een schril contrast tussen mensen die met veel moeite op een gezond gewicht probeerden te blijven, omdat er thuis volop voedsel is maar weinig gelegenheid om te bewegen, en mensen die zich buitenshuis moesten wagen naar riskante banen of markten om überhaupt toegang tot voedsel en water te hebben. Deze verschillen zijn natuurlijk niet nieuw, maar ze waren een grimmig geheugensteuntje voor het directe effect dat de realiteit van honger kan hebben op je algemene welzijn via secundaire gezondheidsrisico's. Om de zaak nog ingewikkelder te maken, lopen zelfs mensen die tot voldoende calorieën toegang hebben steeds vaker het risico op ondervoeding, door de opkomst van voedsel met een lage voedingswaarde, de zogenoemde 'verborgen honger'.

In 2013 meldde de United Nations Conference on Trade and Development dat de wereld genoeg calorieën produceert om aan de vraag van een wereldbevolking van 12 tot 14 miljard mensen te voldoen. Deze specifieke focus op calorieën, en de wijze waarop dit voedsel wordt geproduceerd in meer algemene zin, hebben effect op vele andere essentiele grondslagen van ons leven, van het milieu tot de gezondheid van ieder individu. Zo heeft het grootste deel van het geproduceerde eten onvoldoende voedingswaarde, wat ertoe leidt dat heel veel mensen niet op gezonde wijze worden gevoed. Ten gevolge van deze 'verborgen honger' zijn in veel samenlevingen wereldwijd niet-overdraagbare ziekten de belangrijkste oorzaak voor niet-natuurlijke overlijdens en gezondheidsproblemen. De onbalans tussen ons vermogen duurzaam te produceren en ons vermogen op een gezonde wijze te voeden roept serieuze vragen op. Waarom stierven er in 2019 21.000 mensen per dag van de honger? Waarom werden in 2008 36 miljoen sterfgevallen (ofwel 67 procent van alle sterfgevallen) veroorzaakt door niet-overdraagbare ziekten, die we aan verborgen honger kunnen toeschrijven? Simpel gesteld: de kosten voor mens en milieu van de manier waarop wij momenteel voedsel produceren leiden níet tot het verdwijnen van (verborgen) honger.

Evenals voedsel doordringt het recht ieder aspect van ons dagelijks leven: van de materialen die mogen worden gebruikt voor je matras tot de leeftijd waarop je voor het slapen gaan mag kiezen tussen een glas wijn of een kopje thee. Zo wordt ook de wijze waarop voedsel wordt geproduceerd, beschikbaar gesteld en aan ons wordt gepresenteerd in hoge mate door wetgeving gereguleerd. Een deel van deze wetgeving is 'zichtbaar' in zoverre die betrekking heeft op de etikettering van levensmiddelen, reclames, afmetingen en beperkingen op de verkoop van producten. Maar een groot deel van de wetgeving is minder zichtbaar en reguleert processen ver voordat het voedsel onze huizen of borden bereikt. Wetgeving ziet toe op productieprocessen, oogst en verwerking, maar ook op transport en handel. In een sfeer van algehele 'onzichtbaarheid' vormt wetgeving het kader waarin ons mondiale voedselsysteem functioneert.

Niet al deze regels vallen strikt genomen binnen wat we het 'voedselrecht' noemen. Voedselrecht bestaat uit verschillende rechtsgebieden die in brede zin te maken hebben met voedselregulering. Om inzicht te krijgen in ons voedselsysteem als geheel moeten voedingsjuristen onder andere ook de milieuaspecten van voedselproductie en de daarmee samenhangende wettelijke voorzieningen, de regulering van de financiële markten en het internationale privaatrecht bij hun werk betrekken. Om bijvoorbeeld voedsel te vermarkten, moesten er financiële instrumenten worden geschapen en eigendomsrechten worden toegewezen, vaak over nationale jurisdictiegrenzen heen. Deze complexiteit maakt het voor niet-specialisten lastig alle onderdelen van het voedselsysteem op een rij te zetten en alle verbanden zichtbaar te maken, ook voor mensen die in (delen van) de voedselketen werkzaam zijn.

De wettelijke bepalingen die ons voedselsysteem reguleren weerspiegelen politieke keuzes omtrent het toezicht op onze voedselvoorziening en de doelen waarnaar het mondiale voedselsysteem zou moeten streven. In termen van doelen bevinden we ons nu – en je zou kunnen stellen al enige tijd – op een kruispunt.

Geschreven en ongeschreven doelen van voedselrecht

Aanvankelijk was voedselrecht – in enge zin te definiëren als een rechtsgebied dat het produceren, verhandelen en verwerken van voedsel regelt – gericht op voedselveiligheid, vooral op nationaal niveau. Binnen deze enge definitie van voedselrecht zijn internationale aspecten alleen relevant voor zover deze betrekking hebben op in- en uitvoer van voedsel. Deze visie op voedselrecht is – hoewel formeel verdedigbaar – al lang verlaten, en is er een veel bredere verzameling juridische afwegingen bij gekomen die te maken hebben met de gezondheid van dieren, milieubescherming, mensenrechten in productieketens en internationaal handelsrecht. Parallel aan deze verbreding van het voedselrecht wordt het onderscheid tussen voedselveiligheid en voedselzekerheid – de beschikbaarheid van voedsel en toegang tot voedsel – steeds minder relevant geacht: zinvolle toegang tot voedsel móet toegang tot veilig eten met voldoende voedingswaarde inhouden. Dit perspectief verenigt nationale en internationale reguleringsdoelen met betrekking tot ons voedselsysteem, tevens weerspiegeld in het Duurzame Ontwikkelingsdoel 2 *Zero Hunger* (SDG 2) van de Verenigde Naties.

De SDG's zijn niet-bindende wetgeving (*soft law*), dus alle verplichtingen of rechten die zij kunnen scheppen zijn niet direct afdwingbaar voor een rechtbank. Desondanks heeft SDG 2 het potentieel allerlei aspecten van het voedselrecht te beïnvloeden via de verbanden die het heeft gelegd tussen de verslechtering van bodems, zoetwaterreserves, oceanen, bossen, biodiversiteit en onze voedselvoorziening. Samen met het toenemende belang van het mensenrecht op voedsel is het voedselrecht steeds meer genoodzaakt om te kijken naar de milieuaspecten van voedselproductie en naar claims op grond van mensenrechten op toegang tot veilig en voedzaam eten, terwijl het functioneert binnen de parameters van handel en markt die op dit moment aan het mondiale voedselsysteem ten grondslag liggen.

Sommigen vragen zich af of het recht in staat is deze met elkaar samenhangende doelstellingen van het laten verdwijnen van honger op een ecologisch duurzame manier te realiseren zonder een fundamentele herziening van de machtsverhoudingen die aan de vermarkting van voedsel ten grondslag liggen, en menen dat het antwoord hierop ligt in voedselsoevereiniteit. Voedselsoevereiniteit – het vermogen om zo veel voedsel te produceren als nodig is om jezelf te voeden en de eigenaar te zijn van het land en de hulpbronnen die nodig zijn om dit voedsel te produceren – hangt sterk af van het recht en wettelijke rechten. Het voorstel zou dan zijn om de rechten op land en andere productiemiddelen voor voedsel te herverdelen naar lokale gemeenschappen om zo de marktmacht te verplaatsen.

Ongeacht welke (op markt of gemeenschap gebaseerde) oplossing volgens ons het antwoord biedt, het oplossen van de puzzel om de, soms tegenstrijdige, doelen in het voedselrecht op elkaar te laten aansluiten en de ongelijkheid tussen gemeenschappen in termen van voedselzekerheid, voedingswaarde en voedingsveiligheid te beperken, zal innovatief juridisch denken vereisen.

Van ketens tot platforms

Een centrale vraag die ten grondslag ligt aan de hierboven beschreven verschillende doelen is het verdelen van juridische rechten en plichten tussen de vele publieke en private actoren in de voedselvoorzieningsketen op verschillende niveaus van toezicht en in verschillende jurisdicties. Het recht is een krachtig instrument om grenzen en complexiteit te beperken. Maar het recht is even sterk in het construeren van grenzen en het vergroten van de complexiteit van en door regulering. Afhankelijk van je vermogen om te voldoen aan de juridische eisen van een bepaald systeem zal je toegang tot uiteenlopende voedselmarkten en gemeenschappen groter of kleiner zijn. Als bijvoorbeeld een producent van zeevoedsel voldoet aan de wettelijke invoereisen voor zeevoedsel van de EU, geeft het recht de producent een paspoort om zijn producten op de hele EU-markt te verkopen. Voldoet hij er niet aan, dan zal het recht de producent beletten de EU-markt te betreden. In deze gevallen is de vraag hoe we het recht willen gebruiken om het mondiale voedselsysteem vorm te geven en welke rol we het recht uiteindelijk willen laten spelen bij de mondiale voedselkwestie. Bij het beantwoorden van deze vragen zien we een mogelijke verschuiving in het mondiale voedselstelsel van 'ketens' naar 'platforms'.

Een van de belangrijkste dingen die het voedselrecht tot nu toe heeft bereikt, is het opzetten van een systeem dat een complexe mondiale waardeketen met meerdere actoren kan reguleren, ook over nationale grenzen heen. Zo sturen bijvoorbeeld wijnproducenten in Zuid-Afrika hun producten naar een in Turkije gevestigde groothandelaar, die de wijn vervoert naar een importeur in Polen, die de wijn op zijn beurt verkoopt aan retailers in heel de EU. Bij elke stap moet iedere actor erop vertrouwen dat de voorafgaande stappen in de keten voldoen aan de relevante regels en voorschriften. Bij het reguleren van deze ketens gaat het voedselrecht ervan uit dat het lineaire ketens betreft, die van productie tot consumptie bestaan uit uiteenlopende, zeer gespecialiseerde maar onafhankelijke actoren, die regie nodig hebben. Maar in toenemende mate functioneren voedselwaardeketens niet lineair en/of worden ze niet bestuurd door verschillende onafhankelijke actoren.

Door concentratie van marktmacht op de voedselmarkt zijn de activiteiten van voedselproductie tot en met consumptie onder de zeggenschap van een paar steeds machtiger spelers geraakt. Dit kan '*Big Food*' zijn – grote, machtige bedrijven die ontstaan door fusies en overnames zoals de fusie van Bayer-Monsanto – en '*Small Food*' waar korte waardeketens leiden tot het combineren van voedselproductie en levering bij een of twee kleine bedrijven (zoals boerderijwinkels). Deze ontwikkeling wijst op een verschuiving waarbij het voedselrecht niet meer de regie moet nemen over een lineair systeem met meerdere actoren, maar over een systeem waarin een klein aantal actoren de macht uitoefent over het mondiale of lokale voedselsysteem.

We kunnen deze ontwikkeling karakteriseren als een verschuiving van waardeketenregulering naar het reguleren van platforms. In zulke platforms kan één deelnemer, zoals een retailer, alle normen stellen van productie tot en met consumptie dankzij zijn economische macht als de 'poortwachter' tussen consument en product. Dit betekent dat de retailer de voorwaarden waaronder het platform functioneert en de toegang tot het platform bepaalt. Deze verschuiving is een belangrijke verandering in vergelijking met hoe het recht normaliter contracten ziet, namelijk als een activiteit tussen twee personen. Als je een appel koopt in een winkel, wordt een contract gesloten tussen jou en de winkeleigenaar. Door jou de appel te verkopen aanvaardt de winkeleigenaar de verplichting om je van de appel te voorzien en ervoor te zorgen dat die veilig kan worden gegeten. Om aan deze verplichting te voldoen is de winkeleigenaar afhankelijk van de betrouwbaarheid van zijn leverancier en, indirect, van de effectiviteit van de contracten tussen de leverancier en hun producenten. Dit voorbeeld laat zien dat in voedselsystemen meerdere partijen zijn betrokken bij contractuele prestaties, ook als bij het 'laatste' contract – tussen jou en de winkeleigenaar – slechts twee partijen zijn betrokken.

In de huidige voedselsystemen ontwikkelt zich vaak één dominante actor binnen een netwerk, die vervolgens de regels van het spel kan bepalen. Als bijvoorbeeld een retailer een speciaal etiket als verkoopvoorwaarde stelt, moeten alle andere actoren in het voedselsysteem zich aan deze standaard houden als ze de toegang willen genieten tot consumentenmarkten die deze retailer biedt. Als we dit onwenselijk vinden – bijvoorbeeld omdat het inhoudt dat men moet voldoen aan criteria voor toegang die volgens de samenleving onwenselijk zijn –, dan dient het recht, in plaats van de dominante speler, zulke criteria voor markttoegang te bieden, bijvoorbeeld door het uitvaardigen van speciale mededingingswetten, wetten over oneerlijke handelspraktijken, onbillijke contractuele voorwaarden, mensenrechten en wetten over gegevensbescherming. Dit heeft als gevolg dat het voedselrecht van regie over actoren in waardeketens overgaat op het reguleren van platformmacht, die actoren in staat stelt de spelregels te bepalen voor toegang tot en sluiting van voedselsystemen.

In positieve zin kan de verschuiving van ketens naar platforms leiden tot een meer democratische voedselsysteem. De bestaande voedselwaardeketens weerspiegelen in hoge mate hiërarchische structuren waar relaties statisch zijn en door de wet worden gehandhaafd. Het recht zou echter ook een zogeheten polycentrisch systeem kunnen creëren, waarin relaties dynamischer worden en er een grotere rol is voor besluitvorming van onderaf. Polycentrische systemen bestaan uit complexe verticale en horizontale relaties tussen overheden en particuliere partijen die zowel met elkaar kunnen samenwerken als concurreren, afhankelijk van het doel dat ze proberen te bereiken. Veel lokale diensten en middelen functioneren op zo'n manier, maar ook de EU kun je zien als een netwerk van overlappende polycentrische systemen. Een polycentrisch voedselsysteem zou besluitvorming van onderaf kunnen stimuleren over de doelen van ons voedselsysteem: moet dit efficiëntie zijn, of geven we meer om duurzaamheid, circulariteit of lokale praktijken? Of zijn er mogelijkheden om deze doelen te combineren?

Gezien het ontbreken van machtsevenwicht tussen de actoren in deze ketens, lijkt dit polycentrische model misschien een utopie: hoe kun je voorkomen dat een klein aantal machtige bedrijven in de agrosector, van onderaf, besluit dat het doel van de voedselketen is om bij te dragen aan bedrijfswinst op korte termijn in plaats van aan maatschappelijke doelen op langere termijn (die natuurlijk niet onverenigbaar hoeven te zijn met commerciële doelen op langere termijn en andersom)? Met een systemische benadering zou het recht deze onbalans kunnen verminderen en een polycentrisch systeem kunnen scheppen waar alle actoren in staat zijn als gelijken te concurreren en samen te werken, óók actoren zonder marktmacht maar met andere soorten belangrijke rollen, in elk deel van de voedselketen, zoals individuele consumenten, kleine producenten of lokale gemeenschappen.

De omvang en complexiteit van het probleem waarvoor we staan bij het eerlijk en effectief reguleren van ons voedselsysteem is enorm. De

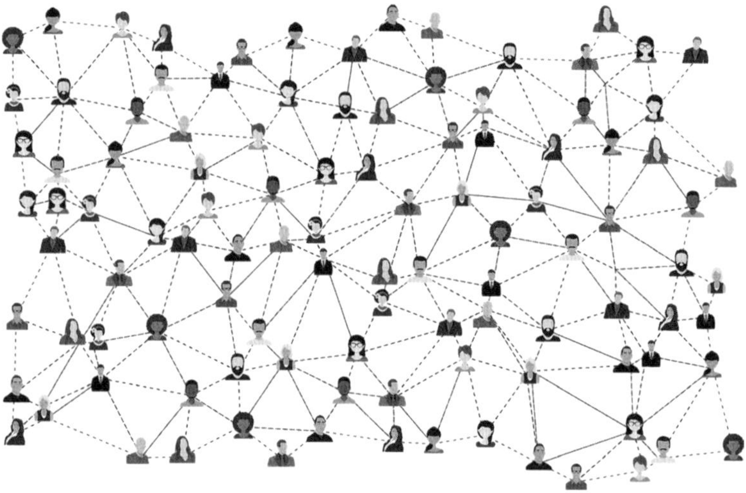

Figuur 26. Het mondiale voedselsysteem: van ketens naar polycentrische platformen. Bron: Pixabay.

wettelijke regels die dit systeem schragen zijn vaak zeer technisch, wat bijdraagt aan hun on(door)zichtbaarheid, zelfs voor mensen die er het meest door worden geraakt. Juridische instrumenten kunnen bijdragen aan het opzetten van reguleringsregimes die beter zijn toegerust voor de huidige verschuiving van waardeketens naar platforms, terwijl polycentriciteit voor meer normatieve kracht kan zorgen bij het in evenwicht brengen van de machtsverhoudingen binnen deze netwerken. Door monopolies binnen het systeem te voorkomen, creëren we meer ruimte voor inclusieve normcreatie voor ons voedselsysteem waar meer mensen een betekenisvolle stem hebben in hoe en wat we eten. Door dit complexe netwerk van juridische systemen te begrijpen en vorm te geven, kunnen we effectief wetgeving maken voor een hongerige planeet.

22

Small wins als basis voor wijzer voedselbeleid

Katrien Termeer & Jeroen Candel – *Bestuurskunde*

Voedselzekerheid is een weerbarstig beleidsvraagstuk. Het voedselprogramma van Brazilië laat zien dat het mogelijk is om via een strategie van small wins, oftewel kleine betekenisvolle stapjes, grote transformaties te realiseren. Deze strategie vergt wijs politiek leiderschap gericht op het volhouden van ambities, het aanjagen van initiatieven en het borgen van resultaten.

'Mijn levensmissie is geslaagd als alle Brazilianen aan het einde van mijn termijn drie maaltijden per dag kunnen eten.' Met die ambitie trad Luiz Inácio Lula da Silva in 2003 aan als president van Brazilië. En hoewel 'Lula' gedurende zijn regeertermijn vooral in het nieuws kwam vanwege corruptieschandalen, bleken zijn regeringen een toonbeeld van honger- en armoedebestrijding. Het deel van de bevolking dat aan ondervoeding leed daalde tussen 2000 en 2010 met ongeveer de helft, terwijl kleine boeren hun inkomens met ruim 30 procent zagen toenemen.

Wat verklaart dit succes? Het onderscheidende element van het Braziliaanse 'geen honger'-programma *Fome Zero* was dat het inclusief was, en zich niet beperkte tot papieren beloften. Een belangrijke trigger voor het programma was de hongeraanpak van de stad Belo Horizonte, waarbij relatief kleine, praktische interventies, zoals het aanbieden van schoollunches, het betrekken van lokale boeren en het opzetten van sociale restaurants, veel lof oogsten. Geïnspireerd door dit concrete initiatief, wat we later zullen aanduiden als small win, richtte de nationale overheid een voedselzekerheidsraad op, bestaande uit politici, ambtenaren en maatschappelijke groeperingen uit verschillende werkvelden. Zij spraken over de waarden en prioriteiten van het voedselbeleid, wat leidde tot meer aandacht voor lokaal voedsel en kwetsbare groepen, zoals de bewoners van de favelas, en ontwikkelden een samenhangend pakket aan concrete maatregelen.

Parallel hieraan, en ook geïnspireerd door Belo Horizonte, voerde de regering een ingrijpende decentralisatie van het schoolmaaltijdenprogramma door en stimuleerde ze ook op lokaal niveau de oprichting van voedselraden. Dit resulteerde onder meer in concrete projecten voor voedseleducatie, schoolmaaltijden, sociale buurtrestaurants, en noodpakketten. De voedselraden organiseerden ook koppelingen met andere vraagstukken, zoals de zwakke positie van de kleine boer in de keten en democratisering. Uiteindelijk nam de regering het recht op voedsel in 2010 op in de Braziliaanse grondwet.

Het succes van Brazilië smaakte naar meer. De Braziliaanse overheid heeft een heuse voedseldiplomatie op poten gezet, en nodigt Afrikaanse beleidsmakers uit om in Brazilië te komen leren van de vele succesvolle initiatieven. De verantwoordelijke Braziliaanse minister, José Graziano da Silva, werd in 2011 zelfs verkozen tot directeur-generaal van de Voedsel- en Landbouworganisatie (FAO) van de Verenigde Naties, om zo de Braziliaanse aanpak internationaal uit te rollen. Zo proberen internationale organisaties en donorlanden het Braziliaanse model te kopiëren naar landen in Sub-Sahara Afrika.

Tegelijkertijd is de Braziliaanse aanpak geen wondermiddel: het vertalen van het Braziliaanse model naar landen in Afrika blijkt in de praktijk uitermate weerbarstig. Gebrekkig leiderschap, politiek geweld en corruptie maken dat de meeste Afrikaanse voedselprogramma's niet meer zijn dan papieren tijgers. Zo laat ons onderzoek in Oeganda zien dat de uitvoering van de ambitieuze nationale strategie tegen ondervoeding lijdt onder een gebrek aan financiële middelen en politieke ruggensteun. Veel van de goede projecten die wel worden uitgevoerd doen dat met de steun van internationale donoren, maar ook dit kent keerzijden: een braindrain van capabele ambtenaren die bij de overheid vertrekken omdat ze bij donororganisaties meer kunnen verdienen, een gebrek aan continuïteit door wisselende prioriteiten van donororganisaties en het wegvallen van tijdelijke projectfinanciering.

Wat kunnen we in bestuurskundig opzicht leren van de Braziliaanse en Afrikaanse voorbeelden? Een belangrijk eerste inzicht is dat het voedselvraagstuk behalve technologische innovatie ook om politieke vernieuwing vraagt. Hoewel wereldleiders zich en masse hebben geschaard achter het Duurzame Ontwikkelingsdoel om mondiale voedselzekerheid in 2030 te realiseren, blijken overheden deze mooie woorden slechts zelden in nieuw beleid en proactieve sturingsmechanismen om te zetten. De Braziliaanse aanpak is helaas dus eerder uitzondering dan regel. Hieronder duiden we het succes van deze aanpak.

Het voedselvraagstuk als een '*wicked problem*'

Vanwege de complexiteit is het begrijpelijk waarom politici soms met de handen in het haar zitten of enkel symbolische veranderingen doorvoeren. Het voedselvraagstuk is immers geen eenvoudig vraagstuk, maar heeft alle kenmerken van wat we een weerbarstig beleidsprobleem, of 'wicked problem', noemen. Zo is 'het voedselvraagstuk' in eerste plaats een containerbegrip dat verwijst naar een heel scala aan onderliggende, onderling verknoopte problemen: honger, obesitas, klimaatverandering,

Figuur 27. Kleinschalige Braziliaanse voedselproducenten die steun ontvingen uit het Fome Zero programma. Foto: Quilombo Biritinga.

verlies aan biodiversiteit, voedselverspilling, dierenwelzijn, de positie van boeren in de keten, schaarste van water en andere grondstoffen; de lijst is lang. Elk van deze onderliggende problemen is op zichzelf al ontzettend complex. Dat resulteert vrijwel automatisch ook in bestuurlijke complexiteit. Het voedselvraagstuk kan immers niet op één plaats of door een enkele politieke institutie worden opgelost. In plaats daarvan zijn er vele partijen betrokken, die opereren op verschillende niveaus (lokaal, regionaal, nationaal, Europees, mondiaal), beleidsdomeinen (landbouw, milieu, natuur, humane gezondheid, energie, hulp en handel) en in zowel het publieke als private domein (overheden, boeren, financiële instellingen, de voedselverwerkende industrie, maatschappelijke organisaties, burgers).

Daarbij komt dat deze partijen vaak verschillende en conflicterende ideeën hebben over wat het probleem nu precies is en wat de beste oplossingsrichtingen zijn. Debatten over de toekomst van het voedselsysteem ontaarden al snel in polarisatie en patstellingen. Bovendien veranderen de problemen regelmatig van gedaante onder invloed van autonome ontwikkelingen (zoals economische ontwikkeling), beleidsinterventies (zoals voedselhulp, klimaatakkoorden of de bijmengplicht voor biobrandstoffen) en incidenten (zoals COVID-19, droogte of plots stijgende voedselprijzen). Een consequentie hiervan is dat veel oplossingen die in het verleden nuttig waren vandaag de dag juist tot problemen leiden, bijvoorbeeld omdat er slechts aandacht was voor een deelprobleem, effecten onvoorzien waren of omdat maatschappelijke waarden zijn veranderd. Een goed voorbeeld is het Europese landbouwbeleid, dat enorm succesvol was in het verhogen van de productiviteit van de Europese landbouw, maar ook tot nieuwe uitdagingen op het gebied van milieu en klimaat heeft geleid.

Een benadering van small wins

Simpele oplossingen blijken niet voldoende om het complexe voedselvraagstuk aan te pakken. Daarom groeit de overtuiging dat we het niet gaan redden met enkel gedeeltelijke aanpassingen binnen de grenzen van het huidige systeem, maar dat een fundamentele transitie van het voedselsysteem noodzakelijk is. Deze transitie of transformatie vraagt om diepgaande verandering van alle elementen van het voedselsysteem, inclusief paradigma's, maatschappelijke normen en waarden, overtuigingen en routines van alle partijen in de keten, manieren van samenwerking, financierings- en eigendomsvormen, businessmodellen en regelgeving. Zo'n transformatie is lastig door padafhankelijkheden, wat inhoudt dat keuzes uit het verleden nieuwe ontwikkelpaden lastig, duur en risicovol maken. Hierdoor is doorgaan op de reeds ingeslagen weg vaak makkelijker en dus aantrekkelijker voor overheden dan het inslaan van een andere weg.

Transformatie is het resultaat van een complex samenspel tussen vele actoren en factoren, en laat zich moeilijk op een klassieke wijze beheersen of sturen. Dit noopt tot bescheidenheid als het gaat om de rol van de overheid. Dat betekent niet dat de overheid achterover kan leunen; integendeel, een wijze regie is noodzakelijk. Wijs, omdat voor een transitie andere interventies en structuren nodig zijn dan voor reguliere beleidsambities. In ons onderzoek helpen we overheden hiermee door op zoek te gaan naar zogenoemde 'small wins' en interventies om deze aan te jagen, zoals het afschaffen van contraproductief beleid of het bevorderen van experimenteren en leren.

Small wins zijn kleine, diepgaande veranderingen met tastbare resultaten voor direct betrokkenen. Het zijn dus geen papieren beloftes, maar nieuwe praktijken waarbij sprake is van radicaal andere modellen, inzichten en waarden. Het kan hierbij om van alles gaan, zoals een beleidsinstrument (denk aan het verbod op gratis plastic tasjes), technologie (de eerste vegetarische burger), verdienmodel (de eerste groene beleggingen), burgerinitiatief (de eerste voedselbank) of samenwerking (de eerste coöperatie). Ook de hongeraanpak van de stad Belo Horizonte is zo'n small win. Diepgaande veranderingen beperken zich niet tot technische innovaties, maar zijn altijd verbonden met sociale innovaties. Small wins schuren per definitie: zonder wrijving geen glans. Door de wrijving aan te gaan laten small wins op kleine schaal zien hoe barrières zijn te doorbreken, zoals spanningen met gevestigde belangen, ingesleten routines, bestaande regelgeving of dominante businessmodellen.

Niet ieder klein stapje is een small win, want er zijn ook '*small losses*'. We spreken van small wins wanneer de kleine stapjes bijdragen aan een gezamenlijke ambitie of gewenste systeemverandering. Small wins zijn niet te verwarren met laaghangend fruit, waarbij je juist met bekende oplossingen snel grote vooruitgang boekt: de 'grote-stappen-snel-thuis-aanpak'. Dat kan nuttig zijn voor simpele vraagstukken, maar werkt niet voor weerbarstige vraagstukken, zeker niet op de langere termijn.

Small wins zijn dus krachtige bouwstenen voor transformatie. Door de focus op het kleine voorkomt een small win dat mensen overweldigd raken door de complexiteit van een vraagstuk, waardoor ze minder vrij en precies kunnen denken en zich laten verleiden tot abstracties of zelfs cynisch worden. Bovendien helpt een focus op het kleine om uitstel van veranderingen te voorkomen. Omdat de aanpassing toch maar klein is, hoeven partijen niet te wachten op alle informatie, en kunnen ze snel beginnen en kijken wat het oplevert. Het bevordert hiermee dat mensen niet te lang blijven steken in het praten over, maar direct overgaan tot handelen. Kleine stapjes zijn ook sneller uit te voeren, omdat ze minder weerstand oproepen en er minder competitie voor het claimen van successen is. Small wins vormen daarmee niet alleen de cruciale zaadjes voor maatschappelijke transities; het gaat vaak ook sneller. Wanneer Unilever zelf zou zijn gestart met een grote divisie vegetarische vleesproducten, was dat waarschijnlijk nooit zo snel gelukt als via de kleine stapjes van de Vegetarische Slager.

Met een enkele small win is er natuurlijk nog geen sprake van een transitie of transformatie. Maar ook al doen small wins zich vaak voor op een kleine schaal, ze kunnen wel degelijk cumuleren in grootschalige, diepgaande transformaties. Daarbij zijn er drie transitiepaden. Ten eerste kan een grootschalige transformatie plaatsvinden via het *verspreiden* van small wins. Het voorbeeld laat zien dat verspreiden *binnen* Brazilië lukte, maar dat het daarbuiten veel lastiger was. Ten tweede is een transitie mogelijk via *verbreden*, waarbij er verbindingen worden gelegd met andere vraagstukken en partners. Zo ging het in het Braziliaanse voorbeeld om verbindingen tussen gezonde scholen, ouderparticipatie, burgerinitiatieven en de lokale markt van agrarische producten. Ten derde komen transformaties tot stand via *verdiepen*: de innovatie van een small win nog radicaler maken en dus nog diepgaander maken. Denk bijvoorbeeld aan het uitroepen van steden tot plasticvrije stad.

Een strategie van small wins is moeilijk vooraf te plannen en te controleren, omdat small wins zich vaak niet rechtlijnig ontwikkelen. Een wijze regie bestaat daarom uit: 1) ambities formuleren; 2) small wins initiëren en waarderen; 3) aanjaagmechanismes activeren om small wins te verspreiden, verdiepen en verbreden, bijvoorbeeld door succesvolle initiatieven te steunen, belemmerende regelgeving op te heffen of experimenteerruimte te bieden; en 4) gewenste praktijken institutioneel te borgen in bijvoorbeeld partnerships of wetten, zoals het recht op voedsel in de Braziliaanse grondwet.

Politiek leiderschap

Het Braziliaanse voorbeeld toont het effect van een small wins-benadering in de praktijk. De eerste stap was het formuleren van een gewaagde, maar toch concrete ambitie: alle Brazilianen drie maaltijden per dag binnen vier jaar. Met deze ambitie in het achterhoofd zette de regering small wins zoals die van de stad Belo Horizonte in het zonnetje. Inhoudelijke innovatie (betere toegang tot voedsel) en sociale innovatie (democratie en decentralisatie) gingen hierbij dus hand in hand.

Door het activeren van aanjaagmechanismes ontstond al snel een opwaartse spiraal. De positieve energie en de gedeelde verantwoordelijkheid maakten namelijk dat ook burgers en bedrijven op andere plekken allerlei voedselgerelateerde initiatieven ontplooiden, die weer op steun van de overheid konden rekenen. Dit leidde tot een steeds verdergaande verspreiding en verdieping van het programma. Het bevorderen van nieuwe verbindingen met andere sociale problemen genereerde verbreding en daarmee ook borging van het programma. De aanpak bleek zo succesvol dat het vervolgens werd opgeschaald en verspreid naar het Braziliaanse federale niveau, en later naar steden en landen buiten Brazilië. Natuurlijk ging deze opschaling niet zonder slag of stoot. Dat het in Brazilië lukte om tegenslagen en tegenstand te overwinnen toont het belang van politiek leiderschap.

Honger en ondervoeding zijn ontzettend complexe problemen, maar politieke regie, gericht op het initiëren en accumuleren van small wins, kan een wezenlijk verschil maken. Dat vergt wel continuïteit in politieke regie en borging in beleid. Recente politieke ontwikkelingen in Brazilië tonen dit eens te meer, aangezien onder de huidige president Bolsonaro veel van de succesvolle voedselzekerheidsprogramma's zijn stopgezet, waardoor ook vele van de bottom-up initiatieven verdwijnen. Deze regie behoeft niet alleen versterking in ontwikkelingslanden zelf, maar ook in Europa en de Verenigde Staten. Zolang economisch eigenbelang prevaleert boven de behoeften van ruim 800 miljoen ondervoede mensen blijft het dweilen met de kraan open. Om met Lula te besluiten: 'Leiderschap – en partnerschap – op dit gebied is nog nooit zo noodzakelijk geweest. Honger en armoede gaan hand in hand, dus door het versterken van de voedselvoorziening kunnen we ook een bijdrage leveren aan wereldwijde duurzame ontwikkeling in een tijd van toenemend lijden en instabiliteit in veel regio's.'

23

Voedselimport in Sub-Sahara Afrika: probleem of oplossing?

Tanik Joshipura, Michiel de Haas & Ewout Frankema
– *Geschiedenis*

In de jaren vijftig was Sub-Sahara Afrika grotendeels zelfvoorzienend in voedsel. Onder druk van snelle bevolkingsgroei is de regio vandaag meer afhankelijk van voedselimporten dan enig ander werelddeel. Dit hoofdstuk onderzoekt de economische en politieke dimensies van deze transitie en laat zien hoe een historische blik nodig is om te begrijpen waarom Afrikaanse boeren niet zelf aan de toenemende vraag naar voedsel hebben voldaan.

Vaak wordt Afrika bezuiden de Sahara geassocieerd met uitgestrekte landschappen met exotische dieren, hier en daar een acaciaboom en wat huisjes met strooien daken. Een dergelijk beeld maskeert echter de gestage maar ingrijpende veranderingen in menselijke bewoning die er al sinds de vroege twintigste eeuw plaatsvinden. De totale bevolking van Afrika groeide van 140 miljoen mensen in 1900 tot 1,2 miljard vandaag. Rond 2050 zal de bevolking, zo is de verwachting, nogmaals verdubbeld zijn en het continent een derde van de wereldbevolking huisvesten. Afrikanen wonen bovendien steeds vaker in uitgestrekte stedelijke gebieden. Nairobi (Kenia) of Dar es Salaam (Tanzania) waren een eeuw geleden nog nauwelijks steden te noemen; tegenwoordig wonen er miljoenen mensen. Lagos (Nigeria), waar de bevolking toenam van 1,4 miljoen mensen in 1970 tot ruim 21 miljoen anno 2020, zou in 2100 wel eens de grootste stad ter wereld kunnen zijn, met een geschat inwonertal van ruim 100 miljoen.

Wie gaat het voedsel verbouwen om de groeiende en toenemende stedelijke Afrikaanse bevolking te voorzien? En hoe kan voedselzekerheid worden gewaarborgd als de Afrikaanse bevolking de komende drie decennia verdubbelt? Dit zijn prangende vragen, vooral als we bedenken dat één op de vier mensen ten zuiden van de Sahara momenteel nog ondervoed is. Aanhoudende conflicten, ontheemding, pandemieën en klimaatverandering kunnen bovendien de voedselzekerheid verder bedreigen. Om vat te krijgen op deze hedendaagse en toekomstige uitdagingen is het nuttig om deze in een langetermijnperspectief te beschouwen.

Figuur 28 laat zien dat import van toenemend belang is geweest om in de groeiende Afrikaanse vraag naar voedsel te voorzien. Volgens gegevens van de FAO, de Voedsel- en Landbouworganisatie van de Verenigde Naties, is de afhankelijkheid van geïmporteerd voedsel sinds begin jaren zestig ruim verviervoudigd, van 4 naar ruim 17 procent van alle geconsumeerde calorieën. In absolute zin komt dit overeen met een twintigvoudige toename van voedselimporten. Hoewel in figuur 28 op verschillende momenten pieken te zien zijn, is de constante stijging gedurende de afgelopen zes decennia het meest opvallend. De import van voedsel is van groot belang geweest om Afrika te voeden, en heeft dus een bijdrage geleverd aan voedselzekerheid. Kunnen we toenemende importen daarmee beschouwen als een oplossing voor Afrika's voedselvraagstuk, of schuilt in deze trend ook een gevaar?

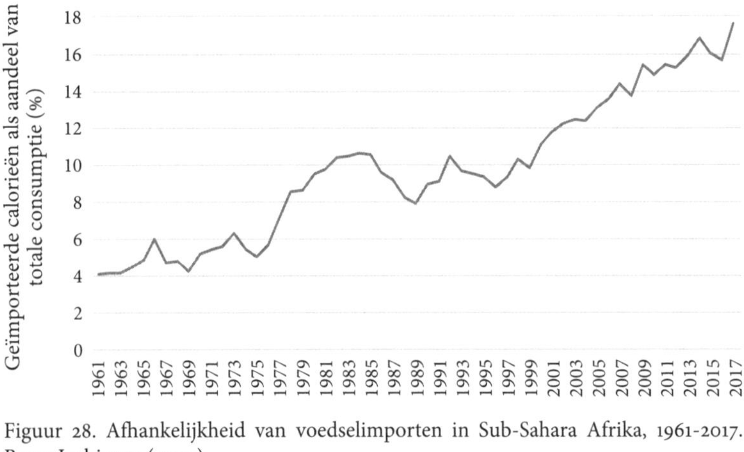

Figuur 28. Afhankelijkheid van voedselimporten in Sub-Sahara Afrika, 1961-2017. Bron: Joshipura (2020).

Voedselimport en economische ontwikkeling

In theorie kan het importeren van voedsel van elders, waar het tegen lagere kosten wordt geproduceerd, gunstig zijn voor een land. Import maakt middelen vrij die kunnen worden ingezet voor de productie van goederen of diensten die een land relatief meer inkomen opleveren, in lijn met een beginsel dat economen 'comparatief voordeel' noemen. Het is in de geschiedenis regelmatig voorgekomen dat bloeiende economieën grote hoeveelheden basisvoedsel invoerden. Een goed voorbeeld is de zeventiende-eeuwse Nederlandse Republiek, waar groeiende stedelijke centra zwaar leunden op uit de Baltische landen geïmporteerd graan. Een ander voorbeeld is Groot-Brittannië, dat tijdens de Industriële Revolutie de invoerheffingen op graan verlaagde ten behoeve van de groeiende stedelijke arbeidersklasse. In deze gevallen kwamen door de import van voedsel inderdaad middelen vrij voor meer lucratieve economische activiteiten zoals handel, industriële productie en, in het Nederlandse geval, specialisatie in landbouwproductie met een hoge toegevoegde waarde (boter, kaas, tabak en bloemen).

In de Afrikaanse geschiedenis blijken voedselimporten en economische specialisatiepatronen echter niet zo duidelijk aan elkaar te koppelen. Aan het begin van de negentiende eeuw, na de afschaffing van de slavenhandel, gingen West-Afrikaanse boeren zich steeds meer specialiseren in de productie van tropische exportgewassen zoals palmolie, pinda's en Arabische gom. Deze producten stegen in prijs onder invloed van de groeiende vraag vanuit Europa. Aan het begin van de twintigste eeuw legden Afrikaanse boeren zich ook toe op de export van cacao, koffie en katoen. Koloniale regeringen moedigden de productie voor de export aan, of dwongen die op hardhandige wijze af. Ze legden spoorwegen en havens aan om de opbrengst af te voeren. Investeringen in de productiviteit van de landbouw zelf, zeker wat betreft voedselgewassen, waren echter marginaal. Gezien de overvloed aan land en de vruchtbaarheid ervan bracht de exportproductie de voedselvoorziening nauwelijks in gevaar. Ook toen de landbouwexport in het midden van de twintigste eeuw een hoogtepunt bereikte, wisten Afrikaanse boeren grotendeels in de gestaag groeiende vraag naar voedsel te voorzien. De opbrengsten van de exportgewassen werden gebruikt om belasting te betalen en om industriële producten zoals textiel, fietsen en golfplaten te kopen die grotendeels in Europa waren vervaardigd.

Pas vanaf het midden van de twintigste eeuw, en met name nadat Afrikaanse landen onafhankelijk werden, nam de invoer van voedsel grootschalige vormen aan. Dit was niet het gevolg van verdere specialisatie in tropische exportgewassen. Integendeel, veel Afrikaanse exportsectoren stortten in de jaren zestig en zeventig juist in onder het gewicht van zware belastingen, slecht opgezette overheidsprogramma's en sterk fluctuerende prijzen op de wereldmarkt. Ook werden de groeiende voedselimporten (nog) niet primair veroorzaakt door bevolkingsgroei op het platteland. Afrika was nog altijd dunbevolkt en in de meeste gebieden was land nog ruim beschikbaar.

De vraag naar geïmporteerd voedsel kwam vooral uit de snelgroeiende steden. Zoals hierboven beschreven hadden Afrikaanse boeren bewezen op marktprikkels te kunnen reageren en aanzienlijke productiestijgingen te kunnen realiseren, maar ditmaal waren de omstandigheden minder gunstig. Boereninkomens kwamen onder druk te staan door snel dalende wereldvoedselprijzen. Voor Afrikaanse politici werd het aantrekkelijk om de stemmen van stedelijke kiezers voor zich te winnen door middel van goedkope voedselimporten in plaats van voedselketens in het agrarische achterland te ontwikkelen, wat kostbare investeringen zou hebben gevergd.

Het leunen op goedkope voedselimporten had een duidelijke politieke logica, maar het zou een slechte ontwikkelingsstrategie blijken te zijn. Anders dan de historische voorbeelden van Nederland en Groot-Brittannië stokte de ontwikkeling van andere sectoren in Afrika, met name de maakindustrie. Afrikaanse landen bleven grotendeels afhankelijk van primaire goederen en waren daardoor kwetsbaar voor de grote prijsfluctuaties van bijvoorbeeld ruwe olie, koffie en koper. Toen de wereldmarktprijzen van primaire goederen in de jaren zeventig en tachtig kelderden, kwamen zowel stedelijke lonen als boereninkomens verder onder druk te staan. Mede door de toename van voedselimporten onstonden grote problemen met de betalingsbalans. Hierdoor raakten landen veel van hun buitenlandsevalutareserves kwijt waarmee essentiële importen, zoals machineonderdelen en consumptiegoederen, werden betaald.

Afrikaanse boeren: lokale beperkingen en internationale concurrentie

Om beter te begrijpen waarom lokale boeren niet konden concurreren met de buitenlandse voedselimporten, en dus nauwelijks profiteerden van de stijgende stedelijke vraag, moeten we ook kijken naar de beperkingen waarmee Afrikaanse landbouwsectoren te kampen hadden. Ook hier is een historisch perspectief nuttig.

Afrikaanse boeren hebben zich sinds mensenheugenis moeten aanpassen aan specifieke geografische omstandigheden: het grillige milieu, onvoorspelbare regenval, tropische ziektes, de sterk seizoensgebonden inzet van arbeid en een beperkte toegang tot markten vanwege de relatief grote afstanden over land en de slechte infrastructuur. Deze omstandigheden werkten niet alleen het ontstaan van extensieve en gemengde landbouw in de hand, maar stimuleerden ook de consolidatie van een aantal samenhangende instituties, zoals gemeenschappelijke landrechten, deelafspraken tussen gezinnen en de nadruk op risicomijdend gedrag: de eigen voedselvoorziening ging voor alles. Hoewel deze strategieën voor levensonderhoud in de negentiende en het begin van de twintigste eeuw goed verenigbaar bleken met het verbouwen van handelsgewassen voor buitenlandse afzetmarkten, belemmerden ze vanaf halverwege de twintigste eeuw de verdere uitbreiding van de voedselproductie, met name omdat landbezit door groeiende bevolkingen op het platteland gefragmenteerd raakte en er weinig kapitaal voorhanden was om op kleinere stukken grond de productie te verhogen.

Problemen deden zich niet alleen voor aan de productiezijde: ook het transport van voedsel naar de steden was (en is) problematisch. De meeste voedselgewassen zijn veel minder lang houdbaar dan exportgewassen zoals koffie, katoen of cacao. Voedsel bereikte de stedelijke markt niet, het verloor kwaliteit of de kosten van transport dreven de prijs op waardoor geïmporteerd voedsel niet alleen van betere kwaliteit was maar ook nog goedkoper.

De zonen en dochters van kleinschalige boeren gaven in steeds grotere getale de voorkeur aan een toekomst buiten de agrarische sector. Het aanbod van stedelijke banen, in de industrie of dienstverlening, groeide niet snel genoeg om voor voldoende werkgelegenheid te zorgen. Aangezien er weinig alternatieven waren dan laagbetaalde baantjes in de uitdijende informele sector kwamen miljoenen mensen klem te zitten in de landbouw, op steeds kleinere percelen. Ook op dit moment speelt deze dynamiek de jonge generaties Afrikanen parten, en vanwege de hevige concurrentie vanuit Azië, waar de lonen nog steeds laag liggen, lijkt het pad naar snelle industrialisering dat Aziatische landen hebben bewandeld voorlopig nog afgesloten.

Desalniettemin zijn niet alle Afrikaanse landen even afhankelijk geraakt van voedselimporten. Dit kan worden geïllustreerd aan de hand van twee grote voedselgroepen: granen enerzijds en wortels en knollen anderzijds. In figuur 29 wordt de importafhankelijkheid weergegeven voor granen, wortels en knollen, alsook voor olierijke gewassen, dierlijke producten en overige voedselproducten. Uit deze figuur blijkt dat Afrika steeds meer granen (zoals rijst en tarwe) importeert, terwijl wortels en knollen (zoals cassave en yams) nog steeds vooral lokaal worden geproduceerd. Het relatieve gewicht van wortels, knollen en granen in het dieet is gedurende deze periode min of meer gelijk gebleven, maar varieert sterk binnen het continent. Wortels en knollen gedijen in de vochtige, tropische klimaten van Centraal-Afrika. Granen overheersen het dieet in de savanne bezuiden de Sahara en de drogere zones van

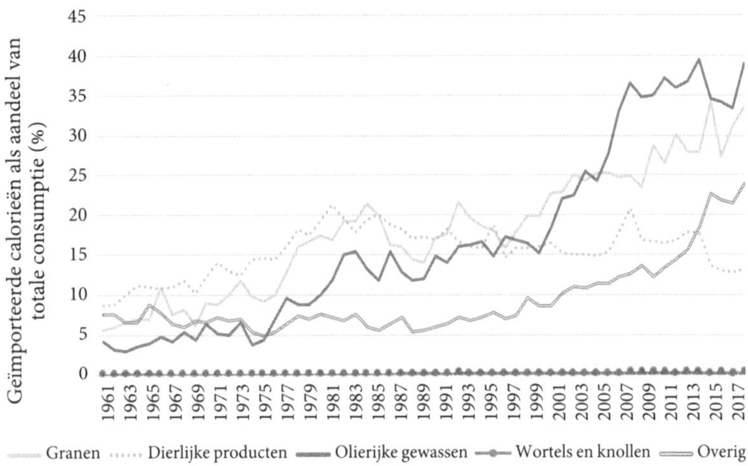

Figuur 29. Afhankelijkheid van voedselimporten per voedselcategorie in Sub-Sahara Afrika, 1961-2017. Bron: Joshipura (2020).

Oost- en Zuidelijk Afrika. Zoals we op basis van figuur 29 kunnen verwachten, zijn het vooral de laatste gebieden waar zich de sterkste stijging van voedselimporten heeft voorgedaan.

Er bestaan fundamentele verschillen tussen granen en wortelgewassen die van invloed zijn op de mate waarin lokale productie door invoer is verdrongen. De 'Groene Revolutie'-technologieën die zich in de tweede helft van de twintigste eeuw over de wereld verspreidden hadden vooral ten doel de productiviteit te verhogen van granen zoals tarwe, mais en rijst. Boeren in Azië, Europa en Noord- en Zuid-Amerika zijn, geholpen door uitgebreide overheidssteun, op grote schaal deze productiviteitsverhogende technologieën gaan hanteren. Afrikaanse gierst- en sorghumboeren bleven echter vaak de voorkeur geven aan extensieve technieken. Hiermee voorkwamen zij afhankelijk te worden van dure kunstmest en bestrijdingsmiddelen en onbetrouwbare overheidsprogramma's, maar genereerden ze ook minder opbrengsten. Op de lange termijn kregen Afrikaanse boeren hierdoor te maken met een groeiende technologische achterstand, en konden ze steeds minder goed concurreren met goedkope graanimporten.

Wortels en knollen zijn zwaarder en bederfelijker dan granen. Daardoor zijn ze moeilijker op te slaan en is transport ervan over lange afstanden een stuk duurder. Afrikaanse producenten van zetmeelrijke knolgewassen genoten zodoende een bepaalde mate van bescherming tegen internationale concurrentie. Verder genereren knolgewassen van nature hogere opbrengsten zodat, ook zonder grote technologische verbeteringen of veranderingen in landbouwmethoden, knolgewassen beter aan de groeiende lokale vraag naar voedsel hebben voldaan, bijvoorbeeld in de Democratische Republiek Congo en Oeganda. Echter, om de stijgende vraag ook in de toekomst bij te kunnen benen en de voedselzekerheid op het platteland en in de stad te verbeteren, zullen boeren die zich op knolgewassen toeleggen ook op een zeker moment de overstap moeten maken naar meer intensieve en hoogtechnologische productiemethodes.

Kan het tij worden gekeerd?

Om de afhankelijkheid van voedselimporten te beperken, zouden beleidsmakers er baat bij hebben om contextuele en historische factoren in acht te nemen, iets wat verre van vanzelfsprekend is gebleken. In de jaren tachtig werden zogeheten 'structurele aanpassingsprogramma's' doorgevoerd om de groeiende tekorten op de betalingsbalans van Afrikaanse landen aan te pakken. In ruil voor de broodnodige buitenlandse valuta en schuldherstructurering werden Afrikaanse landen door het Internationaal Monetair Fonds en de Wereldbank gedwongen om overheidsbezit te privatiseren en hun economieën te liberaliseren. Om de Afrikaanse export goedkoper en competitiever te maken werden devaluaties afgedwongen van lokale munten. De import werd door deze devaluaties duurder en minder aantrekkelijk. Boeren zouden door de hogere prijs van geïmporteerd voedsel, zo redeneerde men, marktaandeel terug kunnen winnen. Bovendien rechtvaardigde de verwachte verbetering van de concurrentiepositie van boeren ook een andere voorwaarde voor structurele aanpassing: het ontmantelen van staatssteun voor de landbouw, zoals subsidies voor kunstmest, de voorziening van zaaigoed en fondsen voor prijsstabilisatie.

Hoe aannemelijk ook in theorie, in de praktijk waren de structurele aanpassingsprogramma's slecht op de lokale omstandigheden afgestemd. Bij de veronderstelling dat Afrikaanse boeren snel zouden inhaken op prijsprikkels was geen rekening gehouden met de diepgewortelde lokale beperkingen, zoals extensieve productietechnieken, slechte infrastructuur en precaire afwegingen tussen inkomen en risico. Ruim een eeuw blootstelling aan de grillen van exportmarkten had niet tot een revolutie in productiviteit geleid. Al snel bleken de marktprikkels die werden gecreëerd door de structurele aanpassingsprogramma's evenmin effect te hebben. In feite maakte het afschaffen van staatssteunprogramma's het voor boeren zelfs nog riskanter om hun schaarse middelen te investeren in dure inkopen, zoals meststoffen en hoogrenderend zaaigoed, en om zelfvoorziening op het spel te zetten voor commerciële teelt. Het gevolg was dat kort nadat de valuta's waren gedevalueerd en de importprijzen waren gestegen, het percentage geïmporteerd voedsel in de binnenlandse consumptie weer gestaag opliep.

Recentelijk hebben Afrikaanse staten zoals Nigeria beperkingen opgelegd aan voedselimporten om zo de eigen productie te stimuleren. Om succesvol te zijn zal deze keer wel rekening moeten worden gehouden met de lokale beperkingen waarmee boeren kampen. Aangezien het afbouwen van voedselimporten en het investeren in plattelandsgebieden op korte termijn nadelige effecten kunnen hebben voor stedelijke consumenten, zullen dergelijke interventies bovendien politiek beladen zijn. Het verminderen van de afhankelijkheid van voedselimporten zal een zorgvuldige, consistente beleidsplanning op lange termijn vereisen, waarbij lokale variaties in gewas, ecologie en marktstructuur moeten worden meegewogen. Door zulke variaties is het lastig om een uniforme aanpak te hanteren, zoals men probeerde met de structurele aanpassingprogramma's.

Aangezien doorbraken in landbouwproductiviteit waarschijnlijk in ongelijke mate zullen optreden, ontstaan er ook meer mogelijkheden voor voedselhandel bínnen Afrikaanse landen en regio's. In dit opzicht is het veelbelovend dat regionale economische samenwerking steeds meer op de agenda van Afrikaanse regeringen komt te staan. Sommige boeren zullen daarbij concurrentie gaan ondervinden, ditmaal niet van overzeese tegenhangers maar van hun buren. Om hiermee om te gaan, kunnen Afrikaanse landen hun buitenlandse reserves bundelen en regionale onevenwichtigheden beperken, bijvoorbeeld door in te zetten op gemeenschappelijke investeringsplannen en onderlinge arbeidsmigratie. Op die manier kan regionale voedselhandel grote voordelen hebben boven externe voedselimporten. De kans is nu eenmaal groter dat in Afrika vergaarde winsten ook in Afrika worden geherinvesteerd.

24

Welke rol heeft de kleine Afrikaanse boer in de toekomst?

Erwin Bulte & Maarten Voors – *Ontwikkelingseconomie*

Lang werd verwacht dat schaalvergroting in de landbouw het antwoord was op het armoedevraagstuk van Afrika. De resultaten vielen echter tegen en het blijkt dat kleine boeren, *smallholders*, deel zullen blijven uitmaken van de productieketen. Kansen voor het versterken van de positie van smallholders liggen in de ontwikkeling van verzekeringen, gewascertificering en de slimme diffusie van technologie en kennis.

Het leeuwendeel van de boeren in Afrika bestaat uit smallholders, gezinsbedrijven die gemiddeld 2 hectare land bezitten. Lang werd verwacht dat landbouw op deze kleine schaal zou verdwijnen en stuurden overheden aan op grootschalige investeringen in de landbouw als hét groeimodel om armoede te bestrijden. Ook door westerse landen is steeds meer ingezet op de kansen die handel boden ten opzichte van directe hulpverlening. Lokale overheden in Afrika boden bedrijven steeds meer kansen om grote delen land voor lange termijn in bezit te nemen. De gevolgen waren voelbaar. Mede gedreven door de hoge voedselprijzen, de vraag naar biobrandstoffen en de beurscrisis van 2007-2008 namen de investeringen in grootschalige landbouwprojecten enorm toe. Figuur 30 laat de toename zien van het aantal contracten dat in Afrika voor landbouwgrond werd afgesloten. Wat opvalt is de sterke groei tot 2010 en evengoed de sterke daling daarna. Na initieel enthousiasme, bleek namelijk dat vele landbouwprojecten niet goed van de grond kwamen en stukliepen op lokale weerstand en tegenvallende opbrengsten. Veel projecten gingen dan ook binnen een paar jaar failliet.

Een sprekend voorbeeld van zo'n project is een grote suikerrietplantage waar we onderzoek naar deden in Sierra Leone. Opgezet met geld van onder andere ontwikkelingsbanken, moest dit project het vlaggenschip worden van duurzaam en succesvol ondernemen op het Afrikaanse platteland. Een paar jaar later werd de plantage echter alweer van de hand gedaan. Helaas had het project toen al wel tot grootschalige ontbossing, een daling van de gemiddelde inkomens en een toename van ongelijkheid geleid.

Dit voorbeeld staat niet op zich. Hoewel korte tijd de angst bestond dat multinationals Afrika zouden overnemen, mislukten de grootschalige investeringsprojecten over heel Afrika keer op keer. Het aandeel niet-uitgevoerde plannen is groot en toegenomen. In totaal werd maar 60 procent van de projecten gerealiseerd en blijken deze veel kleinschaliger in opzet dan oorspronkelijk bedacht. Ondanks de vaak traditione-

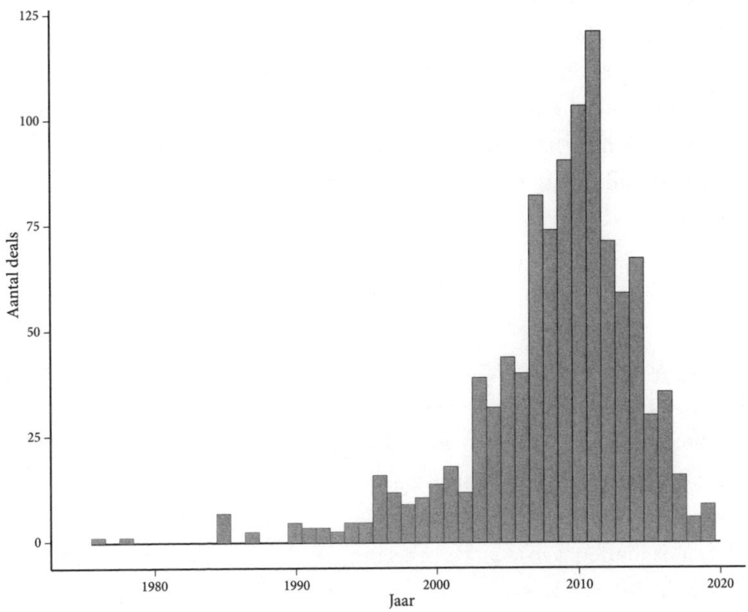

Figuur 30. Aantal investeringen in de landbouw in Afrika 1975-2020. Bron: The Land Matrix (2020).

le manier van produceren, lijkt het er dus op dat smallholders een aanzienlijk deel blijven uitmaken van de voedselproductie. Deze inschatting wordt ondersteund door recente data, die laten zien dat het areaal van een gemiddeld boerenbedrijf in Afrika afneemt.

Om de groeiende wereldbevolking te blijven voeden en tegelijkertijd een bijdrage te leveren aan het verminderen van armoede in de wereld, moeten we daarom 'iets' met smallholders in lage-inkomenslanden. Een probleem daarbij is dat de landbouwproductie verhoogd moet worden zonder dat er direct ruimte is om veel extra land duurzaam in productie te nemen. Een groot deel van de extra productie zal daarom moeten worden gerealiseerd door het bevorderen van duurzame intensiveringen, zoals verbeterd zaaizaad en teelttechnieken, en het slim gebruik van (kunst)mest.

Ook moeten boerenbedrijven beter geïntegreerd worden in lokale, nationale en vooral ook regionale markten. Naast markten voor fysieke producten en gewassen denken we hierbij aan de integratie in financiële markten waar boeren toegang kunnen krijgen tot verzekeringen en krediet, om inputs te kopen. In dit hoofdstuk richten we ons met name op een aantal van deze meer institutionele innovaties: verzekeringen tegen droogte, certificering en de diffusie van kennis. We putten daarbij uit nieuwe inzichten die de afgelopen jaren zijn verkregen met behulp van gerandomiseerde experimenten om beter te begrijpen hoe de Afrikaanse smallholders meegenomen kunnen worden in de vaart der volkeren.

Drie veelbelovende interventies

Een eerste veelbelovende interventie om productiviteit te verhogen is het slim inzetten van gewasverzekeringen. Veel economen verwachten dat verbeterde toegang tot verzekeringen de Afrikaanse landbouw kan transformeren. Om droogterisico's te verminderen kiezen veel boeren voor gewassen met lage productiviteit maar hoge droogtetolerantie. Het aanschaffen van een verzekering zou boeren in staat stellen hun aandacht te verleggen naar gewassen met een hoger risico maar ook hogere opbrengst, hetgeen tot hogere gemiddelde inkomens en meer voedsel voor de stedelijke gebieden zou moeten leiden.

De verwachtingen waren met name hooggespannen rond de zogenaamde indexverzekeringen. In tegenstelling tot traditionele verzekeringsproducten, waarbij uitbetaling afhankelijk is van individuele schade van de boer, wordt bij een indexverzekering uitbetaling bepaald op basis van de gemiddelde regenval in de regio waar de boer woont. De indexbenadering is minder gevoelig voor fraude, goedkoper en geeft geen 'perverse prikkels' om te bezuinigen op gewasbescherming ('de verzekering betaalt bij een misoogst'). Een dergelijk verzekeringsproduct kan daardoor veel goedkoper worden aangeboden. Na jaren experimenteren met indexverzekeringen is de tussenstand echter ronduit bedroevend. Bijna nergens in de wereld zijn levensvatbare markten voor deze producten ontstaan. Smallholders lijken er niet aan te willen. Maar waarom niet?

Hiervoor bestaan twee redenen. Ten eerste is de correlatie tussen plaatselijke regenval en de misoogst van specifieke boeren veel kleiner dan verwacht. Regenval in grote delen van Afrika is erg lokaal. Soms komt een boer in aanmerking voor uitbetaling terwijl hij zelf een goede oogst heeft, en soms krijgt hij niets terwijl zijn eigen gewas totaal verpieterd is. Economen noemen dit het basisrisico, en soms is het basisrisico zo hoog dat het kopen van een verzekering het meest lijkt op het aanschaffen van een lot uit een onbekende loterij – precies wat een risicomijdende boer niet wil. Verzekeringsmaatschappijen kunnen de vraag naar hun producten vergroten door betere producten te ontwikkelen en aan te bieden. Innovaties op het gebied van geo-informatie maken dit steeds beter mogelijk, tegen steeds lagere kosten. Zo kan met behulp van satellieten tegen beperkte kosten de lokale regenval redelijk precies vastgesteld worden. In andere gevallen kan vooruitgang geboekt worden door verzekeringen aan te bieden aan groepen in plaats van individuele boeren. Die groepen kunnen vervolgens het ontvangen geld onder elkaar verdelen op basis van veel betere informatie dan de verzekeringsmaatschappij heeft. De tweede oorzaak van falende verzekeringsmarkten lijkt simpeler. Op het moment dat de premie betaald moet worden – bij het zaaien van het gewas – hebben veel huishoudens onvoldoende geld in huis. Door verzekeringen te koppelen aan krediet, of door de betaling op een ander tijdstip te organiseren, kopen veel meer boeren verzekeringsproducten, zo blijkt uit onderzoek.

Een tweede type interventie is certificering. De kosten die gepaard gaan met het handelen op markten – transport, zoeken naar partners, onderhandelen, maken van afspraken – zijn vaak groot voor boeren en hun handelspartners. De volumes zijn klein, de waarde van de oogst beperkt en de afstanden tot markten vaak groot. Om transactiekosten te drukken adviseren ngo's vaak dat boeren zich organiseren en gezamenlijk hun oogst aanbieden. Dan hebben ze namelijk ook meer onderhandelingsmacht. In andere gevallen kopen lokale, mobiele handelaren de oogst van individuele boeren op om deze gezamenlijk vervolgens door te verkopen. Dit lijkt logisch, maar kan helaas grote gevolgen hebben voor de kwaliteit die boeren aanbieden en dus voor de prijs die ze mogen ontvangen.

De kwaliteit van de landbouwproducten die boeren aanbieden wordt door een groot aantal factoren bepaald, waaronder gewaskeuze, inputgebruik, management, sorteren en opslag. Als een boer betaald wordt voor de kwaliteit die zij aanbiedt, dan zal zij ervoor kiezen om hoge kwaliteit te leveren als dat economisch rendabel is. Maar als haar gewas op een grote hoop gegooid wordt met de productie van andere boeren, dan wordt de boer betaald op basis van de gemiddelde kwaliteit – en niet de kwaliteit van haar eigen gewas. Dan is de verleiding groot om inferieure rommel aan te bieden: lekker goedkoop om te leveren, en als de gemeenschappelijke hoop maar groot genoeg is dan heeft jouw individuele aanbod toch niet veel invloed op de prijs. Probleem is natuurlijk dat de meeste boeren zo denken. Het gevolg is dat de gemiddelde kwaliteit van gedeeld aanbod vaak veel lager is dan de kwaliteit die boeren individueel zouden aanbieden. Handelaren zien dit, en betalen een lage prijs. Economen kennen dit probleem als 'de markt voor citroenen'. Als er geen onderscheid gemaakt kan worden tussen hoogwaardige en laagwaardige productie, en iedereen dezelfde prijs ontvangt op basis van gemiddeld kwaliteit, dan blijft alleen de laagwaardige productie over (de zure citroen). Economische waarde gaat in dat geval verloren, en ontsnappen uit armoede wordt moeilijker.

Hier is uiteraard iets aan te doen. We hebben experimenteel onderzoek gedaan naar het beoordelen en certificeren van het aanbod van individuele boeren door zogenaamde mobiele kiosken op lokale tarwemarkten in Ethiopië. Boeren bezoeken dit soort markten een aantal keer per jaar en brengen dan een paar honderd kilo tarwe om te verkopen. De kiosken reizen de handelaren achterna, van markt naar markt, en bieden overal hun diensten tegen een marktconforme prijs aan. Als boeren weten dat ze ter plekke hun product kunnen laten certificeren dan bieden ze betere tarwe aan, waarvoor ze een hogere prijs krijgen. Hun bereidheid om te betalen voor deze dienst is voldoende hoog om de kiosk te financieren. Vergelijkbare resultaten zijn verkregen op zuivelmarkten in Azië en uienmarkten in West-Afrika.

Een derde terrein waar kansen liggen is in het versterken van de diffusie van technologie en kennis. Een combinatie van technische en institutionele innovaties stelt smallholders in veel gevallen in staat hun oogst te vergroten en kwalitatief te verbeteren. De waarde die ze produceren kunnen ze voor een deel weer consumeren en voor een deel investeren in een nog betere bedrijfsvoering. Een belangrijke vraag is echter hoe innovaties zich verspreiden. Dit geldt zowel voor de adoptie van nieuwe inputs en gewassen, alsook voor gedragsveranderingen en het benutten van nieuwe institutionele mogelijkheden, zoals de eerdergenoemde adoptie van verzekeringen.

Economen hebben lang een te simpel beeld gehad van diffusie. Met behulp van een (publiek) voorlichtingsapparaat zou het volgens dit verouderde perspectief mogelijk moeten zijn om lokale voorlopers te bereiken. Deze zogenaamde koplopers, of modelboeren, zouden vervolgens voor verdere verspreiding binnen de eigen gemeenschap zorgen. Op dit beeld blijkt helaas veel af te dingen. Afdelingen verantwoordelijk voor voorlichting hebben vaak onvoldoende geld en mensen. En lokale modelboeren houden de nieuwe kennis veelal liever voor zichzelf dan tijd en moeite te investeren in het bijpraten van hun collega's. De afgelopen jaren hebben wij onderzoek gedaan naar verspreiding van kennis binnen dorpen op het gebied van gezondheidszorg (de beschikbaarheid van gratis medicijnen), klimaatbestendige landbouw en financiële geletterdheid. In alle gevallen vonden we dat deze kennis bijna niet gedeeld wordt, hetgeen grootschalige adoptie van innovaties zeer belemmert.

Het verspreiden van informatie heeft kenmerken van een investeringsbeslissing. We vonden dat boeren uiterst effectief en doelmatig in staat waren hun collega's te informeren over van alles en nog wat, indien zij daarvoor een economische prikkel kregen. Deze prikkel kan bestaan uit een geldelijke vergoeding, maar dit is niet noodzakelijk. Een ander soort beloning werkt meestal even goed. Voorbeelden zijn het aanbieden van een publiek goed voor het dorp, zoals een weegschaal om productie te wegen die alle dorpelingen kunnen gebruiken, of sociale erkenning, zoals een certificaat van een ministerie of een feestelijke activiteit voor de lokale gemeenschap waarbij de betreffende individuen in het zonnetje worden gezet. Prikkels zijn nodig om een bepaald gedrag te stimuleren, maar er is veel ruimte om het soort prikkel te kiezen dat geschikt is voor de lokale context.

Daarbij is het ook van belang om na te denken over wie er in eerste instantie bereikt moet worden: onderzoek wijst uit dat het informeren van de beste boeren vaak niet het gewenste resultaat heeft. Veel effectiever is het te werken met representatieve boeren met een bepaalde positie in een lokaal sociaal netwerk. Het ontwikkelen van een systeem waarbij innovaties als een golf door een gemeenschap rollen, met gebruikmaking van sociale netwerken, biedt perspectief, maar staat in de kinderschoenen.

Afsluitend

Het transformeren van landbouwsystemen gedomineerd door smallholders is de basis voor interventies gericht op het bevorderen van toekomstige voedselzekerheid en armoedebestrijding in grote delen van Afrika. Dit vereist de grootschalige adoptie van allerlei innovaties – technische innovaties, maar ook gedragsveranderingen en marktintegratie. Deze zaken grijpen op complexe wijze in elkaar.

Verzekeringen en certificering zijn voorbeelden van institutionele innovaties, mogelijk gemaakt door technologische vernieuwing op het gebied van remote sensing en kwaliteitsbeoordeling. We hebben hoge verwachtingen van de potentie van dit soort innovaties om landbouwsystemen ingrijpend te veranderen. Adoptie van innovaties gebeurt echter niet automatisch. Er is meer aandacht nodig voor de ontwikkeling van innovatieve prikkels om adoptie en diffusie te bevorderen. Een betere verspreiding van kennis kan beslissend zijn voor het versterken van de positie van miljoenen Afrikaanse smallholders.

25

De bijdrage van ondernemerschap van vrouwen en jongeren aan voedselzekerheid: een verhaal van empowerment en emancipatie

Valentina Materia & Domenico Dentoni – *Bedrijfs- en organisatiewetenschappen*

Door ondernemerschap als een dagelijkse activiteit in plaats van enkel als zakendoen te beschouwen kunnen we beter begrijpen hoe vrouwen en jongeren aan voedselzekerheid kunnen bijdragen. Dit hoofdstuk toont dat ondernemerschap van vrouwen en jongeren draait om het in evenwicht brengen van inkomensgenererende activiteiten, zelfvoorziening door voedselproductie en het oprichten van sociale vangnetten. Zo stimuleert ondernemerschap empowerment en emancipatie van vrouwen en jongeren en pakt het de hoofdoorzaken van voedselonzekerheid aan.

Overal op aarde baseren gezinnen en gemeenschappen hun voedsel- en voedingszekerheid op een combinatie van inkomensgenererende activiteiten, zelfvoorziening via voedselproductie en het instellen van sociale netwerken die fungeren als vangnetten wanneer de nood aan de man komt. Binnen deze gezinnen en gemeenschappen produceren op het platteland woonachtige vrouwen – van vitaal belang voor kleinschalige landbouw – de helft van al het voedsel op aarde. In ontwikkelingslanden loopt dit percentage zelfs op tot 60 à 80 procent. Vrouwen zijn zowel als zelfvoorzienende als als commerciële boerinnen actief, die meerdere en uiteenlopende rollen en verantwoordelijkheden combineren: ze bewerken hun eigen percelen en die van anderen, als onbetaalde of betaalde werknemers, als werkgevers en werknemers, en als loonarbeiders binnen en buiten de landbouw.

Jongeren, door de Verenigde Naties gedefinieerd als mensen tussen de vijftien en 24 jaar, spelen een heel andere rol. Deze groep vormt 20 procent van de bevolking in Afrika, en tussen de 17 en 19 procent in Latijns-Amerika en de meeste delen van Azië. Jongeren vormen een duidelijke risicogroep wat betreft voedselzekerheid: ze doen verhoudingsgewijs weinig aan zelfvoorzienende landbouw en officiële inkomensgenererende activiteiten. Tegelijkertijd hangt hun voedselzekerheid vaak af van het verwerven van inkomen via de informele economie en bestaande sociale vangnetten, meestal hun familie.

Hoewel vrouwen en jongeren verschillende rollen spelen, kampen ze met vergelijkbare problemen bij het realiseren van hun volledige potentieel om voedselzekerheid actief te ondersteunen (figuur 31, bovenste deel). Zo degraderen sociale relaties en normen vrouwen vaak tot slechts verantwoordelijk voor de zelfvoorziening van het gezin. Daardoor kunnen zij hun tijd niet besteden aan activiteiten die inkomsten genereren, wat hun productiviteit ondermijnt, zelfs wanneer ze niet door regelgeving worden gediscrimineerd. Ook jongeren hebben vaak minder invloed op de besluitvorming in hun huishouden en gemeenschap. Sociale en financiële beperkingen van hun ambities, zoals het bereiken van hoger onderwijs of het beginnen van een inkomensgenererende activiteit, belemmeren bovendien hun gevoel van eigenwaarde. Dit belet jongeren om zichzelf als meer te beschouwen dan machteloze actoren in het huishouden of ritselaars in de informele economie. Door deze barrières kampen vrouwen en jongeren met een ongelijke toegang tot en zeggenschap over middelen zoals technologieën, markten, krediet, informatie en kennis.

Ondanks dergelijke beperkingen dragen vrouwen en jongeren toch aanzienlijk bij aan inkomensgenererende activiteiten. Vrouwen produceren, verwerken en bewaren bijvoorbeeld voedsel dat op efficiënte wijze wordt geconsumeerd, gedeeld en verkocht, zowel binnen als buiten hun huishouden en gemeenschap. Jongeren verhandelen landbouwproductiemiddelen, hebben toegang tot en delen waardevolle marktinformatie, transporteren en verkopen voedsel in hun gemeenschappen, en verkleinen de kloof tussen platteland en stad. Hoewel hun inspanningen vaak niet direct worden erkend, en ondanks de beperkingen waarmee ze kampen, spelen vrouwen en jongeren een belangrijke rol in het bereiken van voedselzekerheid door hun dagelijks werk: zelfvoorziening, inkomstengeneratie en het opbouwen van sociale netwerken. Dit alledaagse werk is waar het ondernemerschap van vrouwen en jongeren om draait.

Ondernemerschap van vrouwen en jongeren als evenwichtsoefening tussen concurrerende activiteiten

Het concept ondernemerschap wordt omgeven door diverse stereotypen die in de samenleving, media en discussies over beleid blijven bestaan. Eén stereotype wil dat ondernemerschap geheel gelijk wordt gesteld aan zakendoen. Volgens een ander stereotype is ondernemerschap iets wat alleen aan getalenteerde en bekwame individuen is voorbehouden, en op die manier mensen die weinig middelen en geen stem hebben uitsluit en marginaliseert. Volgens weer een ander stereotype is het ondernemerschap van vrouwen vooral een kwestie van zelfvoorziening en sociale activiteiten, maar niet van zakendoen. Deze stereotypen zijn weinig behulpzaam bij het verkrijgen van inzicht in hoe vrouwen en jongeren elke dag in actie komen om voedselonzekerheid en de onderliggende oorzaken daarvan aan te pakken.

Uit onderzoek naar vrouwen en jongeren in plattelandsgemeenschappen wereldwijd blijkt eerst en vooral dat ondernemerschap gaat om het op dagelijkse basis in evenwicht brengen van het genereren van inkomsten, zelfvoorziening via voedselproductie en het oprichten van sociale netwerken die indien nodig als vangnetten kunnen fungeren (figuur 31, midden en onder). Zo moeten bijvoorbeeld vissers in Ghanese vissersgemeenschappen hun tijd en kapitaal verdelen tussen het verkopen van hun vis en het herinvesteren van hun behaalde inkomsten. Tegelijk moeten ze vaak vis delen met hun minder voedselzekere buren en hun inkomsten met de hele familie delen. In Malawi wekken mensen die een paar koeien bezitten en melk aan hun lokale coöperatie verkopen – en zo een vast maandelijks inkomen hebben – vaak de jaloezie van buren op, wat ernstige risico's voor hun koeien met zich meebrengt. Het verkopen van melk aan de coöperatie kan er ook toe leiden dat er minder melk beschikbaar is om 's ochtends voor de kinderen op tafel te zetten. Uit deze voorbeelden blijkt dat ondernemerschap als evenwichtsoefening tussen inkomstengenererende, zelfvoorzienende en socialenetwerkactiviteiten grote uitdagingen met zich meebrengt, aangezien deze activiteiten met elkaar concurreren als het gaat over de manier waarop vrouwen en jongeren hun tijd en kapitaal benutten.

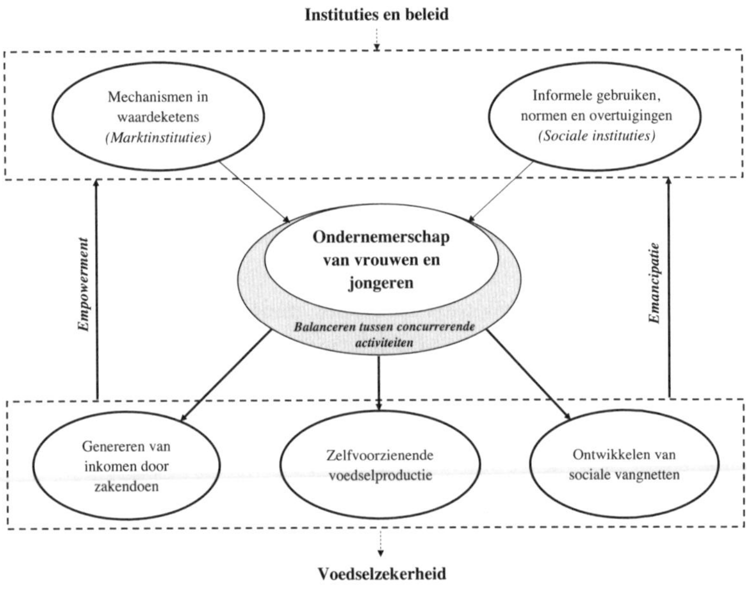

Figuur 31. Ondernemerschap van vrouwen en jongeren als balanceeract die bijdraagt aan empowerment, emancipatie en voedselzekerheid.

Deze evenwichtsoefening tussen zakendoen, zelfvoorziening en sociale relaties is niet exclusief aan een paar verlichte helden besteed, zoals in veel, vooral westerse, stereotypen wordt voorgesteld. Integendeel, meer nog dan alleen zakendoen, is het ondernemerschap van vrouwen en jongeren een dagelijkse aangelegenheid en vindt het plaats in verschillende sociale contexten, bijvoorbeeld aan de eettafel, bij het ontmoeten van buren of tijdens culturele en religieuze evenementen. Als we inzoomen op het leven van vrouwen en jongeren zien we deze evenwichtsoefeningen zelfs in bijna ieder huishouden en iedere gemeenschap. We zien dit bijvoorbeeld in hoe families – binnen hun eigen huishouding, als taakverdeling tussen man en vrouw – in Ghanese gemeenschappen het verkopen van verse vis organiseren op basis van renteloze leningen, of in hoe vrouwen in Benin op kleine schaal lokale en traditionele gefermenteerde voedingsmiddelen produceren. In deze gevallen moeten vrouwen voortdurend schipperen tussen verkoop op de markt in nabije stedelijke centra en herverdeling binnen hun gemeenschap of huishouden. En zo helpen jongeren op het platteland van Ghana als nevenactiviteit vaak oudere verwanten bij het verwerken van cassave, louter om sociale en financiële steun te verwerven om hun persoonlijke dromen te verwezenlijken, zoals hoger onderwijs kunnen volgen, vrachtwagenchauffeur worden of een bedrijf als kleermaker of kapper kunnen beginnen.

Deze voorbeelden tonen aan dat het narratief over het ondernemerschap van vrouwen en jongeren op het platteland een totaal andere kant op moet dan de gebruikelijke stereotypen rond ondernemerschap. Ondernemerschap is niet slechts een kwestie van zakendoen, en het is niet een individuele maar een sociaal ingebedde activiteit. Evenzo draait het niet louter om investeren, lenen, riskeren, accumuleren en groeien. Ondernemerschap is een sociale, op de gemeenschap en het gezin gebaseerde activiteit die draait rond het opbouwen van legitimiteit, netwerken en kennis; rond aanpassen, herverdelen en, zo nodig, improviseren op een manier waarbij het noodzakelijke evenwicht bewaard blijft.

Ondernemerschap van vrouwen en jongeren als motor voor empowerment en emancipatie

Ondernemerschap kan een motor zijn voor sociale verandering, die de mogelijkheid biedt mensen te verlossen van beperkingen en hun krachten en sterke punten te ontwikkelen. Veelzeggend genoeg worden ondernemers vaak door andere motieven dan rijkdom geprikkeld. Sterke persoonlijke waarden, zoals het verlangen naar autonomie, om onafhankelijk te zijn en de gemeenschap waartoe ze behoren te ondersteunen, zijn meestal de toonaangevende motiveringen voor ondernemerschap. Bovendien beginnen vrouwen en jongeren vaak niet alleen aan het ondernemerschap om kansen te benutten, maar eerder om de vermeende economische, sociale, institutionele, culturele beperkingen te overwinnen van het milieu waarin ze zijn ingebed. Ondernemerschap biedt hun de kans om zich te bevrijden van onderdrukkende systemen in zowel de officiële als officieuze institutionele sfeer en om naar autonomie en emancipatie te streven.

Wanneer we zo'n bredere visie op ondernemerschap aannemen, wordt de essentiële sociale en economische rol die vrouwelijke en jonge ondernemers spelen door het in evenwicht brengen van inkomen, veiligheid en zelfvoorzienende landbouw duidelijk zichtbaar. Daarom stellen wij dat ondernemerschap een manier is om vraagtekens te zetten bij machtsstructuren binnen sociale systemen, en dat ondernemerschap het vermogen van vrouwen en jongeren vergroot om strategische levenskeuzes te maken, zeker wanneer dit vermogen wordt ontzegd door de sociale systemen waarin ze zijn ingebed. Voor deze mensen betekent ondernemerschap ook het ontwikkelen van een nieuwe identiteit, herkenbaar voor anderen, en voorts het verwerven van middelen en rechten, alsook van welvaart, waardoor ze empowerment verwerven. Bovendien kan dit zichtbare vermogen van vrouwen en jongeren om zich conform hun sociale waarden te gedragen ook anderen in hun gemeenschappen aanmoedigen 'zichzelf te bevrijden', zich aldus te emanciperen, en zo sociale percepties en mogelijkheden te veranderen. Hieronder valt ook het realiseren van empowerment en emancipatie in de landbouw: een terrein dat in termen van deze cruciale concepten tot nu toe relatief is verwaarloosd.

Vrouwelijk ondernemerschap biedt verder volop voorbeelden van vrouwen die door eigen baas te zijn zich bevrijden uit door mannen overheerste werk- en sociale omgevingen. Op die manier strijden ze met succes tegen ondergeschiktheid en inspireren tegelijkertijd andere vrouwen om hetzelfde te doen. Dit is bijvoorbeeld van toepassing op een groep vrouwelijke ondernemers in Zambia, die uitsluitend voor vrouwen toegankelijke organisaties hebben opgericht (zoals vrouwenspaargroepen, een reactie op problemen met het verkrijgen van toegang tot krediet die zich doorgaans alleen bij vrouwen voordeden) die streven naar brede sociale veranderingen en de economie van hun land versterken. Deze organisaties bieden ook steun aan andere vrouwen, die anders minder kans zouden hebben om hun bedrijfsactiviteiten en hun ondernemersvaardigheden te ontwikkelen. Een ander goed voorbeeld zijn de eerdergenoemde vrouwen in Benin die lokale en traditionele gefermenteerde voedingsmiddelen produceren: zij creëren hun eigen markt en fungeren als verbinders, en zorgen op die manier voor een korte waardeketen van hun product. Zodoende kunnen ze rekenen op klanten die met wederzijds vertrouwen aan hen zijn verbonden. Aangezien deze vrouwen vaak andere vrouwen opleiden, vormen ze tevens een bron van inspiratie en bieden ze kansen om hogere doelen in het leven te bereiken.

Met zo'n bredere visie op ondernemerschap krijgen we een aanzienlijk breder inzicht in de potentiële voordelen en uitdagingen die ondernemerschap voor vrouwen en jongeren met zich meebrengt in het licht van het bevorderen van voedselzekerheid. Het belangrijkste is dat de vrouwelijke landbouwers en hun gezinnen in gemeenschappen van kleine boeren kunnen profiteren van hoogwaardige landbouwactiviteiten vanwege het toegenomen inkomen en de beschikbaarheid van voedsel voor hun eigen behoeften en die van hun gemeenschap. Daarnaast verhogen vrouwen en jongeren, door de dagelijkse evenwichtsoefening van zakelijke en sociale activiteiten, hun gevoel van eigenwaarde, verbeteren ze de interacties met familie, gemeenschappen, kopers of leveranciers en veranderen ze op die manier de institutionele context waarin zij functioneren in aanzienlijke mate.

De overwegingen en voorbeelden uit dit hoofdstuk geven aan dat de dagelijkse evenwichtsoefeningen van vrouwen en jongeren tussen het opbrengen van inkomsten, zelfvoorziening en het ontwikkelen van een vangnet de essentie vormen van ondernemerschap, op weg naar voedselzekere huishoudens en gemeenschappen. Door hun optreden en het besef van hun cruciale positie en rol in markten en de maatschappij komen vrouwen en jongeren tot empowerment en emancipatie. Dit stelt ons vervolgens in staat om de diepere oorzaken van voedselonzekerheid aan te pakken.

26

Nederlands voedselbeleid in mondiaal perspectief

Peter Oosterveer & Sigrid Wertheim-Heck[1] – *Milieubeleid*

Hoe verhoudt Nederland zich tot het globaliserende voedselsysteem? In deze bijdrage tonen we aan de hand van voorbeelden rond productie, handel en consumptie hoe het Nederlandse voedselsysteem op complexe wijze met de rest van de wereld is vervlochten. Om een werkelijk duurzame voedselvoorziening te realiseren, is dus een internationaal perspectief op landbouw- en voedselbeleid vereist.

Hoewel Nederland onderdeel van het wereldvoedselsysteem is, verzamelen overheden en wetenschappers veel informatie over voedselproductie en -consumptie, inclusief de bijbehorende milieudruk, nog steeds vooral op nationaal niveau. Afgezien van import- en exportstromen, is hierdoor de internationale verwevenheid van onze landbouw en voedselvoorziening nog nauwelijks in kaart gebracht. Dit gebrek aan aandacht voor globaliserende productie-consumptierelaties is een groot gemis, met name omdat deze onvolledige gegevens de basis voor overheidsbeleid vormen.

Het analyseren van de complexe dynamiek van het globaliserende voedselsysteem – en de rol van Nederland daarin – vereist nieuwe analysekaders en onderzoeksmethodes, gebaseerd op de juiste gegevens. Het huidige 'methodologisch nationalisme', waarin cijfers op nationaal

1 De auteurs danken prof. Gert Spaargaren voor suggesties en kritisch meelezen.

niveau centraal staan, compliceert namelijk het ontwikkelen van een voedselbeleid gericht op mondiale duurzaamheid, zoals wereldwijd afgesproken in de Duurzame Ontwikkelingsdoelen (SDG's). Alleen met beter inzicht in de internationale dynamiek is het mogelijk om adequaat te reageren op uitdagingen rond duurzame ontwikkeling en globalisering voorbij nationale grenzen.

In dit hoofdstuk laten we zien hoe de Nederlandse landbouw en voedselvoorziening op velerlei manieren verbonden is met de wereldwijde landbouw en voedselvoorziening. We doen dit door te kijken naar de betekenis van het buitenland in het Nederlandse voedselsysteem en, omgekeerd, naar de rol van Nederland in landbouwpraktijken in de rest van de wereld. Op basis hiervan betogen we wat er nodig is om beter inzicht te verkrijgen in de complexe internationale verwevenheid ten behoeve van optimaal nationaal landbouw- en voedselbeleid vanuit internationaal perspectief.

De wereld in het Nederlandse voedselsysteem

Ons dagelijks voedsel is het product van mondiale productie- en consumptieketens. Dit mag dan voor velen geen nieuws zijn, maar deze wereldwijde structuur is nauwelijks terug te vinden in informatie over de Nederlandse landbouw- en voedselsector, zoals gegevens over productie en landgebruik. Statistieken worden op nationaal niveau gegenereerd – in Nederland door het Centraal Bureau voor de Statistiek – en vervolgens samengevoegd op internationaal niveau door de Voedsel- en Landbouworganisatie van de Verenigde Naties (FAO). Deze gegevens vormen vervolgens de basis voor ons nationale landbouw- en voedselbeleid.

Deze statistieken geven echter weinig inzicht in het daadwerkelijke functioneren van het wereldvoedselsysteem. Zo kwam de complexiteit van dierlijke productieketens nadrukkelijk aan het licht tijdens het paardenvleesschandaal in 2013, toen bleek dat paardenvlees uit Roemenië via ingewikkelde omwegen als rundvlees gelabeld vlees terechtkwam in lasagne in het Verenigd Koninkrijk. Een ander voorbeeld is dat slechts 23 procent van al het fruit dat Nederland in 2018 exporteerde, met een waarde van zo'n 6,2 miljard euro, ook daadwerkelijk in Nederland was geproduceerd. Het overgrote deel, waaronder avocado's, druiven, mango's en bananen, werd eerst geïmporteerd uit andere landen en via Rotterdam als Europese doorvoerhaven weer geëxporteerd. Bovendien ligt bijna driekwart van het landbouwareaal waar voedsel wordt geproduceerd voor de Nederlandse consumptie en export, ongeveer 3 miljoen hectare, niet in Nederland maar daarbuiten. Ongeveer 44 procent van die landbouwgrond ligt in Europa; meer dan de helft bevindt zich in Noord- en Zuid-Amerika, Afrika en Azië. Deze verdeling toont de verwevenheid van Nederland in de wereldwijde landbouw en voedselvoorziening, en daarmee het belang van het verruimen van het blikveld voor nationaal beleid.

Een belangrijk voorbeeld van deze mondiale verwevenheid is soja: een voedselgewas met grote betekenis voor de Nederlandse landbouw- en voedselindustrie. Binnen de Europese Unie is Nederland met bijna 8 miljoen ton sojaschroot en sojabonen de belangrijkste importeur van soja. Ruim 4 miljoen ton hiervan exporteert Nederland, deels na verwerking, naar andere Europese landen. Van de rest wordt het grootste deel in Nederland gebruikt in de diervoederindustrie, met name voor kippen, varkens en runderen. Een belangrijk deel van de daarmee geproduceerde vleesproducten exporteren we vervolgens weer, vooral naar andere Europese landen. Andere sojaproducten worden gebruikt voor sojamelk, tofu, de chemische industrie en bio-energie. Een ruwe schatting leert dat de Nederlandse landbouw en voedingsindustrie ongeveer 1 miljoen hectare landbouwgrond buiten Nederland gebruikt alleen al om over voldoende soja te kunnen beschikken.

Nederland in het wereldwijde voedselsysteem

Nederland is andersom ook belangrijk in de landbouwproductie en voedselvoorziening van andere landen. Ons land is een van de belangrijkste voedselexporteurs ter wereld, met een exportwaarde van 94,5 miljard euro in 2019. Nederland is tevens wereldwijd een leidende speler in de innovatie en technologische ontwikkeling van de landbouw- en voedselsector. Deze internationale verwevenheid van Nederland kunnen we illustreren aan de hand van een aantal voorbeelden.

Een interessant voorbeeld is de uiensector. Nederland is een van 's werelds grootste uienproducerende en -exporterende landen. Op basis van cijfers lijkt de toekomst van de sector rooskleurig, want naar verwachting zal de wereldwijde consumptie van uien de komende decennia verdubbelen, met name in Afrika. Ui is in veel Afrikaanse landen een hoofdbestanddeel van de maaltijd, en met verdergaande bevolkingsgroei en verstedelijking zal de vraag naar dit product alleen maar toenemen. Ook zijn uien minder bederfelijk dan veel andere versproducten, waardoor de beschikbaarheid via markten en straatverkopers in de Afrikaanse steden relatief groot is.

Toch staat de Nederlandse uiensector in de toekomst mogelijk onder druk. In Nederland worden de meeste uien in Flevoland geteeld, maar daar zal het landbouwareaal de komende decennia naar verwachting krimpen als gevolg van bodemdaling, klimaatverandering en concurrentie met andere bestemmingen zoals stedelijke uitbreiding, energieparken, infrastructuur en bedrijventerreinen. Daarbij zal de productiviteit van het resterende areaal waarschijnlijk afnemen als gevolg van bodemdegradatie door de intensieve teeltsystemen. In de export kampt de uiensector met verminderde houdbaarheid door toenemende schimmelvorming als gevolg van klimaatverandering. Bovendien ontwikkelen opkomende economieën in Afrika en Azië hun eigen productie, die door de veredeling van nieuwe rassen beter bestand zijn tegen diverse klimatologische omstandigheden. Dit is overigens een ontwikkeling waaraan Nederlandse zaadveredelingsbedrijven bijdragen. Traditionele afzetmarkten voor de Nederlandse ui, zoals de Filipijnen en Senegal, worden daarmee minder afhankelijk van import. De Nederlandse oriëntatie op grootschalige productie van bulkproducten voor de wereldmarkt zoals ui lijkt in dit geval dus haar grenzen te bereiken.

Aardappelen vormen een ander voorbeeld van de verwevenheid van de Nederlandse landbouw met de voedselvoorziening wereldwijd. Nederland domineert met 60 procent de wereldmarkt voor pootgoed, plantmateriaal voor de aardappelproductie. Van de 19 miljoen hectare aardappelen in de wereld bevindt zich minder dan 1 procent in Nederland en meer dan de helft in Azië (10 miljoen hectare) en Afrika (1,9 miljoen hectare). De Nederlandse pootaardappelsector draagt bij aan het verhogen van de productie in opkomende economieën in Azië en Afrika door hoogkwalitatieve rassen en teeltsystemen te introduceren.

En hoewel de aardappel een belangrijke rol wordt toebedeeld in de toekomstige voedselzekerheid, is in Azië en Afrika de verschuiving naar een meer westerse eetcultuur de grote drijver van de aardappelteelt, zoals te zien valt in de vraag naar specifieke rassen geschikt voor de verwerking tot friet en chips. Nederland is een voorloper in het veredelen van hybride aardappelen zodat het ras specifieke wenselijke eigenschappen krijgt. In de toekomst wordt pootgoed mogelijk vervangen door zaad, wat internationale distributie en opslag vergemakkelijkt, maar wel gevolgen zal hebben voor de vooraanstaande positie die Nederland inneemt in de handel in pootgoed. Hiermee is de aardappel een goed voorbeeld van de internationale verwevenheid van de Nederlandse landbouw- en voedselsector; niet langer hoofdzakelijk via bulkexport maar via technologische innovatie.

Innovatie betreft niet enkel technologie maar ook sociaal-economische veranderingen. De Nederlandse veredelingsindustrie speelt bijvoorbeeld een belangrijke rol in de innovatie van de landbouwzadensector wereldwijd. De zaadindustrie kan bijdragen aan het duurzaam verhogen van de landbouwproductiviteit van kleine boeren, zeker ook in ontwikkelingslanden. Wanneer zaadbedrijven niet worden gerangschikt op basis van handelsstatistieken maar op basis van hun inspanningen om de toegang tot zaden voor kleinere boeren te verbeteren, ontstaat een rangorde die beter recht doet aan de werkelijke bijdrage aan duurzame voedselzekerheid. In de top tien van die ranglijst staan vier Nederlandse zaadbedrijven, met East-West Seeds bovenaan.

Hoogwaardig uitgangsmateriaal zoals landbouwzaden moet hand in hand gaan met hoogwaardige teeltsystemen. Het introduceren van nieuwe gewassen, andere rassen en meer duurzame teeltsystemen, draagt bij aan verhoogde duurzame productiviteit en voedselveiligheid, en verhoogt voor jonge generaties de aantrekkelijkheid van agrarische beroepen. Naast de export van producten en technologie is Nederland ook belangrijk in kennisontwikkeling. Een voorbeeld hiervan is het Nederlandse initiatief 'Fresh Academy' in Vietnam: een samenwerking tussen Nederlandse en lokale hogescholen en universiteiten in het opleiden van jonge agrariërs in het gebruik van moderne en meer duurzame teeltsystemen.

De internationale verwevenheid van de Nederlandse landbouwsector wordt niet alleen gestuurd vanuit het binnenland maar evenzeer door ontwikkelingen in het buitenland. Zo was Rusland een belangrijke importeur van peren uit Nederland, maar de sancties die de Europese Unie in 2014 oplegde naar aanleiding van de Krim-annexatie en de crisis in Oekraïne betekende een plotseling einde hieraan. In eerste instantie halveerde de export, maar inmiddels is deze weer sterk in waarde gestegen. Tegelijkertijd is de samenstelling van de export veranderd. De afname in de Nederlandse peren-export resulteerde bijvoorbeeld in een sterke toename van de export in fruitbomen en stekmateriaal. In reactie op de sancties richtte Rusland zich namelijk op het ontwikkelen van een meer divers georiënteerde binnenlandse economie. Door de verschuiving van eindproducten naar inputmaterialen – groentezaden, gewasbeschermingsmiddelen, meststoffen, teeltsystemen onder glas, landbouwmachines, opslag- en koelfaciliteiten – is de export van Nederland naar Rusland hoogwaardiger geworden en draagt deze mogelijk bij aan een verduurzaming van de Russische landbouw.

Nederlands voedselbeleid voor een duurzame wereldvoedselvoorziening

De recente COVID-19-pandemie heeft nationale kwetsbaarheden en mondiale afhankelijkheden duidelijk blootgelegd. Sommige landen besloten hun grenzen te sluiten, waardoor de internationale voedselhandel afnam, met als gevolg risico's op overschotten in sommige delen van de wereld en tekorten in andere landen. Een duurzame voedselvoorziening dient dus niet alleen lokaal of nationaal maar ook mondiaal georganiseerd te worden.

Het internationale speelveld, waarvan Nederland een onderdeel is, verandert momenteel ook als gevolg van klimaatverandering, bevolkingsgroei, economische ontwikkelingen en verschuivende geopolitieke verhoudingen. Om adequater te kunnen reageren op deze uitdagingen rondom duurzame ontwikkeling en globalisering moeten onderzoek en beleid niet langer gebaseerd zijn op simpele tegenstellingen, zoals lokaal versus mondiaal en nationaal versus internationaal, maar deze perspectieven tegelijkertijd hanteren: lokaal én mondiaal, nationaal én internationaal. Dit betekent dat informatie niet meer alleen op nationaal niveau maar ook in internationale samenhang dient te worden verzameld, en dat gegevens op basis van andere voor het onderzoek en beleid relevante categorieën moeten worden meegenomen. Alleen op deze manier kan Nederland effectief bijdragen aan het realiseren van een duurzaam voedselsysteem zoals afgesproken in de SDG's en bevestigd in de in 2020 gepubliceerde 'Farm to Fork' ('Boer tot bord')-strategie van de Europese Commissie.

Deze complexe uitdaging vereist het ontwikkelen van adequate onderzoeksmethodes, analytische kaders en sturingsinstrumenten die gebaseerd zijn op het perspectief van 'methodologisch globalisme', waarmee we de wereldwijde verwevenheid van het voedselsysteem op een inzichtelijke wijze in kaart zouden kunnen brengen. De volgende stappen kunnen op korte termijn worden gezet om dit doel dichterbij te brengen.

Allereerst moeten we in beschouwing nemen dat sturing van landbouw en voedselvoorziening op nationaal niveau wereldwijde consequenties heeft, en andersom dat wereldwijde sturing consequenties heeft voor Nederland. Op basis van de SDG's heeft Nederland een mondiale verantwoordelijkheid en dienen we ons dus niet te beperken tot het eigen grondgebied. Een duurzame toekomstige voedselvoorziening vereist een gecoördineerde sturing op internationaal niveau, die naast de primaire productie van voedselgewassen, ook handel, verwerking, distributie, consumptie en afvalverwerking omvat. Daarmee moeten er

Figuur 32. De wereld in het Nederlandse voedselsysteem. Ontwerp: Emily Liang.

dus nieuwe sturingsinstrumenten komen die deze ambitie kunnen realiseren, zoals *true pricing*, een methode om zowel economische als milieu en sociale effecten van voedselproductie in kaart te brengen en al deze kosten in de prijs van producten mee te laten wegen.

Vervolgens moeten we duurzaamheidsindicatoren ontwikkelen, die naast productie ook distributie en consumptie omvatten, en verbindingen kunnen leggen over langere afstanden en diverse schaalniveaus. Zo kunnen slimme combinaties worden gezocht met meetinstrumenten die de efficiëntie van het productieproces meten en tegelijkertijd de emissies in kaart brengen. Dit soort slimme indicatoren kunnen bijdragen aan duurzame efficiëntie in productie- en verwerkingsomstandigheden en daarmee in de organisatie van voedselproductie en consumptie op internationaal niveau.

Een derde stap is dat er meer informatie beschikbaar moet komen over internationale voedselstromen. De Europese Commissie stimuleert studies om deze financieel-economisch in kaart brengen, met toenemende aandacht voor milieubelasting. De ecologische, sociale en gezondheidsdimensies verdienen echter nog meer aandacht, bijvoorbeeld om crises te adresseren die het gevolg zijn van onderlinge afhankelijkheden, zoals chocolade gemaakt van cacao die is geoogst door kinderen in Ivoorkust.

Tot slot moet het schaalniveau – variërend van provinciaal en nationaal tot Europees en mondiaal – waarop gestuurd wordt, worden bepaald op basis van de interactie tussen verschillende factoren, zoals het type product en de geschikte bodemcondities, alsmede klimatologische omstandigheden in samenhang met de lokale productieomstandigheden, sociaal-economische condities, verwerkingsprocessen en de transportmogelijkheden. Toegepast onderzoek is vereist om al deze samenhangende factoren in kaart te brengen en op basis van deze informatie hierin te kunnen sturen.

Door bovenstaande stappen te realiseren kunnen we de mondiale verwevenheid van het voedselsysteem op een inzichtelijke wijze in kaart brengen. Door die kennis te gebruiken als basis voor een internationaal georiënteerd landbouw- en voedselbeleid, kan Nederland in de toekomst een nog grotere bijdrage leveren aan het realiseren van een duurzame voedselvoorziening.

27

Terugdringen van de wereldwijde voedselverspilling

Toine Timmermans – *Agro-industriële ketens*

Voedselverspilling is een symptoom van ons huidige, op efficiëntie gerichte voedselsysteem. Naar schatting gaat wereldwijd een derde van alle voedsel verloren: dagelijks produceren we circa 4600 kcal aan voedingswaarde per persoon, terwijl de behoefte rond de 2000 kcal ligt. Een integrale agenda, opgesteld door een mondiaal netwerk van publiek-private samenwerkingen, kan de voedselverspilling in 2030 halveren, bijdragen aan wereldwijde voedselzekerheid en klimaatverandering mitigeren.

Voedselverspilling staat de afgelopen jaren wereldwijd steeds hoger op de publieke en politieke agenda. Het belang van het terugdringen van voedselverspilling zal alleen maar belangrijker worden, met name vanwege de noodzaak om de groeiende wereldbevolking op duurzame wijze te voeden, alsook de negatieve effecten op ecologie en klimaat. Een grove raming van VN Voedsel- en Landbouworganisatie (FAO) uit 2010 stelt dat wereldwijd ongeveer 1,3 miljard ton voedsel ergens in de keten van productie tot consumptie verloren gaat, oftewel een derde van het voor menselijke consumptie geproduceerde voedsel. Als onderdeel van Duurzame Ontwikkelingsdoelen (SDG's) is vastgesteld dat in 2030 de voedselverspilling in de detailhandel en bij consumenten gehalveerd moet zijn. Daarnaast zullen we voedselverliezen in de productie- en bevoorradingsketens flink moeten reduceren, met inbegrip van verliezen na de oogst.

Voedselverspilling vindt plaats door de gehele keten, van boer tot bord. In westerse landen, inclusief in Nederland, vindt de relatief grootste verspilling plaats bij de detailhandel en de consument, terwijl in opkomende economieën juist meer verliezen optreden aan het begin van de keten, bij de veelal kleinschalige producenten. Volgens de Monitor Voedselverspilling bedroeg de hoeveelheid voedselverspilling in Nederland in 2017 over de gehele keten tussen 1,8 en 2,5 miljoen ton. Deze cijfers zijn tussen 2009 en 2017 nauwelijks veranderd.

Voor Europa is de schatting dat het equivalent van 20-22 procent van de totale productie aan voedsel in de keten verloren gaat, waarbij in 2016 naar schatting 88 miljoen ton voedsel is verspild. Deze grootschalige voedselverspilling heeft ook gevolgen voor het milieu en klimaat: circa 6 procent van de totale Europese uitstoot van broeikasgassen is hieraan verbonden. Hierdoor heeft de Europese Commissie in 2019 opgenomen dat iedere lidstaat vanaf 2022 verplicht is om jaarlijks te rapporteren over de hoeveelheid voedselverspilling. Daarnaast moeten lidstaten inzichtelijk te maken welke preventiestrategieën en bijbehorende projecten zijn opgestart. De Europese Green Deal zet in op een pakket van maatregelen om de economie te verduurzamen. Hierbinnen heeft het tegengaan van voedselverspilling een prominente plaats.

Voedselverspilling als mondiaal probleem

Voedselverspilling krijgt vaak extra aandacht in periodes waarin de wereldwijde voedselzekerheid in het geding is. Vroege referenties aan voedselverspilling dateren van de Eerste Wereldoorlog, toen de Amerikaanse overheid de bevolking opriep geen voedsel te verspillen vanwege de honger in Europa. Vanwege armoede en hongersnoden in ontwikkelingslanden zette de FAO als eerste het onderwerp in de jaren tachtig groots op de internationale agenda. Een belangrijke recente drijfveer voor overheden en multinationals om voedselverspilling op de agenda te plaatsen was de voedselcrisis van 2008, toen de prijs van voedselgrondstoffen enorm was gestegen.

De uitbraak van de COVID-19-pandemie leidde wereldwijd eveneens tot heftige verstoringen van voedselketens, onder meer doordat de voedselexport deels stil kwam te liggen en vraag vanuit de horecasector tijdelijk vrijwel volledig wegviel. In plaats van het tegengaan van voedselverspilling leidde de pandemie juist ook tot het 'verspillen' van voedseloverschotten om de lokale marktomstandigheden te stabiliseren. Dit gebeurde in Nederland bijvoorbeeld met een overschot van 1 miljoen ton fritesaardappelen, die vanwege de weggevallen vraag vanuit de horeca, festivals en export uiteindelijk is gebruikt als rundveevoer.

Ook buiten crisistijd is voedselverspilling een integraal onderdeel van ons voedselsysteem, dat maar weinig efficiënt blijkt te zijn. Wereldwijd produceren we per dag per persoon ongeveer 4600 kilocalorieën (kcal) aan voedingswaarde, terwijl de dagelijkse behoefte iets boven 2000 kcal ligt. Van dit eetbare voedsel gaat circa 600 kcal verloren als naoogstverliezen bij de boer, tijdens vervoer of tijdens de verwerking. Daarnaast voeren we ongeveer 1700 kcal aan dieren, wat in ruil slechts 500 kcal aan dierlijke producten voor menselijke consumptie oplevert. De verspilling van voedsel in de distributieketen en bij de consument schatten we op 800 kcal per persoon per dag. Aangezien voedsel naast energie ook (micro)nutriënten levert, is dit uiteraard een versimpeld beeld. Wat dit beeld echter wel laat zien, is dat we vandaag de dag in feite al genoeg voedsel produceren om 10-11 miljard mensen te kunnen voeden. Er is dus een scenario mogelijk om de wereld te voeden, zonder dat we extra voedsel hoeven te produceren. Dan zullen we wel eerst voedselverliezen moeten terugdringen, minder of ander voedsel (en meer reststromen) aan dieren moeten geven en de voedselverspilling in de keten en bij de consument moeten verminderen.

Het op systemische manier tegengaan van voedselverspilling is tevens een belangrijke interventie voor het tegengaan en mitigeren van klimaatverandering. Het toonaangevende Project Drawdown heeft recentelijk onderzocht wat de meest kansrijke interventies zijn die de wereld zullen helpen om een toekomstige situatie te bereiken waarin de niveaus van klimaatgassen in de atmosfeer niet langer stijgen maar juist structureel afnemen. Drawdown bestempelde het tegengaan van wereldwijde voedselverspilling als de meest impactvolle interventie, met een totaal aan verminderde of vermeden CO_2-equivalentenuitstoot van 87,4 gigaton in de periode 2020-2050 (de totale wereldwijde uitstoot in 2018 bedroeg circa 50 gigaton). De grootste impact zouden we kunnen realiseren als minder verspilling ook daadwerkelijk leidt tot minder voedselproductie en gebruik van grondstoffen, waardoor ontbossing van extra landbouwgrond kan worden vermeden.

Samen tegen voedselverspilling in Nederland

Doordat voedselverspilling de afgelopen jaren steeds hoger op de agenda staat, zijn er vele kleine en grote initiatieven ontstaan om dit fenomeen te begrijpen en oplossingen te ontwikkelen. Europa liep hierbij voorop. In 2005 was het Verenigd Koninkrijk het eerste land dat inzette op een grootschalige publiek-private aanpak van het voedselverspillingsvraagstuk, met name gedreven door nationale milieudoelstellingen. Inmiddels bestaan dergelijke initiatieven wereldwijd.

In 2009 formuleerde ook de Nederlandse overheid een nationale strategie en doelstelling: 20 procent minder voedselverspilling in 2015. Toen rond 2014 duidelijk was dat het ingezette beleid niet het gewenste effect zou hebben, bundelden een aantal Nederlandse bedrijven, sectororganisaties, kennisinstellingen en de overheid de krachten in een nieuwe vorm van publiek-private samenwerking. De insteek was om meer systemisch, collectief en doelgericht een nationale strategie en een actieplan te ontwikkelen en implementeren. Eind 2018 richtten zij hiertoe de stichting Samen Tegen Voedselverspilling op. De stichting beoogt eind 2021 zo'n tweehonderd organisaties te hebben aangesloten als 'stakeholder' bij de netwerkorganisatie. Deze stakeholders zijn koplopers vanuit de gehele voedselketen: overheidsorganisaties, kennis- en onderwijsinstellingen, mkb-bedrijven, financiële instellingen en start-ups. Een collectief vastgestelde agenda en onderliggende afspraken zijn de basis om de hoofddoelstelling te realiseren: uiterlijk 2030 de voedselverspilling in Nederland te halveren.

Inmiddels zijn tientallen initiatieven en projecten geïnitieerd door organisaties binnen het netwerk Samen Tegen Voedselverspilling. Hoewel het nog te vroeg is om definitieve conclusies te trekken, zijn de eerste positieve signalen duidelijk zichtbaar. Zo blijkt de voedselverspilling bij de Nederlandse consument al een aantal jaren te dalen: in 2019 was deze 17 procent (7 kilogram per persoon) minder dan in 2016 en zelfs 29 procent (13,7 kilo) lager ten opzichte van 2013 (figuur 34). Nederlanders verspilden in deze periode vooral minder brood, zuivel, groente en fruit.

Om deze dalende trend door te zetten startte Samen Tegen Voedselverspilling in 2019 een nationale consumentencampagne, waarbij de nadruk kwam te liggen op het creëren van een positieve sociale norm ten opzichte van voedselverspilling. Hierbij zijn wetenschappelijke inzichten in drijfveren en mechanismen om consumentengedrag te veranderen vertaald naar concrete interventies. De campagne benut de tendens dat individuen zich eerder conformeren aan gewenst gedrag als dit aansluit bij wat mensen in hun naaste omgeving denken of doen. Naast generieke communicatie via de media over bijvoorbeeld de betekenis van houdbaarheidsdata, is een groep influencers ingezet om specifieke consumenten te bereiken binnen de doelgroep gezinnen met jonge kinderen.

Figuur 33. Becky helpt Nederlanders minder voedsel te verspillen. Bron: Samen Tegen Voedselverspilling.

In september 2019 introduceerde Samen Tegen Voedselverspilling de mascotte Becky om bovenstaande informatie bij alle Nederlanders onder de aandacht te brengen. Becky is het gezicht van de campagne 'Hoe #verspillingsvrij ben jij?', en geeft mensen thuis slimme tips om meer verspillingsvrij te worden. De mascotte speelt ook de hoofdrol in een tv-campagne die uitleg geeft en handelingsperspectief biedt omtrent de twee verschillende – en vaak verwarrende – houdbaarheidsdata 'te gebruiken tot' en 'tenminste houdbaar tot'.

Het bedrijfsleven heeft afgelopen jaren diverse interventies en innovaties doorgevoerd die consumenten ondersteunen om minder te verspillen. Zo helpen zij in toenemende mate consumenten slimmer voedsel te kopen, of bewaren, bijvoorbeeld door het verkleinen van portiegroottes van voorgesneden versproducten. Uit de driejaarlijkse analyse van consumentenafval in opdracht van het ministerie Landbouw, Natuur en Voedselkwaliteit blijkt dat er steeds minder voedselresten in geopende verpakkingen te vinden zijn, wat suggereert dat deze interventies door voedselproducenten effectief zijn.

Nederlandse supermarktketens presenteerden onlangs de benchmark van de gemiddelde voedselverspilling in hun sector, op basis van de geaccumuleerde zelfrapportageresultaten. Uit dit rapport blijkt dat van al het voedsel in Nederlandse supermarkten gemiddeld 98,3 procent (in kilogrammen) wordt verkocht. De overige 1,7 procent van het voedsel komt niet bij de consument terecht en valt onder voedselverspilling binnen het supermarktkanaal. Deze 1,7 procent voedselverspilling is als volgt opgesplitst: 34,5 procent bestaat uit aardappels, groenten en fruit; 31,5 procent uit brood, afbakbrood en banket; 13,3 procent uit zuivel, eieren en gekoelde kant-en-klaar producten; 7,5 procent uit vers vlees en verse vis; en 13,2 procent uit overige verse en houdbare producten. Supermarktorganisaties hebben nu zelf inzicht in de reststromen en kunnen hierdoor de resultaten van acties beter monitoren om verspilling van voedsel verder terug te dringen. Het publiekelijk maken van de norm stimuleert supermarktorganisaties om hogere doelen te stellen en aanvullende samenwerkingen op te starten binnen de eigen processen en met de ketenpartners. Daarnaast stimuleert het andere sectoren in Nederland eveneens toe te werken naar het inzichtelijk krijgen en publiekelijk maken van de norm binnen de eigen branche.

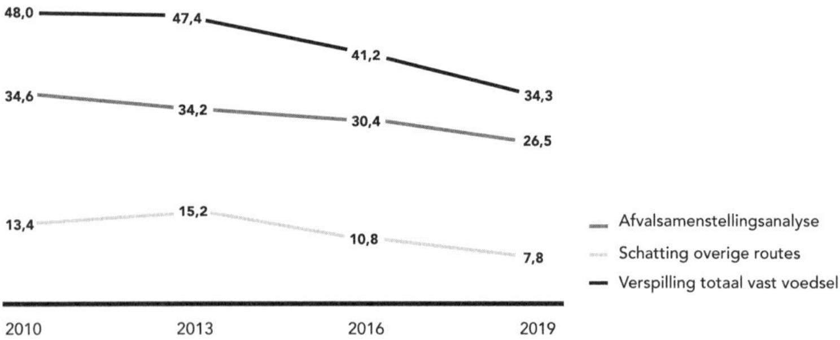

Figuur 34. Daling van voedselverspilling van huishoudens in Nederland tussen 2010-2019. Bron: Voedingscentrum (2019).

Om in Nederland en Europa de doelstellingen voor 2030 te kunnen halen is het noodzakelijk onvermijdbare reststromen die nu worden 'verspild', bijvoorbeeld door verbranding of vergisting, beter te benutten. Dit zijn veelal complexe uitdagingen, waarbij Europese wet- en regelgeving een belangrijke rol spelen. Zo is het volgens Europese wetgeving niet toegestaan om reststromen die mogelijk dierlijke resten bevatten tot veevoer te verwerken – mede door uitbraken van dierziekten als mond-en-klauwzeer – waardoor jaarlijks circa 14 miljoen ton aan reststromen wordt vernietigd. Binnen nationale en Europese context werken bedrijven, kennisinstellingen en overheidsinstanties nauw samen aan het verder ontwikkelen van de kennis en inzichten, om het mogelijk te maken dat de Europese wetgeving voor het voedselveilig en duurzaam verwerken van dit type reststromen wordt aangepast. Dit leidt tot een jaarlijkse vermindering van uitstoot met klimaatgassen van 5,8 megaton CO_2-equivalenten.

Wereldwijde voedselverspilling halveren in 2030

Het bijdragen aan het wereldvoedselvraagstuk vanuit het perspectief van het tegengaan van voedselverliezen en -verspilling in opkomende landen is een enorme opgave en een grotere uitdaging dan in Europa. Het bewustzijn en besef dat vermindering van verspilling kan bijdragen aan de voedselzekerheidssituatie moet nog gaan groeien. En het ontbreekt in deze landen vaak aan inzicht, structuren, mechanismen, instituties en kennis om de aanpak middels strategische partnerships, zoals in Europa, te vertalen naar strategisch beleid en doelgerichte samenwerkingsvormen. De eerste stappen om te komen tot internationale samenwerkingsvormen rond onderzoek en innovatie zijn gelukkig al gezet, zoals met het Global Champions 12.3 ambassadeursnetwerk, het Global Consortium for Innovation in Post-Harvest Loss and Food Waste Reduction en binnen het Climate Change, Agriculture and Food Security (CCAFS) programma Food Loss & Waste.

Als we de doelstelling serieus nemen om wereldwijde voedselverspilling in 2030 te halveren zullen echter grotere stappen nodig zijn. Om dit te bereiken zullen kleine en lokale oplossingen verenigd moeten worden met hightech mondiale oplossingen. Dit zou kansen bieden om toekomstbestendige circulaire voedselsystemen te ontwerpen voor lage- en middeninkomenslanden, die staan voor cruciale ontwikkelingsuitdagingen als gevolg van bevolkingsgroei en verstedelijking. Deze voedselsystemen moeten gericht zijn op de ontwikkeling van flexibele en wendbare ketens, die optimaal gebruikmaken van mobiele transactieplatforms. Ze moeten vraag en aanbod koppelen, logistieke netwerken efficiënt inzetten en voor alle grondstoffen een optimale bestemming vinden. Net als in Nederland en andere Europese landen lijkt het hierbij mogelijk om via nationale publiek-private samenwerkingsvormen een integrale aanpak uit te rollen tot een duurzaam voedselsysteem, waarbinnen een structurele betere benutting van onze waardevolle voedselgrondstoffen plaatsvindt. Soortgelijke initiatieven zijn recentelijk ook met succes opgezet in de Verenigde Staten en Australië.

Geïnspireerd door deze nationale initiatieven om de voedselverspilling te halveren is door wereldwijde experts een integrale mondiale agenda opgesteld, waarbij een tienstappenplan is uitgewerkt om de verspilling in 2030 daadwerkelijk te kunnen halveren. Het is echter noodzakelijk dat veel meer organisaties in de wereld deze agenda gaan omarmen. We moeten het terugdringen van voedselverspilling hierbij beschouwen als een logische en onvermijdelijk onderdeel van iedere strategie om de wereldvoedselzekerheidssituatie te verbeteren en klimaatverandering te mitigeren.

DEEL 5

GEZONDE EN DUURZAME DIËTEN

28

Willekeurig consumentengedrag: eigenlijk best logisch

Arnout Fischer – *Consumentenwetenschap*

Om de groeiende wereldbevolking op een duurzame en gezonde manier te voeden worden allerlei nieuwe voedseltechnologieën ontwikkeld. Productontwikkelaars wijzen vaak op de voordelen van hun technologische innovaties, maar consumenten willen deze producten niet altijd kopen. Dat lijkt soms op willekeur, maar consumenten volgen vaak een andere logica dan ontwikkelaars. Om het potentieel van duurzame technologie te benutten is het cruciaal die logica te begrijpen.

Landbouwers en voedselproducenten hebben altijd geïnnoveerd om voldoende, veilig, lekker, gezond en duurzaam te produceren. Vaak sluiten deze innovaties aan bij de wensen van consumenten voor goedkoper, lekkerder, makkelijker te bereiden, gezonder en duurzamer eten. Tegelijkertijd zien we vaak dat consumenten deze nieuwe producten juist niet willen kopen. Genetische modificatie van gewassen is hiervan wellicht het bekendste voorbeeld.

Aangezien veel vernieuwingen zich in een markteconomie moeten bewijzen, is afwijzing door consumenten een groot probleem. Niet alleen gaan investeringen verloren, maar beloofde duurzaamheids- en gezondheidswinsten worden niet gehaald. Tot frustratie van de ontwikkelaars lijken de redenen waarom consumenten hun product verwerpen bovendien vaak willekeurig. Het is dan ook niet verwonderlijk dat voedseltechnologen met regelmaat verzuchten dat consumenten hun keuzes niet op rationele en logische wijze maken. Dit is niet zonder meer waar.

Er ligt een logica achter consumentengedrag, maar deze logica wijkt af van die van voedseltechnologen. Het begrijpen van consumentenlogica is daarom een centrale vraag in de consumentenwetenschappen en daarmee van groot belang voor het bedenken van oplossingen voor het wereldvoedselvraagstuk.

Rationaliteit, routines, intuïties en categorieën

We weten inmiddels dat consumenten geen puur rationele beslissers zijn in termen van formele logica. In een stereotypisch beeld van rationaliteit combineren consumenten alle informatie op een perfecte manier, waarna op basis van objectieve afwegingen optimale beslissingen genomen worden. Dat is in de praktijk echter onmogelijk, omdat we nooit alle informatie ter beschikking hebben. Bovendien kost het perfect afwegen van alle beschikbare informatie erg veel tijd, terwijl consumenten maar beperkt bereid en in staat zijn om deze tijd en moeite aan voedselkeuzes te besteden. Dat is niet vreemd aangezien we tot wel honderd voedsel- en drankkeuzes per dag maken: het is simpelweg onmogelijk om daar elke keer tot in detail over na te denken. Veel tijd besteden aan het kiezen van een komkommer van 69 cent is simpelweg niet rationeel. Maar als formele logica en rationele overwegingen niet dominant zijn voor dit soort beslissingen, hoe beslissen consumenten dan wel?

Een manier om keuzes te vergemakkelijken is door af te gaan op routines, intuïties en emoties. Routines bestaan uit ingesleten gewoontes en scenario's die met minimale mentale inspanning gebruikt kunnen worden. Intuïties en emoties leveren vaak zinnige suggesties voor gedrag, zonder rationeel doordacht te zijn. Voor producten die de consument al kent – zoals een komkommer – is dit erg efficiënt. Soms zitten intuïties en emoties acceptatie van innovaties echter in de weg. Zo voelen veel consumenten bij het idee van insecten als voeding in eerste instantie vaak walging: een negatieve emotie. En zelfs als die walging niet leidt tot afwijzing, missen consumenten de routines om insecten te bereiden en ze in hun dagelijkse eetpatroon op te nemen.

Bestaande routines kunnen echter ook actief gebruikt worden om keuzes voor innovatieve producten te vergemakkelijken. Door op vlees gelijkende producten te maken die de naamgeving, structuur, smaak en bereiding van vlees zo dicht mogelijk benaderen, bieden producenten producten aan die consumenten eenvoudig in hun bestaande eetpatronen kunnen opnemen. Deze vleesvervangers maken daarnaast ook gebruik van bestaande kennis van consumenten, door de producten te relateren aan bestaande, mentale productcategorieën. Categorisatie helpt consumenten om nieuwe producten te onthouden, en het activeert de kennis en associaties over die categorie. Dat stelt wel eisen aan de producten. Als een sojadrank als melk gezien wordt, leiden consumenten daaruit af dat ze er pannenkoeken mee kunnen bakken – en gelukkig kan dat in dit specifieke geval ook. Maar door aan een categorie te appelleren schep je impliciet soms meer verwachtingen dan je expliciet communiceert.

Producten met vreemde eigenschappen moeten dus worden ingepast in een bekende categorie. In sommige gevallen vereist dit ook dat consumenten categorieën oprekken, herdefiniëren of zelfs opdelen. Zo werden insectenburgers bij introductie in de supermarkt bij de vegetarische producten gelegd, daarbij appellerend aan een vleesloze categorie. Maar zijn insecten wel vegetarisch? Het zijn toch dieren? Het is dus maar zeer de vraag of het vegetarische schap wel een handig plek was. En moeten we het eigenlijk wel over insecten hebben? We praten toch ook niet over zoogdieren bij rund- en varkensvlees? In ons onderzoek vonden we dat Nederlanders die vaker insecten zoals krekels, sprinkhanen en meelwormen hadden geproefd, specifiek die insecten als eetbare subcategorie van insecten beginnen te zien, maar andere eetbare insecten, zoals kakkerlakken, niet. Zelfs in gebieden in Thailand, waar ze veel insecten eten, herkennen mensen eetbare insecten uit Australië, Mexico en Zimbabwe niet als voedsel. Wellicht kunnen we specifieke eetbare insecten dus beter onder hun eigen naam benoemen.

In ons onderzoek naar kweekvlees – vlees gekweekt uit stamcellen – zien we eveneens dat consumenten moeite hebben met categorisatie. Volgens de productontwikkelaars is kweekvlees echt vlees, waarvoor geen dier gedood hoeft te worden. In interviews met consumenten vinden we echter dat een dood, vakkundig geslacht dier centraal staat in het begrip vlees. Kweekvlees voldoet hier niet aan: het dier, voor zover daar al sprake van is, is niet dood en ook niet geslacht. Voor consumen-

Figuur 35. Vleesvervangers op basis van insecten in de supermarkt. Foto: Ritzo ten Cate.

ten is het hierdoor lastig kweekvlees als vlees te zien. Maar kweekvlees is ook geen vleesvervanger, want het is gemaakt van dierlijke cellen. Consumenten raken hiervan zichtbaar in de war, en het is niet duidelijk of en hoe zij hieruit kunnen komen. Domweg blijven herhalen dat kweekvlees gewoon vlees is gaat niet helpen. Voor het inpassen van kweekvlees zal mogelijk eerst een maatschappelijke herdefinitie van het begrip vlees nodig zijn.

Keuze-opties en context

Een andere manier waarop consumenten efficiënt kiezen, is door het beperken van keuze-opties. Een middelgrote supermarkt heeft algauw meer dan tienduizend verschillende producten; een grote supermarkt vaak meer dan dertigduizend. Je zou denken dat dat aanbod tot grote tevredenheid leidt: meer keuze en een grotere kans dat het perfecte product aanwezig is. Uit onderzoek blijkt echter dat een (te) groot aanbod juist tot ontevredenheid leidt. Kiezen uit al die producten kost namelijk zo veel extra moeite dat er keuzestress bij de consument ontstaat.

Zelfs in kleinere assortimenten gebruiken consumenten vuistregels om hun keuzes te beperken. Zo sluiten mensen alle producten met een niet te compenseren negatief attribuut uit: een vegetariër kijkt niet naar vlees en iemand met een notenallergie niet naar noten. Daarnaast beperken consumenten hun keus vaak door alleen in een specifieke subcategorie te zoeken. Als een consument gekozen heeft voor zuivel, is de keuze tussen de zuivelproducten daarna veel makkelijker. Het plaatsen van plantaardige sojadrinks in het zuivelschap brengt deze producten in de keuzeset voor zuivelconsumenten, terwijl het positioneren van vleesvervangers in een apart vegetarisch schap deze producten buiten de keuze-opties voor vleeseters plaatst. Tegelijkertijd leidt het vegetarisch schap wel tot een eenvoudigere keuze voor consumenten die ervoor hebben gekozen alleen naar vegetarisch voedsel te kijken. Op welke manier de consument en de verduurzaming van het voedingspatroon uiteindelijk het beste gediend worden, verschilt per product en situatie.

Een andere manier waarop consumenten hun keuzes efficiënt maken komt voort uit de gedragscontext. Wanneer we verschillen in context negeren, kan consumentengedrag soms willekeurig lijken. Zo wordt er soms geconcludeerd dat consumenten maar wat zeggen als ze aangeven gezond en duurzaam te willen eten, omdat ze dat in de praktijk veel minder doen. Dat is te kort door de bocht. We zien dat mensen bij het beantwoorden van vragenlijsten vaak rustig de tijd nemen en meer aandacht hebben voor langetermijnwenselijkheden. Duurzaamheid en gezondheid scoren in deze context vaak hoog. Als we diezelfde consumenten de volgende dag om vijf voor zes in de supermarkt treffen, zijn ze echter bezig met directe mogelijkheden: wat kan snel bereid worden? Wat ligt vooraan in de schappen? En wat vindt het gezin lekker? Er wordt in die context dus gekozen op basis van veel concretere overwegingen. Consumenten zijn hiermee niet zozeer onbetrouwbaar, maar worden in verschillende contexten met verschillende taken geconfronteerd. Het gedrag is dan, niet verwonderlijk, ook verschillend. Veel consumentenonderzoek is erop gericht keuzes en gedrag in een specifieke context beter te begrijpen.

Als de context een belangrijke rol speelt, dan kan de keuze-omgeving dus ook zo ingericht worden dat de consument een zetje in een bepaalde richting krijgt. Deze strategie is in de kassarij al jaren gemeengoed;

vaak om snoep te verkopen. Het modieuze 'nudging' gebruikt deze aanpak specifiek om gezonde, duurzame keuzes aan te sporen. Door aanpassingen in de keuze-omgeving krijgen consumenten een duwtje om bij de boodschappen sneller voor langetermijndoeleinden te kiezen. Door gezonde keuzes vooraan in het schap te leggen, kiezen consumenten met een onderliggende wens voor die gezonde keuze ook daadwerkelijk vaker voor gezond. Maar onderzoek laat ook zien dat als een consument een dergelijke wens niet heeft, nudging niet werkt; een randvoorwaarde die vaak onderschat wordt.

Ook kan een gepersonaliseerd advies op basis van persoonlijke wensen gegeven worden. Een dergelijk advies kan bijvoorbeeld bestaan uit tips op je smartphone om te kiezen voor specifieke producten in de supermarkt, of zelfs meer specifiek binnen een bepaald schap. Als in de toekomst dergelijke adviezen dan ook nog gepersonaliseerd kunnen worden op basis van realtime persoonlijke gezondheidsmetingen en voedingsinname kan een op maat gemaakt individueel advies gegeven worden.

Een andere contextafhankelijke manier waarop consumenten hun keuzes beheersen is afgaan op wat mensen 'normaal' vinden. Dit werkt omdat mensen, en dus ook consumenten, kuddedieren zijn. We zijn allemaal gevoelig voor de mening van onze familie, vrienden en collega's. Dat betekent dat sociale normen, gevormd door het gedrag en de mening van naasten, een bevestiging zijn voor consumenten dat een bepaald gedrag wenselijk is. Onze cultuur en de mensen die een voorbeeld voor ons zijn beïnvloeden dan ook veel van onze voedselkeuzes. De klassieke vlees-groente-en-aardappelenmaaltijd is een voorbeeld van een in de Nederlandse cultuur verankerde norm. We zien wel een verandering. Vijfentwintig jaar geleden was het vreemd als iemand niet elke dag vlees at. Tegenwoordig is het vrij algemeen geaccepteerd dat mensen enkele dagen per week geen vlees eten – een flexitarisch dieet.

Eindoverwegingen

Consumenten maken elke dag vele voedselkeuzes in een complexe sociale omgeving, vergeven van voedselaanbod. Het idee dat consumenten een vrije keus hebben en daarmee primair verantwoordelijk zijn om duurzaam en gezond gedrag te vertonen is lang leidend geweest. De verantwoordelijkheid van overheden en markten houdt dan op bij informeren. Veel interventies zijn er nog steeds op gericht om de consument met nog meer informatie en argumenten te motiveren meer en dieper na te denken. Zulke interventies gaan uit van de bereidheid van consumenten om moeite te doen om rationele keuzes te maken. Onder die aanname is het vreemd dat consumenten vaak keuzes maken die tegen de zelfverklaarde wensen voor duurzaamheid en gezondheid ingaan. Dit hoofdstuk introduceerde een aantal inzichten in consumentengedrag die vraagtekens zetten bij de aanname dat consumenten bewust informatie verwerken. In het consumentengedrag is ook logica te ontwaren, maar dat is een contextafhankelijke logica, die vaak afwijkt van diep nadenken en alles overwegen.

Dit inzicht heeft twee belangrijke consequenties voor het oplossen van het voedselvraagstuk. Ten eerste is, vanwege de sterke contextafhankelijkheid van consumentenkeuzes, de stelling dat consumenten eindverantwoordelijk zijn voor duurzame voedselproductie door 'te stemmen met hun vork' niet houdbaar. Diegenen die de voedselproducten en -contexten aanbieden zijn medeverantwoordelijk voor de duurzame en gezonde keuzes van de consument. Ten tweede is het bij het aanspreken van consumenten over duurzame voedselinnovaties simpelweg niet voldoende om nog een keer de feiten herhalen. Ontwikkelingen in consumentenstudies stellen ons steeds beter in staat om ons in te leven in de keuzelogica van consumenten. Als voedselproducenten de logica van consumenten ook leren in te bouwen in hun producten, kunnen we het bereik van duurzame voeding veel groter maken.

29

Gezonder en duurzamer kiezen in een andere voedselomgeving

Maartje Poelman & Emely de Vet
– *Gezondheidswetenschappen*

Mensen denken vaak dat onze voedselkeuzes volledig individuele, vrije keuzes zijn. De sterk veranderde voedselomgeving, met een groot aanbod van goedkope en sterk bewerkte producten is echter van grote invloed op onze normen, percepties en voedselkeuzes. Hoe beïnvloedt het aanbod van eten en drinken ons? En hoe kan de voedselomgeving ons helpen om betere keuzes te maken?

In de afgelopen decennia is onze consumptie van sterk bewerkte voedingsmiddelen, rijk aan zout, suiker en verzadigd vet, flink toegenomen. Onze vleesconsumptie is eveneens sterk gestegen. Parallel aan deze veranderde voedselconsumptie is het aantal mensen met chronische ziekten zoals obesitas, diabetes type 2 en hart- en vaatziekten gegroeid. Volgens de Wereld Gezondheidsorganisatie is het aantal mensen met obesitas sinds 1975 wereldwijd verdriedubbeld. 2 miljard volwassenen en 38 miljoen kinderen onder de vijf jaar hebben overgewicht. Veelal zijn chronische ziekten te voorkomen door een gezonde energiebalans, waarbij een gezond voedingspatroon voorop staat.

De richtlijnen Goede Voeding zijn al jarenlang op grote lijn hetzelfde. De belangrijkste aanbevelingen zijn: eet verse producten rijk aan vitaminen en vezels, zoals groente en fruit, vermijd of beperk de consumptie van sterk bewerkte producten en matig de consumptie van dierlijke eiwitten zoals vlees. Ondanks de groeiende maatschappelijke aandacht voor een bewust eetpatroon en de opmars van gezonde en duurzame voedingsmiddelen, kan slechts een handje vol Nederlanders zich rekenen tot de groep die volgens de nationale richtlijnen écht gezond en duurzaam eet. De meest recente voedselconsumptiepeiling, uitgevoerd door het Rijksinstituut voor Volksgezondheid en Milieu, laat zien dat Nederlanders gemiddeld 131 gram groente per dag eten, in plaats van de aanbevolen 250 gram. Ook eet de gemiddelde Nederlander bijna 700 gram vlees per week, terwijl het is aanbevolen niet meer dan 500 gram vlees te eten, waarvan maximaal 300 gram rood vlees. Een dergelijk voedselpatroon komt de volksgezondheid en het milieu – zeker op de lange termijn met een groeiende wereldbevolking – niet ten goede. We moeten naar een situatie waarbij dit patroon verschuift. Als consumenten minder dierlijke eiwitten en sterk bewerkte producten consumeren en dit vervangen door plantaardige eiwitten en verse producten, dan zal dit leiden tot een daling in het aantal mensen dat sterft aan voedingsgerelateerde ziekten. Eveneens zal dit leiden tot een lagere uitstoot van broeikasgassen, hetgeen het milieu ten goede komt. Hoewel de boodschap 'eet plantaardige en verse producten' simpel klinkt, blijkt het in de praktijk echter een stuk lastiger voor consumenten om deze voedselkeuzes te maken.

Hoe maak je voedselkeuzes?

Aangezien iedereen moet eten, maakt ieder mens dagelijks vele aan voeding gerelateerde keuzes. Het woord 'keuzes' suggereert dat ieder individu volledig beredeneerd bepaalt wat hij of zij eet en binnen de gezondheidsvoorlichting is dit perspectief dan ook lang het uitgangspunt geweest. De aanname was dat als men maar de juiste kennis, attitude en intentie had, het gewenste gedrag vanzelf volgde. Uit jarenlang onderzoek is echter gebleken dat deze factoren slechts in beperkte mate onze voedselkeuzes beïnvloeden en dat keuzes vaak minder weloverwogen zijn dan gedacht. In werkelijkheid volgen voedselkeuzes veelal uit gewoonten of routines. En dit gewoontegedrag laat zich lastig doorbreken; zelfs als mensen wel de intentie hebben om gezond en duurzaam te eten. Voedselkeuzes kunnen ook niet los gezien worden van de sociale of fysieke context waarin ze gemaakt worden.

Voor het maken van voedselkeuzes gebruiken mensen hun intuïtie en vuistregels. Hierbij maken consumenten voortdurend gebruik van shortcuts in besluitvorming, wat betekent dat ze slechts een deel van alle relevante en beschikbare informatie in de beslissing voor een bepaald product meenemen. Consumenten trekken hierdoor slechts op basis van subtiele signalen een conclusie over wat de 'beste' keuze is. Dit kan zijn door te kiezen wat de meerderheid ook kiest (denk aan het laatste pak koekjes in het schap) of het aanbevolen menu in een restaurant (de 'Chef's special'). Ook al ben je je hiervan niet altijd bewust, dergelijke signalen sturen voedselkeuzes.

De mate waarin onbewuste en onberedeneerde processen voedselkeuzes bepalen, varieert echter tussen personen en situaties. Daarbij worden deze processen ook weer beïnvloed door de omstandigheden waarin mensen zich bevinden: financiële problemen, tijdsdruk of andere stressfactoren kunnen allemaal invloed hebben op de keuzes die we maken. Deze omstandigheden zorgen voor een zogenoemde cognitieve belasting, waardoor de capaciteit voor bijvoorbeeld gezonde of duurzame voedselkeuzes vermindert. En naast dergelijke individuele en sociale processen, moet men ook nog kiezen uit een immens voedselaanbod. Deze factoren tezamen maken voedselkeuzes zeer complex.

De verleidelijke voedselomgeving

De voedselomgeving – het aanbod van eten en drinken in onze leefomgeving – is de afgelopen decennia sterk veranderd. Wereldwijd is er een overproductie en intensieve marketing van goedkoop en sterk bewerkt voedsel. Het aantal voedselaanbieders is eveneens gestegen, waardoor we bijna op ieder moment van de dag toegang hebben tot eten. Dit beperkt zich niet tot supermarkten, speciaalzaken of restaurants: tegenwoordig is ook het station, de meubelboulevard, de boekwinkel of bouwmarkt een plek waar snacks en frisdrank worden aangeboden. Onderweg naar onze bestemming worden we bediend door benzinestations of railcatering. Thuis hoeven we niet eens onze stoel meer uit, want boodschappen en maaltijden worden met behulp van slimme technologie tot aan de keuken bezorgd. Recentelijk vonden we dat sommige Amsterdammers meer dan honderd bestelopties hebben via maaltijdbezorgservices.

Stedelijke gebieden waarin mensen geen verse voedingsmiddelen binnen handbereik hebben – zogenoemde *food deserts,* bekend uit de Verenigde Staten – kennen we in Nederland eigenlijk niet. In de stad kan iedereen op loop- of fietsafstand een voedselaanbieder bereiken die verse groente en fruit verkoopt. Men is voor de dagelijkse boodschappen niet afhankelijk van snackbars, kiosken of benzinestations. Verse, niet- of matig bewerkte producten delven echter vaak het onderspit, en vormen door de overvloed aan andere producten slechts een klein onderdeel van het totale productaanbod. In ons onderzoek vonden we dat Utrechtse middelbare scholieren tijdens de schoolpauze drie tot vier keer zo vaak snoepgoed, saucijzenbroodjes, croissantjes en chips konden kopen bij omliggende voedselaanbieders dan snackgroenten of fruit.

Los van het productaanbod, zijn er ook andere factoren die maken dat de voedselomgeving dikmakend, oftewel 'obesogeen', wordt genoemd. Over het algemeen geldt dat voedingsmiddelen met een lage voedingswaarde en van mindere kwaliteit goedkoper zijn dan producten met een hoge voedingswaarde en van hogere kwaliteit. Een gezond voedingspatroon is over het algemeen dus duurder dan een ongezond voedingspatroon. Daarbij zijn de portiegroottes van producten toegenomen. Niet alleen in de Verenigde Staten, ook in Nederland is deze trend, hetzij in mindere mate, geconstateerd. Waar in de jaren vijftig de grootste fles frisdrank 'slechts' 0,75 liter bedroeg, is dit tegenwoordig het dubbele. Met een gemiddeld burgermenu bij de bekendere fastfoodoutlets zit je zo aan de helft van de dagelijkse aanbevolen hoeveelheid energie.

Los van de prijzen en porties van voedingsmiddelen worden energierijke producten flink gepromoot. Bijna driekwart van de aanbiedingen in Nederlandse supermarkten past niet in de Schijf van Vijf. Uit onderzoek blijkt dat vlees, kip en vleesproducten het vaakst in de aanbieding in Nederlandse supermarkten zijn, gevolgd door alcoholische dranken en gebak en koek. Fruit, groente, peulvruchten en vleesvervangers worden ook wel gepromoot, maar in mindere mate. Ter illustratie: gedurende een periode van twee maanden in 2018 waren er in Nederlandse supermarkten tien keer zo veel aanbiedingen voor vlees, kip en vleesproducten dan voor vegetarische en veganistische producten.

Ook de positionering van producten in de supermarkt, bijvoorbeeld op ooghoogte, geplaatst aan de kopse kant van het schap of in speciale promotiebakken, maakt dat mensen producten vaker kiezen dan wan-

Figuur 36. Het aanbod in de supermarkt kan overweldigend zijn. Foto: Jelle Goossens.

neer deze ergens anders staan opgesteld. Daarbij heeft de voedingsindustrie een marketingbudget van miljarden euro's om de herkenbaarheid, aantrekkingskracht of consumptie van hun producten te vergroten. Voedselmarketing wordt ingezet op verpakkingen, via tv-reclames, geschreven media of buitenreclames, denk aan bushokjes. Met de komst van het internet en daaruit voortgekomen websites, sociale media, vlogs en games wordt voedselmarketing tegenwoordig ook veelvuldig online ingezet, waardoor ook in de onlineomgeving voedselverleidingen niet meer weg te denken zijn.

De fysieke voedselomgeving staat ook niet los van sociale contexten. Snackbars staan vaker in wijken met veel inwoners met een lagere sociaal-economische positie dan in wijken met een hogere sociaal-economische positie. Tot op heden bestaat er echter nog geen eenduidig beeld van de samenhang tussen het aantal voedselaanbieders in een wijk en de voedselconsumptie of gezondheid van inwoners in die wijk, al zijn hiervoor wel aanwijzingen. Daarbij zijn er tal van onderliggende processen mogelijk die ten grondslag liggen aan de relatie tussen het voedselaanbod en voedselkeuzes. Zo ontdekten wij recentelijk dat naar mate het aantal fastfood verkooppunten in een buurt groter was, het ook gebruikelijker en normaler werd gevonden dat er in die buurt fastfood werd gegeten.

Van productkenmerken is er al meer bekend wat betreft hun invloed op voedselkeuzes. Naast de smaak van het product, is de prijs een van de belangrijkste motivaties in productkeuzes. Koopjes en aanbiedingen motiveren mensen dus om te kopen. Verschillende studies naar kindermarketing, zoals het gebruik van populaire cartoons, laten zien dat wanneer kinderen hieraan worden blootgesteld, hun voorkeur en keuze voor deze producten groeit. Ook door het serveren van grotere porties eten mensen meer. Internationaal onderzoek toonde aan dat porties invloed hebben op de persoonlijke norm over wat een normale hoeveelheid is om te eten. In ons eigen onderzoek vonden we dat wanneer mensen kleinere porties geserveerd kregen, zij verwachtten dat het normaal of gebruikelijk was dat andere mensen ook een kleinere portie zouden eten, wat ertoe leidde dat zijzelf ook minder aten. Hoewel er nog volop onderzoek wordt gedaan naar de processen die ten grondslag liggen aan de relatie tussen het voedselaanbod en voedselkeuzes, zouden we deze inzichten ook kunnen gebruiken om juist duurzame en gezonde keuzes te bevorderen.

Beter kiezen in een andere voedselomgeving?

Wereldwijd zijn er verschillende omgevingsinterventies onderzocht waarbij de gezonde keuze ook de gemakkelijke keuze werd gemaakt. Omgevingsinterventies die de 'keuzearchitectuur' van aankooplocaties veranderen, maar de keuzevrijheid van de consument niet inperken, kunnen mensen 'een duwtje in de goede richting' geven. Dit wordt ook wel nudging genoemd. Dit kan bijvoorbeeld worden gedaan door duurzame of gezonde producten op ooghoogte of vooraan in het schap te leggen of een grotere variatie aan gezonde producten ten opzichte van ongezonde producten aan te bieden. Het kan ook door bepaalde communicatiestrategieën te gebruiken om mensen in de juiste richting te sturen, zonder dat de minder gunstige keuze wordt verboden. Zo is bijvoorbeeld het effect van een *nudge* onderzocht, waarbij de onderzoekers aangaven hoeveel groente de gemiddelde klant tijdens het boodschappen doen kocht. Deze hoeveelheid werd gecommuniceerd via een placemat in de winkelkar. Het onderzoek liet zien dat klanten met deze speciale kar meer groente kochten dan de klanten die met een reguliere winkelkar boodschappen deden.

Naast het aanpassen van de keuzearchitectuur van aankooplocaties kan de overheid structurele, universele beleidsmaatregelen doorvoeren. Dit kan deels op lokaal niveau, door de ruimtelijke ordening zo te plannen dat een gezonde fysieke leefomgeving wordt gecreëerd. De invloed van lokale overheden op het voedselaanbod in winkels en horeca is echter beperkt; het sturen daarvan vergt een nationale aanpak.

Met het Nationale Preventieakkoord is in 2018 een eerste stap gezet en zijn er doelen voor een gezondere voedselomgeving opgesteld. Als onderdeel hiervan is in 2019 het nieuwe voedingslogo 'Nutriscore' aangekondigd. Dit logo staat op de verpakking en maakt in één oogopslag duidelijk hoe gezond een product is. Tegelijkertijd zal dit logo op zichzelf geen gezonde en duurzame keuzes realiseren. Het kan wel onderdeel uit maken van een breder pakket aan maatregelen die gezonde keuzes gemakkelijker maken, zoals het inperken van voedselmarketing, het subsidiëren van gezonde producten als groente en fruit, of het belasten van ongezondere producten zoals frisdrank of rood vlees. Dergelijke maatregelen zijn echter minder vrijblijvend dan de hiervoor genoemde nudges, en los van de effectiviteit op gezonde voedselaankopen, spelen andere belangen een rol in het al dan niet doorvoeren in de praktijk; denk bijvoorbeeld aan de politieke wind in Den Haag, publieke opinie en lobbywerk vanuit de industrie.

Om de groeiende wereldbevolking op een gezonde en duurzame manier te voeden, moeten we meer gebruikmaken van huidige kennis en inzichten. Zorg dat mensen van jongs af aan de juiste kennis en voedselvaardigheden opdoen, zodat zij gezonde en duurzame gewoontes ontwikkelen. Door dit op jonge leeftijd aan te leren is het gemakkelijker het op latere leeftijd vol te houden. Leg niet alle verantwoordelijkheid voor een gezond en duurzaam voedingspatroon bij de consument, maar zorg ook dat de fysieke en onlineomgeving gezond en duurzaam gedrag aanmoedigt. Nu moet een consument zich door een supermarkt waden waar meer dan 75 procent van het aanbod niet in de Schijf van Vijf past en klanten worden gelokt door aanbiedingen op vlees. Wat zou er gebeuren als je dit verandert en zorgt dat 75 procent van het aanbod juist vers en gezond is en het vega-assortiment veelvuldig in de aanbieding doet? Door dit soort interventies in het gehele systeem is het mogelijk om tot een transitie naar een gezonder en duurzamer voedselsysteem te komen.

30

Gezond eten in moeilijke omstandigheden

Elise Talsma & Inge Brouwer – *Voedingswetenschappen*

Gezond eten is belangrijk voor onze gezondheid. In Nederland vertelt de Schijf van Vijf ons wat gezond eten inhoudt. In landen met lage en middeninkomens is dit een heel ander verhaal. Voedselsystemen daar zijn vaak niet in staat om gezonde voeding te leveren. Hoe moeten voedselsystemen veranderen zodat de arme bevolking toch nutriëntrijk, divers, veilig en duurzaam kan eten?

Voedingsproblemen omvatten zowel ondervoeding en tekorten aan mineralen en vitamines als overvoeding. Elk land in de wereld heeft te maken met een of meerdere vormen van deze voedingsproblemen. Wereldwijd zijn er op dit moment 820 miljoen mensen die te weinig voedsel hebben om aan hun energiebehoefte te voldoen, en dit aantal neemt sinds 2015 helaas weer langzaam toe. Daarnaast zijn er 2 miljard mensen in de wereld met overgewicht of obesitas en 2 miljard met tekorten aan micronutriënten zoals vitamine A, ijzer, jodium en zink. Hoewel er een afname is van het aantal kinderen onder de vijf jaar met achterblijvende groei, zijn dit nog steeds ruim 150 miljoen kinderen. Daarnaast hebben ruim 50 miljoen kinderen onder de vijf jaar acute ondervoeding. Verder wordt overgewicht ook een steeds een groter probleem bij kinderen, en zijn er wereldwijd ruim 38 miljoen kinderen onder de vijf jaar met overgewicht of obesitas. In lage- en middeninkomenslanden is het algemene voedingsprobleem steeds vaker een combinatie van deze verschillende vormen.

Ondervoeding is met name een probleem voor risicogroepen, zoals kinderen onder de vijf jaar, adolescenten, zwangere vrouwen en ouderen. Maar ook mensen die leven in armoede, met droogte en overstromingen en in conflictgebieden zijn vaak ondervoed. Ondervoeding is verantwoordelijk voor 45 procent van de kindersterfte onder de vijf jaar en vindt voornamelijk plaats in lage- en middeninkomenslanden, zoals Oeganda, Guatemala en Indonesië. De voedingsstatus van pasgeboren kinderen is direct gerelateerd aan de voedingsstatus van de moeder voor, tijdens en na de geboorte. Deze ondervoeding leidt vaak tot ziektes en speelt een rol in de motorische en cognitieve ontwikkeling van het kind. Kinderen met ondervoeding hebben een zwakker immuunsysteem, zijn vaker ziek en groeien niet uit tot hun volle potentie, met als gevolg mindere schoolprestaties. Zo draagt ondervoeding bij aan een vermindering van de economische groei in een land en houdt het armoede op belangrijke wijze in stand.

Naast ondervoeding heeft overvoeding ook grote nadelige gevolgen voor de volksgezondheid en veroorzaakt het jaarlijks 4 miljoen doden wereldwijd. Ook verhoogt overvoeding de kans op het krijgen van niet-overdraagbare ziekten, zoals hart- en vaatziekten, kanker en diabetes type 2, die niet alleen in rijke, maar ook in lage- en middeninkomenslanden steeds meer voorkomen. Gezonde voeding is hiermee een belangrijke voorwaarde voor gezondheid en welbevinden. Het verbeteren van voeding wordt dan ook internationaal als een van de belangrijkste strategieën gezien om bovengenoemde ziektes en sterfte te voorkomen.

Gezonde voeding: wat is dat en hoe veranderen voedingspatronen?

De Wereldgezondheidsorganisatie van de Verenigde Naties (WHO) heeft op basis van wetenschappelijke inzichten beschreven dat gezonde voeding aan vier voorwaarden moet voldoen. Voeding moet in de eerste plaats adequaat zijn wat betreft energie en nutriënten, waarbij adequatie afhankelijk is van leeftijd, geslacht, fysieke activiteit en levensfase. Ten tweede moeten de nutriënten gehaald worden uit verschillende voedingsproducten: een gezond dieet is een divers dieet. Ten derde moeten bepaalde voedingsproducten met mate gegeten worden, zoals suikers, verzadigde vetten, alcohol en zout. En als laatste moet voeding veilig zijn, dat wil zeggen vrij van schadelijke (chemische) stoffen en pathogenen zoals bacteriën en virussen.

In het algemeen geldt dat een gezond voedingspatroon voldoende groente en fruit, volkoren graanproducten, bonen en peulvruchten, noten en zaden, en dierlijke producten als vlees, zuivel en vis bevat. Daarbij is het belangrijk om suikers en zout te verminderen en niet meer dan 30 procent van je energie uit vet te halen. Voldoende water drinken en actief zijn hoort ook bij een gezonde levensstijl. Naast gezondheidsoverwegingen, spelen ook milieufactoren een steeds grotere rol in de aanbevelingen voor gezonde voeding. Dierlijke producten hebben een sterk negatieve invloed op het milieu, maar zijn tegelijkertijd rijk aan micronutriënten zoals ijzer, zink en vitamine B12, die we nodig hebben in ons dieet. In hoge-inkomenslanden zou een gezonde voeding best zonder of met weinig dierlijke producten kunnen, omdat er genoeg andere voedingsmiddelen zijn zoals bonen en plantaardige, verrijkte vleesvervangers die de inname van deze micronutriënten veiligstellen en zo de milieu-impact verminderen. In lage-inkomenslanden is het voedselpatroon vaak veel eenzijdiger en worden dierlijke producten al weinig gegeten. Het weglaten van dierlijke producten vanwege milieuoverwegingen zou in deze landen voor tekorten kunnen zorgen en een gezond dieet zou daarom juist meer dierlijke producten moeten bevatten.

Voedingspatronen veranderen in de hele wereld snel, en deze veranderingen kunnen zowel positief of negatief zijn. Gedreven door verstedelijking en inkomensgroei is wereldwijd de consumptie van gezonde voedingsmiddelen gestegen, maar ook wordt er meer en meer ongezond voedsel gegeten, zoals rood vlees, bewerkt vlees, vet, suiker en zout, die de gezondheid negatief kunnen beïnvloeden. Deze veranderingen zijn niet hetzelfde voor elke regio. Zo worden in veel Afrikaanse landen beneden de Sahara relatief weinig volkoren granen, vis, en noten gegeten, terwijl de stijging in de consumptie van fruit, groentes en melk achterblijft. Daarnaast is in deze landen ook een toename te zien van de consumptie van ongezonde voedingsmiddelen, hoewel minder dan in bijvoorbeeld Azië en Latijns-Amerika. In Zuidoost-Azië is er juist een sterke stijging van consumptie van volkoren granen, vis en melk. Opvallend is dat Oost-Azië de enige regio is waar de consumptie van rood vlees groeit, terwijl bijvoorbeeld in Afrika de consumptie van rood vlees juist daalt. De consumptie van verwerkt vlees neemt wel overal toe.

Deze verschuivingen hebben consequenties voor de voedselkwaliteit. Dierlijke producten, fruit en groentes zijn namelijk voedingsrijk, maar ook verantwoordelijk voor een groot deel van ziektes door contaminatie met bacteriën, virussen, parasieten, toxinen en chemicaliën. Het verschilt dus per regio en land wat er in voedingspatronen veranderd moet worden om gezonder te eten, en bij deze veranderingen moet rekening gehouden worden met eventuele negatieve effecten.

Veranderingen in voedingspatronen lopen vaak parallel aan de veranderingen in voedselsystemen. In een voedselsysteem op het platteland eten mensen vaak lokaal geproduceerd of in de omgeving verzameld voedsel, aangevuld met producten van lokale informele markten. Vaak is er sprake van hongerseizoenen: periodes in het jaar waarin de oogst al is opgegeten voordat de volgende oogst binnen is, wat leidt tot ondervoeding en tekorten aan mineralen en vitamines. Industrieel verwerkte voedingsmiddelen worden in deze rurale voedselsystemen nauwelijks gegeten. Wanneer dergelijke voedselsystemen verder moderniseren, wordt de rol van formelere markten zoals supermarkten groter. De diversiteit van het voedselaanbod is groter en constanter gedurende het jaar. Maar ook het aanbod van ongezond voedsel wordt groter.

Welk voedsel gegeten wordt, is vooral afhankelijk van de prijs van het voedsel, maar ook het gemak van de bereiding. Gezonde voedingsmiddelen zijn vaak duurder dan ongezonde voedingsmiddelen. Door stijgende inkomens en veranderingen in levensstijl wordt verwacht dat de consumptie van vlees, verwerkt voedsel, gemaksvoedsel, straatvoedsel en fastfood sterk zal stijgen, met name in steden. Maar wanneer inkomens laag zijn, bijvoorbeeld in sloppenwijken van grote steden, zullen mensen vaker op zoek gaan naar goedkopere voedingsmiddelen gebaseerd op granen, vet en suiker, en laten ze de voedingsrijke producten zoals fruit en groentes staan. In combinatie met minder beweging hebben deze keuzes belangrijke gevolgen voor zowel het ontstaan van tekorten in mineralen en vitamines als van overgewicht en zelfs obesitas. Deze veranderingen, die meestal alleen geassocieerd worden met hoge-inkomenslanden en steden, zijn nu ook steeds meer te zien in plattelandsgebieden van lage- en middeninkomenslanden.

Gezond eten is meer dan weten

Wat mensen eten is van veel factoren afhankelijk, zoals welk voedsel wordt geproduceerd, welk voedsel beschikbaar is op markten en in supermarkten, de kosten van voedingsmiddelen en de voedselvoorkeuren van consumenten. Deze factoren verschillen van land tot land. Om te weten wat gezond eten nu precies betekent in verschillende landen, is het nodig om de algemene richtlijnen voor gezond voedsel, zoals ontwikkeld door de WHO, te vertalen naar de specifieke situatie in het land. Dit zijn vaak ingewikkelde wetenschappelijke en politieke processen waarbij veel verschillende organisaties betrokken zijn.

Vaak bestaan deze richtlijnen uit een set van specifieke adviezen gecombineerd met een grafische weergave zoals een voedselpiramide. In Nederland hebben we bijvoorbeeld de Schijf van Vijf, ontwikkeld door de Gezondheidsraad en het Voedingscentrum gebaseerd op de Nederlandse situatie. Naast landelijke richtlijnen zijn er ook regionale richtlijnen, zoals de Scandinavische voedingsrichtlijnen die gelden voor Denemarken, Finland, IJsland, Noorwegen en Zweden, of de Latijns-Amerikaans richtlijnen. Maar niet ieder land of iedere regio heeft voedingsrichtlijnen. Volgens de Wereldvoedselorganisatie FAO hebben maar zeven Afrikaanse en zeventien Aziatische landen dergelijke voedingsrichtlijnen, waarvan een aantal incompleet is of geen gegevens bevat over aanbevolen hoeveelheden. Gezien het belang van dergelijke nationale richtlijnen voor het informeren van de bevolking over wat gezonde voeding is, maar ook voor het ontwikkelen van beleid en programma's ter verbetering van voeding en voor het herformuleren van voedselproducten tot gezondere varianten, is het nodig om landen te helpen eigen richtlijnen te ontwikkelen. Een dergelijk proces is nu bijvoorbeeld opgestart in Ethiopië, waarbij onder andere de WUR en het ministerie van Gezondheid in Ethiopië betrokken zijn.

Tegelijkertijd weten we ook dat het eten van gezonde voeding meer is dan weten wat een gezond voedingspatroon is. Mensen moeten niet alleen een gezonde keuze willen maken, maar ook in staat zijn om deze te kúnnen maken, en dat is van veel factoren afhankelijk. Deze factoren illustreren we aan de hand van drie voorbeelden uit ons onderzoek betreffende Nigeria, Vietnam en Ethiopië. In stedelijke gebieden in Nigeria worden maar weinig groentes gegeten en hoewel men weet dat groentes gezond zijn, vormt de beschikbaarheid op de markt en de tijd die nodig is om ze te bereiden een belemmering tot de consumptie ervan. Een interventie om schoongemaakte, gewassen en gesneden groentes in gekoelde vorm aan te bieden in de buurt van werkplekken kan mensen stimuleren om meer groentes te gaan eten.

In Vietnam worden groentes en fruit als een essentieel onderdeel van de maaltijd gezien door de stedelijke bevolking, maar de relatief hoge kosten en de twijfel aan de voedselveiligheid, gecombineerd met de beperkte mogelijkheden om zelf fruit en groentes te verbouwen en het gebrek aan vertrouwen in de verkopers, maakt dat er weinig fruit en groente wordt gegeten. In Ethiopië hebben adolescenten in de stad weinig zeggenschap over wat er gegeten wordt – moeders bepalen dat vaak – en wordt hun consumptie verder bepaald door het uiterlijk van de verpakking, de kosten en welke producten de winkels in het zicht staan. Daardoor kopen

Figuur 37. Aanbod van groente en fruit op een markt in Hanoi. Foto: Elise Talsma.

adolescenten vaker suikerhoudende dranken, snoep en gefrituurd voedsel van hun zakgeld, en geen fruit. Willen we in deze situaties het dieet verbeteren, dan is er meer nodig dan alleen het vergroten van kennis en zijn er interventies nodig op een breder gebied.

De vraag rijst dan welke interventies nodig zijn om ondervoeding en overvoeding te voorkomen. De meest veelbelovende voedingsinterventies zijn de promotie van borstvoeding, goede bijvoeding (om lengtegroei te verbeteren), behandeling van acute ondervoeding met kant-en-klare therapeutische producten (reductie van 55 procent van de kindersterfte), en verrijking van voeding of het geven van supplementen met micronutriënten zoals zink, ijzer en vitamine A (reductie van 10 procent van de kindersterfte).

Als dit volledige pakket aan interventies universeel toegepast zou worden, zou ongeveer een kwart van de kindersterfte onder de drie jaar voorkomen worden en vertraagde lengtegroei met een derde teruggedrongen worden. Maar dit is niet voldoende. Om een verdere terugdringing van ondervoeding én overvoeding te bereiken, moeten voedselsystemen zodanig veranderen dat het verkrijgen van gezonde voeding ondersteund wordt. Dit vraagt een andere, meer systemische, manier van denken, plannen, uitvoeren en samenwerken met een grote groep van organisaties uit verschillende disciplines.

Het vraagt ook om het identificeren van de belangrijkste knelpunten in het voedselsysteem die een gezondere voeding in de weg staan. Landbouwinterventies hebben bewezen tekorten aan vitamine A en ijzer terug te kunnen dringen door te kiezen voor gewassen die hier van nature meer van bevatten, zoals oranje zoete aardappel en gierst. Over het algemeen is er voldoende bewijs dat het opnemen van voedingsdoelstellingen in landbouwprojecten leidt tot een verbetering van het dieet, vooral als dit gecombineerd wordt met voedings- en gezondheidsvoorlichting, hygiënemaatregelen, verrijkte producten voor moeders en kinderen en een verbetering van de status van vrouwen.

Om voedingspatronen gezonder te maken zijn er dus interventies nodig vanuit meerdere perspectieven dan alleen vanuit de gezondheidszorg, en deze moeten nauwkeurig afgestemd worden op de lokale context zodat ze passen bij de cultuur, de economische situatie en de voedselomgeving.

31

Van kiloknallers naar eerlijke prijzen voor duurzame producten

Willy Baltussen, Geert Woltjer & Katja Logatcheva
– *Markt- en Ketenonderzoek*

Lage voedselprijzen lijken ideaal, maar hierin zijn allerlei kosten voor de samenleving niet verwerkt. Het is daarom beter om bij de productie en consumptie rekening te houden met deze maatschappelijke kosten. Daarnaast is het essentieel dat partners in voedselketens tevreden zijn over de verdeling van de kosten en baten van verduurzaming en een eerlijke prijs krijgen voor hun producten.

Nederlanders zijn opgevoed met het idee dat je gek bent als je geen gebruikmaakt van lage prijzen voor voedsel. Er is geen tekort aan voedsel en de minimumkwaliteit ligt via wetgeving vast, dus waarom zouden we meer moeten betalen? Supermarkten spelen hierop in door reclame te maken voor speciale prijsacties, denk bijvoorbeeld aan de zogenoemde kiloknallers of twee voor de prijs van één. Hier maken Nederlanders massaal gebruik van.

Iedereen blij, zal je wellicht denken. Dat is helaas niet het geval. Door de lage prijzen ontstaat bij de consument het idee dat voedsel echt goedkoop is. In werkelijkheid gebruiken producenten allerlei methoden om voedsel zo goedkoop te kunnen produceren die slecht zijn voor de samenleving, maar waar de consument niet voor hoeft te betalen. Met name het milieu is hier de dupe van. Deze afwenteling van kosten komt ook duidelijk naar voren in actuele discussies over klimaattafels, stikstofproblematiek en biodiversiteit. Het probleem is echter dat als boeren proberen om duurzamer te produceren, hun producten te duur worden en dat het einde zou kunnen betekenen van hun bedrijf.

Ook het probleem van voedselverspilling is exemplarisch voor het beeld dat wij van de waarde van voedsel hebben. Het is toch niet erg als je iets weggooit wat heel goedkoop is? Dat is het echter wel als je bedenkt hoeveel energie en grondstoffen zijn gebruikt om het weggegooide voedsel te maken, en welke invloed de productie heeft gehad op het milieu. Kortom, lage voedselprijzen zijn absoluut geen zegen als we bedenken dat wij als gemeenschap en onze toekomstige generaties opdraaien voor de schade die door de productie van ons voedsel is veroorzaakt.

Om te weten welke maatschappelijke kosten ontstaan door de niet-duurzame productie van goedkope producten, is het zinvol om de 'echte prijzen' te berekenen. Deze prijzen geven inzicht in de werkelijke maatschappelijk kosten van voedsel. Daarnaast toont dit hoofdstuk hoe we tot eerlijkere prijzen in voedselketens kunnen komen, zodat partijen rechtvaardig beloond worden als ze extra gaan verduurzamen. Inzicht in de echte prijzen van voedsel zorgt ervoor dat producenten en consumenten beter omgaan met ons voedsel, waardoor uiteindelijk minder grond nodig is, het milieu minder wordt belast en consumenten een gezonder leven kunnen leiden.

De echte prijs voor inzicht in maatschappelijke effecten

Voedsel produceren en consumeren zonder enige nadelige gevolgen voor mens en omgeving is onmogelijk. Wat in veel gevallen wel kan, is de productie en consumptie zodanig aanpassen dat de gevolgen voor onze samenleving en het milieu fors kleiner worden. Deze omwenteling is weergegeven in onderstaande illustratie (figuur 38). Links staan de kosten voor de samenleving en het milieu van huidige productiemethoden. Rechts zien we hoe door verhoging van de productiekosten, die in de winkelprijs tot uitdrukking komen, de totale maatschappelijke kosten van het product een stuk lager worden. In de illustratie is onderscheid gemaakt tussen milieukosten en sociale kosten. Milieukosten bestaan bijvoorbeeld uit de kosten van klimaatverandering, bodem- en grondwaterverontreiniging en aantasting van biodiversiteit. Bij sociale kosten kan gedacht worden aan de negatieve effecten op gezondheid, productiepersoneel, kinderarbeid of zelfs gedwongen arbeid. Door deze effecten in euro's uit te drukken kunnen we de maatschappelijke gevolgen beter vergelijken.

Het is belangrijk de externe kosten bovenop de winkelprijs op te splitsen naar milieukosten en sociale kosten. Dat maakt zogenaamde trade-offs – afwegingen tussen verschillende effecten – zichtbaar. Zo kan meer aandacht voor het milieu bijvoorbeeld leiden tot hogere sociale kosten, of, omgekeerd, het beperken van sociale kosten zoals slechte arbeidsomstandigheden tot hogere kosten voor het milieu. Helaas is het dus zelden zo dat verduurzaming betekent dat alle maatschappelijke gevolgen verbeteren.

Stel dat we over vijf tot tien jaar voor alle producten de echte prijs weten: wie kan hier dan wat mee doen? Ten eerste zouden producenten de productie zodanig kunnen aanpassen dat de echte prijs sterk daalt, door bijvoorbeeld de milieu- en sociale kosten te beperken. Inkopers bij supermarkten, horeca, catering en overheid zouden vervolgens hun kunnen inkoopvoorwaarden aanpassen, zodat niet alleen de marktprijs en kwaliteit meetellen in de beoordeling, maar ook de kosten die de samenleving

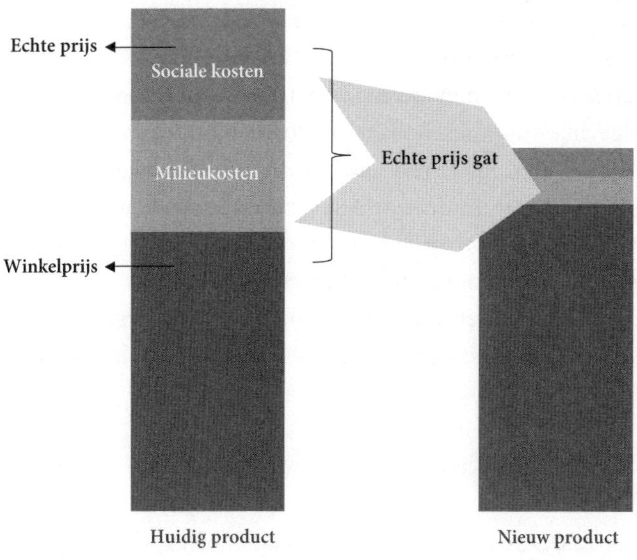

Figuur 38. De echte prijs van voedsel nu en in de toekomst. Bron: WUR en True Price (2020).

moet dragen. De overheid kan de echte prijs bovendien gebruiken om de discussie met marktpartijen over verduurzaming met cijfers te onderbouwen. Grote organisaties binnen overheid en bedrijfsleven kunnen de echte prijs ook meenemen in hun eigen inkoop. Dergelijke organisaties houden bijvoorbeeld regelmatig tenders voor de levering van koffie voor het personeel, waarbij smaak en prijs per kop koffie een belangrijke rol spelen. Het is een kleine stap om de echte prijs als extra criterium mee te nemen, waardoor ook duurzaamheid onderdeel wordt van de inkoopbeslissing.

Ook consumenten hebben profijt van meer inzicht in de echte prijs. Ieder kan dan voor zichzelf bepalen of ze willen bijdragen aan een duurzame productie en consumptie. Over de wijze waarop je deze echte prijzen het beste communiceert is nog meer onderzoek nodig. In de praktijk zien we voorbeelden als de True Price Store in Amsterdam, waar je naast de winkelprijs ook de echte prijs kunt afrekenen. Deze meerprijs besteedt de winkel vervolgens aan maatschappelijke thema's zoals klimaat en onderbetaling van personeel in arme landen. Een ander voorbeeld is Shell, waar je de klimaatimpact kunt afkopen aan de pomp, of Questionmark – een app die aan de hand van de streepjescode producten beoordeelt op duurzaamheid en gezondheid.

Vaak kunnen private partijen alleen niet het gebrek aan duurzaamheid oplossen. Op basis van informatie over de echte prijzen kan de overheid echter meer duurzaamheid gaan stimuleren, door bijvoorbeeld regelgeving, subsidies, korting op btw of extra belastingen. Discussies over de invoering van een suikertaks of een vleestaks passen hier goed bij. De informatie die door de berekening van echte prijzen boven water komt kan dus door producenten, overheden en consumenten worden gebruikt om tot duurzamere beslissingen te komen en hiermee de voedselproductie en -consumptie zelf ook duurzamer maken. Deze transitie zal het snelst verlopen als alle partijen hun beste beentje voor zetten.

De eerlijke prijs voor verduurzaming

Helaas zit de maatschappij minder eenvoudig in elkaar dan hierboven is geschetst. Voedselketens bestaan uit verschillende schakels, en een ondernemer die besluit een duurzaam product te maken heeft niet de garantie dat hij of zij hiervoor wordt beloond. Sterker nog, de meeste Nederlandse boeren vinden dat ze aan steeds meer maatschappelijke eisen moeten voldoen terwijl dat niet in de opbrengstprijs die zij ontvangen tot uiting komt. Met andere woorden, veel boeren vinden dat ze geen eerlijke prijs krijgen voor het voedsel dat ze elke dag produceren.

Is de 'oneerlijke prijs' voor boeren de schuld van de supermarkten, zoals de media vaak beweren? Dit is slechts gedeeltelijk waar. Supermarkten zijn groot en machtig en sturen inderdaad sterk op de prijs, wat we als consumenten ook graag zien. Toch gaat maar een beperkt deel van de Nederlandse producten daadwerkelijk naar Nederlandse supermarkten. Veel producten gaan naar het buitenland of naar andere afzetkanalen, zoals horeca en catering. Ook binnen de verwerkende industrie zijn er grote bedrijven met veel kennis en macht. Denk bijvoorbeeld aan Royal Friesland Campina voor zuivel, VION voor varkensvlees, Plukon voor pluimveevlees of VanDrie Group voor kalfsvlees. Dat zijn vaak de directe afnemers van de boeren, niet enkel de supermarkten. Zowel de supermarkten als de verwerkende industrie hebben dus macht, maar leidt dit ook tot machtsmisbruik? Tot dusver hebben we hier geen aanwijzingen voor.

Duurzamer voedsel is haalbaar als alle partijen in de keten daar een eerlijke prijs voor krijgen. Er zijn drie wegen die kunnen bijdragen tot een eerlijkere prijs voor partijen in de keten (figuur 39). De eerste manier is dat er in gesloten ketens intensief samengewerkt wordt op productie, kwaliteit, verduurzaming en verdeling van kosten en baten. In gesloten ketens is een selectieve groep bedrijven verantwoordelijk voor de productie en afzet van producten. Agrarische ondernemers mogen relatief ver gaan in onderlinge coördinatie van productie en afzet, omdat ze een uitzondering vormen binnen de wettelijke mededingingsregels. Voor andere schakels is zoiets verboden. Wel moeten zij dan aan enkele voorwaarden voldoen, zoals een erkende producentenorganisatie oprichten. De keerzijde hiervan is dat ondernemers een deel van de besluitvorming moeten overdragen aan deze producentenorganisatie en het dus niet meer zelf voor het zeggen heeft. De Nederlandse zuivelcoöperaties en telerverenigingen in de groente- en fruitsector zijn hier voorbeelden van. De zogenoemde clubrassen in de fruitteelt laten zien dat deze strategie kan werken. Bij clubrassen mag namelijk slechts een beperkte groep telers een beperkte hoeveelheid van een bepaald ras appels telen, waardoor het aanbod beperkt blijft en de prijs voor deze appels relatief hoog is. Telers investeren fors in nieuwe appel- en perenrassen, die ze door dergelijke productiebeperking via de prijs kunnen terugverdienen.

De tweede manier om inkomens van agrarische ondernemers te verbeteren is om juist in open ketens, op basis van duurzaamheidskeurmerken, te gaan verduurzamen. Een duurzaamheidskeurmerk is een instrument om op een transparante manier te laten zien aan welke extra duurzaamheidseisen het product voldoet. De kopers kunnen dan ervoor kiezen om deze extra duurzaamheid te belonen. Bij open certificaten kunnen agrarische ondernemers zelf kiezen of ze willen deelnemen, en als ze aan de eisen voldoen krijgen ze het keurmerk toegekend. Actuele keurmerken voor duurzamere productie in Nederland zijn bijvoorbeeld 'On the Way to PlanetProof' van de Stichting Milieukeur en het 'Beter Leven-Keurmerk' van de Dierenbescherming. Een nadeel is wel dat ondernemers vaak specifiek voor het verkrijgen van zo een keurmerk moeten investeren, maar dat de extra opbrengsten in de toekomst onzeker zijn. Als te veel ondernemers gaan deelnemen, kunnen

Hoe kom je tot een eerlijke prijs?
Mogelijke interventies ter verbetering inkomen boer, milieu, dierenwelzijn

Oplossing	**Voorbeelden**
In de markt	**Meer gesloten ketens:** Intensieve samenwerking voor verbeteren duurzaamheid en verdelen kosten & baten
	Meer open ketens: Inzet van keurmerken en andere breed toegankelijke 'checks & balances'
Vanuit de overheid	**Meer overheidsinstrumenten:** Landbouwsubsidie op natuurbeheer Belasting op negatieve milieu-effecten

Figuur 39. Wegen om inkomens van agrarische ondernemers te verbeteren. Bron: ABN Amro (2020).

ze elkaar gaan beconcurreren. Maar ook de bereidwilligheid bij de kopers om een meerprijs te betalen voor extra duurzaamheid kan lager worden.

Een derde manier om tot eerlijkere prijzen te komen is dat de overheid ingrijpt in de markt. Het toestaan van erkende producentenorganisaties is daar een voorbeeld van, of het verstrekken van landbouwsubsidies vanuit de EU voor vergroening. De overheden van Zwitserland en Noorwegen grijpen zelfs nog sterker in dan de EU, door de binnenlandse markt te beschermen door hoge importtarieven op voedsel te heffen. Bescherming van het landschap wordt zo betaald via subsidies en door hogere voedselprijzen. De Nederlandse overheid heeft in 2019 het wetsvoorstel Ruimte voor Duurzaamheidsinitiatieven ingediend, waarmee zij wil stimuleren dat alle partijen in de keten een verduurzamingslag maken door de extra eisen waar een groot deel van de keten achter staat, wettelijk op te leggen aan de hele keten. Een voorbeeld is een keteninitiatief zoals Kip van Morgen, die van de Autoriteit Consument & Markt door de mededingingsregels in 2015 geen goedkeuring heeft gekregen, maar nu wel een goedkeuring kan krijgen.

Ook al probeer je tot eerlijkere prijzen te komen, dit blijft ingewikkeld, omdat prijzen nu eenmaal bepaald worden door vraag en aanbod en dus sterk fluctueren. Wat een voedselproduct werkelijk kost, speelt op korte termijn nauwelijks een rol. Economen vinden prijzen oneerlijk als markten niet perfect werken, en dat is helaas eerder de standaard dan een uitzondering. Maar zelfs als markten goed werken, kunnen ketenpartijen de prijs oneerlijk vinden. Dit gevoel van oneerlijkheid kan bijvoorbeeld te maken hebben met het idee dat een andere partij meer profiteert van het product dan de ander, ook al krijgen zij een goede prijs. Ook kunnen partijen – denk bijvoorbeeld aan boeren – het als oneerlijk ervaren als de prijs niet in verhouding lijkt te staan met de inspanningen die geleverd zijn om het product te maken. Ook kan een goede prijs oneerlijk aanvoelen als je zonder enige onderhandelingsruimte hebt moeten tekenen voor een bepaalde prijs.

Het probleem van eerlijke prijzen komt steeds vaker naar voren in discussies over verduurzaming. Zeker voor producten als koffie, thee, cacao en tropisch fruit geldt dat de boeren nauwelijks een fatsoenlijk inkomen kunnen verdienen aan deze producten. In westerse landen hebben boeren daarentegen moeite om de extra kosten die met verduurzaming gepaard gaan terug te verdienen. De macht van de ketenpartijen lijkt daar een rol bij te spelen, maar andere factoren, zoals de internationale concurrentie, wet- en regelgeving, en de specifieke eigenschappen van agrarische productie, zoals seizoensinvloeden, spelen eveneens een belangrijke rol.

Eén ding is zeker: het objectief vaststellen van een eerlijke prijs voor voedselproducten is vrijwel onmogelijk. Het is wel mogelijk om samen met partijen in de voedselketen na te gaan hoe zij de kosten, baten en risico's van verduurzaming eerlijker kunnen verdelen. Dat kan zelfs voor welwillende partijen ingewikkeld zijn. Het vergt een vergaand vertrouwen in elkaar, het aangaan van langetermijnrelaties en het opengooien van je boeken ten behoeve van transparantie. Maar samenwerking en vertrouwen zijn wel de weg om van kiloknallers naar een echte en eerlijke prijs te komen.

DEEL 6

HIGHTECH

32

Hightech voedsel: zegen of vloek?

Tiny van Boekel – *Levensmiddelentechnologie*

Is technologie de moderne duivel in voedselland? Hightech in combinatie met voedsel roept bij veel mensen weerstand op. Er bestaat een romantisch beeld dat vers en natuurlijk voedsel goed zou zijn, en technologie dus per definitie slecht is. Dit hoofdstuk laat zien dat technologie wel degelijk van essentieel belang is in het vinden van oplossingen voor het wereldvoedselvraagstuk.

De oplossing voor het wereldvoedselvraagstuk lijkt in principe simpel: zorg dat er voldoende voedsel van hoge kwaliteit is voor iedereen. Helaas is dit in de praktijk nog lang niet haalbaar. Daar zijn allerlei redenen voor aan te voeren, zoals beschreven in andere bijdragen in dit boek, maar in dit hoofdstuk gaat het over de vraag of technologie een deel van de oplossing kan zijn.

Laten we eerst en vooral onderscheid te maken tussen voedsel en voeding. Deze twee begrippen worden namelijk, ten onrechte, vaak door elkaar gehaald. Voedsel bestaat uit producten die mensen eten. De voeding wordt bepaald door het geheel aan voedsel dat een persoon consumeert. De uiteindelijke voedingstoestand, en daarmee de gezondheid en het welbevinden van mensen, wordt bepaald door het totale pakket aan voedsel. Aangezien één product niet je gezondheid bepaalt, is het dus niet zo zinnig om te praten over gezond of ongezond voedsel. Het is zinniger om te spreken over gezonde en ongezonde voeding, want een eenzijdig eetpatroon heeft wél effect op je gezondheid.

Het wereldvoedselprobleem is dan ook veel meer dan alleen een kwestie van genoeg voedsel beschikbaar hebben, hoewel beschikbaarheid – ook wel voedselzekerheid genoemd – natuurlijk wel een eerste vereiste is. Naast voedselzekerheid is een tweede vereiste dat het beschikbare voedsel ook veilig moet zijn. Dit noemen we ook wel voedselveiligheid: je moet er op de korte en lange termijn niet ziek van worden. Een derde aspect is dat het beschikbare en veilige voedsel ook de elementen moet leveren waarmee een goede voeding bereikt kan worden. Dit is waar voedselkwaliteit en voeding bij elkaar komen.

De kwaliteit van voeding wordt voedingskundig gezien bepaald door de samenstelling: de nutriënten, eiwitten, vetten, koolhydraten, mineralen en vitamines. Daarnaast zijn zogenoemde non-nutriënten nodig, zoals vezels, bioactieve stoffen (anthocyanen, polyfenolen, glucosinolaten), stoffen die onze stofwisseling beïnvloeden en ook – heel belangrijk – de darmflora. In het laatste geval hebben we het over prebiotica (stoffen ter benutting door de darmflora) en probiotica (de micro-organismen zelf). Voedsel levert al deze nutriënten en aanverwante stoffen, maar niet elk voedingsmiddel doet dat in de gewenste hoeveelheden. Daarom is het van belang om gevarieerd te kunnen eten. Naast deze technische voedingskundige kwaliteit zijn er nog vele andere aspecten die een rol spelen, zoals eetkwaliteit (smaak, geur, kleur, textuur), culturele aspecten (denk aan voedsel als uitdrukking van leefstijl), religieuze voorkeuren en verpakkingen. Kwaliteit van voedsel is door deze combinatie van objectieve kwaliteitsaspecten en de subjectieve kwaliteitsbeleving van de consument een moeilijk begrip.

Tussen de begrippen voedselzekerheid, voedselveiligheid en voedselkwaliteit is een zekere hiërarchie te bespeuren. Zonder beschikbaar voedsel heeft praten over voedselveiligheid en voedselkwaliteit niet zo veel zin, en als het voedsel niet veilig is verliest het begrip voedselkwaliteit zijn betekenis. Deze drie aspecten tezamen duiden we ook wel aan met de term voedingszekerheid. Met deze begrippen in het achterhoofd kunnen we nu de vraag proberen te beantwoorden in hoeverre levensmiddelentechnologie kan bijdragen aan oplossingen voor het wereldvoedselvraagstuk.

Voedselzekerheid en technologie

Voedsel is bederfelijk: zonder maatregelen is het binnen de kortste keren bedorven. Een belangrijke oorzaak van bederf zijn micro-organismen: bacteriën, gisten, schimmels, virussen, amoeben. Tegenwoordig hebben we een scala aan technologische mogelijkheden beschikbaar om dit bederf tegen te gaan, onder andere door de betreffende micro-organismen af te remmen of zelfs geheel te elimineren. Koelen, pasteuriseren, steriliseren, fermenteren en drogen zijn nu standaardmethoden om voedsel houdbaar te maken, mits het goed is verpakt en bewaard na behandeling, hetgeen verpakken ook een belangrijke technologie maakt. Door het voorkomen van bederf dragen deze technologische ingrepen bij aan voedselzekerheid, en overigens ook aan het verminderen van voedselverspilling. Soms heeft bewerking, in het bijzonder verhitten, wel effect op voedselkwaliteit als bepaalde nutriënten beschadigd raken, maar meestal is deze schade vrij licht. Wetenschappelijk onderzoek is er namelijk op gericht om beschadiging zoveel mogelijk te beperken.

Figuur 40. Zonder maatregelen bederft vers voedsel binnen de kortste keren. Technologie kan voedsel langer houdbaar maken. Foto: Suzy Hazelwood.

Nieuwe methoden zorgen ervoor dat hetzelfde veiligheidsniveau te bereiken is met minder beschadiging aan nutriënten. Een goed voorbeeld is hogedrukbehandeling, waarbij door het levensmiddel onder heel hoge druk te brengen (enkele duizenden bars) schadelijke micro-organismen het loodje leggen terwijl belangrijke nutriënten niet beschadigd raken. Een ander voorbeeld is de technologie waarbij korte elektrische pulsen gedoseerd worden aan het levensmiddel, waardoor eveneens micro-organismen doodgaan en de nutriënten gespaard blijven. Een andere, relatief nieuwe manier om tot deze resultaten te komen is door middel van inventieve verpakkingstechnologieën. Zo kan door de gassamenstelling in een verpakking aan te passen de activiteit van micro-organismen en enzymen heel subtiel worden gestuurd, zodat voortijdig bederf wordt tegengegaan.

Houdbaarheid wordt ook mede bepaald door chemische, biochemische en fysische veranderingen in het levensmiddel zelf, bijvoorbeeld ten gevolge van oxidatie door zuurstof. Voedsel bevat bovendien vaak enzymen die chemische reacties enorm kunnen versnellen en daardoor bederf veroorzaken. Bewerkingen kunnen dan de enzymen die leiden tot bederf uitschakelen, zoals gebeurt bij het blancheren van groenten. Soms kunnen aanwezige enzymen ook actief worden ingezet om de kwaliteit te bevorderen, zoals bij kaasmaken of het kaken van haring. Met andere woorden: door geschikte bewerkingen te kiezen kunnen we reacties in een gewenste richting – zoals het voorkomen van bederf of juist het bevorderen van kwaliteit – beïnvloeden.

Het gebruik van E-nummers moeten we ook zien in relatie tot bewerkingen en conservering. E-nummers zijn aanduidingen van stoffen die door EFSA (European Food Safety Authority) veilig bevonden zijn en mogen worden toegepast in levensmiddelen. Deze stoffen zijn bedoeld om kwaliteit te behouden, zoals kleurstoffen tegen het vervagen van kleur, smaakstoffen om de eetkwaliteit op peil te houden, conserveermiddelen om microbieel bederf tegen te gaan, geleermiddelen om uitzakking of waterafscheiding tegen te gaan en antioxidanten om oxidatie tegen te gaan. E-nummers staan tegenwoordig in een kwaad daglicht omdat het voor sommige consumenten een teken is dat er met het levensmiddel ‘gerommeld’ is. Technologisch gezien hebben E-nummers dus echter een duidelijke functie, maar het blijkt vaak lastig om de consument hiervan te overtuigen.

Een heel andere manier waarop technologie bij kan dragen aan voedselzekerheid is door het beschikbaar maken van nieuwe grondstoffen, zoals zeewier, algen en insecten, en reststromen die anders als afval zouden worden beschouwd. Deze nieuwe grondstoffen zijn veelal niet direct eetbaar en moeten dus eerst worden bewerkt om dat voor elkaar te krijgen.

Een kritische vraag die gesteld kan worden in relatie tot voedselzekerheid is of technologietoepassingen niet leiden tot voedselverspilling, in de zin dat kostbare grondstoffen worden gebruikt om producten te maken die niet rechtstreeks aan mensen ten goede komen, of nauwelijks bijdragen aan een goede voeding. Een voorbeeld hiervan is het maken van veevoer uit plantaardige grondstoffen, terwijl mensen die grondstoffen – na bewerking – ook zouden kunnen eten. Zo bevat soja van nature stoffen die de spijsvertering remmen, en moet het om die reden worden verhit of gefermenteerd. Een belangrijk traject is om te onderzoeken of en hoe we eiwitrijke grondstoffen kunnen gebruiken als vleesvervangers. Ook dat is een bijdrage aan voedselzekerheid door grondstoffen efficiënter te gebruiken. Reststromen die niet meer geschikt zijn voor menselijke consumptie, kunnen na bewerking namelijk vaak nog wel geschikt zijn voor dierlijke consumptie.

Voedselveiligheid en technologie

Naast voedselbederf kunnen de eerdergenoemde micro-organismen ook de gezondheid bedreigen via pathogenen. Dit gevaar voor de voedselveiligheid kunnen de micro-organismen zelf zijn of hun afscheidingsproducten, de zogenoemde toxines. Met de hierboven beschreven technologieën om bederf te voorkomen kunnen we meestal ook pathogenen onschadelijk maken. Dit geldt voor hun toxines niet altijd. Botuline bijvoorbeeld – het meest dodelijke gif dat we kennen – kan niet onschadelijk worden gemaakt door een behandeling. Het is dan ook zaak om te verhinderen dat de botulineproducerende organismen aanwezig zijn door het selecteren van goede grondstoffen en het betrachten van goede hygiëne. Ook het voorkomen van schimmelgroei dat leidt tot de productie van mycotoxines, waarvan het zeer kankerverwekkende aflatoxine een voorbeeld is, kan door technologische maatregelen worden voorkomen.

Voedselkwaliteit en technologie

Bewerkingen hebben onmiskenbaar een invloed op de voedingskundige kwaliteit. Door processen als verhitten en fermenteren worden nutriënten beter beschikbaar voor vertering. Vaak moet er dan wel een compromis worden gezocht tussen veiligheid en kwaliteit. Sommige processen die nodig zijn om voedselveiligheid te bereiken, kunnen namelijk een negatieve uitwerking hebben op nutriënten. Wetenschappers verrichten veel onderzoek naar nieuwe technologieën en optimalisatie van bestaande processen om dat compromis zo goed mogelijk uit te laten vallen. Verder zijn bewerkingen er ook op gericht om voedsel aantrekkelijk te maken voor consumenten wat betreft geur, kleur, smaak en textuur. In dat opzicht dragen ook deze bewerkingen bij aan kwaliteit.

Toch zijn de bijdragen van technologie aan voedselzekerheid, -veiligheid en -kwaliteit vanuit een consumentenperspectief lang niet allemaal zichtbaar. De keuzes die consumenten maken worden namelijk bepaald door subjectieve elementen, waaronder emotie. Perceptie is hierdoor bepalend voor een kwaliteitsoordeel; veel meer dan objectievere kwaliteitsaspecten als voedingswaarde en veiligheid. Het is dan ook belangrijk om de perceptie van de consument ten opzichte van levensmiddelentechnologie en voedselkwaliteit serieus te nemen.

Een ander aspect van kwaliteit dat recentelijk sterk aan belang heeft gewonnen is duurzaamheid. Gezien de toenemende wereldbevolking en de schaarser wordende natuurlijke hulpbronnen is er een nijpend probleem aan het ontstaan. De grootste uitdaging is hoe voedingszekerheid gerealiseerd kan worden voor de hele wereldbevolking op een duurzame manier; dat wil zeggen met optimaal gebruik van grondstoffen, hergebruik van reststromen (circulaire economie), rekening houden met biodiversiteit, behouden van waterkwaliteit en inzet van duurzame energiebronnen. Technologie kan in dit opzicht absoluut ook worden ingezet om de voedselvoorziening duurzamer te maken. Zo vindt er veel onderzoek plaats naar processen die minder energie-intensief zijn, grondstoffen beter benutten, minder water gebruiken en nieuwe grondstoffen geschikt maken voor menselijke consumptie. Schaalvergroting op basis van technologische innovatie kan uit oogpunt van efficiëntie zeker ook bijdragen aan verbeteren van duurzaamheid.

Deze beschouwing heeft vooral de positieve aspecten van technologie benadrukt. Er zijn echter ook nadelen te constateren die serieuze aandacht behoeven. Het valt niet te ontkennen dat technologisering van de voedselproductie heeft geleid tot vervreemding bij de consument. Voor een deel is dat te wijten aan gebrek aan transparantie van de voedselindustrie. Een ander probleem (met name in de westerse wereld) is het enorme aanbod, waardoor het voor de consument heel moeilijk is geworden om een gezonde voeding samen te stellen. Mede door de activiteiten van de voedingsmiddelenindustrie is een 'obesogene' omgeving ontstaan, waarbij mensen voortdurend verleid worden om overal en altijd maar te eten. Dat is uiteraard niet goed voor de gezondheid en duurzaamheid. We moeten dus werken aan manieren waardoor mensen weer op een gezonde en duurzame manier hun voeding kunnen samenstellen.

De industrialisatie en bijbehorende schaalvergroting hebben ook een aantal ethische aspecten naar voren doen komen. Dit is met name zichtbaar geworden in de bio-industrie en intensieve veehouderij. De opgetreden schaalvergroting heeft ook geleid tot monoculturen en verlies aan biodiversiteit, en overmatig gebruik van kunstmest en bestrijdingsmiddelen in de landbouw. Dit zijn belangrijke kwesties die we ook in beschouwing moeten nemen als het gaat over de toekomst van de levensmiddelentechnologie.

Technologie is van groot belang vanuit het oogpunt van voedselzekerheid, voedselveiligheid en voedselkwaliteit, oftewel voor onze voedingszekerheid. Bewerkingen zijn niet per definitie slecht, en vers is niet altijd het beste. Technologie kan een belangrijke rol spelen in de wereldvoedselvoorziening door voedsel veilig en houdbaar te maken en door nieuwe grondstoffen te benutten, met behoud van voedingskundige kwaliteit en eetgenot. Technologie maakt het echter ook mogelijk om producten te maken die weinig bijdragen aan een gezonde voeding. Dit is geen argument tegen technologie in het algemeen, maar meer een serieus teken van hoe de verworvenheden van levensmiddelentechnologie maatschappelijk niet altijd goed worden benut.

Tegelijkertijd moeten we ook constateren dat we de afgelopen jaren tegen nieuwe problemen zijn aangelopen, zoals verlies aan biodiversiteit, aanslag op het milieu en de draagkracht van de aarde, vervreemding van de consument, en een obesogene omgeving waarin een te groot aanbod aan levensmiddelen een aanslag vormt op de menselijke gezondheid. De oplossing ligt in de wijze waarop we bewerkingen zinvol in kunnen zetten in een circulaire economie, waarin we duurzaam voedsel produceren en voor iedereen een gezonde voeding kunnen realiseren.

33

Sleutelen aan fotosynthese

Mark Aarts, Herbert van Amerongen & Jeremy Harbinson
– *Erfelijkheidsleer en Biofysica*

De wereldvoedselproductie stagneert, terwijl door klimaatverandering en bevolkingsgroei de vraag naar landbouwproductie juist toeneemt. Het reservoir van gewaseigenschappen die verbeterd kunnen worden door plantenveredeling raakt langzamerhand uitgeput. De enige eigenschap die nog voldoende ruimte biedt voor verbetering is fotosynthese, de conversie van energie uit zonlicht naar chemische energie in koolhydraten. In dit hoofdstuk lichten we toe hoe dat bewerkstelligd kan worden.

Het aantal mensen op aarde neemt gestaag toe. De huidige schattingen zijn dat rond het jaar 2050 een maximum van circa 10 miljard mensen bereikt wordt, en dat dit aantal daarna weer geleidelijk zal afnemen. Om al deze mensen van eten te voorzien zal het beroep dat op de land- en tuinbouw gedaan wordt nog veel groter worden dan nu al het geval is. De verwachting is dat de voedselproductie zal moeten verdubbelen. Dat is op zichzelf al een hele opgave, maar daar komt nog bij dat de aarde geleidelijk opwarmt, waardoor het areaal dat gebruikt kan worden voor voedselproductie afneemt. Er zal dus meer voedsel geproduceerd moeten worden op minder grond bij een veranderend klimaat. Dit lijkt een welhaast onmogelijke opgave.

De groei van de wereldbevolking is echter niet van vandaag of gisteren. Al aan het einde van de achttiende eeuw waarschuwde de Britse econoom Thomas Malthus dat de groei van de voedselproductie, of eigenlijk de beschikbaarheid van alle hulpbronnen, de menselijke bevolkingsgroei niet zou kunnen bijhouden. Vroeg of laat zou dit tot een catastrofe moeten leiden: voedseltekort, hongersnood, (burger)oorlog en algehele teloorgang van culturele en sociale verworvenheden. Dat bleek gelukkig mee te vallen, maar de zorgen over voedselzekerheid zijn sinds die tijd in meer of mindere mate blijven voortbestaan. Deze continue zorg over de mogelijkheden om de voedselproductie gelijke tred te laten houden met de groeiende vraag naar voedsel, inspireerde de Amerikaanse landbouwkundige Norman Borlaug in de jaren veertig van de vorige eeuw tot de ontwikkeling van hoogproductieve nieuwe tarwevariëteiten. Deze variëteiten hadden nieuwe eigenschappen, waardoor ze beter bestand waren tegen ziektes en plagen, en vooral ook beter geschikt voor nieuwe landbouwproductiemethoden, grootschalige landbouwmechanisatie en de beschikbaarheid van kunstmest en gewasbeschermingsmiddelen. Als gevolg hiervan nam de wereldwijde productie van landbouwgewassen in de tweede helft van de twintigste eeuw enorm toe. We kenmerken deze periode nu als de Groene Revolutie.

Deze combinatie van nieuwe technologieën en geschikte rassen zorgde ervoor dat tot begin deze eeuw de jaarlijkse productie per hectare van de belangrijkste voedselgewassen – tarwe, rijst en mais – met ongeveer 2 procent per jaar toenam. Een groot deel van deze toename is te danken aan plantenveredeling: de genetische verbetering van gewaseigenschappen door kruisen van planten met goede eigenschappen en selectie van nakomelingen met een betere combinatie van eigenschappen dan de ouders. Door de ontwikkeling van DNA-technologieën, betere kennis van de genetica van de groei en ontwikkeling van planten, en meer kennis van hun resistentie tegen ziekten en plagen, is het mogelijk gebleken om telkens weer met nieuwe rassen te komen die nog meer opbrengen.

Aan deze comfortabele opbrengststijging lijkt echter langzamerhand een einde te komen, en met de constant toenemende vraag bij een afnemend productieareaal neemt de zorg weer toe dat de vraag naar voedsel groter wordt dan wat er geproduceerd kan worden. Juist nu we voor de opgave staan om de voedselproductie per hectare nog meer te laten stijgen, lijkt de veredeling ons in de steek te laten. We hebben dus een nieuwe Groene Revolutie nodig.

Fotosynthese: de motor achter leven op aarde

Om meer inzicht in te krijgen in de mogelijkheden om de gewasopbrengst toch verder te laten stijgen, is het goed ons te realiseren welke processen de opbrengst van een gewas bepalen. Planten, of we het nu over algen, mossen, varens, kruiden of bomen hebben, maken gebruik van fotosynthese om de energie van de zon, het licht dat op aarde terechtkomt, vast te leggen in biomassa (figuur 41). Het fotosyntheseproces is meer dan 2 miljard jaar geleden ontwikkeld door bacteriën en is in al die tijd niet bijzonder ingrijpend veranderd. Pigmenten vangen zonlicht op en gebruiken dat om elektronen en protonen vrij te maken die de energie leveren voor een cascade aan chemische reacties waarmee uiteindelijk zonne-energie vastgelegd wordt door de aanmaak van koolhydraten uit water en koolstofdioxide. Naast koolhydraten levert fotosynthese ook zuurstof op, hetgeen voor veel andere organismen essentieel is om te bestaan. Dit biologische proces vindt plaats in de bladgroenkorrels, kleine onderdelen in de cel met de pigmenten en eiwitten die essentieel zijn voor fotosynthese. Fotosynthese levert vrijwel alle energie die de mensheid nodig heeft voor het laten draaien van de economie. Naast voedsel en natuurlijke materialen voor constructie en

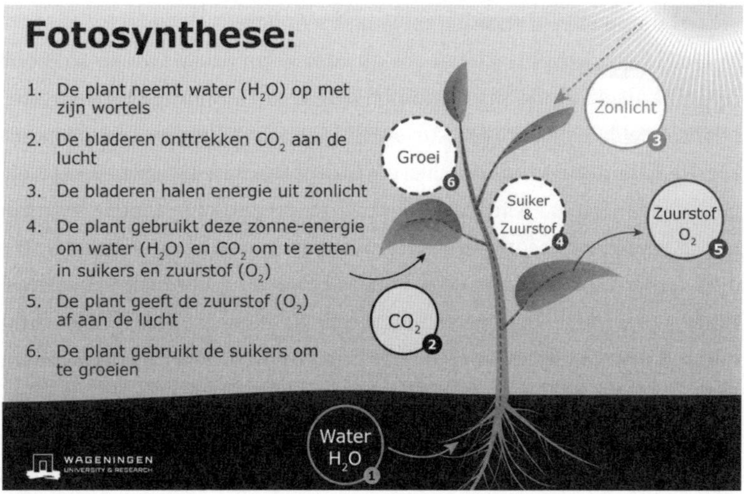

Figuur 41. Het proces van fotosynthese zorgt ervoor dat planten kunnen groeien. Bron: WUR, Communication Services, 2017.

brandstof, zoals hout, zijn ook aardolie en aardgas afkomstig van fotosynthese. Zonder fotosynthese zou het leven op aarde vele malen minder omvangrijk zijn dan nu, en zou de mens niet bestaan.

Gewassen groeien omdat ze naast water en koolstofdioxide voor fotosynthese ook voedingsstoffen zoals stikstof, fosfor, kalium en magnesium kunnen opnemen. Hierdoor kan de energie die vastgelegd wordt met fotosynthese gebruikt worden om bladeren, wortels, stengels, bloemen, vruchten, zaden en knollen te maken. Een aantal belangrijke factoren bepaalt het opbrengstpotentieel van een gewas. Allereerst wordt dit bepaald door de hoeveelheid licht die op de akker valt. Dit is min of meer een gegeven waar we niet veel aan kunnen veranderen. Waar we wel iets aan hebben kunnen veranderen zijn de efficiëntie waarmee de bladeren van het gewas dat licht opvangen en welk deel van de biomassa geoogst kan worden. Gewassen worden tegenwoordig zo vroeg mogelijk gezaaid, en in een dusdanige dichtheid, dat planten in zo kort mogelijk tijd zo veel mogelijk licht kunnen opvangen. Door de Groene Revolutie is duidelijk geworden dat een optimale vorm en ontwikkeling van de plant, de plantarchitectuur, de opbrengst per hectare enorm kan verhogen. Omdat plantarchitectuur goed te beoordelen is zonder ingewikkelde analyses, was veredeling voor ideale plantarchitectuur heel effectief, waardoor de groei en ontwikkeling van veel van onze voedselgewassen inmiddels vrijwel optimaal zijn voor het opvangen van licht.

De Groene Revolutie heeft er ook voor gezorgd dat we een zo groot mogelijk deel van de plant kunnen oogsten. De huidige tarwerassen, bijvoorbeeld, hebben veel kortere stengels dan rassen van de jaren veertig. Hierdoor wordt het overgrote deel van de biomassa geoogst als graan en blijft maar een gering deel achter op de akker. Met de optimalisatie van de efficiëntie van het opvangen van licht en het oogstbare deel van de biomassa zijn onze voedselgewassen inmiddels vrijwel optimaal voor onze huidige, efficiënte teeltsystemen. Door veredeling kunnen deze eigenschappen echter niet veel verder verbeterd worden. Dit is de belangrijkste reden waarom de jaarlijkse toename van het opbrengstpotentieel van nieuwe rassen de afgelopen jaren kleiner geworden is.

De Tweede Groene Revolutie: verbeteren van de efficiëntie van fotosynthese

'Gelukkig' is er nog nauwelijks veredeld op de verbetering van de efficiëntie waarmee opgevangen licht wordt vastgelegd in biomassa: het proces van fotosynthese. Momenteel wordt gemiddeld maar circa 0,5-1 procent van het licht dat op een akker valt voor fotosynthese gebruikt, terwijl in theorie, onder optimale omstandigheden, wel tot 5 procent van het licht daarvoor benut zou kunnen worden. Lang dachten onderzoekers dat fotosynthese niet meer te verbeteren zou zijn. Het is evolutionair gezien al zo'n oud proces dat het uitgeëvolueerd is, zo was de gangbare gedachte. Daarnaast was het allesbehalve eenvoudig om fotosynthese in gewassen goed te kunnen meten in het veld. Daarmee is de efficiëntie van fotosynthese ook geen gemakkelijke eigenschap om op te selecteren. De erfelijkheidsgraad van fotosynthese – de mate waarin de meetbare eigenschap bepaald wordt door de variatie in genen waarop geselecteerd kan worden – is namelijk erg laag. Dit komt vooral omdat fotosynthese erg gevoelig is voor veranderingen in de omgeving, zoals licht, temperatuur en wind. Hierdoor kunnen er binnen één plant al enorme verschillen in fotosynthese optreden tussen verschillende bladeren, en is het moeilijk vast te stellen hoe goed de fotosynthese van een variëteit van een gewas eigenlijk is.

We kunnen fotosynthese echter wel degelijk verbeteren. Dat weten we onder meer door de resultaten van een groot internationaal onderzoeksprogramma dat zich richt op het gebruik van genetische modificatie om belemmeringen in de fotosynthese op te sporen en op te heffen. Inmiddels is het onderzoekers gelukt om op twee fronten grote vooruitgang te boeken. De eerste doorbraak heeft te maken met een natuurlijk beschermingsmechanisme dat planten ontwikkeld hebben om te voorkomen dat te veel licht schade oplevert voor de bladgroenkorrels waarin de fotosynthese plaatsvindt, de zogenoemde fotoprotectie. Het teveel aan licht wordt dan niet gebruikt als energie voor fotosynthese, maar gaat verloren als warmte. Dit mechanisme is echter ook vaak actief wanneer de hoeveelheid licht die op de bladeren valt sterk varieert, bijvoorbeeld bij wisselende bewolking, waardoor meer energie aan warmte verloren gaat dan eigenlijk nodig is. Door planten dusdanig aan te passen dat ze dit mechanisme sneller uitschakelen als de zon even weg is, kan de biomassa met wel 20 procent stijgen in vergelijking met de oorspronkelijke planten.

Een andere doorbraak heeft te maken met de enorme ouderdom van fotosynthese. Het voornaamste eiwit dat koolstofdioxide vastlegt in glucose heet Rubisco. Dit eiwit bindt echter niet alleen koolstofdioxide maar ook zuurstof. Toen bacteriën ruim 2 miljard jaar geleden Rubisco gingen gebruiken voor fotosynthese bevatte de aardse atmosfeer veel meer koolstofdioxide dan nu en bijna geen zuurstof. Dat is inmiddels met name door het fotosyntheseproces sterk veranderd. Rubisco bindt nu vaak zuurstof in plaats van koolstofdioxide. Dit heet fotorespiratie, waarbij in plaats van energierijk glucose, een andere stof, fosfoglycolaat, gemaakt wordt. Deze stof levert veel minder energie op en is een sta-in-de-weg voor fotosynthese. Door planten extra genen te geven die zorgen dat fosfoglycolaat snel, en zonder al te veel energieverlies, afgebroken wordt en de koolstofdioxide die daarbij gevormd wordt beschikbaar komt voor binding aan Rubisco, kan er tot 40 procent meer biomassa gemaakt worden.

Deze experimenten met genetische modificatie van planten laten zien dat het technisch mogelijk is om fotosynthese te verbeteren. Veel consumenten en overheden wereldwijd bekijken genetische modificatie echter met argusogen, omdat het als een niet-natuurlijke technologie gezien wordt. Bovendien hanteert de EU uitgebreide regelgeving, en daarmee een uitermate kostbare toelatingsprocedure, voor nieuwe rassen die met behulp van genetische modificatie gemaakt zijn. Kan hetzelfde bereikt worden door klassieke veredeling, zonder genetische modificatie?

Ja, dat kan, maar dat is wel meer werk. Het meest voor de hand liggend is om in de bestaande collecties van rassen en natuurlijke variëteiten van een gewas te zoeken naar planten die van nature een betere fotosynthese hebben. Technisch is dat nu mogelijk: de apparatuur hiervoor is beschikbaar en we weten ook al dat er genetische variatie voor fotosynthese te vinden is in planten. De zoektocht zou ook wat gerichter kunnen, door specifiek te zoeken naar gunstige varianten van de genen die betrokken zijn bij fotosyntheseprocessen die verbeterd kunnen worden. Naast het verbeteren van fotoprotectie en fotorespiratie, kan fotosynthese verhoogd worden door bijvoorbeeld de snelheid van de omzetting van koolstofdioxide naar koolhydraat te verhogen, door de werking van Rubisco efficiënter te maken, door de pigmentsamenstelling binnen een bladerdek te optimaliseren of door de opname van koolstofdioxide door bladgroenkorrels efficiënter te laten verlopen.

We weten inmiddels dat niet alle plantensoorten over een even efficiënte fotosynthese beschikken. Planten die van nature op de bodem van een tropisch oerwoud groeien weten zich meestal geen raad met veel licht, dat hun bladgroenkorrels beschadigt. Daarentegen zijn er ook planten die van nature in woestijnen groeien waar ze blootgesteld worden aan de maximale natuurlijke belichting die op aarde mogelijk is. Zodra er regen valt, kiemen hun zaden en groeien de planten vervolgens zo snel mogelijk om weer op tijd zaden te produceren voor een volgende generatie. Sommige van deze planten groeien zo snel omdat ze in staat zijn tot heel hoge fotosynthese bij efficiënt gebruik van water en voedingsstoffen. Hoe ze dat precies voor elkaar krijgen weten we nu nog niet, maar we kunnen van deze planten nog veel leren over de processen die we door veredeling zouden kunnen verbeteren in onze voedselgewassen. Mede daardoor zullen we in staat gesteld worden om een nieuwe Groene Revolutie tot stand te brengen en onze voedselproductie verder te laten stijgen. Met de kennis van nu moeten we dat op een duurzame manier kunnen realiseren.

34

Pathogenen: de speurtocht naar virulent DNA

Mark Sterken & Johannes Helder – *Nematologie*

Samen met tarwe, mais en rijst behoort aardappel tot de vier meest verbouwde voedselgewassen ter wereld. De aardappelproductie heeft echter last van een aantal ziektes, waaronder het notoire aardappelcystenaaltje. Door planten resistent te maken, kunnen we deze ziektes beheersen. In dit hoofdstuk leggen we uit hoe DNA-technologie helpt om maximaal gebruik te maken van resistenties tegen aardappelcystenaaltjes.

Wie denkt aan oer-Nederlands eten, denkt aan geprakte aardappelen. Echter, zo oer-Nederlands is de aardappel nu ook weer niet. Zo was pastinaak, en niet aardappel, het hoofdingrediënt van de hutspot tijdens het Leids Ontzet van 1574. De aardappel is een exoot uit het Andesgebergte in Zuid-Amerika en kwam in 1536, in eerste instantie als sierplant, met Spaanse schepen naar Europa. Onbewust heeft de mens samen met de aardappel ook bijbehorende ziektes over de wereld verspreid. Eén van die ziektes is aardappelmoeheid, die wordt veroorzaakt door minuscule wormpjes.

Aardappelmoeheid is een zeer bedreigende ziekte. Als gevolg hiervan wordt de aardappelplant gedwongen voedsel naar de zich ontwikkelende wormpjes te transporteren, en niet naar de groeiende knollen. Planten zijn hierdoor sterk verzwakt en oogsten kunnen hierdoor grotendeels mislukken. Door de moeilijk te bestrijden wormpjes is aardappelmoeheid een hardnekkig probleem in alle gebieden op aarde waar aardappelen geteeld worden. Detectivewerk op DNA-niveau helpt ons bij de beheersing van dit pathogeen, wat essentieel is om te komen tot een optimale gewasopbrengst van dit wereldwijd belangrijke basisvoedsel.

Een handje grond vol nematoden

Als je een willekeurig handje grond pakt, heb je zo honderden tot duizenden nematoden in je hand. Zien kan je ze niet, maar ze zijn er wel degelijk. Nematoden zijn microscopisch kleine organismen die meestal nog geen millimeter lang worden. Nematoden, ook wel aaltjes genoemd, vormen een grote stam van dieren, met daarin tienduizenden beschreven soorten. Nematoden eten bacteriën, schimmels, algen of andere nematoden, en vervullen daarmee een belangrijke rol in de bodemvoedselkringloop. Daarnaast zijn er zogenoemde parasitaire nematoden, die leven op of in insecten, dieren, en planten. We weten van het bestaan van ongeveer 4100 plantparasitaire nematoden. Van al deze soorten leveren er slechts een paar dozijn daadwerkelijk problemen op. De nematodesoorten die aardappelmoeheid veroorzaken – aardappelcystenaaltjes – zijn daar een voorbeeld van.

Omdat de aardappel letterlijk in de smaak viel bij het grote publiek, en ook nog eens veel opbracht per hectare, groeide de populariteit van dit gewas enorm aan het einde van de achttiende eeuw. Maar samen met de aardappel zijn ook de aardappelcystenaaltjes in Europa verspreid geraakt. Lange tijd dacht men dat het aardappelcystenaaltje één soort nematode was, maar dit bleek niet correct. Oorspronkelijk werd het aardappelcystenaaltje aangeduid als *Heterodera rostochiensis.* De soortnaam verwijst naar Rostock, een stad in het noordoosten van Duitsland waar dit aaltje in 1923 voor het eerst beschreven werd door dr. Wollenweber. Later bleek dat *H. rostochiensis* uit twee soorten bestaat, die nu worden aangeduid als *Globodera rostochiensis* en *Globodera pallida* (figuur 42). Het zijn echt twee soorten: je kunt deze aaltjes wel onderling laten paren, maar dit levert geen levensvatbare nakomelingen op. Dit heeft praktische implicaties, omdat resistenties in de aardappel altijd nematodespecifiek zijn en welke soort de aardappel tegenkomt dus bepalend is voor of deze zich kan verweren tegen de aaltjes.

Aardappelcystenaaltjes zijn nogal kieskeurig voor wat betreft hun voedselbron, maar deze zijn veelal leden van de plantenfamilie nachtschade, waartoe onder andere de tomaat, aubergine en aardappel behoren. Omdat deze soorten van nature niet in Europa voorkomen, en de aaltjes dus geen natuurlijk voorkomende gastheren hadden, verliep de verspreiding van de ziekte aanvankelijk vrij langzaam. Vanaf het moment dat er overal in Europa aardappelen verbouwd en vervoerd werden, ging het echter hard. Tegenwoordig komen beide soorten aardappelcystenaaltjes in vrijwel alle gebieden voor waar aardappels geteeld worden, wat een bedreigende ontwikkeling is voor de aardappelteelt.

Een epidemie in slow motion

Uitbraken van aardappelmoeheid zijn al langer een probleem. De eerste bekende uitbraak in Nederland dateert van 1941: toen zorgde besmetting voor het mislukken tot wel 80 procent van de oogst. Het is echter goed mogelijk dat eerdere uitbraken simpelweg niet herkend werden. De laatste grote uitbraken waren eind jaren tachtig van de vorige eeuw. Veel van deze uitbraken zijn onder controle gehouden met behulp van chemische bestrijdingsmiddelen. Dit doodde al het bodemleven, waar-

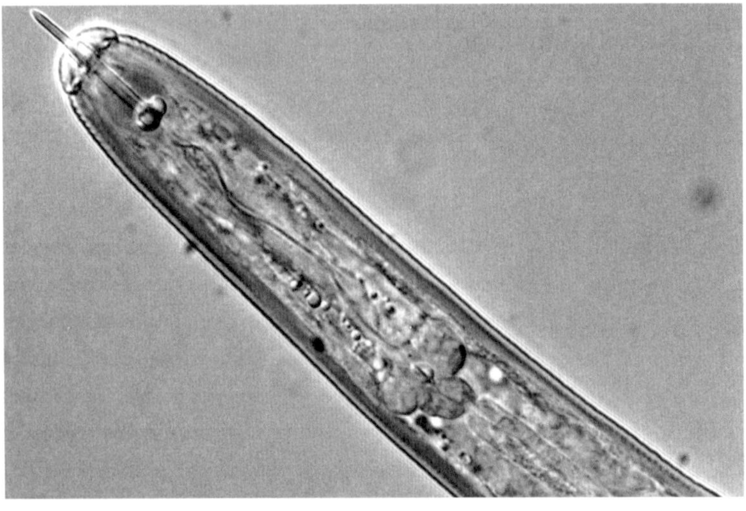

Figuur 42. De kop van een *Globodera pallida* larve. Het uitstekende puntje linksboven gebruikt het aaltje om de plantencelwand te doorboren, om zo stoffen te injecteren en voedsel uit de plant te zuigen. Foto: Hanny van Megen.

onder de aardappelcystenaaltjes, maar had als groot nadeel dat ook gewenste bodemorganismen verdwenen. Om deze reden is chemische aaltjesbestrijding vandaag de dag vrijwel nergens meer toegestaan. Tegenwoordig wordt een combinatie van gewasrotatie – per jaar een ander gewas telen op hetzelfde veld – en 'resistenties' in de plant gebruikt voor bestrijding. Bij de meeste moderne aardappelrassen zijn resistenties tegen aardappelcystenaaltjes door de mens middels veredeling ingebracht, waardoor de aaltjes de plant niet succesvol kunnen infecteren.

Sinds 2016 is er een nieuwe uitbraak van aardappelcystenaaltjes gaande in Nederland, die aanleiding is voor grote zorgen in de aardappelsector. Het betreft hier populaties van *G. pallida*, die tot voor kort konden worden tegengehouden met behulp van resistenties in moderne aardappelrassen. Het voordeel van deze resistentie tegen specifieke pathogenen ging echter gepaard met een zwakte: variaties van de pathogeen worden er misschien niet door gestopt. Dit is te vergelijken met een griepprik, die ons ook niet resistent maakt tegen alle soorten griep.

De uitbraak in Nederland is dan ook niet het resultaat van een nieuwe introductie uit Zuid-Amerika, maar van genetische selectie onder aardappelcystenaaltjes blootgesteld aan resistente plantenrassen. Als er ook maar één aaltje zich niet laat stoppen door het resistentie-eiwit, dan zal deze zich succesvol kunnen vermeerderen. Dit proces gaat bij aardappelcystenaaltjes niet snel. Ze doorlopen maar één generatie per jaar, en gaan vervolgens in een soort winterslaap. Ook vermeerderen ze zich relatief langzaam: een paar honderd eieren per aaltje. Dit klinkt aanzienlijk, maar vergelijk het eens met een bacterie die zich elke twintig minuten kan delen. Daarnaast zijn aaltjes weinig beweeglijk, met een paar centimeter per dag heb je het wel gehad.

Dit alles maakt dat plantresistenties tegen aardappelcystenaaltjes het relatief lang uithouden. Maar in 2014 werd in een gebied in Duitsland net ten oosten van de provincie Drenthe melding gemaakt van schadelijke populaties. Met andere woorden: er is een pathotype van G. pallida ontstaan dat niet meer gestopt kan worden door de nu beschikbare aardappelresistenties, waardoor zowel de opbrengsten als de productkwaliteit afnemen. Nader onderzoek wees uit dat deze schadelijke populaties ook in Nederland voorkomen. Om dit proces te begrijpen en om hier een oplossing voor te vinden is het noodzakelijk om ons in de genetica van het aardappelcystenaaltje te verdiepen.

Puzzelen met genen

De snelheid van ontwikkelingen op het gebied van DNA-technologie heeft de afgelopen decennia een enorme vlucht genomen. Er zijn databases met informatie over genen beschikbaar die zo groot en zo gedetailleerd zijn dat je met het aflezen van bepaalde genen direct weet met wat voor soort organisme je te maken hebt. Dit heeft enorme invloed gehad op de wijze waarop de samenstelling van bodemleven wordt bepaald. Terwijl onderzoekers vroeger vele uren achter de microscoop moesten zitten, kunnen ze tegenwoordig relatief snel DNA isoleren van de organismen in de bodem. Door bepaalde genen af te lezen, kunnen we namelijk vrij eenvoudig bepalen welke organismen aanwezig zijn. Als je het goed doet, geeft het zelfs een beeld van het aantal organismen. We kunnen met deze techniek dus tellen hoeveel aardappelcystenaaltjes van welke soort er in de grond zitten, waardoor we direct weten hoe erg de besmetting is.

Tot nu toe ging het over één of twee genen. Maar organismen bestaan uit een hele verzameling genen. Zo hebben mensen circa twintigduizend genen, ongeveer net zoveel als de toch heel wat primitievere nematoden. Over het algemeen hebben nematoden namelijk tussen de negenduizend en dertigduizend genen, en aardappelcystenaaltjes ongeveer achttienduizend. Voor ieder organisme geldt: de genen zijn ingebed in het genoom en zij bepalen grotendeels welke eiwitten een organisme kan maken. Deze eiwitten kunnen vervolgens allerlei structurele en functionele rollen vervullen. Het haar op je hoofd bestaat bijvoorbeeld voornamelijk uit het structurele eiwit keratine. Eiwitten kunnen zowel bouwstenen als gereedschappen van een organisme zijn.

De achttienduizend genen in het genoom van aardappelcystenaaltjes zijn niet allemaal direct betrokken bij de interactie met de plant. De genen die specifiek betrokken zijn bij het binnendringen van de plant, het verzwakken van de afweerreactie en bij het parasiteren van de plant noemen we ook wel ‘effectoren’. Effectoren zijn dus de set aan eiwitten waarmee de nematode ‘praat’ met de plant. We schatten dat er tussen de honderd en driehonderd soorten eiwitten deze rol vervullen. Zonder deze effectoren kan de nematode niet overleven.

Wat hebben effectoren met aardappelresistenties te maken? Resistentiegenen werken als volgt: het resistentie-eiwit herkent een effector en signaleert aan de plant: 'iemand probeert binnen te dringen'. Vervolgens doodt de plant het weefsel dat de binnendringer omringt, waardoor de nematode sterft. Deze methode is zeer effectief. Een plantresistentie werkt echter slechts totdat een aardappelcystenaaltje met een wijziging in het effector-gen komt, waardoor de plant deze niet langer herkent. Zo'n wijziging kan heel subtiel zijn, waardoor het moeilijk is erachter te komen waarom een aardappelcystenaaltje plotseling schadelijk is. Kortom, een resistente plant wordt weer vatbaar voor de ziekte, waardoor de uitbraak op een akker zich uitbreidt en de opbrengst zowel in kwantitatieve als in kwalitatieve zin afneemt.

Het opsporen van veranderde effectoren doen we middels DNA-onderzoek. Allereerst moeten we het genoom in kaart brengen. Dit doen we door DNA uit de nematoden te halen en het af te lezen. We kunnen het DNA alleen maar in fragmenten aflezen, waarna we het in elkaar moeten puzzelen. Door betere technieken kunnen we tegenwoordig wel met veel grotere stukken DNA werken dan vroeger. Hierdoor is het nu mogelijk om ook voor organismen zoals aardappelcystenaaltjes een genoom te reconstrueren. De grootste uitdaging is dat het gaat om een klein organisme dat niet veel DNA bevat: ongeveer 0,2 nanogram per individu. Ter vergelijking: een mier weegt 1 miljoen nanogram. Om de hoeveelheid DNA die voor het aflezen nodig is in handen te krijgen heb je ongeveer tienduizend individuen nodig. De uitdaging zit hem erin dat er subtiele variaties in DNA-samenstelling bestaan binnen deze populatie van tienduizend individuen. Dit kan je vergelijken met het verschil tussen de ene en de andere mens. Hierdoor is het soms lastig om de puzzel te leggen. Aan de andere kant is deze variatie in het DNA ook informatief: zij kan ons namelijk vertellen welke genen belangrijk zijn in de aardappelcystenaaltjesepidemie. Evolutie door natuurlijke selectie laat immers sporen na in het DNA.

Alle organismen ondergaan dit proces van evolutie door natuurlijke selectie. Daarnaast is er ook kunstmatige selectie, denk daarbij aan het veredelen van gewassen en het fokken van dieren. In beide processen worden 'geschikte' genomen meegenomen naar de volgende generatie, terwijl 'ongeschikte' genomen zoveel mogelijk weg worden geselecteerd. Bij aardappelcystenaaltjes in het veld is de natuurlijke selectiedruk heel sterk: alleen als de nematode in staat is zich te vermenigvuldigen, wordt het genoom overgedragen aan de volgende generatie. Dus alleen nematoden met niet-detecteerbare effectoren geven hun genoom door aan de nieuwe generatie. Nu is het genoom van ieder seksueel voortplantend organisme een mix van het genoom van de vader en de moeder. Als deze mix een resistentiedoorbrekend gen bevat, wordt dit genoom dus weer met een ander, net zo geselecteerd genoom, gemixt. Teruggaand naar de puzzelstukjesanalogie betekent dit dat de stukjes die het resistentiedoorbrekend gen beslaan dezelfde vorm hebben, terwijl de rest van de stukjes nog wel kan variëren in vorm. Met andere woorden: ons doel is om het DNA dat we aflezen uit tienduizend aaltjes in elkaar te puzzelen en te vergelijken met andere groepen van tienduizend aaltjes. Deze eigenschap gebruiken we om relevante effectorvarianten op te sporen.

We hebben al vermoedens waar deze 'pathogenen' zich in het DNA bevinden. De uitdaging in het onderzoek is dat we meer dan 110 miljoen DNA-basen moeten doorzoeken, met daarbinnen een veelheid aan subtiele DNA-variaties tussen schadelijke en niet-schadelijke populaties. Maar door het combineren van DNA-informatie uit selectie-experimenten in het lab en het veld komen we steeds verder. Als we dit type genen kunnen identificeren, kunnen we met gerichte testen de frequentie van het voorkomen gaan bepalen in infecties van aardappelcystenaaltjes in het veld. De ontwikkelingen op dit gebied gaan op dit moment zeer snel. Binnen afzienbare tijd hopen we pathotypespecifieke merkers te vinden die als handvatten kunnen dienen voor akkerbouwers, telers en veredelaars bij het op een duurzame manier in de tang houden van aardappelcystenaaltjes.

De aardappel behoort met mais, tarwe en rijst tot de belangrijkste voedselgewassen ter wereld, en zal dat in de toekomst ook blijven. Van deze basisgewassen geeft de aardappel bovendien verreweg de meeste opbrengst per hectare: zo'n 45 ton, tegenover respectievelijk 10, 8 en 5 ton voor de drie andere gewassen. Overal waar aardappels verbouwd worden komen aardappelcystenaaltjes voor. Samen met de beruchte aardappelziekte *Phytophthora infestans* – verantwoordelijk voor de Grote Ierse Hongersnood uit de negentiende eeuw – en de coloradokever maakt het aardappelcystenaaltje deel uit van de 'top 3 belangrijkste aardappelplagen'. Als we door middel van DNA-onderzoek ervoor kunnen zorgen dat we veel effectiever gebruikmaken van duurzame aardappelresistenties, dan is er zowel voor de belasting van ons milieu als de opbrengst van dit cruciale voedselgewas veel gewonnen.

35

Organoïden: miniorgaantjes voor onderzoek naar gezonde landbouwhuisdieren

Esther Ellen & Henri Woelders[1] – *Fokkerij en Genomica*

Organoïden zijn 'mini-orgaantjes' in een kweekschaaltje. Omdat ze in structuur en functie lijken op organen, gebruiken onderzoekers ze steeds vaker in plaats van dierexperimenten. In onderzoek met organoïden kunnen we bijvoorbeeld ziekteweerstand of andere complexe eigenschappen van dieren opsplitsen in behapbare moleculaire onderdelen, waardoor ze zeer geschikt zijn in onderzoek voor diergeneeskunde, diervoeding en fokkerij.

De wereldbevolking en de behoefte aan voedsel van dierlijke oorsprong zullen in deze eeuw nog verder toenemen voordat een verwachte stabilisering intreedt. Om ook in de toekomst de mondiale voedselzekerheid te kunnen waarborgen is het essentieel dat dierlijke productie nog efficiënter en duurzamer wordt, en een zo klein mogelijke ecologische voetafdruk achterlaat. Landbouwhuisdieren moeten daarom zo min mogelijk beslag leggen op natuurlijke hulpbronnen. In plaats daarvan moeten we nieuwe, ecologisch verantwoorde voeringrediënten efficiënt gaan gebruiken, met een minimale uitstoot van broeikasgassen en nitraten en fosfaten uit mest.

Daarnaast is het van groot belang dat de dieren robuust en veerkrachtig zijn. Ze moeten dierziektes kunnen overwinnen zonder veelvuldig gebruik van geneesmiddelen en antibiotica. Dierziektes verlagen

1 Met dank aan bijdragen van Soumya Kar, Marinus te Pas, Ole Madsen, Martien Groenen en Jerry Wells.

zowel het welzijn als de voerefficiëntie van landbouwhuisdieren, maar zijn ook een risico voor de mens aangezien veel dierziektes ook mensen kunnen besmetten. Vandaar dat fokkerijonderzoek zich toelegt op veerkracht, robuustheid en voerefficiëntie. Hierbij maken we onder andere gebruik van onderzoek met organoïden: miniorgaantjes die we kweken in het lab. Met deze organoïden kunnen we bepaalde aspecten van diereigenschappen meten en onderzoek doen naar de mechanismen van bijvoorbeeld ziekteweerstand of voedselopname. Dit verbetert de gezondheid en efficiëntie van landbouwhuisdieren terwijl het eveneens bijdraagt aan duurzame dierlijke productie en wereldwijde voedselzekerheid.

Organoïden: een nieuwe technologie

Met name gezondheid en efficiëntie zijn lastige kenmerken om aan een dier te meten. In-vitro-onderzoek kan helpen om meer inzicht te krijgen in deze complexe kenmerken. Sinds de jaren vijftig van de twintigste eeuw hebben wetenschappers steeds meer methoden ontwikkeld en gebruikt voor het kweken van cellen en weefsels. Voor deze celkweek gebruiken we meestal cellen uit tumoren, omdat tumorcellen de eigenschap hebben dat ze eindeloos kunnen doorgroeien. Deze celkweken bevatten echter maar één enkel celtype en weerspiegelen daardoor niet alle processen die in een weefsel of in een orgaan plaatsvinden. Een stukje weefsel in kweek geeft een completer beeld, maar weefsels in kweek blijven niet lang goed, en de snel intredende sterfte van cellen maakt het moeilijk biologische processen betrouwbaar te bestuderen.

Pas kortgeleden ontdekten onderzoekers hoe de stamcellen van een weefsel en de daaruit groeiende weefselcellen in kweek levend kunnen worden gehouden. In 2009 slaagde een Nederlandse groep er voor het eerst in om uit een enkele stamcel uit het darmslijmvlies 'minidarmpjes' te kweken. Deze zogenoemde darmorganoïden (figuur 43) waren driedimensionaal, met een holle ruimte (de 'darmholte') omsloten door een laag cellen die alle relevante celtypes van het darmslijmvlies bevatte. De organoïden konden vrijwel onbeperkt in leven worden gehouden en worden vermeerderd in kweek. Deze inzichten konden daarna ook worden toegepast op andere organen, zodat we nu organoïden van vrijwel alle organen van veel verschillende diersoorten, inclusief de mens, kunnen kweken en kunnen gebruiken in onderzoek.

Wetenschappers kunnen organoïden gebruiken voor in-vitro-onderzoek, dus voor onderzoek dat plaatsvindt in het lab, buiten het lichaam van een dier. Doordat ze lijken op organen wat betreft celtypes, structuur en functie en bovendien goed blijven leven in kweek, zijn ze een beter in-vitromodel dan traditionele celkweek of weefselkweek. In vergelijking met onderzoek aan intacte organen of aan hele dieren hebben organoïden het voordeel dat ze in principe gemakkelijk toegankelijk zijn voor experimenten. Stofjes toevoegen of allerlei factoren en processen meten is over het algemeen gemakkelijk en kan snel, goed-

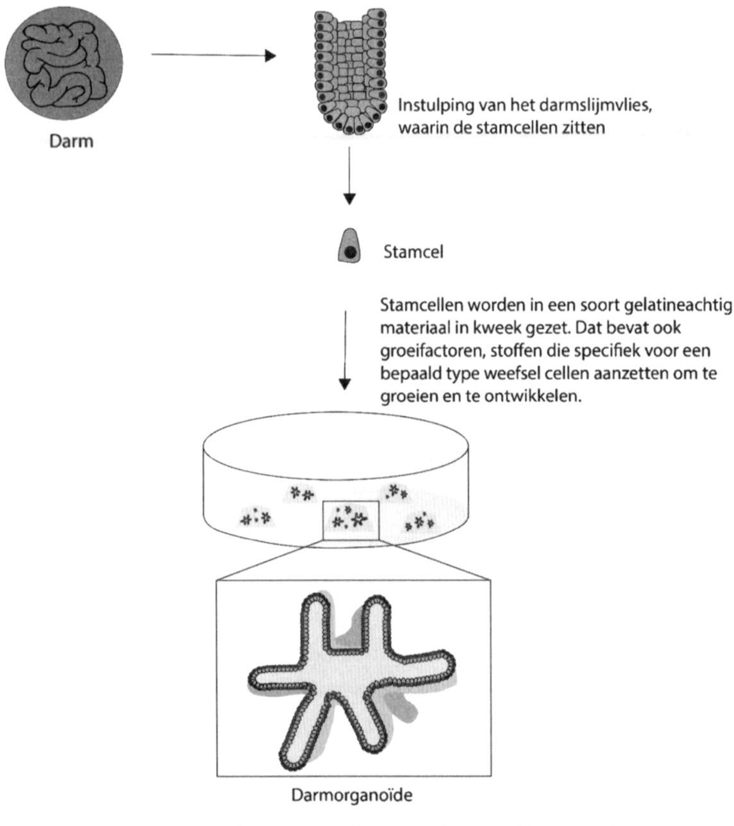

Figuur 43. Het proces om darmorganoïden te produceren. Illustratie: Soumya Kar.

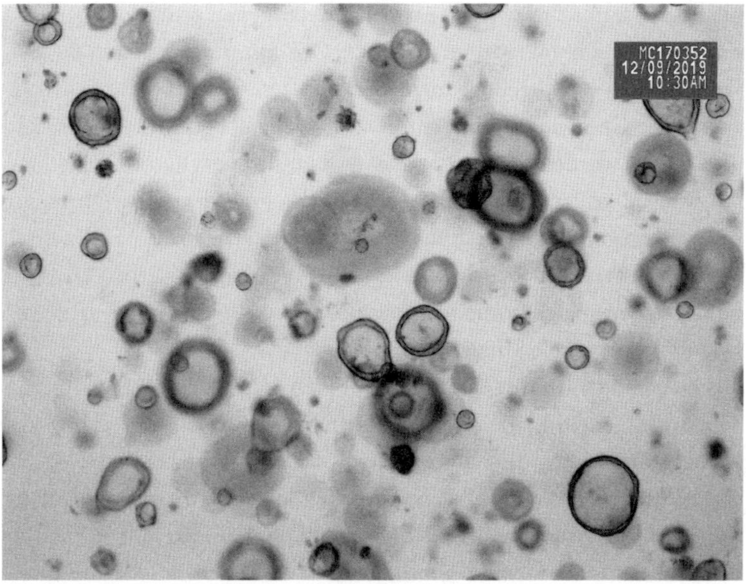

Figuur 44. Varkensdarmorganoïden. Foto: Agnes de Wit.

koop en met veel herhalingen uitgevoerd worden.

Verder zijn organoïden minder ingewikkeld, en daardoor meer overzichtelijk, dan intacte organen. Ze zijn daarom zeer geschikt om onderzoek te doen naar de onderliggende 'bouwstenen' van complexe eigenschappen van een dier, omdat die opgesplitst kunnen worden in kleine behapbare delen. Zo kunnen we kijken hoe darmslijmvlies reageert op de darmflora, met name op eventuele ziekteverwekkers, maar ook op 'goede' microben, zoals in probiotica. Ook kunnen we metingen doen van het vermogen van het darmslijmvlies om voedingsstoffen op te nemen. Omdat bij darmorganoïden, net als bij de echte darm, de darmholte aan de binnenkant zit, is het darmslijmvlies niet zonder meer toegankelijk. Daarom zijn er ook tweedimensionale darmorganoïden ontwikkeld, waarbij het darmslijmvlies op een doorlaatbaar membraan in een kweekbakje groeit met een toegankelijke boven- en onderkant. Recent zijn dergelijke methoden ook voor darmorganoïden van het varken ontwikkeld, zodat we hiermee de interactie met ziekteverwekkers en de opname van nutriënten kunnen bestuderen.

Organoïden zijn zeer toegankelijk voor alle bekende onderzoekstechnieken. Zo kunnen we hiermee bepalen welke genen actief door de cellen gebruikt worden om eiwitten te maken. Ook kunnen we stoffen die vrijkomen bij de stofwisseling van de cellen meten, om een beeld te krijgen van processen in de organoïden. Verder kunnen bepaalde technieken in organoïden worden gebruikt om het DNA, dus de genetische eigenschappen van de cellen, te veranderen. Zo kunnen organoïden worden gemaakt die onderling verschillen in één enkel gen, maar die genetisch verder helemaal gelijk zijn. Deze kunnen we vervolgens gebruiken voor onderzoek naar de effecten van bepaalde genen, en naar het effect van genetische verschillen tussen dieren.

Een belangrijk voordeel van organoïden is dat je ze kunt maken van cellen van een individueel mens of dier. Bij mensen kun je bijvoorbeeld vooraf testen of een medicijn kan werken voor een patiënt. Bij dieren kun je in de fokkerij onderliggende cellulaire en moleculaire aspecten meten van complexe diereigenschappen. Zo kun je bijvoorbeeld meten hoe goed de 'minidarmpjes' in staat zijn om voedingsstoffen op te nemen, als maat voor de goede werking van de darm. Ook kun je meten hoe ze reageren op een ziekteverwekker. Door deze informatie mee te nemen in een fokwaarde, kunnen dieren geselecteerd worden die bijvoorbeeld een betere ziekteweerstand of voerefficiëntie hebben.

Een ander belangrijk voordeel van het gebruik van organoïden is dat het kan bijdragen aan het verminderen van dierproeven, in overeenstemming met de '3V's': vermindering, verfijning en vervanging van dierexperimenten. Door organoïden in te zetten, bijvoorbeeld in onderzoek naar het effect van voedingsstoffen of medicijnen, hoeft er dus minder gebruikgemaakt te worden van dierexperimenten.

Uitdagingen voor verdere ontwikkeling

Organoïden geven dus een betere afspiegeling van processen in een dier dan klassieke celkweek. Uiteraard zijn ook organoïden een vereenvoudigd, gereduceerd model van de biologische processen in het dier zelf. Onderzoekers moeten daarom goed kijken naar de mogelijkheden en beperkingen van zo'n model om biologische processen te onderzoeken of om eigenschappen van dieren te bepalen.

Momenteel is er ervaring met het maken van organoïden van een aantal orgaantypes in diverse landbouwhuisdieren en gezelschapsdieren. Afhankelijk van de diersoort en van het orgaan dat we willen onderzoeken is nog verdere ontwikkeling of aanpassing van de methoden nodig. Onderzoek met organoïden is in principe gemakkelijk op te schalen, zodat metingen goedkoop, snel, en in grote aantallen mogelijk zijn. De methoden voor het beginnen en in stand houden van een organoïdekweek en voor het gebruik ervan in onderzoek of tests moeten dan wel minder arbeidsintensief en goedkoper worden. De inzet van nieuwe technieken, zoals robotica, is nodig om organoïden in de praktijk op grote schaal toe te passen. Verder moeten die methoden gestandaardiseerd en 'robuust' worden, zodat resultaten van verschillende laboratoria beter overeenstemmen. De meetmethoden met organoïden moeten ook nauwkeurig en reproduceerbaar zijn.

Cellen of weefsels van landbouwhuisdieren die nodig zijn voor het starten van een organoïdekweek kunnen worden verzameld na het slachten van dieren; hier hoeven dus geen dieren speciaal voor te sterven. Maar voor de fokkerij wil je metingen verrichten aan organoïden van dieren die niet worden geslacht omdat ze misschien gebruikt gaan worden om ermee te fokken. In dat geval kun je weefsel van levende dieren verzamelen door middel van biopsie.

Praktische toepassingen

Organoïden kunnen worden ingezet in fundamenteel onderzoek om complexe kenmerken te begrijpen, zoals diergezondheid, ziekteweerstand en voerefficiëntie. Bij ziekteweerstand spelen de mechanismen waarmee ziekteverwekkers zich toegang verschaffen tot het lichaam een belangrijke rol. De slijmvliezen van darm, luchtwegen en melkklier (uier) zijn de belangrijkste contactplaatsen voor deze ziekteverwekkers. De interacties van ziekteverwekkers en andere microben met die slijmvliezen kunnen aan de hand van organoïdemodellen onderzocht worden. Voor het darmslijmvlies is daarnaast de interactie met voedingsstoffen belangrijk, evenals de wisselwerking tussen eigenschappen van het dier, voersamenstelling en de darmflora. Kennis over al deze mechanismen kan ook belangrijk zijn voor de ontwikkeling van diergeneeskundige therapieën en geneesmiddelen, en voor de ontwikkeling en verbetering van diervoeders.

In de fokkerij is het belangrijk om de eigenschappen en prestaties van dieren goed te kunnen meten om dieren met de beste erfelijke eigenschappen te selecteren voor de fokkerij. Deze selectie leidt tot belangrijke verbeteringen van de eigenschappen en prestaties van dieren, bijvoorbeeld ten aanzien van diergezondheid en voerefficiëntie, en daarmee van de ecologische duurzaamheid van de veehouderij. Om de eigenschappen en prestaties van dieren goed te bepalen kunnen metingen aan organoïden een aanvulling zijn op gegevens die uit de dierhouderij of uit dierproeven komen. Juist in deze toepassing is opschaling van groot belang, zodat de toepassing van organoïden snelle, kostenefficiënte en betrouwbare metingen op grote schaal mogelijk maakt, om zo waardevolle informatie te verschaffen over eigenschappen van grote aantallen fokdieren.

Een ander toepassingsgebied voor organoïden is het routinematig testen, bijvoorbeeld voor toxicologische controles van levensmiddelen of voor kwaliteitscontrole van veevoer of ingrediënten voor veevoer. Dit zorgt ervoor dat we deze routinecontroles wellicht beter kunnen doen, en met minder gebruik van dierexperimenten.

Organoïden zijn dus belangrijke instrumenten in zowel fundamenteel als toegepast diergeneeskundig en veehouderijonderzoek, alsook voor routinematige toepassingen in de fokkerij. Door de inzet van organoïden kunnen we complexe eigenschappen van dieren beter begrijpen en kunnen voedingsproeven en medicijnonderzoek voor een gedeelte in het lab plaatsvinden. Hierdoor kunnen we het aantal dierexperimenten sterk verminderen. Daarnaast kunnen metingen aan organoïden helpen om de eigenschappen en prestaties van dieren goed te bepalen en dieren met de beste erfelijke eigenschappen te selecteren voor de fokkerij. Dit leidt tot belangrijke verbeteringen van de eigenschappen en prestaties van dieren, bijvoorbeeld ten aanzien van diergezondheid en voerefficiëntie. Dit bewerkstelligt de efficiëntie en ecologische duurzaamheid van de productie van voedsel in de wereld van morgen.

36

Boeren met data: digitalisering en blockchain in onze voedselvoorziening

Lan van Wassenaer – *Bedrijfseconomie*

Landbouw digitaliseert: er wordt steeds meer data gegenereerd op en rond het boerenerf. Aangezien digitalisering veel kansen biedt voor duurzame en veilige voedselvoorziening is boerendata big en hot. Met name van blockchain hebben we grote verwachtingen. Op dit moment hebben boeren hier echter nog weinig aan. Hoe gaat blockchain boeren in de toekomst helpen?

Als het om boeren of voedsel gaat is data vaak niet het eerste waar men aan denkt. Uitgestrekte akkers, kleurrijke tractoren, varkens in de stallen, koeien in de wei: dat zijn nog steeds de meest gangbare beelden van boeren en boerderijen. Toch is data onmisbaar voor onze voedselvoorziening. Sterker nog, een boer kan niet om data heen. Maar wat is data precies?

Data wordt vaak gezien als synoniem van 'informatie'. Data is echter geen informatie, en het is dan ook heel belangrijk om de twee begrippen van elkaar te onderscheiden. Data is een verzameling van vastgelegde gegevens. Deze verzameling kan analoog of digitaal, gesorteerd of ongesorteerd en kwalitatief of kwantitatief zijn. Wanneer we data verwerken en interpreteren, maken we informatie die tot nut kan zijn voor ons denken en handelen. Data en informatie verschillen dus niet alleen in vorm, maar ook in functie.

Het verwerken van data naar informatie kunnen we automatiseren door het gebruik van algoritmes. Een algoritme is een reeks instructies om een bepaald doel te bereiken; denk bijvoorbeeld aan de algoritmes die sociale media gebruiken om relevante content te tonen op basis van persoonlijke interesses. Algoritmes zijn de basis van kunstmatige intelligentie waarmee computers data verwerken tot informatie en acties. Door nieuwe informatie te combineren met bestaande kennis en verbanden te leggen krijgen we nieuwe inzichten in hoe de wereld in elkaar zit. Dit stelt ons beter in staat oplossingen te vinden voor allerlei problemen.

Maar wat heeft een boer te maken met data? Data speelt een centrale rol in de bedrijfsvoering van een boerderij. Om producten te mogen leveren moet een boer kunnen bewijzen dat hij of zij aan de eisen van de klanten of certificeerders voldoet. Zonder data is dit niet mogelijk. Hiervoor moeten boeren gegevens over bijvoorbeeld de teelt vastleggen en bijhouden, wat vroeger op papier ging, maar nu steeds meer in softwaresystemen. Met de komst van slimme sensoren, robots en drones worden er bovendien steeds meer digitale gegevens automatisch gegenereerd op en rond het boerenerf. Door het volume, de variëteit en de snelheid is boerendata al snel big data: een grote hoeveelheid ongestructureerde en gestructureerde data. Deze digitalisering van landbouw biedt veel mogelijkheden om onze voedselvoorziening te verduurzamen. Tegelijkertijd biedt digitalisering ook kansen voor boeren om met hun data betere resultaten en een sterkere positie in de voedselketen te krijgen.

Boerendata is big en hot

Big data is een containerbegrip dat betrekking heeft op de enorme hoeveelheid gegevens die nieuwe informatie en inzichten kunnen genereren. Boeren kunnen informatie uit hun data bijvoorbeeld gebruiken als instrument om zuiniger om te gaan met antibiotica en gewasbescherming of als hulpmiddel om een hogere productie te bereiken tegen lagere milieudruk.

Het belang van boerendata is onder andere te zien in de ontwikkeling van precisielandbouw en *smart farming* – landbouw met een substantieel hoger niveau van precisie en automatisering. De essentie van precisielandbouw is om planten en dieren nauwkeurig de juiste behandeling te geven die ze nodig hebben. Door algoritmes te koppelen aan bestaande sensoren is het mogelijk tot op het niveau van de individuele plant en het individuele dier te sturen. Hiermee kunnen akkerbouwers het gebruik en de keuze van zaaizaden, bemesting en gewasbescherming verder optimaliseren. Zo kunnen veehouders de dieren door middel van draagbare elektronica op afstand en op individueel niveau monitoren en wanneer nodig verzorgen.

Boerendata is niet alleen big, maar ook hot. De interesse voor boerendata is de afgelopen jaren namelijk sterk toegenomen. Veel partijen, met name softwareleveranciers, ketenpartijen en de overheid, zien grote kansen in de explosieve groei van boerendata. Het boerendatalandschap is hierdoor een waar slagveld geworden van technologiebedrijven die met elkaar concurreren. Boerendata is een essentieel onderdeel van de businessstrategie van softwareleveranciers en machinefabrikanten zoals Microsoft en John Deere. Tussen de coulissen staan bovendien veel startups die nieuwe digitale oplossingen aan de man willen brengen.

Deze toename van data creëert veel kansen, maar ook nieuwe uitdagingen. Allereerst zijn er nog veel technische uitdagingen rondom de ontsluiting en integratie van data. Nu is data veelal opgeslagen in databanken van individuele bedrijven, vaak op verschillende bestandsformaten (bijvoorbeeld CSV, TXT, JSON en XML) en plekken. Dit maakt het lastig om data tijdig te ontsluiten en juist te interpreteren. Voor veel applicaties die realtime ondersteuning willen bieden is dit een probleem, aangezien inzichten gebaseerd op data van een uur of dag eerder vaak niet meer relevant zijn om vandaag beslissingen over te nemen.

Veel uitdagingen zijn ook sociaal-economisch van aard. Bekende problemen zijn bijvoorbeeld de eigendom van data, privacy en andere ethische vragenstukken rondom het gebruik van boerendata. Denk bijvoorbeeld aan hoe de baten en lasten van het beheren en verwerken van data tussen verschillende schakels worden verdeeld en de invloed hiervan op machtsverhoudingen in de voedselketen. De belangstelling voor boerendata roept natuurlijk de vraag op: wat hebben de boeren er zelf aan? Verschillende onderzoeken laten zien dat boeren onmacht en oneerlijkheid ervaren in de reis naar de digitale landbouw. Boeren willen graag de regie houden over eigen data en hebben behoefte aan 'data-autonomie' en 'datasoevereiniteit'. Gelukkig zijn er op dit gebied veel initiatieven om de boeren te helpen om hun strategisch belangen te behartigen. Blockchain is hierbij een vaak genoemde technologie.

Blockchain

Blockchain is sinds enkele jaren een veel besproken onderwerp. Gartner, een bekend onderzoeksbureau dat gespecialiseerd is in IT-onderzoek, noemt blockchain al sinds 2016 een van de opkomende technologieën die de wereld mogelijk gaat veranderen. Blockchain is vooral bekend geworden als de technologie achter de cryptomunt Bitcoin, maar later ook als de technologie die allerlei intermediairs zoals banken en notarissen overbodig zou kunnen maken.

Hoewel blokchain inmiddels een vaak gehoord begrip is, bestaat er veel verwarring over wat het precies is en kan. Blockchain is een verzameling van technologieën die het mogelijk maakt om een gedeelde databank te creëren en bij te houden met een netwerk van computers. De technologie is gebaseerd op het principe van consensus en berust op een decentraal systeem, dus zonder de tussenkomst van een intermediair (zoals een bank in het geval van Bitcoin).

Een blockchainsysteem bestaat uit een netwerk van computers en beheerders. Via algoritmes beslissen de deelnemers in het netwerk welke informatie valide is en welke niet. Deze informatie wordt opgenomen in datablokken, die samen een keten vormen. De term blockchain refereert aan deze keten van datablokken. Op elk blok in de blockchain wordt een tijdstempel geplaatst. Zo is altijd herleidbaar wanneer informatie aan de database is toegevoegd. Het allereerste blok in de blockchain wordt ook wel het 'genesis-blok' genoemd. Deelnemers kunnen helemaal terugkijken naar de mutaties tot aan dit eerste blok. Naast de technologie zelf duidt blockchain ook op de databank die ontstaat dankzij de technologie.

Blockchain is in essentie een gemeenschappelijk grootboek. Alle deelnemers in het blockchainnetwerk beschikken op ieder moment over dezelfde informatie in de blockchain. Het is hierdoor onmogelijk voor individuele deelnemers om informatie te manipuleren. We noemen dit ook wel 'gedistribueerd vertrouwen'. Een toepassing die samenhangt met blockchain zijn zogenoemde *smart contracts*. Een smart contract is code die beheerders op een blockchain plaatsen en uitvoeren. Deze code legt vast wat de voorwaarden zijn van de transacties, bijvoorbeeld wanneer een leverancier betaald wordt of een overdracht van eigendom plaatsvindt.

Er bestaan veel varianten van een blockchain. De blockchaintechnologie en de toepassing ervan is momenteel nog volop in beweging. De uitgifte van cryptomunten is nog altijd de bekendste toepassing, maar in Nederland is het ook al in gebruik in de land- en tuinbouw. Zo experimenteert een consortium van verschillende organisaties in de sierteeltketen met blockchain om de transparantie over het gebruik van gewasbeschermingsmiddelen te verbeteren. Ook bouwen non-gouvernementele organisaties zoals Fairfood blockchainplatformen om de claims over eerlijke prijzen voor boeren transparant en verifieerbaar te maken.

Het ontwikkelen van een gedistribueerd grootboek dat gezamenlijk wordt bijgehouden biedt veel mogelijkheid om transparantie en traceerbaarheid te verbeteren in goederen- en informatiestromen. Ook in de voedselketen wordt er volop mee geëxperimenteerd. Het ministerie van Landbouw, Natuur en Voedselkwaliteit heeft in 2017 het programma ‘Blockchain voor Agrifood’ gestart, waarin wordt gekeken waar de kansen en uitdagingen liggen van de technologie.

In potentie is blockchain een veelbelovende technologie, omdat het voor partijen in de voedselketen efficiëntie kan bevorderen en kosten kan verlagen. Maar blockchain is ook voor de boeren zelf bijzonder relevant, aangezien onze economie steeds meer gedreven wordt door data. In deze ‘data-economie’ genereert data niet alleen informatie, maar ook inkomsten door bijvoorbeeld data te verkopen. Er zijn hoge verwachtingen van de blockchaintechnologie voor de toekomst van de data-economie. Hierbij kan blockchain de boeren helpen ook zaken te doen op basis van hun data – ze worden dan ‘databoeren’.

FarmDataWallet

Een data-economie draait om de verzameling, verbinding en verwaarding van data. Hiervoor is een betrouwbare data-infrastructuur essentieel. Blockchain kan hierin een belangrijke rol spelen, bijvoorbeeld door het ontwikkelen van een decentraal register voor boerendata dat de eigendom en transacties van data vastlegt en bijhoudt. Het blockchainsysteem kan naast de transacties ook afspraken over data vastleggen, bijvoorbeeld over de vergoeding voor boeren voor het gebruik van hun data door andere partijen.

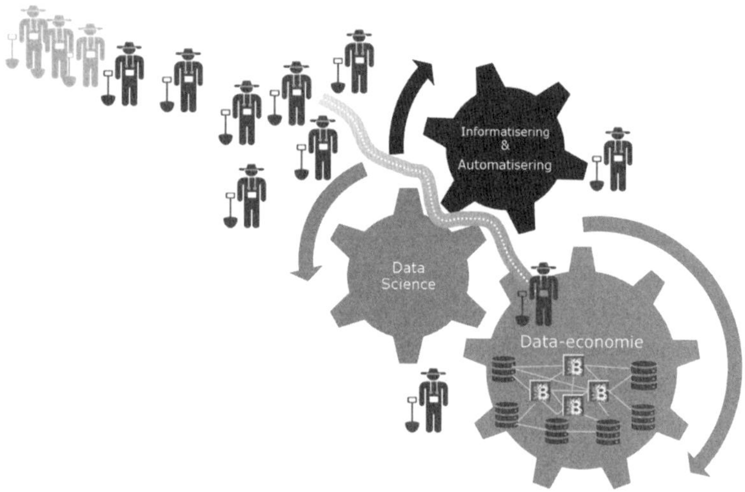

Figuur 45. Boeren zijn op weg naar de data-economie. Illustratie: Lan van Wassenaer.

Om de boerendata bruikbaar te maken voor de andere partijen moet de data in de juiste inhoud en vorm worden bewerkt of gepresenteerd. De productie van data heeft dus veel weg van het telen van een 'nieuw gewas' of een bijproduct. Dat het product digitaal is maakt de handel in data wel anders dan die in fysieke producten, die in de regel maar één keer verkocht en op één plek bewaard kunnen worden. Digitale data kun je immers bijna kosteloos kopiëren, op verschillende plekken bewaren en naar verschillende partijen sturen. De ontvanger van de data kan het ook herhaaldelijk gebruiken of doorgeven. Zonder een betrouwbaar register kan de boer dus moeilijk regie houden over zijn of haar data.

Om een oplossing te bieden voor dit probleem is er in het Blockchain voor Agrifood-programma een blockchainsysteem genaamd 'FarmDataWallet' bedacht. FarmDataWallet biedt een 'digitale portemonnee' waarmee een boer zijn of haar data kan beheren en verhandelen. De werking van dit blockchainsysteem is vergelijkbaar met een digitale databank, met aan de voorkant een 'datawinkel', of 'datacatalogus', en de achterkant het beveiligde gewelf met datakluisjes voor elke boer. Zo'n datakluisje is een digitale ruimte met toegangscontrole, die net als de fysieke kluizen bij een bank of een bedrijf waardevolle eigendommen bewaart en beschermt. De eigenaar krijgt een toegangscode waarmee hij of zij data kan plaatsen of ophalen vanuit het digitale kluisje, en toegang kan geven aan anderen door de code te delen.

FarmDataWallet biedt een uitstekende manier om de integriteit van data te waarborgen door de data te '*hashen*'. Een hash is een soort digitale vingerafdruk van de data, die direct anders wordt als de data maar een bitje is aangepast. Door de hash mee te leveren ter verificatie weet de ontvanger van de data dat er niets aan veranderd is. Met het blockchainsysteem kunnen de boeren dus niet alleen regie houden over eigen data, maar ook de integriteit van data waarborgen voor de afnemers. Hiermee wordt voor boeren wereldwijd een weg naar een veilige en integere data-economie aangelegd (figuur 45).

Digitalisering kan veel betekenen voor onze voedselvoorziening en boeren. In 2050 zal het boeren met data net zo gewoon zijn als het boeren met land en gewassen, al lijken de meeste boeren nu nog ver verwijderd van de data-economie. Hiernaartoe zijn verschillende routes, met verschillende uitdagingen en barrières. De grootste uitdaging zit in de automatisering van dataproductie en informatisering. Het moet in de komende jaren voor boeren veel makkelijker worden om data te verzamelen, bewerken en beheren. Een andere uitdaging zit in het verwerken van data tot informatie en inzichten. Data heeft alleen nut voor boeren en anderen als ze hier zelf iets aan hebben. Om deel te nemen aan de data-economie moeten de boeren eerst op weg geholpen worden op het gebied van informatisering en datamanagement. Hier zijn veel partijen actief mee bezig, maar onder de boeren is veel behoefte aan goede ondersteuning en begeleiding. Publieke kennisinstellingen kunnen hierin een belangrijke rol spelen door bijvoorbeeld voorlichting en onafhankelijk advies te geven. Dit zal ons in de toekomst helpen betere oplossingen te vinden voor het wereldvoedselvraagstuk.

DEEL 7

VOEDSEL VAN DE TOEKOMST

37

Insecten: voedzaam en duurzaam

Marcel Dicke, Arnold van Huis & Joop van Loon
– *Entomologie*

De duurzaamheid van de huidige vleesproductie staat ter discussie door het beslag op het landbouwareaal, gebruik van water, de uitstoot van broeikasgassen en de verzuring van het milieu. De productie van insecten als voedsel en veevoer is voor deze vier aspecten duurzamer per kilogram eiwit dan de productie van andere dierlijke eiwitten.

Dierlijke eiwitten bevatten alle essentiële aminozuren die een mens nodig heeft. Traditioneel staat in Nederland een beperkt aantal dieren op het menu, zoals koeien, varkens, kippen en verschillende vissoorten. De vleesconsumptie is wereldwijd zodanig toegenomen dat ongeveer 70 procent van het totale landbouwoppervlak gebruikt wordt voor vleesproductie. Deze oppervlakte betreft niet alleen weidegronden, maar ook de productie van granen, waarvan een derde wordt gebruikt als veevoer. Van onze landbouwhuisdieren hebben met name koeien een zeer ongunstige omzetting van voer naar vlees. Deze omzetting van plantaardig voer naar vlees gaat namelijk gepaard met een grote productie van mest, wat resulteert in enorme hoeveelheden broeikasgassen, zoals methaan en lachgas, en van stikstof in de vorm van ammoniak. Het Rijksinstituut voor Volksgezondheid en Milieu (RIVM) berekende in 2020 dat de stikstofdepositie in stikstofgevoelige natuurgebieden voor 41 procent is toe te schrijven aan de landbouw, vooral afkomstig uit mest. Dit veroorzaakte in 2019 het stilleggen van bouwprojecten en het bevriezen van uitbreidingsplannen in Nederland.

Daarnaast is voor de productie van vlees heel veel water nodig, tot wel 40.000 liter per kilo rundvlees. Dat is vooral nodig voor de productie van al het veevoer. De Wereldvoedselorganisatie van de Verenigde Naties heeft berekend dat vanaf 2005 de gangbare voedselproductie met 70 procent zou moeten toenemen om in 2050 de verwachte wereldbevolking van 10 miljard mensen te kunnen voeden. Zo'n toename zou je kunnen bereiken door meer land in gebruik te nemen, meer irrigatie te gebruiken of door de opbrengsten per hectare te verhogen. Het nog beschikbare land is echter dikwijls niet van goede kwaliteit en grote stukken bos kappen leidt tot sterkere opwarming van de aarde. In veel landen is irrigatie nauwelijks mogelijk. Het verhogen van de productie per hectare kan tot op zekere hoogte, maar ook daar zien we een afvlakking optreden.

Oplossingen zijn hard nodig, want nog altijd hebben meer dan 800 miljoen mensen in 2020 een tekort aan voedsel en meer dan 2 miljard mensen een ongebalanceerd dieet. Kortom, om de wereldbevolking in de komende decennia goed te kunnen voeden zijn er innovatieve ontwikkelingen nodig. Alternatieve eiwitbronnen zijn een optie, zoals kweekvlees, algen, paddenstoelen en plantaardige eiwitten. Daarnaast zijn, zoals wij in dit hoofdstuk laten zien, insecten ook een uitstekend alternatief voor onze huidige vleesconsumptie. Hierbij kunnen we veel leren van mensen in Afrika, Azië en Latijns-Amerika.

Insecten als voedsel voor de mens en als veevoer

In grote delen van de wereld worden insecten regelmatig gegeten. In Mexico is het bijvoorbeeld heel gewoon om sprinkhanen te kopen op de markt, in Zuidoost-Azië zijderupspoppen en in Zuidelijk en Centraal-Afrika rupsen. Men eet ze als lekkernij en vangt ze in de natuur, zoals wij paddenstoelen of bosbessen verzamelen. Wereldwijd kennen we meer dan tweeduizend insectensoorten die gegeten worden. Insecten zijn rijk aan eiwitten, inclusief alle essentiële aminozuren, meervoudig onverzadigde vetzuren, mineralen en vitamines en zijn daarmee een uitstekende voedselbron. Insecten zijn evolutionair nauw verwant aan garnalen en kreeften, die bij ons een lekkernij zijn. In Australië noemen de Aboriginals sprinkhanen ook wel 'de garnalen van het land'.

In Thailand zijn er twintigduizend kleine boerderijen waar insecten voor consumptie gekweekt worden en ook in de rest van de wereld is men begonnen om insecten te kweken. Insecten hebben een veel betere omzetting van voer naar insectenvlees dan onze landbouwhuisdieren. Voor de productie van 1 kilo krekels is zelfs ongeveer tien keer minder voer nodig dan voor 1 kilo rundvlees, dus is er ook veel minder landbouwoppervlak voor nodig. Bovendien kan een aantal insecten gekweekt worden op bijproducten van de reguliere voedselproductie, zoals aardappel- en fruitschillen, wat het beslag op landbouwgrond verder verlaagt. De hogere omzettingsefficiëntie van voer naar biomassa bij insecten leidt tot een veel lagere mestproductie per kilo geproduceerd eiwit. Bovendien is de uitstoot aan broeikasgassen voor de productie van 1 kilogram insecteneiwit veel minder groot dan voor de productie van rundereiwit, en is er veel minder water en land voor nodig. Daarmee zijn insecten een waardevolle bron van hoogwaardige dierlijke eiwitten met een relatief kleine ecologische voetafdruk.

In ontwikkelde landen, inclusief Nederland, worden sinds ongeveer tien jaar insecten als voedsel op steeds grotere schaal gekweekt, met name krekels, sprinkhanen en larven van de meeltor en de buffalokever. Deze insecten worden in zijn geheel of als verwerkt product verkocht. Er komen momenteel diverse producten op de markt waarin insecten verwerkt zijn. Daarbij kun je denken aan tofuachtige producten, insectenmeel verwerkt in pasta of in brood. Binnen de Europese Unie is er wetgeving ontwikkeld om te zorgen dat de productie van insecten als voedsel aan dezelfde kwaliteits- en hygiënische eisen voldoet als andere dierlijke producten.

Er zijn daarnaast door onderzoekers allerlei strategieën ontwikkeld om de consument over te halen om insecten te consumeren. Voorbeelden hiervan zijn het verwerken van insecten in gangbare voedselproducten – denk aan brood, pasta of pastasaus –, ontwikkelen van een uitstekende smaak, proeverijen tijdens evenementen, informatieverstrekking over duurzaamheids- en gezondheidseffecten, inzetten van rolmodellen zoals belangrijke politici of tv-beroemdheden om producten te promoten en zorgen dat het product niet te duur is.

Insecten zijn niet alleen geschikt als voedsel voor mensen, maar ook als veevoer. Onze veestapel consumeert grote hoeveelheden krachtvoer, dat is gebaseerd op het gebruik van eiwitbronnen, zoals vismeel en sojameel. Hetzelfde geldt voor de visteelt. Aan het gebruik van vismeel en sojameel kleven echter grote nadelen. Vismeel is een snel afnemende eiwitbron door overbevissing van de oceanen en soja is ook uitstekend geschikt als voedsel voor mensen zelf en zorgt dus voor competitie tussen menselijke en dierlijke consumptie. De vraag naar beide eiwitbronnen neemt snel toe en daarmee ook de prijs. Insecten vormen uitstekende alternatieven. Kippen en varkens zijn namelijk alleseters en net als hun wilde verwanten eten ze graag insecten. Ook vissoorten als forel, tilapia en zalm eten insecten of kleine kreeftachtigen. In plaats van sojameel of vismeel kunnen vliegenlarven gebruikt worden als eiwitbron in veevoer of visvoer. Vliegenlarven kunnen op diverse voedingsbodems gekweekt worden, waaronder reststromen uit de voedselproductie. De productie van vliegenlarven, met name die van de zwarte wapen- of soldatenvlieg, neemt de afgelopen vijf jaar een enorme vlucht. Dat gebeurt door grote kwekerijen in westerse landen maar ook door kleine boeren in ontwikkelingslanden zoals Kenia.

De vervanging van sojameel of vismeel door vliegenlarven heeft niet alleen voordelen voor de productie van vee of vis, maar kan ook de weerstand van de dieren tegen ziekten verhogen en mogelijk leiden tot een reductie van het gebruik van antibiotica. Uit onderzoek blijkt dat als je een kip de keus geeft tussen kippenvoerkorrels en vliegenlarven, ze de laatste verkiest: ze gaat actief op zoek naar vliegenlarven. De eerste studies naar het voeren van vliegenlarven laten zien dat hierdoor gezondheid en welzijn van de kippen verbeteren. De dieren hebben minder darm- en pootinfecties en besteden hun tijd meer aan het zoeken van voedsel en minder aan elkaar pikken.

Insecten terug in de kringloop van voedingsstoffen

Veel insecten behoren tot de afvalopruimers in de natuur. Een kwart miljoen beschreven insectensoorten leven op ‘dood’ organisch materiaal, zoals plantenresten en uitwerpselen van dieren: dat is hun natuurlijk voedsel. De omzetting van organisch materiaal naar insectenbiomassa vervult een belangrijke ecologische functie in de kringloop van voedingsstoffen, omdat deze afval-etende insecten hoogwaardig voedsel zijn voor vele andere dieren, onder andere vissen en vogels. In de huidige productiesystemen van landbouwhuisdieren vormt het overschot aan onverteerd voedsel, de mest, een groot probleem. Insecten kunnen ingezet worden om bij te dragen aan een oplossing door ze de functie te laten vervullen die ze in de natuurlijke stofkringloop al honderden miljoenen jaren vervullen: het omzetten van mest in dierlijke eiwitten.

Uit onderzoek in de afgelopen jaren is duidelijk geworden dat insectensoorten die op organisch afval leven een duurzame en succesvolle samenwerking zijn aangegaan met micro-organismen die belangrijke functies vervullen in de voedselvertering van insecten en de verdediging tegen schadelijke micro-organismen. We staan pas aan het begin van het ontrafelen van deze samenwerkingsverbanden die een lange evolutionaire geschiedenis hebben maar tot nog toe niet zijn ingezet in de voedselproductie. Er is nog veel te ontdekken en te benutten in het sluiten van kringlopen van voedingsstoffen door het inzetten van insecten.

De productie van insecten draagt op nog een andere manier bij aan de circulaire landbouw. Als de insecten geoogst zijn, blijft er ook bij de insectenproductie een reststroom achter: het niet opgegeten voer vermengd met insectenmest en vervellingshuidjes. Deze reststroom blijkt zeer geschikt te zijn als organische mest voor landbouwgewassen. Toepassing van deze organische mest leidt tot bevordering van gewasgroei en tot een versterking van de weerbaarheid van het gewas tegen plagen. Mogelijk kan dit bijdragen aan een vermindering van de behoefte aan kunstmest en chemische bestrijding van plagen en daarmee aan een duurzame productie van gewassen. Omdat de insecten gekweekt kunnen worden op reststromen van voedselgewassen, zoals aardappelschillen, fruitschillen of graanresten na de productie van bier, wordt de landbouwcirkel op deze manier verder gesloten.

Insecten en de Duurzame Ontwikkelingsdoelen

De aanpak van het wereldvoedselvraagstuk vraagt om innovatieve ontwikkelingen. Dat komt omdat het simpelweg vergroten van de voedselproductie geen oplossing biedt, gezien de beperkingen van onze planeet. Kappen van bossen kan een tijdelijke oplossing zijn, maar leidt tot

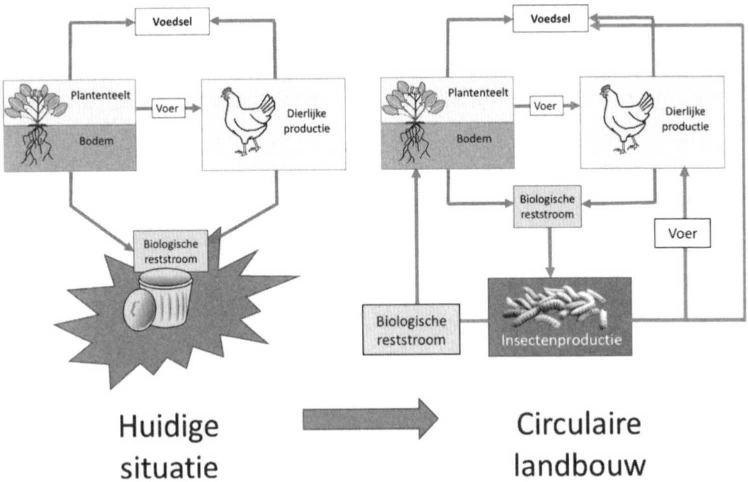

Figuur 46. Verschillende soorten insecten kunnen worden gekweekt op biologische reststromen uit de voedselproductie. Deze insecten zetten de reststroom om in een hoogwaardige bron van veevoer en voedsel en sluiten de kringloop in de landbouw. Illustratie: Marcel Dicke.

verdere reductie van de biodiversiteit. Een vergroting van de voedselproductie zonder een wijziging in de samenstelling ervan zal leiden tot een versterking van het broeikaseffect. Omdat de wereld voor een groot aantal uitdagingen staat, hebben de Verenigde Naties een samenhangend pakket van 17 Duurzame Ontwikkelingsdoelen opgesteld. Het eerste doel is 'geen armoede' en het tweede doel is 'geen honger'. Andere doelen zijn bijvoorbeeld klimaatactie (doel 13), leven op het land (doel 15) en verantwoorde consumptie en productie (doel 12).

Het benutten van insecten als voedsel of veevoer is oorspronkelijk in een stroomversnelling gekomen door de mogelijkheden voor het verkrijgen van een duurzame eiwitbron. Gaandeweg is gebleken dat deze ontwikkeling ook positieve effecten heeft op het bereiken van diverse andere Duurzame Ontwikkelingsdoelen. Het vervangen van regulier vlees, vooral rundvlees, door insecten verlaagt de bijdrage van voedselproductie aan klimaatverandering enorm (doel 13) en vervanging van vismeel door insectenmeel kan de druk op de visstand in de oceanen verlichten (doel 14). Insectenproductie gebruikt minder land dan veeteelt en kan leiden tot vermindering van de druk op biodiversiteit (doel 15). Doordat vliegenlarven met geringe investeringen door kleine boeren geproduceerd kunnen worden en zo een alternatief kunnen bieden voor duur veevoer uit het buitenland, kan ook de lokale economie gestimuleerd worden. Kleine boeren kunnen hierdoor hun productiviteit en levensstandaard verhogen. Op deze manier kunnen kleine boeren in ontwikkelingslanden tevens hun maatschappelijke status verhogen en zo beter integreren in de samenleving. Ten slotte, omdat het wereldvoedselvraagstuk nauw verbonden is met vrede en stabiliteit, kan deze ontwikkeling ook bijdragen aan sociale stabiliteit (doel 16).

Het wereldvoedselvraagstuk is nauw verweven met het streven naar duurzaamheid, en dat vraagt om innovatieve oplossingen. Insecten als voer en voedsel kunnen oplossingen bieden voor het grote beslag van landbouwhuisdieren op landbouwgrond en schaars water en kunnen de uitstoot van broeikasgassen en stikstof verminderen. Wanneer insecten worden gekweekt op organische reststromen, dan kunnen ze ook een belangrijke bijdrage leveren aan de circulaire economie. De omvorming van de productie van dierlijke eiwitten, die nu door runderen, kippen en varkens worden geleverd, naar het grootschalig kweken van insecten kan bijdragen aan de broodnodige verduurzaming van de productie van dierlijke eiwitten.

38

Duurzame insectenkweken die tegen een stootje kunnen

Vera Ros & Monique van Oers[1] – *Virologie*

Insecten worden op steeds grotere schaal gekweekt. Ze zijn nodig voor bijvoorbeeld afvalverwerking, biologische bestrijding en als gezonde eiwitbron. Maar hoe zorg je ervoor dat die insecten zelf gezond blijven? Wat kunnen we doen om te voorkomen dat er ziektes uitbreken in massakweken van insecten?

Insecten op je bord? Dat kan in de toekomst heel gewoon worden. Maar insecten kunnen ook worden ingezet voor allerlei andere toepassingen, zoals voor afvalverwerking. Organische reststromen uit bijvoorbeeld de landbouw en voedingsindustrie kunnen verwerkt worden door deze aan larven (maden) van de zwarte soldaatvlieg (*Hermetia illucens*) te voeren. De maden maken er vervolgens compost van, en ten slotte dienen de volgroeide maden zelf als voer voor vissen en vee. Verder zijn gekweekte insecten van cruciaal belang voor bestuiving en de productie van zijde en honing. Ook worden insecten wereldwijd ingezet voor de biologische bestrijding van plagen van andere insecten. Zo kunnen telers met gekweekte sluipwespen rupsen- en luizenplagen bestrijden, terwijl roofmijten schadelijke tripsen, mijten en vliegen aanvallen. Een ander voorbeeld is de bestrijding van tseetseevliegen. Deze vliegen ko-

1 Onze bijdrage wordt mede mogelijk gemaakt door de Nederlandse Organisatie voor Wetenschappelijk Onderzoek (NWO, VIDI-beurs, projectnummer VI. Vidi.192.041) en door het EU Horizon 2020 – 'Framework Programme for Research and Innovation' (INSECT DOCTORS, MSCA-ITN-2019, Project 859850).

men voor in Afrika en dragen eencellige parasieten (trypanosomen) over die vee ziek maken en bij de mens de gevreesde slaapziekte veroorzaken. Het loslaten van grote aantallen gekweekte steriele tseetseemannetjes in de natuur leidt ertoe dat de aanwezige vrouwtjes geen nakomelingen kunnen krijgen. Tseetseevliegen paren slechts één keer, dus als dat met een steriel mannetje gebeurt, is de kans op nakomelingen verkeken.

Naast het inzetten van gekweekte insecten voor bovengenoemde toepassingen, vormen insecten ook een duurzame bron van dierlijke eiwitten. Was het eten van insecten van oudsher niet erg populair in Europa, sinds 2016 worden insecten hier gezien als 'boerderijdieren', net zoals varkens, koeien en pluimvee. Grootschalige productie van insecten is in korte tijd uitgegroeid tot een belangrijke economische activiteit om te kunnen voldoen aan de wereldwijde vraag naar veilige en betrouwbare voedselbronnen.

Het International Platform of Insects for Food and Feed heeft uitgerekend dat er in 2019 in Europa ruim 6000 ton aan insecten is gekweekt voor diervoer en menselijke consumptie. Dit ging gepaard met bedrijfsinvesteringen van 600 miljoen euro. In datzelfde jaar werd de wereldwijde markt voor eetbare insecten gewaardeerd op 112 miljoen Amerikaanse dollar. Ook het adviesbureau Global Market Insights verwacht de komende jaren een verdere toename in de marktwaarde van insecten. De schatting is dat we in 2023 wereldwijd op 100.000 ton gekweekte insecten uitkomen. Voor 2030 zou dit zomaar tien keer zo veel kunnen zijn. We zien tegelijkertijd dat eetbare insecten een belangrijkere eiwitbron worden voor humane voeding. Supermarktketens hebben hierdoor steeds vaker eetbare insecten in de verkoop.

Ook de kweek van insecten voor andere toepassingen heeft industriële vormen aangenomen en gaat vaak gemoeid met grote commerciële belangen. Denk bijvoorbeeld aan de grootschalige levering van bijen en hommels voor de bestuiving van gewassen, sierbloemen en fruitbomen, of de eerdergenoemde toepassing van insecten in de zijde-industrie, de afvalstofverwerking en de biologische bestrijding van plaagorganismen. Voor al deze toepassingen is het dus nodig om insecten op grote schaal te kweken, waarbij de potentie ervan voor de productie van veilige, dierlijke eiwitten voor de groeiende wereldbevolking niet onderschat moet worden. Maar hoe kweken we insecten op zo'n manier dat ze zelf ook gezond blijven en de insectenkweken niet instorten?

Bedreiging van buiten en van binnen

Het opkweken van insecten gebeurt bedrijfsmatig in een artificiële omgeving, bijvoorbeeld in grote kweekcellen waar de temperatuur, luchtvochtigheid en het lichtregime nauwkeurig gereguleerd en aangepast zijn op de te kweken insectensoort. In deze 'insectenfabrieken', waarbij veel individuen dicht opeen leven in monoculturen, kunnen ziekteverwekkers (pathogenen) makkelijk gedijen, vaak met grote economische consequenties voor de betreffende bedrijven. Je zou dit in zekere zin kunnen vergelijken met een boerderij waar alle dieren vanwege een uitbraak van varkenspest geruimd moeten worden en de boer helemaal opnieuw moet beginnen met het opbouwen van zijn veestapel. Een insect kost natuurlijk veel minder dan een varken, maar het gaat wel om gigantisch veel exemplaren. Als al die insecten moeten worden geruimd duurt het bovendien wel even voor het hele bedrijf ontsmet is en er weer genoeg dieren zijn om de kweekbakken te vullen. En al die tijd zijn er geen inkomsten voor het bedrijf.

Waar de vergelijking met varkens mank gaat is dat we momenteel maar een heel beperkt beeld hebben van welke pathogenen en stressfactoren de gekweekte insecten ziek kunnen maken. In verschillende onderzoeksprojecten proberen we hier beter zicht op te krijgen. Onder de insectenpathogenen vinden we bacteriën, schimmels, virussen en microsporidia, eencellige parasieten verwant aan schimmels. Deze pathogenen kunnen van buitenaf de insectenkweken binnenkomen. Dit is vooral een risico in kweeksystemen die in open verbinding staan met de buitenlucht. Maar de intrusie kan ook plaatsvinden in gesloten kweeksystemen, bijvoorbeeld tijdens het verzorgen van de insecten wanneer voedsel of substraat wordt ververst, of via de kanalen voor luchtcirculatie.

Een wellicht nog groter risico vormen pathogenen die al van nature aanwezig zijn in de insecten. Veel pathogenen, waaronder virussen, kunnen in een latente staat voortbestaan zonder opgemerkt te worden. Ze blijven als het ware onder de radar en veroorzaken geen ziekteverschijnselen. Het is een beetje vergelijkbaar met het herpesvirus bij mensen, dat ook latent aanwezig is maar bij een verzwakte weerstand een koortslip kan veroorzaken. Zo is het ook bij insecten: zodra ze gestrest raken kan een latent virus een actief virus worden dat zich gaat vermeerderen en dan ziekteverschijnselen geeft. Stress kan bijvoorbeeld veroorzaakt worden door een te hoge dichtheid van insecten in de kweek, een niet optimale temperatuur of luchtvochtigheid en door kwalitatief slecht voer. In het verleden heeft zo'n virusuitbraak desastreuse gevolgen gehad voor de wereldwijde productie van krekels, die vooral gekweekt worden als voer voor huisdieren als reptielen, vissen en vogels. Het desbetreffende virus bleek in de meeste krekels latent aanwezig te zijn en leidde onder niet-optimale kweekomstandigheden tot problemen.

Bij het kweken van tseetseevliegen, om steriele mannetjes te produceren, ontstond er een soortgelijk probleem met een ander, tot dan toe onbekend, virus, wat leidde tot het instorten van de gehele kweek. Tseetseevliegen worden gevoerd op grote bakken met dierlijk bloed dat bedekt is met een artificieel membraan waar de vliegen doorheen kunnen prikken om het bloed op te zuigen. Via dat kunstmatige voedingssysteem bleken de vliegen elkaar te infecteren met het virus, omdat enkele exemplaren dit virus van nature in sluimerende staat bij zich droegen. Het gevolg van deze infectie was dat hun nakomelingen zich niet meer konden voortplanten, hetgeen natuurlijk desastreuze gevolgen had voor de kweek. Door de manier van voeren aan te passen kon dit probleem worden opgelost.

Het blijkt dat veel uitbraken in grootschalige insectenkweken worden veroorzaakt door dergelijke, tot dan toe onbekende pathogenen. In de twee hierboven genoemde voorbeelden bij krekels en tseetseevliegen bleek nieuwe kennis over de virussen, de kweekomstandigheden en de interacties tussen de insecten en hun natuurlijke pathogenen van doorslaggevend belang om verdere problemen te voorkomen. We kunnen dus gerust stellen dat gedetailleerde kennis van insectenpathogenen onontbeerlijk is om insectensterfte te kunnen voorkomen en om insectenproductie commercieel haalbaar te maken.

Tot op heden hebben onderzoekers in het veld van de insectenpathologie zich voornamelijk beziggehouden met pathogenen die gebruikt kunnen worden om vraatzuchtige plaaginsecten of ziekteverspreidende muggen te lijf te gaan. We weten daardoor best veel over bepaalde insectenpathogenen, zoals baculovirussen (figuur 47) voor de bestrijding van rupsen in de biologische landbouw, de schimmel *Metharizium* en de bacterie *Bacillus thuringiensis*. Ook over virussen in bijen is aardig wat bekend. Van de interactie van eetbare insecten met hun ziekteverwekkers weten we juist relatief weinig, en ook over pathogenen van andere gekweekte insecten is niet veel bekend. Omdat er zo veel verschillende ordes van insecten zijn, met daarbinnen weer vele soorten insecten, is het niet verrassend dat er ook nog veel onbekende ziekteverwekkers zijn. Dat geldt vooral voor virussen, omdat die meestal maar een of enkele nauwverwante gastheren hebben. De aanwezigheid van een grote poel onbekende virussen wordt onderbouwd door recente omvangrijke DNA- en RNA-analyses, waarbij een groot aantal tot dan toe onbekende virussen in insecten werd gevonden. In ons onderzoek richten wij ons op de natuurlijke ziekteverwekkers van insecten die op grote schaal worden gekweekt voor allerlei toepassingen, en daarbij komt bestaande kennis over virussen in andere insecten goed van pas.

Baculovirussen in rupsen als modelsysteem

Om te bestuderen welke pathogenen insecten ziek maken en hoe dit precies gebeurt, en om meer te weten te komen over de aanwezigheid en werking van latente infecties, gebruiken we virussen in rupsen als modelsysteem. Rupsen, behorende tot de insecten orde Lepidoptera (vlinders en motten), worden wereldwijd gekweekt voor een scala van toepassingen. De orde Lepidoptera bevat na de orde Coleoptera (kevers) het hoogste aantal soorten insecten dat wereldwijd wordt geconsumeerd. Binnen de orde Lepidoptera wordt de gedomesticeerde zijderups (*Bombyx mori*) op grote schaal gekweekt voor de productie van zijde en als een van de meest veelbelovende soorten voor dierlijk voer, net zoals de grote wasmot *Galleria mellonella*. Daarnaast worden veel soorten rupsen, waaronder de florida-uil *Spodoptera exigua* (figuur 47, midden), gekweekt om op grote schaal sluipwespen en virussen te produceren voor toepassing in de biologische bestrijding van plaaginsecten.

Het grootschalig kweken van rupsen gaat echter niet zonder slag of stoot. Commerciële rupsenkweken hebben regelmatig last van baculovirusinfecties. Baculovirussen zijn gevonden in meer dan zevenhonderd soorten insecten, voornamelijk van de orde Lepidoptera, en deze virussen worden zelf ook wereldwijd gebruikt om gewassen te beschermen tegen plaaginsecten. Zo wordt een granulovirus (ook een type baculovirus) gebruikt in de fruitteelt om de rupsen van de fruitmot (*Cydia pomonella*) te bestrijden en wordt een ander specifiek baculovirus gebruikt tegen rupsen van de reeds genoemde florida-uil.

Baculovirussen komen met het voedsel de rupsen binnen, dus via een orale infectie, en zorgen ervoor dat de rupsen binnen enkele dagen sterven en volledig verslijmen (figuur 47, rechts). De dode rupsen zitten dan vol met virusdeeltjes die vrijkomen in de omgeving, klaar om andere rupsen te besmetten. Dit is een vorm van zogenoemde horizontale transmissie: een individu besmet een ander individu van dezelfde generatie. Op deze manier verspreidt de infectie zich binnen de populatie en worden steeds meer dieren ziek.

Nu blijkt echter uit onderzoek dat baculovirussen ook 'verticaal' kunnen worden doorgegeven: van de ouders naar de nakomelingen. De virussen zijn in dat geval in latente vorm aanwezig in de rupsen en vervolgens ook in de motten. Ze kunnen zo generaties lang aanwezig zijn, zonder symptomen te veroorzaken. Als de rupsen gestrest raken kan het virus echter geactiveerd worden, waardoor de hele kweek geïnfecteerd raakt. We zagen dat in onze eigen kweek van *S. exigua*-rupsen gebeuren bij een te hoge dichtheid van rupsen of bij te lage temperaturen. Als je dit niet weet en niet op deze zaken let, kan een schijnbaar gezonde kweek ineens instorten.

Ook als deze rupsen gekweekt worden als gastheer om sluipwespen te kweken voor biologische bestrijding zie je vaak dat het baculovirus de kop op steekt. De parasitering door sluipwespen is dan de stressfactor. Waarschijnlijk verschuift daardoor de balans tussen het latent aanwezige virus en het immuunsysteem van de rups, waardoor het virus zich kan gaan vermeerderen. Als gevolg daarvan kan de kweek geheel instorten. Hoe deze overgang van een latente infectie naar een actieve infectie in zijn werk gaat is iets wat we momenteel beter proberen te begrijpen. Baculovirussen in rupsen vormen hiervoor een uitstekend modelsysteem.

Figuur 47. Links: baculovirusdeeltjes ingesloten in beschermende eiwitcapsules (polyheders). Foto: Jan van Lent. Midden: rups van de florida-uil, *Spodoptera exigua*. Foto: Jitte Groothuis. Rechts: verslijmde *S. exigua* rups als gevolg van een baculovirus infectie. Foto: Vera Ros.

Op weg naar gezonde insecten

Om insecten op grote schaal te kunnen blijven kweken is het dus van groot belang om meer te weten te komen over potentiële insectenpathogenen. Daarbij moeten we kijken naar het reservoir aan virussen dat al in de insecten zelf aanwezig is. Het is dan belangrijk om te weten in welke weefsels de latente virussen zich ophouden in insecten en in wat voor vorm ze aanwezig zijn: als virusdeeltje of, in uitgeklede vorm, als DNA of RNA. Ook is het belangrijk hoe latente virussen worden doorgegeven aan de nakomelingen van de insecten: in of op de eieren, tijdens paring, via uitwerpselen of via kannibalisme – iets wat vaak voorkomt bij insecten.

Ook bestaan er nog vragen over hoe een transitie van een latente staat van een virus naar een infectie precies werkt. Als hier meer kennis over beschikbaar is kunnen we beter voorspellen welke omstandigheden uitbraken van ziektes door insectenpathogenen stimuleren en kunnen we preventieve maatregelen ontwerpen die het grootschalig kweken van insecten mogelijk maken. Denk aan maximale dichtheden, een optimale kweektemperatuur of bepaalde sanitaire maatregelen, zoals het desinfecteren van eieren. Ook kunnen we weerbare insecten kweken, bijvoorbeeld door insectenlijnen te selecteren die beter bestand zijn tegen ziekte-uitbraken.

Daarnaast is het belangrijk gevoelige en specifieke detectiesystemen te ontwikkelen om snel te kunnen bepalen welke pathogenen er aanwezig zijn in de verschillende insectenkweken en waar er grote risico's zijn. Zulke realistische oplossingen zijn noodzakelijk om de groeiende vraag naar insecten aan te kunnen en een kosteneffectieve productie van gezonde insecten op industriële schaal te realiseren. Insecten kunnen daarmee een prominente plek op de voedselmarkt innemen, hetgeen hard nodig is voor een milieuvriendelijke en duurzame toekomst.

39

Een nieuw podium voor traditionele gefermenteerde voedingsmiddelen

Sijmen Schoustra & Anita Linnemann – *Agrotechnologie*

Traditionele gefermenteerde voedingsmiddelen zijn lokaal, divers en wijdverbreid in veel landen, ook in Afrika. Deze producten zijn bij uitstek geschikt voor het bevorderen van voedselzekerheid. Toch worden ze in programma's gericht op voedselzekerheid vaak overgeslagen. Het is nodig de productie van deze voedingsmiddelen op te schalen en productiemethoden te formaliseren, om zo ondernemerschap te bevorderen en een breed publiek te bereiken.

Inspanningen om honger de wereld uit te krijgen richten zich van oudsher op het verhogen van de landbouwproductie. Ondervoeding wordt hierbij vaak aangepakt door aanvulling en verrijking van voedsel om tekorten aan micronutriënten, als ijzer en zink, te bestrijden. In het speelveld van productieverhoging enerzijds en voedingskundige interventies anderzijds is een leemte die gevuld kan worden door de optimalisatie van de verwerking van voedingsgrondstoffen.

Vooral zure, niet-alcoholische, gefermenteerde producten kunnen een belangrijke bijdrage leveren aan voedselzekerheid. Fermentatie is een omzetting van dierlijk of plantaardig uitgangsmateriaal door micro-organismen – bacteriën, gisten en schimmels – naar zure, of soms alcoholische, producten met een rijk aroma en verlengde houdbaarheid. De verzuring belemmert de groei van ziekteverwekkers, waardoor fermentatie bederf, en dus voedselverliezen, helpt te voorkomen. Ook zorgt de activiteit van de micro-organismen voor een betere voedingswaarde. Een gefermenteerd product is namelijk lichter verteerbaar dan het uitgangsmateriaal. Dit geldt voor koolhydraten als belangrijkste energiebron, maar bijvoorbeeld ook voor essentiële micronutriënten. Dat laatste is belangrijk, omdat deze micronutriënten vaak in te lage hoeveelheden voorkomen in het dieet in veel Afrikaanse landen. Gefermenteerde producten hebben bovendien een groot bereik. Zowel mannen als vrouwen, van jong tot oud, consumeren deze voedingsmiddelen. Ze zijn voor veel mensen onderdeel van de lokale cultuur en spelen dikwijls een rol bij sociale aangelegenheden.

In de hele wereld, en zeker ook in Afrika, wordt fermentatie veel toegepast. In Europa kennen we bier, yoghurt en zuurkool als populaire vertegenwoordigers van deze productcategorie. Aanvankelijk maakten we deze producten op boerderijniveau, maar gaandeweg is de productie geïndustrialiseerd. In de meeste ontwikkelingslanden zijn kleinschalige producenten nog altijd verantwoordelijk voor het leeuwendeel van de productie (figuur 48). Deze kleinschaligheid maakt traditionele fermentatie als methode van voedselverwerking een verwaarloosde en onderbenutte praktijk. Dat terwijl traditionele fermentatie kansen biedt voor het versterken van ondernemerschap. Immers, meer dan 60 procent van de rurale gemeenschappen leeft van de landbouw en beschikt dus over de benodigde grondstoffen. De meeste producenten zijn vrouwen, die produceren voor hun eigen huishouden en een beetje voor de verkoop.

Door het opschalen van kleinschalige productie kunnen meer consumenten worden bereikt. Hiervoor zijn echter wel onderzoek en ontwikkeling nodig. Dit moeten we zo vormgeven dat economische ontwikkeling en voedselzekerheid hand in hand gaan. Dit kan door de huidige kleinschalige productie als vertrekpunt te nemen voor het verder ontwikkelen van (vrouwelijk) ondernemerschap. Veel vrouwen bezitten de kennis en knowhow, toetredingsdrempels en de opstartkosten zijn laag: het bezit van bepaalde activa is niet vereist en productie kan goed worden gecombineerd met verantwoordelijkheden in de huishouding. Op deze manier kan het ontwikkelen van ondernemerschap voedselzekerheid bevorderen.

Figuur 48. Boven (van links naar rechts): een lokale producente met een kalebas gebruikt voor productie; een emmer met Mabisi uit Zambia, waaruit wordt verkocht op de markt; lokale verkoop langs de weg van Munkoyo in Zambia. Onder (van links naar rechts): verzamelen van melk door een coöperatie in Zambia; productie van Akpan in Benin door een lokale producente aan huis; verkoop van Akpan in flesjes in Benin. Foto's: Sijmen Schoustra.

Onderzoek naar gefermenteerde Afrikaanse producten

Als eerste stap in het opschalen van traditionele productie zijn Zambiaanse en Wageningse onderzoekers in 2015 gestart met het in kaart brengen, karakteriseren en standaardiseren van traditionele, niet-alcoholische, gefermenteerde producten. Doel van dit onderzoek was de verbetering van de traditionele verwerking, verbetering van smaak en voedingswaarde, en versterking van lokale waardeketens door het stimuleren van vrouwelijk ondernemerschap. In een recent gestart vervolgonderzoek proberen we de resultaten te verbreden naar andere regio's en producten, zoals Mabisi (Zambia) op basis van melk, en Munkoyo (Zambia), Akpan (Benin) en Mahewu (Zimbabwe) op basis van granen.

De resultaten van deze onderzoeken laten zien dat gefermenteerde producten inderdaad op grote schaal worden gemaakt en geconsumeerd in landelijke gebieden. Tegelijkertijd is er nog te weinig aanvoer is naar stedelijke gebieden, waar wel veel interesse in deze producten is. Daarnaast gebruiken producenten voor het maken van hetzelfde product verschillende recepten, wat leidt tot verschillen in de bacteriesamenstelling in het product en dus ook in de producteigenschappen. Dit is problematisch, omdat een constante kwaliteit nodig is voor het creëren van een stabiele en betrouwbare afzetmarkt. Het is echter mogelijk om het productieproces te standaardiseren door fermentatie te starten met een mengsel van een aantal bacteriesoorten, een zogenaamde starterscultuur. De gefermenteerde producten hebben op deze manier allemaal een hogere voedingswaarde dan het niet-gefermenteerde uitgangsmateriaal, met name een hoger gehalte aan B-vitaminen. Ook zijn bepaalde micronutriënten beter beschikbaar voor menselijke spijsvertering. Beide effecten worden veroorzaakt door microbiële activiteit. Modellen van huidige diëten tonen aan dat vooral het gefermenteerde melkproduct Mabisi kan bijdragen aan een sterke vermindering van de ondervoeding. Daarnaast tonen laboratoriumstudies aan dat het toevoegen van Mabisi aan mengsels van darmbacteriën de balans tussen de verschillende darmbacteriën verandert in een gezondere samenstelling. Dit wijst op directe gezondheidsvoordelen van het consumeren van dit traditionele gefermenteerde voedingsmiddel.

Veel gefermenteerde producten vinden hun oorsprong in landelijke gebieden en zijn diep geworteld in de lokale cultuur. Mabisi wordt bijvoorbeeld momenteel uitsluitend in landelijke gebieden geproduceerd, waarbij meer dan 80 procent van de huishoudens voor eigen consumptie produceert en ongeveer 20 procent van de huishoudens overtollige producten verkoopt op nabijgelegen markten of langs de weg. In steden zijn de producten meestal echter niet te krijgen bij gebrek aan een goede infrastructuur. Toch blijkt uit interviews dat 85 procent van de stedelijke consumenten de voorkeur geeft aan traditionele, ambachtelijke Mabisi boven industrieel vervaardigde gefermenteerde melkproducten. Dit komt omdat vrijwel iedereen Mabisi kent van familiebezoeken aan plattelandsgebieden. Tijdens veldbezoeken bleken lokale producenten verenigingen en coöperaties te hebben gevormd. Deze coöperaties leggen zich vooral toe op het centraal verzamelen en verwerken van rauwe melk voor lokale verkoop, om zo inkomsten te genereren en verlies van niet-ingezamelde melk te voorkomen. Soms maken deze coöperaties ook gefermenteerde producten die op kleine schaal rechtstreeks via de coöperatie worden verkocht of een eigen winkel. De producenten gaven aan graag te willen opschalen om meer te kunnen verdienen, met name door verkoop aan de stedelijke bevolking. Voor sommige producten zou de productie zelfs naar steden verplaatst kunnen worden, dichter bij de afzetmarkt.

Opschalen van productie

In het lopende onderzoek pakken we de belangrijkste hindernissen aan die het gebruik en de productie van traditionele gefermenteerde producten belemmeren. Deze aanpak heeft een aantal belangrijke doelen: 1) een verbetering en het opschalen van de traditionele verwerking, 2) het stimuleren van lokaal (vrouwelijk) ondernemerschap, 3) het bouwen van effectieve waardeketens, 4) aanvullen van de bestaande diëten voor een brede groep consumenten en 5) het zoeken naar algemene principes waardoor we inzichten kunnen vertalen naar andere producten. Kleinschalige producenten staan hierin centraal, zodat zij hun positie in het produceren van traditioneel voedsel kunnen behouden bij opschaling naar de omvang van midden- en kleinbedrijf.

Het verbeteren van traditionele verwerking gaat uit van de behoeften en voorkeuren van de consument, zowel op het platteland als in de stad. Dit is belangrijk vanwege variaties in de verwerking en resulterende productkenmerken, maar ook omdat de behoeften van consumenten verschillen. Een grondige analyse is dus essentieel om te kunnen bepalen welke producten in welke vorm aan de behoeften van de consument voldoen. Het opschalen start op het huishoud- of dorpsniveau, en is gericht op het formuleren van standaardverwerkingstechnieken en protocollen die voldoen aan veiligheids- en consumentennormen voor kleine en middelgrote ondernemingen. De realisatie van deze verbeterde en opgeschaalde productiemethoden moeten wel binnen het bereik liggen van de huidige producenten. Door het opzetten van proeffabrieken kunnen zo veel mogelijk lokale producenten over de opgeschaalde productieprocessen leren.

Bij het opschalen en bevorderen van ondernemerschap staan vrouwen centraal. Allereerst is dat logisch, omdat de huidige producenten ook vooral vrouwen zijn. Bovendien is bij andere sectoren gebleken dat met name het stimuleren van vrouwelijk ondernemerschap een grote impact heeft op duurzame ontwikkeling. In de transformatie van de landbouw- en voedingssectoren in opkomende economieën worden vrouwen echter vaak beperkt door slechte toegang tot krediet en andere infrastructuur. Het opdoen van nieuwe vaardigheden kan de financiële onafhankelijkheid en het gevoel van eigenwaarde helpen vergroten en vrouwen stimuleren om een bedrijf te starten.

Hiernaast is het belangrijk om regelgeving zo aan te passen dat een gunstig ondernemersklimaat ontstaat. Hiervoor is inzicht nodig in de sociaal-economische omstandigheden waarin de ondernemers zijn ingebed, zoals sociale en culturele patronen, maar ook wet- en regelgeving en toegang tot (start)kapitaal. In praktische zin moet opgeschaalde productie passen bij de behoefte en mogelijkheden van de lokale ondernemers, en moet bekeken worden of bestaande distributiekanalen geschikt zijn of dat gemaakt moeten worden. Ondersteuning vanuit lokale overheden, aanpassingen van regelgeving, contacten met belanghebbenden en goede connecties in de waardeketen maken kleine ondernemingen veerkrachtiger en daardoor gemakkelijker op te schalen.

Om te zorgen dat onze inzichten ook gebruikt kunnen worden om andere traditionele gefermenteerde producten op te schalen, zoeken we naar de algemene principes die het succes bepalen van dit specifieke type producten. Fermentatie is een proces van omzetting door micro-organismen. De unieke eigenschappen van verzuring, de toegevoegde waarde aan grondstoffen door meer vitamines en verbeterde verteerbaarheid, het verwijderen van componenten die de vertering of de gezondheid negatief beïnvloeden en het blokkeren van ziekteverwekkers worden bepaald door de complexe microbiële gemeenschappen in de producten. In zekere zin kunnen traditionele gefermenteerde voedingsmiddelen worden gezien als natuurlijke ecosystemen die een diversiteit aan microbiële soorten herbergen, die wel of niet worden gestabiliseerd door verschillende ecologische interacties. Met andere woorden, de ecologische interacties tussen fermenterende bacteriën zorgen ervoor dat ziekteverwekkende bacteriën geen kans krijgen om uit te groeien in het voedingsmiddel.

Gefermenteerde producten dragen bij aan duurzame ontwikkeling

Het gebruik van lokale voedingsmiddelen sluit nauw aan bij de Duurzame Ontwikkelingsdoelen van de Verenigde Naties (SDG's). Het bevorderen en verbeteren van non-alcoholische gefermenteerde levensmiddelen is een middel om honger te verminderen (SDG 2), aanhoudende inclusieve en duurzame economische groei te bevorderen (SDG 8), verantwoorde consumptie en productie te stimuleren (SDG 12), uitzicht op schaalbaarheid om het levensonderhoud te verbeteren (SDG 1) en om gendergelijkheid te bevorderen (SDG 5). Bij het opschalen van de productie en de verkoop van het huishoudniveau naar commerciële ketens moet derhalve een verschuiving van de overwegend vrouwelijke producenten in huishoudens naar door mannen gedomineerde kleinschalige productiesystemen worden voorkomen. Hierdoor zouden huidige producenten namelijk hun onderneming kwijt kunnen raken.

De ontwikkeling van de waardeketens van traditionele en cultureel ingebedde voedingsmiddelen zal een positieve impact hebben op duurzame, op kleine huishoudens gebaseerde voedselsystemen in lage- en middeninkomenslanden. Hiermee kunnen we lokale voedingsmiddelen, met name gefermenteerde producten, gebruiken om voedselzekerheid te bevorderen. Het verdient dus aanbeveling om het gebruik van deze lokale voedingsmiddelen op te nemen in programma's gericht op voedselzekerheid. Dit gebruik van lokale producten sluit goed aan bij de wensen en gewoontes van lokale consumenten en kan een grotere impact hebben dan het introduceren van voedingsmiddelen van buitenaf of het kunstmatig verrijken van bestaande producten. In ons onderzoek werken we nauw samen met lokale producenten, alsook met lokale universiteiten, ontwikkelingsorganisaties en overheden, voor het verankeren van nieuwe kennis en knowhow. Binnen het onderzoeksprogramma doen Afrikaanse onderzoekers promotieonderzoek, en vragen we lokale producenten input te geven op de centrale onderzoeksvragen. Hierdoor helpen we Afrikaanse onderzoeksinstellingen en bevorderen we het zelfbewustzijn van lokale producenten, om zo het vinden van lokale oplossingen voor voedselvraagstuk te ondersteunen.

40

Algen tegen allergie

Tamara Hoppenbrouwers & Harry Wichers – *Immunologie*

Essentiële omega 3-vetzuren zijn erg belangrijk voor onze gezondheid, onder meer vanwege de remmende effecten op allergieën. Aangezien onze belangrijkste bron van omega 3, afkomstig uit vis, niet bepaald duurzaam is, kijken wij naar de mogelijkheden en gezondheidseffecten van omega 3-vetzuren uit algen.

'Vet eten is slecht' is een van de uitspraken die iedereen in zijn of haar leven wel een keer voorbij heeft horen komen, maar deze is kortweg gezegd te ongenuanceerd. Het is algemeen bekend dat 'vet' opgedeeld kan worden in verzadigde en onverzadigde vetzuren. Verzadigde vetzuren hebben een cholesterolverhogend effect, waarvan wordt verondersteld dat het de kans op hart-en-vaatziekten kan vergroten. Onverzadigde vetzuren, daarentegen, verlagen juist het cholesterolgehalte. In plaats van 'vet eten is slecht', zou de uitspraak 'eten met veel verzadigde vetzuren is slecht' dus een stuk correcter zijn.

Een van de meest interessante groepen onverzadigde vetzuren zijn de zogenoemde essentiële vetzuren. De naam zegt het al: deze vetzuren zijn essentieel voor de gezondheid en dragen bijvoorbeeld bij aan de ontwikkeling en groei van kinderen en het goed functioneren van het afweersysteem. Recentelijk is ontdekt dat essentiële vetzuren ook kunnen bijdragen aan het afremmen van het ontstaan en de ernst van allergieën.

Essentiële vetzuren zijn heel belangrijk voor onze gezondheid, waaronder het tegengaan van allergieën. Hoe dat werkt leggen we uit in dit hoofdstuk. De beste vetzuren halen we momenteel voornamelijk uit vis, maar dat is geen duurzame bron. Eigenlijk zouden we dus, net als de vissen overigens, de goede vetzuren ook uit algen moeten kunnen winnen. Dit is zowel visvriendelijker als duurzamer.

Omega 3 in het dieet

Momenteel hebben zo'n 150 miljoen mensen in Europa ergens een allergie voor ontwikkeld, en de Europese Academie voor Allergie en Klinische Immunologie heeft voorspeld dat dit in 2025 gestegen zal zijn tot maar liefst 50 procent van de totale Europese bevolking. Een van de oorzaken van deze stijging zou de kwalitatief matige samenstelling van het westerse dieet kunnen zijn. Het westerse dieet bevat te weinig groente en essentiële vetzuren en dat heeft ongewenste gevolgen voor de ontwikkeling van het afweersysteem. Een tekort aan essentiële vetzuren zou bijvoorbeeld kunnen zorgen voor een verhoogde reactie van het afweersysteem, waardoor niet-schadelijke voedingscomponenten sneller door het lichaam als schadelijk kunnen worden gezien. Deze voedingsstoffen worden vervolgens als het ware 'aangevallen' door het immuunsysteem, waardoor de allergische reactie op gang komt.

Mensen kunnen essentiële vetzuren niet zelf maken: daarvoor zijn we volledig afhankelijk van ons dieet. Essentiële vetzuren kunnen worden opgedeeld in twee soorten: omega 3-vetzuren en omega 6-vetzuren. Belangrijke voorbeelden hiervan zijn alfalinoleenzuur (ALA: een omega 3-vetzuur) en linolzuur (LA: een omega 6-vetzuur). Deze vetzuren zijn plantaardig. Zo wordt ALA gewonnen uit lijnzaad en LA uit zonnebloem en soja. Omega 3 en omega 6 worden in het lichaam omgezet in vetzuren met langere ketens van koolstofatomen. Zo wordt ALA omgezet in eicosapentaeenzuur en vervolgens in docosahexaeenzuur (DHA).

Vooral DHA staat veel in de belangstelling bij wetenschappers en voedingsexperts. Zo is aangetoond dat DHA belangrijk is voor de ontwikkeling van de zenuwcellen en hersenen van foetussen en pasgeboren baby's. Ook zijn er significante aanwijzingen dat DHA bij volwassenen een remmend effect heeft op de ontwikkeling van hart-en-vaatziekten, alzheimer, diabetes en artritis. Een wonderolie dus! Het grote probleem is echter dat men voornamelijk voedingsproducten eet die ALA bevatten. ALA wordt weliswaar omgezet door het menselijk lichaam in DHA, maar de efficiëntie van de omzetting is maar heel laag: slechts 1-3 procent van de ALA wordt daadwerkelijk omgezet in DHA. Daarom wordt bijvoorbeeld in babyvoeding DHA vaak al standaard toegevoegd door fabrikanten.

Een directe bron van DHA is vette vis, zoals haring, sardientjes, zalm en makreel. Het voedingsadvies is om per dag 200-250 milligram DHA te consumeren. Eén tot twee keer per week vis eten zou al volstaan. Een alternatief voor het eten van vis zijn visoliecapsules of, zoals vroeger gebruikelijk was, het consumeren van levertraan. Maar hier zit de crux van het duurzaamheidsprobleem: als de meerderheid van de wereldbevolking de aanbevolen dagelijkse hoeveelheid vis of visoliecapsules zou consumeren, dan zou dat een grote bedreiging voor de visstand zijn. Zowel bij visvangst als bij visteelt worden vraagtekens geplaatst in verband met duurzaamheid. Op dit moment wordt de aanbevolen norm overigens zelden gehaald. Het huidige westerse dieet is te veel gebaseerd op gemaksvoedsel, bevat te weinig groente en te weinig omega 3-vetzuren. Daarnaast zijn er ook steeds meer mensen die duurzamer gaan leven, zoals vegetariërs en veganisten, en die de consumptie van dieren of dierlijke producten afwijzen.

Algenolie is dan ook een steeds populairder alternatief voor visolie. Algen zijn eigenlijk de primaire bron van DHA, dat zich ophoopt in de vissenvoedselketen. Algen worden namelijk gegeten door kleinere vissen en kreeftachtigen, zoals krill, die vervolgens weer worden gegeten door grotere vissen, zoals tonijn en haring. Deze laatste vallen onder de categorie ‘vette vis’, en zijn de voornaamste bron van omega 3-vetzuren zoals DHA in het menselijk dieet. De mens zou dus eigenlijk, vanuit duurzaamheidsoogpunt, beter algen kunnen consumeren om aan dat essentiële DHA te komen. Maar dan moet algen-DHA wel minstens net zo goed werken als vissen-DHA.

De effectiviteit van algen-DHA wordt bepaald door twee belangrijke processen: het moet goed kunnen worden opgenomen door het lichaam vanuit het spijsverteringskanaal, en het moet dezelfde gezondheidseffecten hebben als vissen-DHA, zoals de positieve beïnvloeding van het afweersysteem. Daarom is er momenteel veel onderzoek gaande naar het verschil in opname tussen vissen-DHA en algen-DHA door het menselijk lichaam. Algen zijn bijvoorbeeld voor ons spijsverteringskanaal moeilijk te verteren, omdat ze zijn omgeven door een stevige celwand. Hierdoor zou de hoeveelheid algen-DHA die moet worden geconsumeerd om aan de aanbevolen dagelijkse hoeveelheid te komen hoger moeten zijn dan bij vissen-DHA. Toch is er veel animo voor de vervanging van visolie door algenolie, voor een duurzamere en gezondere toekomst.

DHA in allergieontwikkeling

DHA is dus nauw betrokken bij de regulatie van het afweersysteem. Als het afweersysteem ergens op reageert, dan noemen we dit 'inflammatie'. En inflammatie is in principe goed. Als je bijvoorbeeld je knie schaaft, moeten ongewenste indringers zoals bacteriën in het wondje opgeruimd worden. Dit doet het afweersysteem. Steeds meer deskundigen denken dat, als gevolg van onze 'westerse' levensstijl, inclusief ons dieet, maar ook door overwegend zittende beroepen, er steeds meer sprake is van 'steriele' inflammatie in ons lichaam. Dit is inflammatie waarbij er geen binnendringer is, maar er tóch cellen worden geactiveerd die aan de bron staan van inflammatie. Dat is meetbaar aan de hand van verhoogde bloedwaardes. En dat is niét goed, want het is het startschot voor de ontwikkeling van allerlei gezondheidsproblemen. Een helder voorbeeld van zulke steriele inflammatie voltrekt zich in obese mensen, die door hun overgewicht allerlei gezondheidsproblemen krijgen. Hier kan DHA een belangrijke rol spelen. DHA heeft namelijk anti-inflammatoire eigenschappen: het remt dus de inflammatie. Het veranderen van het huidige westerse dieet, door middel van een verhoging van de inname van het essentiële vetzuur DHA, zou dus kunnen bijdragen aan het verminderen van veel moderne gezondheidsklachten waarbij een op hol geslagen afweersysteem een rol speelt, zoals diabetes, obesitas en allergie.

Om te kunnen begrijpen hoe een allergische reactie tot stand komt, is het belangrijk te weten hoe ons afweersysteem in elkaar zit. Het afweersysteem kan worden opgedeeld in twee delen, die met elkaar communiceren: het aangeboren en het aangeleerde afweersysteem. Het aangeboren afweersysteem – de naam zegt het al – is al functioneel vanaf de eerste levensfase. Dit is een niet-specifieke afweer, waarbij iedere binnendringer van het lichaam, zoals bacteriën en virussen, wordt herkend en als het ware wordt opgegeten door cellen van het afweersysteem. Belangrijke spelers van het aangeboren afweersysteem zijn dendritische cellen, macrofagen, neutrofielen en mestcellen. Dendritische cellen en macrofagen kunnen vervolgens de bacteriën opdelen in stukjes en presenteren aan het aangeleerde afweersysteem. Hierdoor ontstaat een specifieke afweer tegen juist die ene bacterie, waardoor deze efficiënt uit de weg kan worden geruimd. Daarbij worden ook zogenaamde geheugencellen worden aangemaakt. Deze zorgen ervoor dat dezelfde bacterie iemand niet twee keer ziek kan maken, omdat deze direct wordt herkend en onschadelijk gemaakt. Belangrijk voor het aangeleerde afweersysteem zijn, naast de geheugencellen, T-cellen en B-cellen.

Allergie is een overgevoeligheidsreactie van het afweersysteem, waarbij het lichaam door middel van inflammatie reageert op iets lichaamsvreemds dat eigenlijk ongevaarlijk is, in tegenstelling tot bijvoorbeeld een bacterie of virus. Dit kan een voedingsproduct zijn, maar ook pollen of huisdierharen. Bij het ontstaan van een allergische reactie ziet het immuunsysteem een onschuldig eiwit, zoals een voedingscomponent of pollen, als iets vreemds, en valt het aan door middel van het aangeboren afweersysteem. Deze fase van de allergie heet sensitisatie. Vanaf nu wordt het door het lichaam als vreemd herkende eiwit een 'allergeen' genoemd. Net als bij bacteriën knipt het aangeboren afweersysteem het allergeen in stukjes en presenteert het aan cellen van het aangeleerde afweersysteem, de T-cellen. Daardoor start een verdergaande afweerreactie: B-cellen gaan specifieke stoffen aanmaken tegen de allergenen, waardoor vanuit geactiveerde mestcellen (de laatste stap in de allergische reactie) een heel scala aan stoffen vrijkomt die voor de uiteindelijk symptomen zorgen: jeuk, loopneus, misselijkheid, overgeven, of erger: shock. De bekendste van deze stoffen is histamine. Vandaar dat allergiepreventieve middelen, zoals antihooikoortstabletten, histamineblokkers bevatten.

Onderzoeken wijzen uit dat het consumeren van vissen-DHA tijdens de zwangerschap het ontstaan van allergie bij het kind zou kunnen verminderen. Zo is uit experimenten met allergische muizen gebleken dat het toevoegen van DHA-rijke tonijnolie aan hun dieet de allergische reactie op melk onderdrukt. Ook in experimenten met afweercellen heeft DHA een remmend effect: DHA kan in dendritische cellen ingebouwd

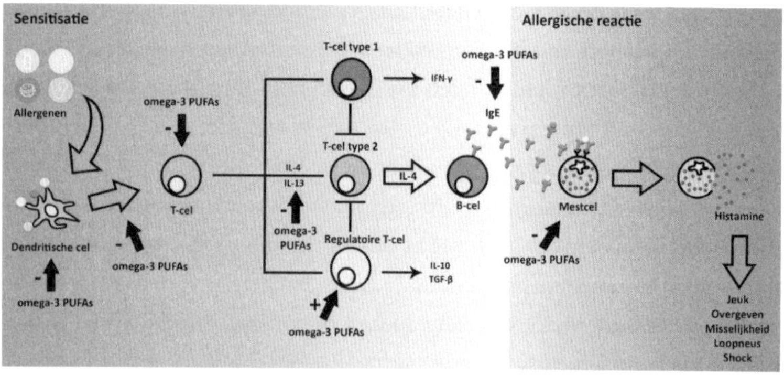

Figuur 49. Het ontstaan van een allergische reactie. Bron: Hoppenbrouwers et al. (2019).

worden en hierdoor niet alleen de inflammatie remmen, maar ook de activatie van T-cellen verminderen. Dit zorgt voor een remming van het allergische domino-effect: door één steentje te verwijderen, kan de rest van de reactie niet meer plaatsvinden. Maar DHA heeft invloed op meer afweercellen dan alleen de dendritische cel. Er worden ook minder T-cellen gemaakt en, in allergie nog belangrijker, bij binding aan mestcellen produceren deze veel minder histamine. Zo is DHA dus van invloed binnen de gehele allergiecascade. Het verhogen van de hoeveelheid vis in ons dieet zou een belangrijke nieuwe richtlijn van het Voedingscentrum kunnen zijn. Tegelijkertijd past overbevissing geenszins in ons streven naar een duurzame wereld. Daarom zou algen-DHA een uitstekend alternatief kunnen zijn.

Zijn algen de toekomst?

De productie van algen kan goedkoop, op grote schaal en duurzaam. Algen bevatten niet alleen DHA, om voedingsproducten gezonder te maken, maar ook eiwitten en belangrijke vezels, zoals alginaat, wat de spijsvertering kan bevorderen. Daarmee kunnen algen een belangrijke schakel worden in de voedselketen, niet alleen voor de westerse wereld, maar ook om het dieet in minder rijke delen van de wereld zeker te stellen én gezond te maken.

Er moet echter nog veel onderzoek gedaan worden aan winning van algen-DHA uit algen. Zo maakt bijvoorbeeld iedere algensoort weer andere hoeveelheden DHA, en bevatten de verschillende soorten ook andere vetzuren en vezels in verschillende verhoudingen. Er moet dus goed worden gekeken naar welke soort het meest geschikt is met betrekking tot voedingsstoffen. Daarnaast moet worden gekeken of de algen-DHA goed kan worden opgenomen door het menselijk lichaam, en dezelfde gezondheidseffecten heeft als vis-DHA. Desalniettemin zijn algen dus inzetbaar voor meerdere doeleinden die zullen bijdragen aan een duurzame en groene toekomst voor onze planeet.

41

Veganisme of menselijk diervoer? Een niet-antropocentrische benadering van het wereldvoedselprobleem

Bernice Bovenkerk, Eva Meijer & Hanneke Nijland – *Filosofie*

Volgens de filosofie van de kringlooplandbouw is er in een duurzaam voedselpatroon ruimte voor dierlijke eiwitten. In die opvatting van duurzaam wordt echter voorbijgegaan aan de andere dieren met wie we de planeet delen, die belangen hebben, en een essentiële rol vervullen in ecosystemen. Zij moeten ook eten. In dit hoofdstuk pleiten wij voor een niet-antropocentrische benadering van het wereldvoedselprobleem.

Wetenschappers betogen dat we in het Antropoceen leven: het geologische tijdperk waarin menselijke activiteiten minstens zo invloedrijk zijn als natuurkrachten. Menselijk handelen heeft problemen zoals de klimaatcrisis en het verlies van biodiversiteit veroorzaakt, door de uitstoot van fossiele brandstoffen om in onze energiebehoefte te voorzien en landgebruik voor het bouwen van steden en het produceren van voedsel.

In zowel de term Antropoceen als discussies hierover zijn niet-menselijke dieren vaak afwezig, terwijl onze invloed op hun leefomstandigheden groter is dan ooit tevoren. Sommige dieren zijn heel nauw verbonden met het Antropoceen, omdat ze zowel te lijden hebben onder Antropoceencondities als er ongewild aandrijver van zijn. Zo leiden landbouwhuisdieren die mensen eten uitermate onbevredigende levens en draagt de manier waarop ze gehouden worden sterk bij aan de uitstoot van broeikasgassen. Wilde dieren zien hun leefgebied eveneens steeds verder afnemen als gevolg van landgebruik voor onder andere menselijke voedselproductie, en hebben te lijden onder klimaatverandering. Huisdieren hebben weer te maken met andere welzijnsproblemen, zoals verveling, en hebben vaak een grote ecologische voetafdruk. Hoewel het wereldvoedselprobleem doorgaans wordt gezien als een duurzaamheidsprobleem voor mensen, is het dus net zo goed een probleem voor veel andere dieren.

Kringlooplandbouw en de belangen van dieren

Verschillende onderzoekers betogen dat een circulair voedselsysteem waarin dieren een rol spelen het meest duurzaam is, omdat zij biomassa die voor mensen oneetbaar is, zoals gras, kunnen omzetten in voedsel en mest. Vanuit zowel het perspectief van landgebruik als efficiënte opname van voedingsstoffen zou een beperkte consumptie van dierlijke producten (9-23 gram per persoon per dag) optimaal zijn. Dat is veel minder dan nu het geval is, en dat heeft als voordeel dat dieren niet gevoerd worden met producten die ook voor menselijke consumptie geschikt zijn terwijl er gebieden in de wereld zijn met voedselschaarste. Een beperkte consumptie van dierlijke producten zou duurzamer zijn dan een veganistisch dieet, omdat het optimaal gebruikmaakt van biomassa die door mensen niet te verteren is.

Het positieve van kringlooplandbouw is dat er op systeemniveau gekeken wordt hoe er zo veel mogelijk gezond voedsel met zo min mogelijk land en externe input kan worden geproduceerd. Hierdoor komt meer land vrij voor de natuur en is er bijvoorbeeld ook plaats voor *rewilding*; het creëren van zichzelf regulerende natuurgebieden met wilde dieren. Daarnaast wordt er aandacht geschonken aan sociale duurzaamheid ten aanzien van andere mensen. Maar dit duurzaamheidsperspectief is ethisch onvolledig, want de belangen van dieren worden niet meegenomen. Het is antropocentrisch: het neemt de mens als maatstaf en uitgangspunt en behandelt dieren en de natuur alsof zij alleen maar instrumentele waarde hebben in plaats van ook een eigen waarde.

Net als mensen hebben andere dieren echter een leven dat voor hen het belangrijkst is en dat beter of slechter kan verlopen. De meeste dieren zijn in staat tot het ervaren van pijn en plezier. Dat wordt in de dierethiek *sentience* genoemd. Sentience is moreel relevant: het zorgt er namelijk voor dat dieren belangen hebben, zoals het belang om niet te lijden, of om keuzes te kunnen maken over de condities waaronder ze leven.

De afgelopen tien jaar is bovendien het beeld dat we hadden van andere dieren ernstig veranderd. Onderzoek in de biologie en ethologie (de studie van diergedrag) laat zien dat andere dieren meer zijn dan wezens die op basis van instinct handelen, of die alleen passief tot lijden en vreugde in staat zijn: ze hebben culturen en talen, en hun innerlijke levens zijn veel complexer dan we dachten. Ratten voelen bijvoorbeeld empathie en handelen daarnaar, vissen gebruiken gereedschap, koeien communiceren over hun gevoelens met elkaar, dolfijnen geven hun kind een naam en kraaien lossen ingewikkelde puzzels op.

Er zijn verschillende manieren waarop je kunt nadenken over de belangen van mensen en andere dieren. De drie belangrijkste stromingen in de ethiek zijn utilisme, deontologie en deugdethiek. Utilisten betogen dat we zo moeten handelen dat het welzijn in de wereld het grootst is. Deontologie is een plichtethiek en gaat uit van een aantal harde regels waar iedereen zich aan moet houden. De deugdethiek bepleit het aannemen van de juiste houding. In dit stuk kunnen we helaas niet verder ingaan op die stromingen, maar het interessante is dat het in alle drie inconsequent is om dieren buiten te sluiten.

Wanneer je het grootste geluk optelt zou het geluk van dieren ook mee moeten wegen – anders discrimineer je op basis van soort. Wanneer je uitgaat van plichten zou het arbitrair zijn om die wel naar mensen te hebben en niet naar andere dieren. Bovendien is het onmogelijk om een harde grens te trekken tussen enerzijds mensen en anderzijds alle andere dieren op basis van hun capaciteiten. Er zijn immers geen capaciteiten, zoals taal of intelligentie, die alle mensen wel en alle dieren niet hebben. Wanneer je uitgaat van het ontwikkelen van de juiste houding moet je per geval onderzoeken wat die is. Ook andere dieren hebben wat Aristoteles een *telos* noemt – een doel – en het zou onjuist zijn ze vooraf uit te sluiten.

Wanneer het gaat over het wereldvoedselprobleem, zou het dus moreel inconsequent zijn om alleen de belangen van mensen centraal te stellen. Andere dieren hebben net zo goed belangen. Dat hoeven niet dezelfde te zijn als die van mensen, en het is ook niet automatisch zo dat alle belangen even zwaar wegen. Dat is iets waar we met zijn allen over na moeten denken. Maar dat dieren belangen hebben staat buiten kijf.

Bovendien zijn dieren geen dingen. Veel dieren hebben rijke innerlijke levens en een perspectief op hun relaties met elkaar en met mensen. Om dat serieus te nemen, hebben we een beweging nodig van het denken over dieren als objecten naar het denken over dieren als subjecten.

Naar een niet-antropocentrische benadering

Voor een niet-antropocentrische benadering – een benadering die de mens niet als maatstaf neemt – van het wereldvoedselprobleem, is het onvoldoende om simpelweg bestaande dierenwelzijnsmaatregelen toe te voegen aan kringlooplandbouw. Landbouwhuisdieren hebben in die situatie immers geen zeggenschap over de inrichting van hun eigen leven; ze moeten doen wat mensen hun opdragen en hun eigen perspectief wordt niet meegenomen. Daarnaast worden ook wilde dieren getroffen door de problemen die de huidige veehouderij veroorzaakt. Vanuit een niet-antropocentrisch oogpunt is het noodzakelijk om zowel de dieren die mogelijk bijdragen aan een menselijk dieet, als de an-

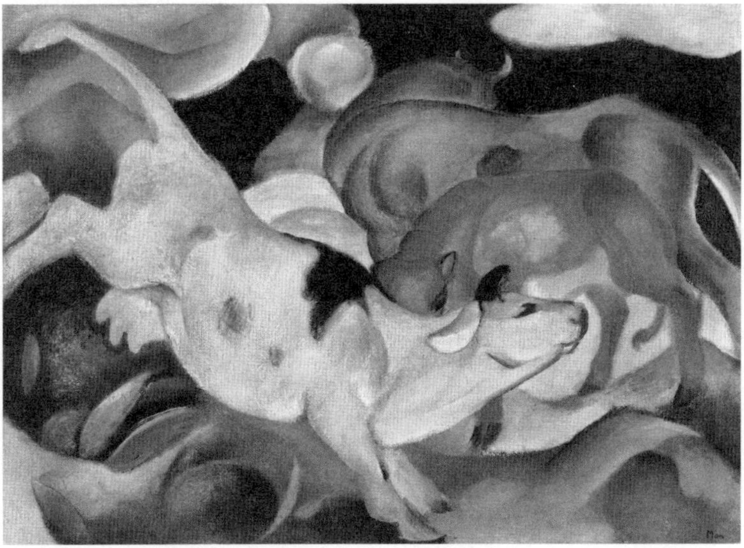

Figuur 50. Franz Marc, Gelbe Kuh. Foto: Mark Harden.

dere dieren met wie we de planeet delen, serieus te nemen als subjecten.

Het is echter ook onvoldoende om vanachter onze computers te betogen dat we andere dieren niet mogen gebruiken omdat zij ook belangen hebben. Dat zou namelijk inhouden dat wij ons als mensen opnieuw boven de andere dieren plaatsen. In plaats daarvan zouden we moeten zoeken naar nieuwe manieren van samenleven met dieren, waarin hun handelen de relaties mede bepaalt en alle belangen worden meegewogen.

Er zijn verschillende manieren waarop we dat kunnen doen. In *animal sanctuaries*, opvangplekken voor dieren die uit de vee-industrie ontsnapt of gered zijn, wordt gekeken hoe we op basis van gelijkwaardigheid met elkaar kunnen samenleven. In het nieuwe vakgebied *animal labour*, oftewel dierenwerk, wordt onderzocht op wat voor manieren dieren door middel van werk een bijdrage kunnen leveren aan een meersoortige samenleving. Hierbij kun je denken aan hulpdieren zoals blindengeleidehonden, maar ook aan dieren die het land bewerken door te grazen of het te bemesten. Ook wordt onderzocht hoe wilde dieren met hun arbeid ecosystemen in stand houden, bijvoorbeeld door een gebied door begrazing open te houden. Die arbeid nemen we vaak voor lief, maar met het teruglopen van de biodiversiteit is de waarde hiervan steeds duidelijker.

Een niet-antropocentrische benadering van het wereldvoedselprobleem vereist dus een culturele verandering, waarin we op basis van inclusiviteit en gelijkwaardigheid met andere dieren samen leren leven. Dat houdt niet alleen in dat we de belangen van landbouwhuisdieren meenemen, maar ook dat we radicaal herzien wie er recht op voedsel heeft. Verdere menselijke bevolkingsgroei heeft, als het consumptiepatroon gelijk blijft, gevolgen voor wilde dieren die hun leefgebied en voedselvoorziening kwijtraken. We moeten nadenken over hoe we de ruimte beter kunnen delen, van wie het grondgebied is, en of steeds maar meer voedsel produceren voor meer mensen wel de rechtvaardigste en uiteindelijk meest duurzame oplossing is.

Mogelijke strategieën

De meest voor de hand liggende strategie voor een niet-antropocentrische wereldvoedselvoorziening is het overstappen op duurzame teeltvormen, zoals voedselbossen of kringlooplandbouw, en de consumptie van enkel plantaardige producten. Deze strategie is realistisch omdat steeds meer wetenschappelijk bewijs suggereert dat dierlijk eiwit niet noodzakelijk is voor de mens. Hoewel bij een veganistische kringlooplandbouwvariant iets meer land per persoon gebruikt zal worden dan in de huidige kringlooplandbouwconceptie, is dit nog steeds vele malen minder dan bij conventionele landbouw. Bovendien leidt een veganistisch dieet tot minder uitstoot van broeikasgassen dan kringlooplandbouw.

Dat betekent overigens niet dat landbouwhuisdieren helemaal zouden moeten verdwijnen, want ook dan wordt er niet met de belangen van dieren rekening gehouden. Binnen deze strategie zouden landbouwhuisdieren op basis van vrijwilligheid kunnen meewerken aan de kringloop als grazers, bewroeters en bemesters. Dat zouden er veel minder zijn dan nu het geval is, omdat ze niet langer door mensen gefokt worden.

Een ander scenario schetsten we aan het begin van dit hoofdstuk. Hierbij wordt ervan uitgegaan dat dierlijk eiwit is toegestaan en zelfs aangemoedigd moet worden binnen de kringlooplandbouw, zij het in geringe mate en op duurzame wijze. Hoe kan dit op een niet-antropocentrische manier gestalte krijgen? Als we het perspectief van dieren zelf meenemen in onze afwegingen, is het natuurlijk maar zeer de vraag of zij ervoor zouden kiezen om vlees, melk of eieren af te staan aan mensen. Koeien en kippen zijn in het huidige systeem zodanig gefokt dat zij een overschot aan melk en eieren genereren. Dit heeft negatieve gevolgen voor hun welzijn: denk aan uierontsteking bij koeien en het uitputten van de eierstokken van kippen. Daarbij is slacht een ingreep die voor alle dieren (inclusief de mens) ingaat tegen het belang om een volledig leven te leven.

Binnen de huidige dierenwelzijnsmaatregelen hebben landbouwhuisdieren geen inspraak in de inrichting van hun leven, en kunnen zij hun relaties met mensen en andere dieren niet zelf vormgeven. Zelfs wanneer boeren kiezen voor natuurlijke rassen en afzien van slacht, is er dus nog lang geen consensus over de voorwaarden waarop dieren zouden instemmen met het afstaan van secundaire producten aan mensen. Hierbij kan ook gedacht worden aan een scenario waarin dieren cellen afstaan om kweekvlees of melk te produceren in een plantaardig groeimedium. Ook hier moet echter meer onderzoek gedaan worden naar de vraag hoe belastend dit zou zijn en of de dieren hiermee zouden instemmen.

Uit onderzoek naar de argumentatie en besluitvorming rond diervriendelijk en duurzaam eten volgt dat veel mensen vinden dat dierlijke producten gegeten mogen worden omdat dit deel uitmaakt van de cyclus van eten en gegeten worden. Willen we deze visie echter rechtvaardig en consistent niet-antropocentrisch maken in een kringloopsysteem, dan zouden mensen ook zichzelf moeten (her)introduceren in deze cyclus. Dat zou bijvoorbeeld kunnen betekenen dat mensen besluiten hun lichaam na hun dood ter beschikking aan wilde dieren te stellen. In sommige culturen, zoals in Tibet, is dat al eeuwenlang een gebruik. Ook zou menselijk eiwit uit kweekvlees – iets wat momenteel nog in ontwikkeling is – ingezet kunnen worden voor het voeden van wilde en gedomesticeerde carnivoren. Mensen zouden hierbij vrijwillig een biopt kunnen laten afnemen om daar in laboratoria vlees van te laten maken.

Deze niet-antropocentrische benaderingen van het wereldvoedselprobleem lijken wellicht hypothetisch: veel mensen nemen hun uitzonderingspositie voor lief. Toch zullen deze kwesties in de komende decennia steeds prangender worden: klimaatverandering, infectieziekten, en verlies van biodiversiteit zullen overheden en burgers dwingen tot het maken van keuzes. Een goed voorbeeld is de COVID-19-pandemie in 2020. COVID-19 is een zoönose, een ziekte die overspringt van dier op mens. Door boskap en de intensieve veehouderij nemen zoönosen toe, waardoor het niet ondenkbaar is dat we de komende tijd meer pandemieën zullen meemaken. Het is duidelijk dat de manier waarop we op dit moment dieren consumeren praktisch en moreel onhoudbaar is. Gelukkig is een betere wereld mogelijk.

Epiloog

Ingrid de Zwarte & Jeroen Candel

'This tiny country feeds the world'. Zo kopte *National Geographic* in september 2017 over de Nederlandse innovatiekracht op het gebied van landbouw en voedsel. Het stuk roemde de hypermoderne Nederlandse kassen en doorbraken op het gebied van zaadveredeling, met een prominente rol voor Wageningen en de omliggende *Food Valley*-regio als wereldwijd centrum voor landbouwinnovatie. De internationale erkenning werd in Nederland met groot gejuich ontvangen. En terecht: Wageningse kennis en technologie hebben een grote bijdrage geleverd aan het verhogen en verbeteren van de wereldwijde voedselproductie, en belooft dat in de toekomst te blijven doen.

Tegelijkertijd is *National Geographic*'s eenzijdige focus op het verhogen van de landbouwefficiëntie door technologische innovatie grotendeels achterhaald. Hoewel productiviteitsverhoging een belangrijke uitdaging blijft, delen de meeste voedselexperts in dit boek de opvatting dat het wereldvoedselvraagstuk veel meer behelst dan het garanderen van de beschikbaarheid van voldoende voedsel. Uitdagingen op het gebied van milieu, klimaat, gezondheid en sociale rechtvaardigheid vragen om een systeembenadering van het wereldvoedselvraagstuk. Voor de oplossing van dit vraagstuk zullen alle actoren in het voedselsysteem zich moeten inzetten: voedselproducenten, leveranciers, supermarkten, ngo's, overheden, financiële instellingen en consumenten hebben ieder een rol te spelen. De vraag is dus niet 'hoe voeden we de wereld in 2050?' maar 'hoe zorgen we in 2050 voor voldoende gezond voedsel, met respect voor onze planeet en alle mensen en dieren die er leven?'

Dit boek heeft laten zien dat er op deze vraag geen eenduidig antwoord bestaat. Door de verschillende belangen en wereldbeelden van mensen lopen ook visies over de toekomstige voedselvoorziening sterk uiteen. Geven we bijvoorbeeld prioriteit aan het verlagen van de klimaatuitstoot, dan moet de productie en consumptie van dierlijke producten zo sterk mogelijk worden teruggedrongen, met name van herkauwers als koeien en schapen. Als we echter willen inzetten op een circulair voedselsysteem, dan zijn herkauwers en andere dieren juist nuttig voor het verwaarden van gras en reststromen die niet geschikt zijn voor menselijke consumptie. Vanuit dit perspectief is een gematigde productie en consumptie van dierlijke producten duurzamer dan een volledig veganistisch dieet. En dat zijn slechts twee mogelijke standpunten. Zo zijn er ook voorstanders van lokale productie en zo kort mogelijke ketens, bij voorkeur direct van producent naar consument. Als de nadruk daarentegen op de natuur ligt, dan moet voedselproductie plaatsmaken voor wildernis en wilde dieren. En als er rekening wordt gehouden met dierethiek, dan is het niet alleen aan de mens om over oplossingen te beslissen.

Ondanks deze contrasterende visies zijn in dit boek vijf duidelijke oplossingsrichtingen te onderscheiden, die als een rode draad door de hoofdstukken lopen. Ten eerste is dat de transitie van een lineair voedselsysteem, waarin grondstoffen worden verwerkt tot producten die uiteindelijk als afval eindigen, naar een circulair voedselsysteem. In een circulair systeem zijn de verliezen van nutriënten minimaal en worden reststromen hergebruikt voor bijvoorbeeld veevoer, bemesting en energieopwekking. Verschillende hoofdstukken in dit boek beschrijven deze paradigmaverschuiving, met tal van visies op nieuwe bronnen voor duurzaam vee- en visvoer en het recyclen van vitale nutriënten als zwavel en fosfor.

Een tweede oplossingsrichting voor 2050 is het beter en duurzamer gebruikmaken van de potentie van de natuur. Chemische gewasbeschermers en agrarische monoculturen maken plaats voor biologische gewasbescherming, strokenteelt, voedselbossen en de inzet van bacterien om gedegradeerde bodems weer tot leven te wekken. Zo werken we toe naar een regeneratieve landbouw, waarin voedselproductie en biodiversiteit elkaar versterken. Biodiversiteit en grotere variëteit aan teelten en ecosysteemdiensten maken het hernieuwde voedselsysteem veerkrachtiger, waardoor het beter bestand is tegen externe schokken als klimaatverandering en ziektes. Een belangrijk fundament van dit regeneratieve voedselsysteem is een gezond aquatisch ecosysteem. De aanleg van kunstriffen in windenergieparken is een van de veelbelovende perspectieven voor natuurinclusieve voedsel- en energieproductie in zee die in dit boek aan bod zijn gekomen.

Ten derde blijkt uit dit boek het belang van technologische innovaties voor het oplossen van het wereldvoedselvraagstuk. Het gebruik van hightechinterventies zorgt niet zelden voor maatschappelijke weerstand en controverses – denk aan E-nummers of genetische modificatie. Maar verschillende hoofdstukken in dit boek tonen juist het belang van technologie voor het realiseren van een duurzaam en veerkrachtig voedselsysteem. Zo helpen nieuwe DNA- en veredelingstechnieken fotosynthese te verbeteren en gewassen resistent te maken tegen ziektes en de effecten van klimaatverandering. Levensmiddelentechnologie blijft, zoals het eigenlijk al lange tijd is, noodzakelijk om de kwaliteit en veiligheid van eten te waarborgen. Blockchain en big data vergroten de transparantie in voedselketens, helpen boeren gerichter gebruik te maken van gewasbescherming en zorgen ervoor dat producenten eerlijkere prijzen ontvangen voor hun producten. Daarbij moeten we uiteraard wel zorgvuldig blijven omgaan met ethische vraagstukken rondom nieuwe technologieen.

Een vierde inzicht uit dit boek is dat alleen kennis niet voldoende is, maar dat er interventies nodig zijn om alle actoren in het voedselsysteem daadwerkelijk in beweging brengen. Zo is er wat betreft consumentenkeuzes nog een wereld te winnen. Het inzetten van *nudges* kan consumenten een duwtje in de goede richting geven, bijvoorbeeld door duurzame, gezonde producten vooraan in het vak te positioneren, inzicht te geven in de echte prijs van producten of door het slimmer categoriseren van nieuw voedsel als zeewier, eetbare insecten en kweekvlees. Naast consumenten zijn er ook tal van ondersteunende interventies voor producenten. Door kleine vissers nieuwe kennis aan te reiken die aansluit bij bestaande praktijken in de visserij kunnen grotere verduurzamingsstappen worden gezet dan door een systeem van beoordeling en bestraffing. Betere verzekeringen, certificering en slimme diffusie van technologie en kennis zullen kleine boeren in opkomende economieën een steviger positie bieden, met bovendien een emancipatoire werking op vrouwen en jongeren. Overheden zullen bij dit herontwerp van het voedselsysteem meer verantwoordelijkheid op zich moeten nemen, door de benodigde kaders te stellen en te investeren in kennis en innovatie.

Dit brengt ons bij het vijfde en laatste inzicht, namelijk dat het wereldvoedselvraagstuk alleen is op te lossen als we daadwerkelijk erkennen dat het een *mondiaal* vraagstuk is. Dit boek laat zien dat de uitdagingen weliswaar per regio verschillen, maar dat de oplossingen wereldwijd verbonden zijn. Zo bestaan in de meeste landen in Sub-Sahara Afrika acute zorgen over ondervoeding en waterschaarste, maar staan net zoals elders in de wereld ook klimaat, milieudegradatie en nieuwe welvaartsziekten als obesitas hoog op de agenda. Voor oplossing van het wereldvoedselvraagstuk zullen we kennis en technologie op slimme wijze internationaal moeten verspreiden en implementeren, aansluitend op en lerend van lokale kennis en gewoonten. Verschillende hoofdstukken tonen hoe Nederland vooroploopt in deze diffusie, zoals bij waterbeheer, veredelingstechnieken en zeewier- en zuivelproductie. Het voorbeeld van de lighthouse farms bewijst echter dat Nederlandse voedselproducenten ook veel nuttige lessen kunnen leren van buitenlandse collega's. Meer dan 'het voeden van de wereld' kan Nederland proberen een voorloper te zijn in het stimuleren van deze mondiale kennisuitwisseling.

Met deze vijf oplossingsrichtingen zijn we er nog niet, want het wereldvoedselvraagstuk evolueert continu en is aan veel externe, soms onvoorspelbare, factoren onderhevig. Denk bijvoorbeeld aan de COVID-19-pandemie, die grote zwakheden – maar ook juist sterke punten – van het huidige voedselsysteem blootlegde toen handel en voedseldistributie werden verstoord. Wel zijn er inmiddels voldoende kennis en middelen om alle actoren in het voedselsysteem stappen te laten zetten om de grootste voedselgerelateerde uitdagingen van dit moment – honger, waterschaarste, klimaatverandering, milieudegradatie, natuurbescherming, gezondheid en ongelijkheid – aan te pakken. Het is bij uitstek een taak voor de politiek om die beweging in gang te zetten. Hierbij zullen uiteraard ook vele initiatieven en innovaties die niet binnen de kaders van dit boek aan bod konden komen een rol spelen – veel van de innovaties van morgen kennen we nu simpelweg nog niet. In tegenstelling tot wat Malthus en zijn volgelingen dachten voor hun nabije toekomst is een grote catastrofe in 2050 niet onvermijdelijk. De catastrofe maken en voorkomen mensen zelf.

Het op gezonde en duurzame wijze voeden van 10 miljard monden in 2050 vereist meerstemmigheid en samenwerking, zo bewijst dit boek. Het vereist ook een open vizier en flexibiliteit om nieuwe uitdagingen aan te gaan. De Wageningse auteurs van dit boek willen door middel van onderzoek, educatie en debat graag hieraan bijdragen. We hopen dat we met dit boek ook u, de lezer, en de politiek kunnen inspireren om kritisch na te denken over hoe we samen het wereldvoedselvraagstuk kunnen oplossen, op nationaal en internationaal niveau, maar ook vanuit eigen huis en leefomgeving.

Woord van dank

De samenstellers van dit boek danken graag alle auteurs voor de mooie bijdragen en hun bereidheid om nieuwe wetenschappelijke kennis en inzichten te delen. Zonder hen was dit boek er niet geweest. Dank gaat ook uit naar Wageningen University & Research voor het faciliteren van dit project. Dit boek zou niet mogelijk zijn geweest zonder de aanmoediging en ondersteuning van de Wageningse leerstoelgroepen Agrarische en Milieugeschiedenis (RHI) en Bestuurskunde (PAP). We zijn onze leerstoelhouders Ewout Frankema en Katrien Termeer zeer erkentelijk voor de genereuze bewegingsruimte die ze ons hebben geboden om aan dit project te werken, alsook voor het kritisch meelezen. Ten slotte zijn wij iedereen bij Prometheus dankbaar voor hun inzet om dit boek te maken tot wat het is, in het bijzonder Job Lisman en Mai Spijkers voor hun vertrouwen en betrokkenheid. We hopen dat dit boek als startpunt kan dienen voor een nieuwe dialoog over het wereldvoedselvraagstuk tussen wetenschap, maatschappij en politiek.

Over de auteurs

Mark Aarts is hoogleraar bij het Laboratorium voor Erfelijkheidsleer aan Wageningen University & Research

Herbert van Amerongen is hoogleraar Biofysica aan Wageningen University & Research

Karin Andeweg is project- en programmamanager Livestock & Environment bij Wageningen Livestock Research

Willy Baltussen is senior onderzoeker bij Wageningen Economic Research

Lammert Bastiaans is universitair hoofddocent bij het Centrum voor Gewassysteemanalyse aan Wageningen University & Research

Tiny van Boekel is emeritus hoogleraar Productontwerpen en Kwaliteitskunde aan Wageningen University & Research

Imke de Boer is hoogleraar Dierlijke Productiesystemen aan Wageningen University & Research

Bernice Bovenkerk is universitair hoofddocent Filosofie aan Wageningen University & Research

Inge Brouwer is universitair hoofddocent Global Nutrition aan Wageningen University & Research en programmadirecteur CGIAR-A4NH-Food Systems for Healthier Diets

Sylvia Brugman is universitair docent Host-Microbe Interactomics aan Wageningen University & Research

Erwin Bulte is hoogleraar Ontwikkelingseconomie aan Wageningen University & Research

Sander van den Burg is senior onderzoeker bij Wageningen Economic Research

Simon Bush is hoogleraar Milieubeleid aan Wageningen University & Research

Jeroen Candel is universitair docent Bestuurskunde aan Wageningen University & Research

Domenico Dentoni is universitair hoofddocent Business Management & Organisation aan Wageningen University & Research

Marcel Dicke is hoogleraar Entomologie aan Wageningen University & Research

Esther Ellen is senior onderzoeker Fokkerij & Genomica aan Wageningen University & Research

Arnout Fischer is universitair hoofddocent Consumentengedrag aan Wageningen University & Research

Ewout Frankema is hoogleraar Agrarische en Milieugeschiedenis aan Wageningen University & Research

Louise Fresco is voorzitter van de Raad van Bestuur van Wageningen University & Research

Ken Giller is hoogleraar Plantaardige Productiesystemen aan Wageningen University & Research

Michiel de Haas is universitair docent Agrarische en Milieugeschiedenis aan Wageningen University & Research

Jeremy Harbinson is universitair hoofddocent Biofysica aan Wageningen University & Research

Johannes Helder is universitair hoofddocent bij het Laboratorium voor Nematologie aan Wageningen University & Research

Petra Hellegers is hoogleraar Water Resources Management aan Wageningen University & Research en Honorary Principal Fellow aan de School of Agriculture and Food aan University of Melbourne

Henk Hilhorst is universitair hoofddocent Plantenfysiologie aan Wageningen University & Research

Tamara Hoppenbrouwers is universitair docent Food Quality and Design aan Wageningen University & Research

Arnold van Huis is emeritus hoogleraar bij het Laboratorium voor Entomologie aan Wageningen University & Research

Tanik Joshipura is promovendus Agrarische en Milieugeschiedenis aan Wageningen University & Research

Jan van der Lee is senior adviseur en onderzoeker Sustainable Livestock Systems aan Wageningen Livestock Research

Joop van Lenteren is emeritus hoogleraar bij het Laboratorium voor Entomologie aan Wageningen University & Research en gasthoogleraar aan de Universiteit van São Paulo

Anita Linnemann is universitair docent Food Quality and Design aan Wageningen University & Research

Katja Logatcheva is onderzoeker bij Wageningen Economic Research

Joop van Loon is hoogleraar bij het Laboratorium voor Entomologie aan Wageningen University & Research

Valentina Materia is universitair docent Business Management & Organisation aan Wageningen University & Research

Ingrid van der Meer is business unit manager Bioscience bij Wageningen Plant Research

Eva Meijer is postdoctoraal onderzoeker Filosofie aan Wageningen University & Research

Joreen Merks is onderzoeker Water Systems and Global Change aan Wageningen University & Research

Gerben Messelink is buitengewoon hoogleraar Biologische Bestrijding in Kassen en senior onderzoeker Entomologie aan de business unit Glastuinbouw Bleiswijk van Wageningen University & Research

Miranda Meuwissen is hoogleraar Effectief Risicomanagement in Voedselketens aan Wageningen University & Research

Annemerel Mol is promovenda Milieutechnologie aan Wageningen University & Research en Paqell B.V.

Tinka Murk is hoogleraar Ecologie van Mariene Dieren aan Wageningen University & Research

Reinier Nauta is projectleider en onderzoeker bij Wageningen Marine Research

Hanneke Nijland is postdoctoraal onderzoeker Interpretatieve gespreksanalyse aan Wageningen University & Research

Monique van Oers is hoogleraar Virologie aan Wageningen University & Research

Evelien de Olde is onderzoeker Dierlijke Productiesystemen aan Wageningen University & Research

Peter Oosterveer is hoogleraar Milieubeleid aan Wageningen University & Research

Annemiek Pas Schrijver is coördinator Global Network of Lighthouse Farms aan Wageningen University & Research

Martine van der Ploeg is universitair hoofddocent Hydrologie en Kwantitatief Waterbeheer aan Wageningen University & Research.

Erik Poelman is universitair hoofddocent bij het Laboratorium voor Entomologie aan Wageningen University & Research

Maartje Poelman is universitair docent Consumptie en Gezonde Leefstijl aan Wageningen University & Research

Kai Purnhagen is hoogleraar Voedselrecht aan de Universiteit van Bayreuth

Pytrik Reidsma is universitair hoofddocent Plantaardige Productiesystemen aan Wageningen University & Research

Vera Ros is universitair hoofddocent Insectenvirologie aan Wageningen University & Research

Sijmen Schoustra is universitair docent bij het Laboratorium voor Erfelijkheidsleer aan Wageningen University & Research en onderzoeker Levensmiddelentechnologie en Voedingswetenschappen aan de Universiteit van Zambia

Johan Schrama is universitair hoofddocent Aquacultuur en Visserij aan Wageningen University & Research

Rogier Schulte is hoogleraar Farming Systems Ecology aan Wageningen University & Research

Mark Sterken is universitair docent bij het Laboratorium voor Nematologie aan Wageningen University & Research

Elise Talsma is universitair docent Global Nutrition aan Wageningen University & Research

Katrien Termeer is hoogleraar Bestuurskunde aan Wageningen University & Research en Kroonlid van de Sociaal-Economische Raad

Toine Timmermans is programmamanager Circular Economy in Food bij Wageningen Food & Biobased Research

Hilde Toonen is universitair docent Marine Informational Governance aan Wageningen University & Research

Emely de Vet is hoogleraar Consumptie en Gezonde Leefstijl aan Wageningen University & Research

Maarten Voors is universitair hoofddocent Ontwikkelingseconomie aan Wageningen University & Research.

Sonja de Vries is universitair docent Diervoeding aan Wageningen University & Research

Lan van Wassenaer is senior onderzoeker bij Wageningen Economic Research

Hans-Peter Weikard is universitair hoofddocent Environmental and Resource Economics aan Wageningen University & Research

Adrie van der Werf is senior onderzoeker bij Wageningen Plant Research

Sigrid Wertheim-Heck is onderzoeker Milieubeleid aan Wageningen University & Research

Harry Wichers is hoogleraar Immuunmodulatie door Voedsel bij Wageningen University & Research

Geert Wiegertjes is hoogleraar Aquacultuur en Visserij aan Wageningen University & Research

Yvonne Wientjes is onderzoeker Fokkerij & Genomica aan Wageningen University & Research

Gert-Jan Wilbers is onderzoeker bij het Water en Voedsel Team van Wageningen Environmental Research

Henri Woelders is senior onderzoeker Fokkerij & Genomica aan Wageningen University & Research

Wouter Wolters is senior onderzoeker bij het Water en Voedsel Team van Wageningen Environmental Research

Geert Woltjer is senior onderzoeker bij Wageningen Economic Research

Hannah van Zanten is universitair docent Dierlijke Productiesystemen aan Wageningen University & Research

Josephine van Zeben is hoogleraar Recht aan Wageningen University & Research

Ingrid de Zwarte is universitair docent Agrarische en Milieugeschiedenis aan Wageningen University & Research

Verder lezen

Inleiding

Boserup, E. 1968. *The conditions of agricultural growth. The economics of agrarian change under population pressure.* Londen: Allen & Unwin.
Diamond, J.M. 2005. *Guns, germs, and steel. The fates of human societies.* New York: W.W. Norton & Company.
Ehrlich, P. 1968. *The population bomb.* New York: Ballantine Books.
Mann, C.C. 2018. *The wizard and the prophet. Two remarkable scientists and their dueling visions to shape tomorrow's world.* New York: Alfred A Knopf.
Warde, P., L. Robin en S. Sörlin. 2018. *The environment. A history of the idea.* Baltimore: Johns Hopkins University Press.

1 Een circulair voedselsysteem: nut en noodzaak

De Boer, I.J.M. en M.K. van Ittersum. 2018. *Circularity in agricultural production.* Mansholtlezing 2018. Wageningen: Wageningen University & Research.
De Boer, I.J.M., E.M. de Olde et al. 2020. *Re-rooting the Dutch food system – from more to better.* Online publicatie.
Raad voor Dierenaangelegenheden. 2020. Dierenwelzijn in de kringlooplandbouw. Online publicatie.
Raworth, K. 2017. *Doughnut economics. Seven ways to think like a 21st-century economist.* Vermont: Chelsea Green Publishing.
Van Hal, O., I.J.M. de Boer, A. Muller, S. de Vries, K.H. Erb, C. Schader, W.J.J. Gerrits en H.H.E. van Zanten. 2019. Upcycling food leftovers and grass resources through livestock. Impact of livestock system and productivity. *Journal of Cleaner Production* 219: 485-496.
Van Zanten, H.H.E., M.K. Van Ittersum en I.J.M. de Boer. 2019. The role of farm animals in a circular food system. *Global Food Security* 21: 18-22.

2 Het dier in de kringlooplandbouw: van voederefficiëntie naar systeemefficiëntie

Boland M.J., A.N. Rae, J.M. Vereijken, M.P.M. Meuwissen, A.R.H. Fischer, M.A.J.S. van Boekel, S.M. Rutherford, H. Gruppen, P.J. Moughan en W.H. Hendriks. 2013. The future supply of animal-derived protein for human consumption. *Trends in Food Science and Technology* 29: 62-73.

Havenstein, G.B., P.R. Ferket en M.A. Qureshi. 2003. Growth, livability, and feed conversion of 1957 versus 2001 broilers when fed representative 1957 and 2001 broiler diets. *Poultry Science* 82: 1500-1508.

Rougière, N. en B. Carré. 2010. Comparison of gastrointestinal transit times between chickens from D+ and D- genetic lines selected for divergent digestion efficiency. *Animal* 4: 1861-1872.

Van Hal, O., I.J.M. de Boer, A. Muller, S. de Vries, K.-H. Erb, C. Schader, W.J.J. Gerrits en H.H.E van Zanten. 2019. Upcycling food leftovers and grass resources through livestock. Impact of livestock system and productivity. *Journal of Cleaner Production* 219: 485-496.

Van Zanten, H.H.E., M. Herrero, O. van Hal, E. Röös, A. Muller, T. Garnett, P.J. Gerber, C. Schader en I.J.M. de Boer. 2018. Defining a land boundary for sustainable livestock consumption. *Global Change Biology* 24: 4185-4194.

3 Nieuw klimaat, nieuwe gewassen?

Bailey-Serres, J., J.E. Parker, E.A. Ainsworth et al. 2019. Genetic strategies for improving crop yields. *Nature* 575: 109-118.

Hendre, P.S., S. Muthemba, R. Kariba et al. 2019. African Orphan Crops Consortium (AOCC). Status of developing genomic resources for African orphan crops. *Planta* 250: 989-1003.

Pyett, S., E. de Vet, L.M. Trindade, H. van Zanten en L.O. Fresco. 2019. Chickpeas, crickets and chlorella. Our future proteins. Wageningen: Wageningen University & Research. Online publicatie.

Wallace-Wells, D. 2019. *De onbewoonbare aarde*. Amsterdam: De Bezige Bij.

4 Hoe blijven we onkruid de baas?

Adeux, G., N. Munier-Jolain, D. Meunier et al. 2019. Diversified grain-based cropping systems provide long-term weed control while limiting herbicide use and yield losses. *Agronomy for Sustainable Development* 39: 42.

Bastiaans, L., R. Paolini en D.T. Baumann. 2008. Focus on ecological weed management. What is hindering adoption? *Weed Research* 48: 481-491.

Kruidhof, H.M., L. Bastiaans en M.J. Kropff. 2008. Ecological weed management by cover cropping. Effects on weed growth in autumn and weed seedling establishment in spring. *Weed Research* 48: 492-502.

Peters, S., L. Stekelenburg en C. Zeevat. 2013. *Onkruidboek. Wie het eerst komt, wie het eerst maalt.* Rotterdam: Trichis Publishing B.V.

Walsh, M., J. Ouzman, P. Newman et al. 2017. High levels of adoption indicate that harvest weed seed control is now an established weed control practice in Australian cropping. *Weed Technology* 31: 341-347.

5 Biologische oorlogsvoering: roofinsecten voor voldoende voedsel en grotere biodiversiteit

A.E. Hajek en J. Eilenberg. 2018. *Natural enemies. An introduction to biological control.* Cambridge: Cambridge University Press.

J. Osse, L.M. Schoonhoven en M. Dicke. 2008. *De natuur als bondgenoot. Biowetenschap en maatschappij*, Cahier 4 Stichting Biowetenschappen en Maatschappij. Leiden: Drukkerij Groen.

6 *Lighthouse farms* als wereldklaslokaal voor duurzame voedselproductie

Funes-Monzote, F.R. 2008. *Farming like we're here to stay. The mixed farming alternative for Cuba.* Proefschrift. Wageningen: Wageningen University & Research.

Khumairoh, U., E.A. Lantinga, R.P. Schulte, D. Suprayogo en J.C. Groot. 2018. Complex rice systems to improve rice yield and yield stability in the face of variable weather conditions. *Scientific Reports* 8: 1-7.

Schulte. R. 2020. Agri Business report. Lighthouse Farms – ready for sustainability challenges of 2050. *Irish Farmers Journal.* Online publicatie.

Schulte, R. 2019. *Redesigning sustainable foodscapes. Complexity + knowledge = food + ecosystem services.* Inaugurele rede. Wageningen: Wageningen University & Research.

Sukkel, W., F. Cuperus en D. van Apeldoorn. 2019. Biodiversiteit op de akker door gewasdiversiteit. *De Levende Natuur* 120: 132-135.

7 Melk de witte motor? De veranderende rol van zuivel in een duurzaam voedselsysteem

Andeweg, K. et al. 2020. Dairy for nutrition, employment and sustainability. An action agenda for the Dutch contribution to dairy development in Africa and Asia. Position paper. Netherlands Food Partnership. Online publicatie.

Rademaker, C.J., B.O. Bebe, J. van der Lee, C.W. Kilelu en C. Tonui. 2016. Sustainable growth of the Kenyan dairy sector. A quick scan of robustness, reliability and resilience. Wageningen: Wageningen University & Research. Online publicatie.

De Vries, M. en A.P. Wouters. 2017. Characteristics of small-scale dairy farms in Lembang, West-Java. Rapport 1076. Wageningen: Wageningen Livestock Research.

Wereldbank en FAO. 2020. *Investing in sustainable livestock guide.* Online publicatie.

8 Stikstoffixatie aan het werk zetten voor kleine boeren in Afrika

Franke, A.C., F. Baijukya, S. Kantengwa, M. Reckling, B. Vanlauwe en K.E. Giller. 2019. Poor farmers – poor yields. Socio-economic, soil fertility and crop management indicators affecting climbing bean productivity in northern Rwanda. *Experimental Agriculture* 55: 14-34.

Giller, K.E. 2001. *Nitrogen fixation in tropical cropping systems.* Wallingford: CAB International.

Giller, K.E. en E. Ronner (red.). 2019. *The story of N2Africa. Putting nitrogen fixation to work for smallholder farmers in Africa.* Global Academic Press. E-boek. https://www.globalacademicpress.com/ebooks/N2

Vanlauwe, B., M. Hungria, F. Kanampiu en K.E. Giller 2019. The role of legumes in the sustainable intensification of African smallholder agriculture. Lessons learnt and challenges for the future. *Agriculture, Ecosystems and Environment* 284: 106583.

9 Boerenpower: naar een veerkrachtige agrarische sector

Darnhofer, I. 2014. Resilience and why it matters for farm management. *European Review of Agricultural Economics* 41: 461-484.

Gunderson, L.H. en C.S. Holling (red.). 2002. *Panarchy. Understanding transformations in human and natural systems.* Londen: Island Press.

Meuwissen, M.P.M., P.H. Feindt, A. Spiegel, K. Termeer, E. Mathijs, Y. de Mey, R. Finger, A. Balmann, E. Wauters, J. Urquhart, M. Vigani, K. Zawalińska, H. Herrera, P. Nicholas-Davies, H. Hansson, W. Paas, T. Slijper, I. Coopmans, W. Vroege, A. Ciechomska, F. Accatino, B. Kopainsky, M. Poortvliet, J. Candel, D. Maye, S. Severini, S. Senni, B. Soriano, C.J. Lagerkvist, M. Peneva, C. Gavrilescu en P. Reidsma. 2019. A framework to assess the resilience of farming systems. *Agricultural Systems* 176: 102656.

10 De Blauwe Revolutie: verleden, heden en toekomst

De Boer, I.J.M. en M.K. van Ittersum. 2018. *Circularity in agricultural production.* Mansholtlezing 2018. Wageningen: Wageningen University & Research.

FAO. 2018. *The state of world fisheries and aquaculture.* Online publicatie.

KennisBasis programma Biodiversiteit in een natuur-inclusieve samenleving. *Een natuurlijke toekomst voor Nederland in 2120.* Wageningen: Wageningen University & Research. Online publicatie.

Wiegertjes, G.F. 2019. *Following the Blue Revolution.* Inaugurele rede. Wageningen: Wageningen University & Research.

11 Voedsel uit de veranderende Noordzee

Fowler, A.M., A.M. Jorgensen, J.C. Svendsen, P.I. Macreadie, D.O.B. Jones, A.R. Boon, D.J. Booth, R. Brabant, E. Callahan, J.T. Claisse, T.G. Dahlgren, S. Degraer, Q.R. Dokken, A.B. Gill, D.G. Johns, R.J. Leewis, H.J. Lindeboom, O. Linden, R. May, A.J. Murk, G. Ottersen, D.M. Schroeder, S.M. Shastri, J. Teilmann, V. Todd, G. van Hoey, J. Vanaverbeke en J.W.P. Coolen. 2018. Environmental benefits of leaving offshore infrastructure in the ocean. *Frontiers in Ecology and the Environment* 16: 571-578.

Klompmaker, A. 2012. Huidige zeespiegel bijzonder laag! NEMO *Kennislink*. Online publicatie.

Noordzeeloket. 2014. *Wrakken in de Noordzee*. Noordzee 2050 Gebiedsagenda. Online publicatie.

Prehistoric Europe Documentary. How Doggerland sank beneath the waves (500,000-4000 BC). Documentaire. Te zien via: www.youtube.com/watch?v=-DECwfQQqRzo.

12 Vissen anders voeden: nieuwe bronnen voor duurzaam visvoer

Elbersen, B., I. Ammerlaan, R. Klein Lankhorst, A. Matser, L. Trindade, J.P. Lesschen, J. Spijker, I. van der Meer, J. Broese, G.J. Nabuurs, H. Wichers, M. van Krimpen, E. Arets, H. Jansen, R. van Loo, T. Veldkamp, N. Steins en S. Smith. 2019. Biogrondstoffen. Programmeringsstudies Landbouw, Water en Voedsel. Wageningen: Wageningen University & Research.

FAO. 2018. *The state of world fisheries and aquaculture*. Online publicatie.

Nadal, A.L., W. Ikeda-Ohtsubo, D. Sipkema, D. Peggs, C. McGurk, M. Forlenza, G.F. Wiegertjes en S. Brugman. 2020. Feed, microbiota, and gut immunity. Using the Zebrafish model to understand fish health. *Frontiers in Immunology*. Online publicatie.

Pyett, S., E. de Vet, L.M. Trindade, H. van Zanten en L.O. Fresco. 2019. Chickpeas, crickets and chlorella. Our future proteins. Wageningen: Wageningen University & Research. Online publicatie.

Willet, W., J. Rockström, B. Loken, M. Springmann, S. Vermeulen et al. 2019. Food in the Anthropocene. The EAT-Lancet Commission on healthy diets from sustainable food systems. *The Lancet* 393: 447-492

13 Aan het roer: vissers en viskwekers sturen aan op duurzaamheid

Bush, S.R. en P. Oosterveer. 2019. *Governing sustainable seafood*. Londen: Routledge.

Havinga, T. 2019. Private regulering. Vloek of zegen? *Ars Aequi*: 855-863.

Kalfagianni, A. 2014. Addressing the global sustainability challenge. The potential and pitfalls of private governance from the perspective of human capabilities. *Journal of Business Ethics* 122: 307-320.

Melissant, C., B.I. de Vos en W. Zaalmink. 2014. *Keurmerken en labels voor verse Nederlandse vis. Een wegwijzer voor kenniskringen in de visserij*. Wageningen: LEI Wageningen University & Research.

Samerwong, P., H.M. Toonen, P. Oosterveer en S.R. Bush. 2020. A capability approach to assess aquaculture sustainability standard compliance. *PLoS ONE* 15: e0227812. Online publicatie.

14 Zeewier: de groene motor?

Bouma, T.J., M.B. de Vries, E. Low, G. Peralta, I.C. Tánczos, J. van de Koppel en M.J. Herman. 2005. Trade-offs related to ecosystem engineering. A case study on stiffness of emerging macrophytes. *Ecology* 86: 2187-2199.

Banach, J.L., E.F. Hoek-van den Hil en H.J. van der Fels-Klerx. 2020. Food safety hazards in the European seaweed chain. *Comprehensive Reviews in Food Science and Food Safety* 19: 332-364.

Van den Bogaart, L., J.T. van der Wal, L. Tonk, O. Bos, J. Coolen, M. Poelman, S. Vergouwen, L. van Duren, H. Janssen en K. Timmermans. 2019. Geschiktheid zeewindparken voor maricultuur en passieve visserij. Wageningen: Wageningen University & Research.

Ferdouse, F., S. Løvstad Holdt, R. Smith, P. Murúa en Z. Yang. 2018. *The global status of seaweed production, trade and utilization.* Rome: FAO, Globefish Research Programme.

Van den Burg, S.W.K., H. Dagevos en R.J.K. Helmes. Towards sustainable European seaweed value chains. A triple P perspective. ICES *Journal of Marine Science*: fsz183. Online publicatie.

15 Huidverzorging voor Moeder Aarde

Amare, S., S. Keesstra, M. van der Ploeg, E. Langendoen, T. Steenhuis en S. Tilahun. 2019. Causes and controlling factors of Valley bottom Gullies. *Land* 8: 141.

Jongmans, A.G., M.W. van den Berg, M.P.W. Sonneveld, G.J.W.C. Peek en R.M. van den Berg van Saparoea. 2015. *Landschappen van Nederland. Geologie, bodem en landgebruik.* Wageningen: Wageningen Academic Publishers.

Ramírez, B.H., M. van der Ploeg, A.J. Teuling, L. Ganzeveld en R. Leemans. 2017. Tropical montane cloud forests in the Orinoco river basin. The role of soil organic layers in water storage and release. *Geoderma* 298: 14-26.

Robinson, D.A., J.W. Hopmans, V. Filipovic, M. van der Ploeg, I. Lebron, S.B. Jones en M. Tuller. 2019. Global environmental changes impact soil hydraulic functions through biophysical feedbacks. *Global Change Biology* 25: 1895-1904.

Van der Ploeg, M., J.E.M. Baartman en D.A. Robinson. 2018. Biophysical landscape interactions. Bridging disciplines and scale with connectivity. *Land Degradation and Development* 29: 1167-1175.

16 Eindige fosforbronnen en de groeiende vraag naar meststoffen

Cordell, D., J.-O. Drangert en S. White. 2009. The story of phosphorus. Global food security and food for thought. *Global Environmental Change* 19: 292–305.

Helin, J., en H.-P. Weikard. 2019. A model for estimating phosphorus requirements for world food production. *Agricultural Systems* 176: 102666.

Middelkoop, J., W. van Dijk, H. van Reuler, F. de Ruijter en A.L. Smit. 2015. Fosforstromen door landbouw, industrie, huishoudens en afval. *Vfocus*: 36-38.

Ulrich, A.E. en E. Frossard. 2014. On the history of a recurring concept. Phosphorus scarcity. *Science of the Total Environment* 490: 694-707.

17 Minder chemisch: zwavel recyclen uit biogas

Wageningen University & Research. Z.d. Hoofdelementen (macro-nutriënten). Wageningen: Wageningen University & Research. Online publicatie.
Van Ierssel, E. 2017. Afval is eigenlijk een verdwaalde grondstof. 6 inspirerende voorbeelden. *Nudge*. Online publicatie.
Mol, A.R., R.D. van der Weijden, J. Klok en C.J. Buisman. 2020. Properties of sulfur particles formed in biodesulfurization of biogas. *Minerals* 10: 433.
Schils, R. 2016. *30 vragen en antwoorden over zwavel*. Wageningen: Alterra Wageningen University & Research. Online publicatie.
Queisen, G. 2014. Zwavel onmisbaar voor opbrengst en kwaliteit. *Yara, Akkerwijzer*. Online publicatie.

18 Tegenspel en samenspel tussen voedsel, water en energie

FAO en Earthscan. 2011. *The state of the world's land and water resources for food and agriculture. Managing systems at risk*. Londen: FAO. Online pubicatie.
Jägermeyr, J., A. Pastor, H. Biemans en D. Gerten. 2017. Reconciling irrigated food production with environmental flows for Sustainable Development Goals implementation. *Nature Communications* 8: 1-9.
Provincie Zuid-Holland en WaVEn Nexus. 2019. *Water-voedsel-energie-nexus. Verkenning van de 'state-of-the-art' en mogelijke meerwaarde van toekomstonderzoek in Zuid-Holland*. Online publicatie.
Ringler, C., E. Yang en M. Bekchanov. 2013. Is hydropower for or against irrigation? CGIAR *Water, Land and Ecosystems*. Online publicatie.
Steffen, W., K. Richardson, J. Rockström, S.E. Cornell, I. Fetzer, E.M. Bennett en S. Sörlin. 2015. Planetary boundaries. Guiding human development on a changing planet. *Science* 347: 1259855.

19 Creatief met water

EEA. 2019. Climate change threatens future of farming in Europe. Online publicatie.
FAO. 2009. High-level expert forum. How to feed the world in 2050. Online publicatie.
Mekonnen, M.M., en A.Y. Hoekstra. 2011. *National water footprint accounts. The green, blue and grey water footprint of production and consumption*. Value of Water Research Report Series Nr. 50. Delft: UNESCO-IHE Institute for Water Education.
Molden, D. (red.). 2007. *Water for food, water for life. A comprehensive assessment of water management in agriculture*. Londen: Earthscan.
WRI. 2018. Creating a sustainable food future. A menu of solutions to feed nearly 10 billion people by 2050. Online publicatie.

20 De zoektocht naar zoetwater

Boelens, R.A. 2017. *Rivers of scarcity. Utopian water regimes and flows against the current*. Wageningen: Wageningen University & Research.
De Fraiture, C. 2012. *Water and food security in an insecure world*. Inaugurele rede. Delft: IHE Delft.
Hellegers, P.J.G.J. 2011. *Water. The world's most valuable asset*. Wageningen: Wageningen University & Research.
Raes, D., S. Geerts en E. Vanuytrecht. 2009. Is er nog voldoende water om ons voedsel te produceren? In *Visie en vooruitgang. Lessen voor de eenentwintigste eeuw*, onder redactie van B. Raymaekers, 183-204. Leuven: Universitaire Pers Leuven.

21 Nieuwe wetgeving voor een hongerige planeet

Chadwick, A. 2019. *Law and the political economy of hunger*. Oxford: Oxford University Press.
Monciardini, D., N. Bernaz en A. Andhov. 2019. The organizational dynamics of compliance with the UK Modern Slavery Act in the food and tobacco sector. *Business & Society*. Online publicatie.
Schebesta, H., en K. Purnhagen. *EU Food Law*. Oxford: Oxford University Press. Te verschijnen.
Van Zeben, J. en A. Bobić. 2019. *Polycentricity in the European Union*. Cambridge: Cambridge University Press.

22 *Small wins* als basis voor wijzer voedselbeleid

Candel, J.J.L., en L. Pereira. 2017. Towards integrated food policy. Main challenges and steps ahead. *Environmental Science & Policy* 73: 89-92.
Lelieveldt, H. 2016. *De voedselparadox. Wat ons streven naar beter eten dwarsboomt*. Amsterdam: Van Gennep.
Namugumya, B.S., J.J.L. Candel, E.F. Talsma en C.J.A.M. Termeer. 2020. Towards concerted government efforts? Assessing nutrition policy integration in Uganda. *Food Security* 12: 355-368.
Sonnino, R., C.L. Torres en S. Schneider. 2014. Reflexive governance for food security. The example of school feeding in Brazil. *Journal of Rural Studies* 36: 1-12.
Termeer, C.J.A.M., en T.A.P. Metze. 2019. More than peanuts. Transformation towards a circular economy through a small-wins governance framework. *Journal of Cleaner Production* 240: 118272. Online publicatie.

23 Voedselimport in Sub-Sahara Afrika: probleem of oplossing?

Bates, R.H. 1981. *Markets and states in tropical Africa. The political basis of agricultural policies*. Berkeley: University of California Press.

De Haas, M. 2017. Measuring rural welfare in colonial Africa. Did Uganda's smallholders thrive? *The Economic History Review* 70: 605-631.

Frankema, E. Africa and the Green Revolution a global historical perspective. *NJAS-Wageningen Journal of Life Sciences* 70: 17-24.

Joshipura, T. 2020. Sub-Saharan Africa's growing dependence on food imports. A long-run perspective. *African Economic History Network Working Paper*. Te verschijnen.

Rakotoarisoa, M., M. Iafrate en M. Paschali. *Why has Africa become a net food importer? Explaining Africa agricultural and food trade deficits*. Rome: FAO.

24 Welke rol heeft de kleine Afrikaanse boer in de toekomst?

Belissa T., E. Bulte, F. Cecchi, S. Gangopadh en R. Lensink. 2019. Liquidity constraints, informal institutions, and the adoption of weather insurance. A randomized controlled Trial in Ethiopia. *Journal of Development Economics* 140: 269-278.

Bulte, E. en R. Lensink. 2019. Beter evalueren van hulp vergroot de impact ervan. *Economisch en Statistische Berichten* 105: 58-61.

Collier, P. en S. Dercon. 2014. African agriculture in 50 years. Smallholders in a rapidly changing world? *World Development* 63: 92-101.

Hofman, P., E. Mokuwa, P. Richards en M.J. Voors. 2020. Local economy effects of large-scale agricultural investments, working paper. Online publicatie.

Shikuku, K., J. Pieters, E. Bulte en P. Läderach. 2018. Incentives and the diffusion of agricultural knowledge. Experimental evidence from northern Uganda. *American Journal of Agricultural Economics* 101: 1164-1180.

25 De bijdrage van ondernemerschap van vrouwen en jongeren aan voedselzekerheid: een verhaal van empowerment en emancipatie

Anderson, A.R., en B. Obeng. 2017. Enterprise as socially situated in a rural poor fishing community. *Journal of Rural Studies* 49: 23-31.

Mehra, R., en M. Hill Rojas. 2008. Women, food security and agriculture in a global marketplace. ICRW. Online publicatie.

Mozumdar, L., G. Hagelaar, V.C. Materia, S.W.F. Omta, M.A. Islam en G. van der Velde. 2019. Embeddedness or overembeddedness? Women entrepreneurs' networks and their influence on business performance. *The European Journal of Development Research* 31: 1449-1469.

Rindova, V., D. Barry en D.J.R. Ketchen. 2009. Entrepreneuring as emancipation. *Academy of Management Review* 34: 477-491.

26 Nederlands voedselbeleid in mondiaal perspectief

De Boer, I.J.M. en M.K. van Ittersum. 2018. *Circularity in agricultural production*. Mansholtlezing 2018. Wageningen: Wageningen University & Research.

Hoste, R. 2014. *Sojaverbruik in de Nederlandse diervoederindustrie 2011-2013. Inven-*

tarisatie in opdracht van Stichting Ketentransitie verantwoorde soja. Wageningen: LEI.

Jukema, G., P. Ramaekers en P. Berkhout (red.). 2020. *De Nederlandse agrarische sector in internationaal verband.* Wageningen: WEcR/CBS.

Planbureau voor de Leefomgeving. 2019. *Dagelijkse kost. Hoe overheden, bedrijven en consumenten kunnen bijdragen aan een duurzaam voedselsysteem.* Den Haag: PBL.

Wetenschappelijke Raad voor het Regeringsbeleid. 2014. *Naar een voedselbeleid.* Amsterdam: Amsterdam University Press.

27 Terugdringen van de wereldwijde voedselverspilling

Europese Rekenkamer. 2016. *De bestrijding van voedselverspilling. Een kans voor de EU om de hulpbronnenefficiëntie van de voedselvoorzieningsketen te verbeteren.* Luxemburg: EU. Online publicatie.

Flanagan, K., et al. 2019. A 10-step plan for the world to cut food loss and waste in half by 2030. *World Resources Institute.* Online publicatie.

HLPE. 2014. *Food losses and waste in the context of sustainable food systems. A report by the High Level Panel of Experts on Food Security and Nutrition.* Rome: FAO. Online publicatie.

Stuart, Tristan. 2009. *Waste. Uncovering the global food scandal.* Londen: Penguin Books.

Wunder, S., et al. 2020. REFRESH final results. Resource efficient food and dRink for the entire supply chain. S.l.: REFRESH.

28 Willekeurig consumentengedrag: eigenlijk best logisch

Bekker, G.A., H. Tobi en A.R.H. Fischer. 2017. Meet meat. An explorative study on meat and cultured meat as seen by Chinese, Ethiopians and Dutch. *Appetite* 114: 82-92.

Fischer, A.R.H., en L.P.A. Steenbekkers. 2018. All insects are equal, but some insects are more equal than others. *British Food Journal* 120: 852-863. Online publicatie.

Kahneman, D. 2016. *Ons feilbare denken. Thinking, fast and slow.* Amsterdam: Business Contact.

Thaler, R., en C. Sunstein. 2015. *Nudge. Naar betere beslissingen over gezondheid, geluk en welvaart.* Amsterdam: Business Contact.

Tiemeijer, W.L. 2010. *Hoe mensen keuzes maken. De psychologie van het beslissen.* Amsterdam: Amsterdam University Press. E-boek.

29 Gezonder en duurzamer kiezen in een andere voedselomgeving

Huitink, M., M.P. Poelman, E. van den Eynde, J.C. Seidell en S.C. Dijkstra. 2020. Social norm nudges in shopping trolleys to promote vegetable purchases. A quasi-experimental study in a supermarket in a deprived urban area in the Netherlands. *Appetite* 151: 104655. Online publicatie.

Poelman, M.P. 2016. De stad als verleidelijke voedselomgeving. *Agora Magazine* 3. Online publicatie.

Raghoebar, S., A. Haynes, E. Robinson, E. van Kleef en E. de Vet. 2019. Served portion sizes affect later food intake through social consumption norms. *Nutrients* 11: 2845.

Timmermans, J., C. Dijkstra, C. Kamphuis, M. Huitink, E. van der Zee en M.P. Poelman. 2018. 'Obesogenic' school food environments? An urban case study in the Netherlands. *International Journal of Environmental Research and Public health* 15: 619.

Van Rongen, S., M.P. Poelman, L. Thornton, G. Abbott, M. Lu, C.B.M. Kamphuis, K. Verkooijen en E. de Vet. 2020. Neighbourhood fast food exposure and consumption: The mediating role of neighbourhood social norms. *International Journal of Behavioral Nutrition and Physical Activity* 17. Online publicatie.

30 Gezond eten in moeilijke omstandigheden

Bekele, T.H., J.J.H.M. de Vries, L. Trijsburg, E. Feskens, M. Covic, G. Kennedy en I.D. Brouwer. 2019. Methodology for developing and evaluating food-based dietary guidelines and a Healthy Eating Index for Ethiopia. A study protocol. *BMJ Open*. Online publicatie.

Development Initiatives. 2018. *The 2018 Global Nutrition Report. Shining a light to spur action on nutrition.* Bristol: Development Initiatives.

HLPE. 2017. Nutrition and food systems. A report by the High Level Panel of Experts on food security and nutrition. Rome: CFS.

Talsma, E.F., K.J. Borgonjen-van den Berg, A. Melse-Boonstra, E. Mayer, H. Verhoef, A.Y. Demi, E. Ferguson, F.J. Kok en I.D. Brouwer. 2018. The potential contribution of yellow cassava to dietary nutrient adequacy of primary school children in Eastern Kenya. The use of linear programming. *Public Health Nutrition* 21: 365-376.

Trijsburg, L., E.F. Talsma, J.H.M. de Vries, G. Kennedy, A. Kuijsten en I.D. Brouwer. 2019. Diet quality indices for research in low- and middle-income countries. A systematic review. *Nutrition Reviews* 77: 515-540.

31 Van kiloknallers naar eerlijke prijzen voor duurzame producten

ABN Amro. 2020. Van verliesmodel naar verdienmodel. De eerlijke en echte prijs van voedsel. Online publicatie.

Jongeneel, R.A. 2020. *Juiste en eerlijke prijzen voor voedsel.* Wageningen: Wageningen Economic Research. Online publicatie.

32 Hightech voedsel: zegen of vloek?

Govers, F., M. van Boekel en R. Buiter (red.). 2015. *Het voedsel van de toekomst. Foodtopia.* Cahier Stichting Biowetenschappen en Maatschappij. Zutphen: Drukkerij Tesink.

Van Boekel, M.A.J.S. 2019. *Food, facts and fiction. A story about science and perception*. Wageningen: Wageningen University & Research.

Van Boekel, M., J. van Everdingen, K. de Graaf en R. Buiter. 2011. *Je bent wat je eet.* Cahier Stichting Biowetenschappen en Maatschappij. Zutphen: Drukkerij Tesink.

Walstra, P., en M. van Boekel. 2006. *Voedsel en voeding. Zin en onzin.* Wageningen: Wageningen Academic Publishers.

33 Sleutelen aan fotosynthese

Croce, R., en H. van Amerongen. 2014. Natural strategies for photosynthetic light harvesting. *Nature Chemical Biology* 10: 492-501.

Flood, P.J., J. Harbinson en M.G.M. Aarts. 2011. Natural genetic variation in plant photosynthesis. *Trends in Plant Science* 16: 327-335.

Long, S.P., A. Marshall-Colon en X.G. Zhu. 2015. Meeting the global food demand of the future by engineering crop photosynthesis and yield potential. *Cell* 161: 56-66.

Ort, D.R., S.S. Merchant, J. Alric, A. Barkan, R.E. Blankenship, R. Bock, R. Croce, M.R. Hanson, J.M. Hibberd, S.P. Long, T.A. Moore, J. Moroney, K.K. Niyogi, M.A.J. Parry, P.P. Peralta-Yahya, R.C. Prince, K.E. Redding, M.H. Spalding, K.J. van Wijk, W.F.J. Vermaas, S. von Caemmerer, A.P.M. Weber, T.O. Yeates, J.S. Yuan en X.G. Zhu. 2015. Redesigning photosynthesis to sustainably meet global food and bioenergy demand. *Proceedings of the National Academy of Sciences* 112: 8529-8536.

South, P.F., A.P. Cavanagh, H.W. Liu en D.R. Ort. 2019. Synthetic glycolate metabolism pathways stimulate crop growth and productivity in the field. *Science* 363: eaat9077. Online publicatie.

34 Pathogenen: de speurtocht naar virulent DNA

Molendijk, L. 2020. www.aaltjesschema.nl.

Quist, C.W., G. Smant en J. Helder. 2015. Evolution of plant parasitism in the phylum Nematoda. *Annual Review of Phytopathology* 53: 289-310.

Smant, G., J. Helder en A. Goverse. 2018. Parallel adaptations and common host cell responses enabling feeding of obligate and facultative plant parasitic nematodes. *The Plant Journal* 93: 686-702.

35 Organoïden: miniorgaantjes voor onderzoek naar gezonde landbouwhuisdieren

Fatehullah, A., S.H. Tan en N. Barker. 2016. Organoids as an in vitro model of human development and disease. *Nature Cell Biology* 18: 246-254.

Lalieu, E. 2009. Darmweefsel uit één stamcel. NEMO *Kennislink*. Online publicatie.

Lancaster, M.A., en J.A. Knoblich. 2014. Organogenesis in a dish. Modeling development and disease using organoid technologies. Science 345: 1247125. Online publicatie.

Sato, T., R.G. Vries, H.J. Snippert, M. van de Wetering, N. Barker, D.E. Stange, J.H. van Es, A. Abo, P. Kujula, P.J. Peters en H. Clevers. 2009. Single Lgr5 stem cells build crypt-villus structures in vitro without a mesenchymal niche. *Nature* 459: 262-265.

Van der Hee, B., L.M.P. Lonen, N. Taverne, J.J. Taverne-Thiele, H. Smidt en J.M. Wells. 2018. Optimized procedures for generating an enhanced, near physiological 2D culture system from porcine intestinal organoids. *Stem Cell Research* 28: 165-171.

36 Boeren met data: digitalisering en blockchain in onze voedselvoorziening

Ge, L., C. Brewster, J. Spek, A. Smeenk, J. Top, F. van Diepen, B. Klaase, C. Graumans en M. de Ruyter de Wildt. 2017. *Blockchain for agriculture and food. Findings from the pilot study*. Wageningen: Wageningen Economic Research Report.

Mayer-Schönberger, V., en T. Ramge. 2018. *De data-economie. Waarom data geld gaat vervangen, wat dit betekent voor onze economie en hoe je hierop in kunt spelen*. Amsterdam: Maven Publishing.

Swan, M. 2015. *Blockchain. Blueprint for a new economy*. Sebastopol: O'Reilly.

Wolfert, J., L. Ge, C. Verdouw en M.J. Bogaardt. 2017. Big data in smart farming. A review. *Agricultural Systems* 153: 69-80.

37 Insecten: voedzaam en duurzaam

Dicke, M., en A. van Huis. 2011. The six-legged meat of the future. *Wall Street Journal*, 19 februari 2011.

Parodi, A. et al. 2018. The potential of future foods for sustainable and healthy diets. *Nature Sustainability* 1: 782-789.

Van Huis, A. 2020. Insects as food and feed, a new emerging agricultural sector. A review. *Journal of Insects as Food and Feed* 6: 27-44.

Van Huis, A., H. van Gurp en M. Dicke. 2012. *Het insectenkookboek*. Amsterdam: Atlas.

Van Huis, A., J. van Itterbeeck, H. Klunder, E. Mertens, A. Halloran, G. Muir en P. Vantomme. 2013. *Edible insects. Future prospects for food and feed security*. Rome: FAO.

38 Duurzame insectenkweken die tegen een stootje kunnen

Eilenberg J., S.N. Gasque en V.I.D. Ros. 2017. Natural enemies in insect production systems. In *Insects as food and feed. From production to consumption*, onder redactie van A. van Huis en J.K. Tomberlin, 201-233. Wageningen: Wageningen Academic Publishers.

Eilenberg J., en A.B. Jensen. 2018. Prevention and management of diseases in terrestrial invertebrates. In *Ecology of Invertebrate Diseases*, onder redactie van A.E. Hajek en D.I. Shapiro-Ilan, 495-526. Hoboken: John Wiley & Sons Inc.

Eilenberg J., M.M. van Oers, A.B. Jensen, A. Lecocq, G. Maciel-Vergara, L.P.A.

Santacoloma, J.J.A. van Loon en H. Hesketh. 2018. Towards a coordination of European activities to diagnose and manage insect diseases in production facilities. *Journal of Insects as Food and Feed* 4:157-166.
Maciel-Vergara G., en V.I.D. Ros. 2017. Viruses of insects reared for food and feed. *Journal of Invertebrate Pathology* 147: 60-75.
Shi M., X.D. Lin, J.H. Tian, L.J. Chen, X. Chen, C.X. Li, X.C. Qin, J. Li, J.P. Cao, J.S. Eden, J. Buchmann, W. Wang, J. Xu, E.C. Holmes en Y.Z. Zhang. 2016. Redefining the invertebrate RNA virosphere. *Nature* 540: 539-543.

39 Een nieuw podium voor traditionele gefermenteerde voedingsmiddelen

Chileshe, J., J. van den Heuvel, R. Handema, B.J. Zwaan, E.F. Talsma en S. Schoustra. 2020. Nutritional composition and microbial communities of two non-alcoholic traditional fermented beverages from Zambia. A study of mabisi and munkoyo. *Nutrients* 12: 1628. Online publicatie.
Groenenboom, A.E. 2019. Microbial community dynamics in traditionally fermented milk. Proefschrift. Wageningen: Wageningen University & Research.
Moonga, H.B. 2019. Product optimization of Zambian traditionally fermented milk – MABISI. Proefschrift. Wageningen: Wageningen University & Research.
Phiri S., S.E. Schoustra, J. van den Heuvel, E.J. Smid, J. Shindano en A. Linnemann. 2019. Fermented cereal-based munkoyo beverage. Processing practices, microbial diversity and aroma compounds. *PLoS ONE* 14: e0223501. Online publicatie.
Weij, C. 2019. *Verrot gezond. Het fermentatie kookboek.* Haarlem: Bertram + de Leeuw Uitgevers BV.

40 Algen tegen allergie

Adarme-Vega, T.C., S.R. Thomas-Hall en P.M. Schenk. 2014. Towards sustainable sources for omega-3 fatty acids production. *Current Opinion in Biotechnology* 26: 14-18.
Centrale Commissie Dierproeven. 2019. NTS 20198365 Preventie van voedselallergie door middel van duurzame omega-3 algenolie. Online vergunning.
Gómez Candela, C., L.M. Bermejo López en V. Loria Kohen. 2011. Importance of a balanced omega 6/omega 3 ratio for the maintenance of health. Nutritional recommendations. *Nutrición Hospitalaria* 26: 323-329.
Hoppenbrouwers, T., J.H. Cvejic Hogervorst, J. Garssen, H.J. Wichers en L.E.M. Willemsen. 2019. Long chain polyunsaturated fatty acids (LCPUFA's) in the prevention of food allergy. *Frontiers in Immunology* 10: 1118. Online publicatie.
Voedingscentrum. 2020. Omega 3. Online publicatie.

41 Veganisme of menselijk diervoer? Een niet-antropocentrische benadering van het wereldvoedselprobleem

Blattner, C.E., K. Coulter en W. Kymlicka (red.). 2019. *Animal labour. A new frontier of interspecies justice?* Oxford: Oxford University Press.

Meijer, E. 2017. *De soldaat was een dolfijn*. Amsterdam: Uitgeverij Cossee.

Nijland, H. 2016. *Disentangling the domestic contract. Understanding the everyday-life construction of acceptability – or non-acceptability – of keeping and killing animals for food*. Proefschrift. Wageningen: Wageningen University & Research.

Van der Weele, C., en C. Driessen. 2013. Emerging profiles for cultured meat. Ethics through and as design. *Animals* 3: 647-662.

Van Zanten, H.H.E., M. Herrero, O. van Hal, E. Röös, A. Muller, T. Garnett, P.J. Gerber, C. Schader en I.J.M. de Boer. 2018. Defining a land boundary for sustainable livestock consumption. *Global Change Biology* 24: 4185-4194.

Register